Yale Language Series

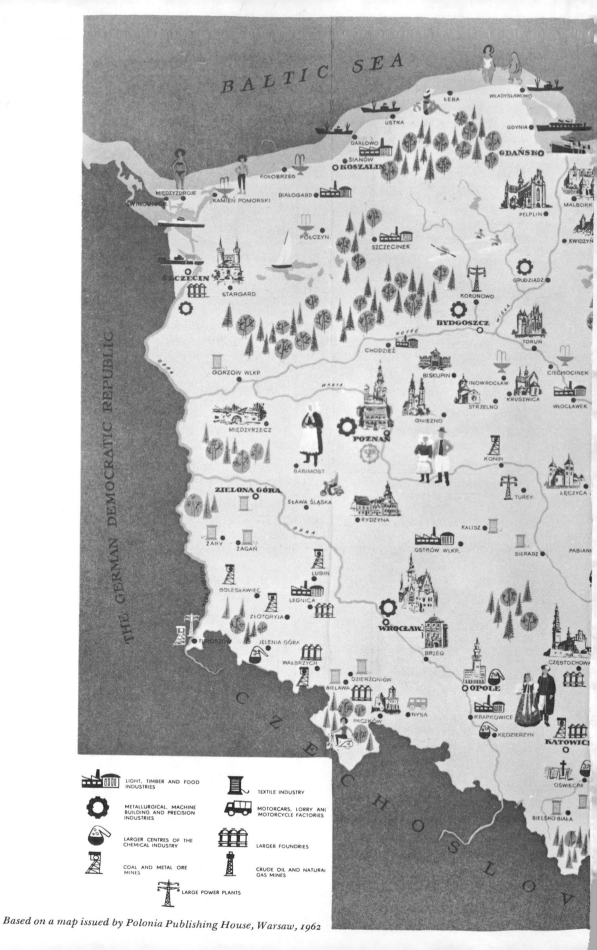

Based on a map issued by Polonia Publishing House, Warsaw, 1962

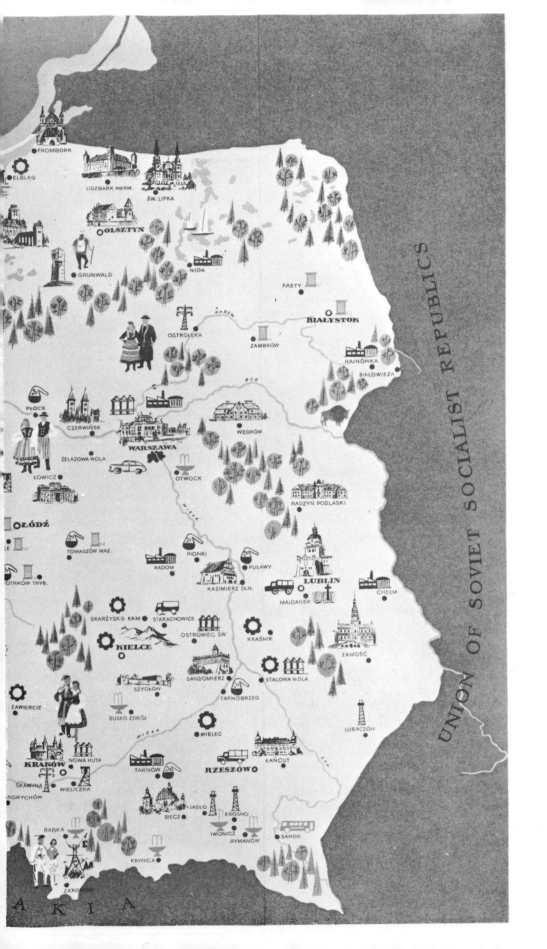

BEGINNING POLISH

VOLUME ONE

Lessons

Polish-English Glossary

REVISED EDITION

by Alexander M. Schenker

New Haven and London, Yale University Press

17   16   15

To My Children

PREFACE

This book is primarily a tool for learning the language but, because of the extensive descriptive apparatus, it may also be useful as a rudimentary reference grammar of Polish. The method rests on the proposition that the most efficient way of learning a language is to begin by speaking it and that in order to achieve a modicum of fluency a student must operate with complete utterances rather than with isolated words and grammatical rules. The ultimate aim is to help the student achieve an automaticity of response akin to that of a native speaker.

The book is planned for an intensive year course. Volume I can be used as a classroom text or for self-instruction; Volume II contains drills for the twenty-five lessons in Volume I designed specifically for classroom instruction, a survey of Polish grammar, and an index to both volumes. A set of tapes paralleling the sentences, pronunciation exercises, and drills of the book has been recorded by native speakers of Polish. It is available through the Yale Language Laboratory, 111 Grove Street, New Haven, Connecticut 06510.

In preparing the book I was fortunate to have the collaboration of many persons:

Prof. William S. Cornyn, of Yale University, either directly, in conversation, or indirectly, through his Beginning Russian, has influenced the general plan of the book and the formulation of many grammatical statements.

Prof. Maria Z. Brooks used the pre-final draft of the book in her Polish course at the University of Pennsylvania in 1965– 66 and offered many excellent suggestions and corrections.

Dr. Danuta Buttler, of the University of Warsaw, read a large part of the manuscript and corrected errors in Polish usage.

Henryk Halama, Marta Łuklińska, and Leon Gładecki taught from three successive drafts of the book in my Polish courses at Yale and shared with me the benefit of their classroom experience.

Alina Jarocka assisted me in the writing of the last lessons and, together with Alina Będowska and Leon Gładecki, helped in the development of pattern drills for Volume II.

Eliane Reinhold contributed many felicitous stylistic emendations.

Adelaide G. Johnston prepared the typescript for Volume I, checking and correcting the English equivalents of the Polish sentences.

Helen Buksa, William E. Gould, David S. Johnson, Bogusław Lawendowski, Raymond M. Rahn, and William J. Sullivan were at various stages involved in the typing of materials and made many helpful comments.

Alina Jarocka, Joanna Lawendowska, and Bogusław Lawendowski showed patience and dramatic talent in preparing the tape recordings which accompany the text.

David S. Johnson compiled and typed the index.

To all of them and to those who perforce remain nameless but whose suggestions have found their way into the final version of the book, I am very grateful.

Beginning Polish was written and published and the tapes for it were prepared with the assistance of a grant from the Office of Education, Department of Health, Education, and Welfare. A grant from the Ford Faculty Research Fund at Yale University enabled me to travel to Poland in order to check my materials.

It is a source of particular satisfaction to me that Beginning Polish makes its appearance during the Millennium Year, when Poland is celebrating the one-thousandth anniversary of her political and religious identity.

A.M.S.

New Haven, Connecticut
May 1966

(Revised, May 1972)

CONTENTS

INTRODUCTION

Polish, like Russian, belongs to the Slavic group of the Indo-European language family which also includes English, French, German, and many other languages of Europe and Asia. It is the official language of Poland, a country with a population of about thirty-one million people. Spoken over a territory of 120,360 square miles (312,500 square kilometers), Polish has several regional varieties or dialects. The dialect used by the educated inhabitants of Warsaw and Cracow is accepted as the literary standard and is the language presented in this book.

Students acquainted with Russian will notice many similarities between the structure and vocabulary of Polish and Russian. There are also some important divergences, some of which might well be mentioned here.*

1. Polish stress is fixed on the prefinal syllable; Russian stress is mobile.

Pol.	jagoda	Russ.	jagoda	berry
	swoboda		svoboda	freedom
	sierota		sirota	orphan

2. Polish has nasal vowels. They correspond to Russian ja (a), u in cognate words.

Pol.	się	Russ.	sja	reflexive
	często		často	often
	siądę		sjadu	I'll sit down
	sąd		sud	court

3. Polish ó corresponds to Russian o in cognate words

Pol.	sól	Russ.	sol'	salt

4. Polish o (ó) and a sometimes correspond to Russian e in cognate words.

Pol.	miotła	Russ.	metla	broom
	miód		med	honey
	miara		mera	measure

5. Polish palatal ć dź ś ź correspond to the Russian palatalized consonants t' d' s' z' in cognate words.

---

* The statements given in this section should be viewed as serviceable generalizations and not as exception-less rules.

Pol.	nić	Russ.	nit'	thread
	miedź		med'	copper
	oś		os'	axle
	maź		maz'	grease

6. Polish rz corresponds to Russian r' in cognate words.

Pol.	rzeka	Russ.	reka	river

7. Polish inserted vowel e corresponds to Russian e or o.

Pol.	lew, lwa	Russ.	lev, l'va	lion
	sen, snu		son, sna	sleep

8. Polish alternations k~c, g~dz, ch~sz correspond to Russian k~k', g~g', x~x'.

Pol.	rzeka, rzece	Russ.	reka, reke	river (nom., loc.)
	noga, nodze		noga, noge	leg
	mucha, musze		muxa, muxe	fly

9. Polish declensional endings depend on the quality of the stem-final consonant; Russian do not.

Pol.	piła, pile	Russ.	pila, pile	saw (nom., loc.)
	wola, woli		volja, vole	will

10. Polish has a vocative form; Russian does not.

Pol.	Paweł	Russ.	Pavel	Paul
	Pawle!			

11. Polish has two genders in the nominative plural, virile and nonvirile; Russian has none.

Pol.	starzy (vir.)	Russ.	starye	old (nom. pl.)
	stare (nonvir.)			

12. Polish has no predicative (short) form of the adjective; Russian has.

Pol.	stary człowiek	Russ.	staryj čelovek	an old man
	On był stary.		On byl star.	He was old.

13. Polish has no -t in the 3d person present; Russian has.

Pol.	On stoi.	Russ.	On stoit.	He stands.
	Oni stoją.		Oni stojat.	They stand.

14. Polish present-tense forms in -am, -asz (Conj.III) correspond to the Russian presents in -aju, -aješ' of Conj. I.

Pol.	czytam	Russ.	čitaju	I read
	czytasz		čitaješ'	you read

15. Polish has person suffixes in the past tense; Russian does not.

Pol.	czytałem			I read
	czytałeś	Russ.	čital	you read
	czytał			he read

16. The Polish reflexive particle się is not fixed to the verb form; Russian sja is.

Pol.	On się żeni.	Russ.	On ženitsja.	He's getting married.

17. Polish has no present passive or past active participles; Russian has.

Pol.	tekst, który czyta student	Russ.	tekst čitaemyj studentom	the text which the student is reading
	student, który prze- czytał tekst		student pro- čitavšij tekst	the student who has read the text

18. Polish uses the present of the verb 'to be'; Russian does not.

Pol. On tam jest.	Russ. On tam.	He's there.

19. In Polish the nominatives of the personal pronouns of the 1st and 2d person are used for emphasis only; in Russian they are habitual indicators of person.

Pol. Czytam gazetę.	Russ. Ja čitaju gazetu.	I'm reading a newspaper.
Przeczytałeś gazetę?	Ty pročital gazetu?	Have you read the newspaper?

20. In formal address, the Polish equivalents of the Russian pronoun vy 'you' are the nouns pan (to men), pani (to women), państwo (to a mixed group); the Polish equivalent of the Russian 2d person plural in such expressions is the 3d person (singular or plural).

Pol. Pan go zna?		Do you (m) know him?
Pani go zna?	Russ. Vy znaete ego?	Do you (f) know him?
Państwo go znają?		Do you (mf) know him?

BEGINNING POLISH

ZDANIA	SENTENCES
1. Dzień dobry.	Hello.
2. Jak się pan ma?	How are you (m)?
3. Jak się pani ma?	How are you (f)?
4. Dziękuję, dobrze.	Fine, thanks.
5. A pani?	And you (f)?
6. A pan?	And you (m)?
7. Tak sobie.	So-so.
8. Bardzo dobrze.	Very well.
9. Doskonale.	Excellent.
10. Świetnie.	Splendid.
11. Proszę powtórzyć.	Repeat, please.
12. Niedobrze.	That's not good.
13. Jeszcze raz.	Once more.
14. Teraz lepiej.	Now it's better.
15. Wszyscy razem.	All together.
16. Proszę głośniej.	Louder, please.
17. Proszę wolniej.	Slower, please.
18. Przepraszam.	Excuse me.
19. Proszę czytać dalej.	Read on, please.
20. Następny.	Next.
21. Dziękuję, dosyć.	That's enough, thank you.
22. Do widzenia.	Good-by.
23. Najpierw pan, a potem pani.	First you (m) and then you (f).
24. Najpierw pani, a potem pan.	First you (f) and then you (m).
25. Najpierw ja, a potem pan.	First I and then you (m).
26. Co to jest?	What's this (that)?
27. To jest gazeta.	That's a newspaper.
portmonetka.	wallet.
puderniczka.	compact.
zeszyt.	notebook.
długopis.	ball-point.

To jest ołówek.	That's a pencil.
pióro.	pen.
lusterko.	mirror.
zdjęcie.	snapshot.

28. To są okulary.   Those are (eye)glasses.
     nożyczki.   scissors.
     pieniądze.   That's money.

29. Czy to jest gazeta?   Is this a newspaper?
        portmonetka?   wallet?
        puderniczka?   compact?
        zeszyt?   notebook?
        długopis?   ball-point?
        ołówek?   pencil?
        pióro?   pen?
        lusterko?   mirror?
        zdjęcie?   snapshot?

30. Czy to są okulary?   Are these glasses?
       nożyczki?   scissors?
       pieniądze?   Is this money?

31. Nie, to nie jest gazeta.   No, that's not a newspaper.
         portmonetka.   wallet.
         puderniczka.   compact.
         zeszyt.   notebook.
         długopis.   ball-point.
         ołówek.   pencil.
         pióro.   pen.
         lusterko.   mirror.
         zdjęcie.   snapshot.

32. Nie, to nie są okulary.   No, those aren't glasses.
       nożyczki.   scissors.
       pieniądze.   No, that's not money.

33. A co to jest? Gazeta?   And what's this? A newspaper?

34. Tak, to jest gazeta.   Yes, that's a newspaper.

35. A to? Czy to jest zeszyt? And this? Is this a notebook?

36. Nie, to nie jest zeszyt.   No, that's not a notebook.

37. Czy to jest pióro, czy ołówek? Is this a pen or a pencil?

38. To nie jest ani pióro, ani   That's neither a pen nor a
    ołówek. To jest długopis.   pencil. That's a ball-point.

39. Czy to są okulary?   Are these glasses?

40. Skąd! To nie są okulary.   Of course not. Those aren't
                              glasses.

41. Przecież to są nożyczki.   Those are <u>scissors</u>.

42. Czy to też są nożyczki?   Are these also scissors?

43. Naturalnie, to są nożyczki. Certainly those are scissors.

44. No a co to jest?	And what's that?
45. To jest ściana.	That's a wall.
mapa.	map.
lampa.	lamp.
tablica.	the blackboard.
podłoga.	floor.
sufit.	ceiling.
stół.	a table.
kosz na śmiecie.	wastepaper basket.
okno.	window.
krzesło.	chair.
biurko.	desk.
46. To są drzwi.	That's a door.
47. To jest okno, a to są drzwi.	This is a window and that's a door.
48. Czy to jest stół, czy biurko?	Is this a table or a desk?
49. To nie jest ani stół, ani biurko tylko krzesło.	That's neither a table nor a desk but a chair.
50. To jest podłoga, czy sufit?	Is this the floor or the ceiling?
51. To nie jest ani podłoga, ani sufit, ale ściana.	This is neither the floor nor the ceiling but a wall.
52. Czy tak jest dobrze czy źle?	Is this way right or wrong?
53. Jeszcze niezupełnie dobrze.	It isn't quite right yet.
54. Teraz dobrze.	Now it's right.

PISOWNIA   SPELLING

For general rules of spelling consult the Section Sounds and Spelling in the **Survey of Grammar** (Vol. Two, pp. 339–380), hereafter abbreviated S. & S.
Note the following important points:

a. The vowel sound u is spelled u in some words, ó in others.

kuł	he forged		kół	wheels (gen.)

b. The consonant sound ż is spelled ż in some words, rz in others.

może	maybe		morze	sea

c. The consonant sound h is spelled h in some words, ch in others.

hart	temper, grit		chart	greyhound

d. Polish consonants are either hard or soft. The soft consonants are the palatalized consonants [p' b' f' w' m' k' g' h'/ch'], the palatal consonants (ś ź ć dź ń j), and l; all other consonants are hard (see S. & S. 7 b).

e. Of all soft consonants only l and j have their own letter symbols. Other soft consonants use letters representing corresponding hard consonants and add to them kreska (´) or the letter i (see S. & S. 8 c).

f. Before another consonant or at the end of a word, palatalized consonants do not occur and palatal consonants (other than j) are marked by kreska.

ś	głośniej	louder	dziś	today
ź	źle	badly	weź	take!
ć	dziećmi	children (instr.)	dosyć	enough
dź	ludźmi	people (instr.)	odpowiedź	answer
ń	końmi	horses (instr.)	dzień	day
l	wolniej	slower	styl	style
j	wojna	war	mój	my

g. After soft consonants the high-front vowel is spelled i, contrasting with y written after hard consonants; see S. & S. 5 (a).

[p']	długopis	ball-point
[b']	bilet	ticket
[f']	sufit	ceiling
[w']	Wiktor	Victor
[m']	Michał	Michael
[k']	portmonetki	wallet (gen.)
[g']	Olgi	Olga (gen.)
[h'/ch']	Hindus	Indian
ś	Zosi	Sophy (gen.)
ź	zima	winter
ć	cicho	quietly
dź	dziś	today
ń	pani	lady
l	tablica	blackboard
j	Felicji	Felicia (gen.)

h. Before other vowels, soft consonants (other than <u>l</u> and <u>j</u>) are marked by the letter <u>i</u> inserted between the consonant and the vowel.

[p']	pieniądze	money
[b']	biurko	desk
[f']	trafia	he hits
[w']	wieczór	evening
[m']	śmiecie	trash
[k']	pańskie	your (neut.)
[g']	drugie	second (neut.)
ś	Zosia	Sophy
ź	ziemia	earth
ć	zdjęcie	snapshot
dź	dziękuję	thank you
ń	nie ma	isn't
l	okulary	glasses
j	jest	is

WYMOWA   PRONUNCIATION

1. VOICED TO VOICELESS ASSIMILATION

Voiced consonants are pronounced voiceless under the following conditions.

a. Before a pause

Spelling	Pronunciation	
klub	klup	club
nazad	nazat	back
buldog	buldok	bulldog
najpierw	najpierf	first
raz	ras	once
bagaż	bagasz	baggage
widz	wic	spectator
brydż	brycz	bridge

b. Before a voiceless consonant

Spelling	Pronunciation	
babka	bapka	dame
brzydka	brzytka	ugly
szmaragd	szmarakt	emerald
wszyscy	fszyscy	all
bluzka	bluska	blouse
łyżka	łyszka	spoon
gorzka	goszka	bitter
ludzka	lucka	humane

2. HARD AND SOFT CONSONANTS CONTRASTED

The following consonants which have the same mode of articulation (see S. & S.7) are paired as to hardness and softness: plain vs. palatalized (p b f w m k g h/ch vs. [p' b' f' w' m' k' g' h'/ch']) and dental vs. palatal (s z c dz n vs. ś ź ć dź ń). Other consonants are unpaired.

a. Before another consonant or at the end of a word all hard consonants occur (cf. however the rules of voiced to voiceless assimilation, 1. above); of the soft consonants only the palatals and l occur.

Paired dental and palatal consonants

s	kosmyk	lock (of hair)	ś	kośmy	let's mow	
	nos	nose		noś	carry!	
z	zlew	sink	ź	źle	badly	
	zaraz	right away		zaraź	infect!	
c	cwikier	pince-nez	ć	ćwikła	red beets	
	prac	jobs (gen.)		prać	launder	
dz	jedzmy	let's eat	dź	jedźmy	let's go	
	jedz	eat!		jedź	go!	
n	banki	banks	ń	bańki	bubbles	
	len	flax		leń	lazybones	

Unpaired hard consonants

t	matka kot	mother cat	sz	szron kosz	frost basket
d	podłoga brud	floor dirt	ż/rz	łyżwy ryż	skates rice
r	narty komar	skis mosquito	cz	kaczka klucz	duck key
ł	pałka dał	stick he gave	dż	drzwi brydż	door (see S. & S. 13) bridge

Other hard consonants

p	apteka słup	drugstore pole	m	lampa sam	lamp alone
b	obraz klub	picture club	k	okno ołówek	window pencil
f	kufry szef	trunks chief	g	migdał szereg	almond row
w	pewny lew	certain lion	h/ch	chochla dach	ladle roof

Unpaired soft consonants

l	palma bal	palm tree ball	j	bajka maj	fable May

b. Before the high-front vowel y/i all consonants except plain k g occur (see
S. & S. 12); y is written after hard consonants, i after soft consonants.

Paired plain and palatalized consonants

p	pysk	mug
b	była	she was
f	trafy	accidents
w	wydma	dune
m	myła	she washed
h/ch	chyba	I guess

[p']	pisk	squeal
[b']	biła	she beat
[f']	trafi	he'll hit
[w']	widma	specters
[m']	miła	nice (fem.)
[h'/ch']	Chiny	China

Paired dental and palatal consonants

s	syna	son (gen.)
z	wozy	carts
c	płacy	pay (gen.)
dz	sadzy	soot (gen.)
n	rany	wound (gen.)

ś	sina	livid (fem.)
ź	wozi	he transports
ć	płaci	he pays
dź	sadzi	he plants
ń	rani	he wounds

Unpaired hard consonants

t	tytoń	tobacco
d	dymu	smoke (gen.)
r	ryba	fish
ł	połyka	he swallows

sz	szyna	rail
ż/rz	żyła	she lived
cz	oczy	eyes
dż	brydżysta	bridge player

Unpaired soft consonants

l	boli	it hurts

j	stacji	station (gen.)

Other soft consonants

[k']	boki	sides

[g']	nogi	legs

c. Before vowels other than y/i all consonants except [h'/ch'] occur; after soft consonants i is written.

Paired plain and palatalized consonants

p	pasek	belt	[p']	piasek	sand
b	burze	storms	[b']	biurze	office (loc.)
f	szafę	wardrobe (acc.)	[f']	szafie	wardrobe (loc.)
w	wodę	water (acc.)	[w']	wiodę	I lead
m	mała	small (fem.)	[m']	miała	she had
k	Polskę	Poland (acc.)	[k']	polskie	Polish (neut.)
g	drogę	road (acc.)	[g']	drogie	dear (neut.)

Paired dental and palatal consonants

s	sądzie	court (loc.)	ś	siądzie	he'll sit down
z	koza	goat	ź	kozia	goat- (fem.)
c	koca	blanket (gen.)	ć	kocia	feline (fem.)
dz	brudzę	I soil	dź	brudzie	dirt (loc.)
n	panami	gentlemen (instr.)	ń	paniami	ladies (instr.)

Unpaired hard consonants

t	tak	yes	sz	szalik	scarf
d	dała	she gave	ż/rz	rzeka	river
r	rana	wound	cz	czasem	sometimes
ł	ławka	bench	dż	dżungla	jungle

Unpaired soft consonants

l	lampa	lamp	j	jama	pit

Other hard consonants

h/ch	homar	lobster
	chata	hut

3. NASAL VOWELS

a. At the end of a word ę is pronounced e̲ (i.e. without nasalization) except in the most careful and slow speech, where a̲ slight nasalization is heard. ą is pronounced [ǫ] except in the most relaxed style [bordering on sloppiness), where [ou] is heard.

Spelling	Pronunciation	
drę	dre	I tear
daję	daje	I give
gazetę	gazete	newspaper (acc.)
portmonetkę	portmonetke	wallet (acc.)
są	s[ǫ]	they are
dają	daj[ǫ]	they give
gazetą	gazet[ǫ]	newspaper (instr.)
portmonetką	portmonetk[ǫ]	wallet (instr.)

b. Before p̲ and b̲, ę and ą are pronounced e̲m̲ and o̲m̲.

Spelling	Pronunciation	
następny	nastempny	next
tępy	tempy	dull
zęby	zemby	teeth
gołębia	gołembia	pigeon (gen.)
skąpy	skompy	avaricious
kąpie	kompie	he bathes
trąba	tromba	trumpet
rąbie	rombie	he chops

c. Before t d c dz cz, ę and ą are pronounced en and on.

Spelling	Pronunciation	
piętro	pientro	floor
chętnie	chentnie	willingly
tędy	tendy	this way
będę	bende	I'll be
więc	wienc	so
ręce	rence	hands
pieniędzy	pieniendzy	money (gen.)
pędzę	pendze	I rush
ręczny	renczny	manual
męczę	mencze	I torture
piąty	pionty	fifth
kąty	konty	corners
skąd	skont	where from?
żąda	żonda	he demands
zając	zajonc	rabbit
gorąco	goronco	hot
żądza	żondza	desire
pieniądze	pieniondze	money
gorączka	goronczka	fever
pączek	ponczek	doughnut

d. Before ć and dź, ę and ą are pronounced eń and oń.

Spelling	Pronunciation	
pięć	pieńć	five
zdjęcie	zdjeńcie	snapshot
będzie	beńdzie	he'll be
wszędzie	wszeńdzie	everywhere
płynąć	płynońć	swim
mąci	mońci	he muddles
bądź	bońć	be!
rządzi	rzońdzi	he rules

e. Before k and g, ę and ą are pronounced [eŋ] and [oŋ] (ŋ represents the n of English anchor, anger).

Spelling	Pronunciation	
ręka	re[ŋ]ka	hand
dziękuję	dzie[ŋ]kuje	thank you
węgiel	we[ŋ]giel	coal
tęgi	te[ŋ]gi	big
mąka	mo[ŋ]ka	flour
rąk	ro[ŋ]k	hands (gen.)
posągu	poso[ŋ]gu	monument (gen.)
ciągle	cio[ŋ]gle	steadily

4. EJ REPLACED BY IJ

In rapid speech the unstressed ej in word-final position is pronounced ij.

Spelling	Pronunciation	
dalej	dalij	further
głośniej	głośnij	louder
wolniej	wolnij	slower

5. WORD STRESS

Barring a few special cases, Polish word stress is fixed on the prefinal syllable of polysyllabic words. In the examples below the vowel of the stressed syllable is underlined.

pióro	pen	mapa	map
gazeta	newspaper	tablica	blackboard
puderniczka	compact	portmonetka	wallet

The prefinal stress is considered regular and henceforth will not be recorded. Departures from the regular pattern are shown by an underline.

GRAMATYKA   GRAMMAR

1. NOUNS

This lesson presents twenty-four nouns:

biurko	desk	ołówek	pencil
długopis	ball-point	pieniądze	money
drzwi	door	pióro	pen
gazeta	newspaper	podłoga	floor
kosz	basket	portmonetka	wallet
krzesło	chair	puderniczka	compact
lampa	lamp	stół	table
lusterko	mirror	sufit	ceiling
mapa	map	ściana	wall
nożyczki	scissors	tablica	blackboard
okno	window	zdjęcie	snapshot
okulary	glasses	zeszyt	notebook

Polish has no words corresponding to the definite or indefinite articles of English. The noun gazeta is rendered in English by 'newspaper,' 'a newspaper,' or 'the newspaper' depending on the context.

2. PRONOUNS TO, CO

This lesson also presents two pronouns: the demonstrative pronoun to 'this, that, it' and the interrogative pronoun co 'what?'.

Co to jest?	What's that?
To jest pióro.	This is a pen.

3. SINGULAR AND PLURAL FORMS OF THE VERB 'TO BE'

jest 'is' and są 'are' are forms of the Polish verb 'to be'; jest is singular and są is plural.

4. SINGULAR AND PLURAL NOUNS

The nouns which agree with jest 'is' are singular nouns, those which agree with są 'are' are plural nouns.

To jest zdjęcie.	That's a snapshot.
To są pieniądze.	That's money.

Singular nouns			Plural nouns
biurko	mapa	stół	drzwi
długopis	okno	sufit	nożyczki
gazeta	ołówek	ściana	okulary
kosz	pióro	tablica	pieniądze
krzesło	podłoga	zdjęcie	
lampa	portmonetka	zeszyt	
lusterko	puderniczka		

5. DEMONSTRATIVE SENTENCES

Sentences characterized by the structure <u>to</u> + <u>jest</u>/<u>są</u> + a noun are demonstrative sentences. The demonstrative pronoun <u>to</u> refers to a noun which agrees with the verb <u>jest</u> or <u>są</u>.

To jest gazeta.	This is a newspaper.
To są okulary.	These are glasses.

6. NEGATIVE PARTICLE <u>NIE</u>

In a negated demonstrative sentence the verb form is preceded by the negative particle <u>nie</u> 'not.'

To nie jest gazeta.	This isn't a newspaper.

The particle <u>nie</u> and the following verb are accentually a single word. Therefore, when the verb is monosyllabic, <u>nie</u> is stressed and the verb is unstressed; see S. & S. 4 B (4).

To nie jest gazeta.	This isn't a newspaper.
To nie są okulary.	These aren't glasses.

7. QUESTIONS

Replacement of a noun by the interrogative pronoun <u>co</u> 'what?' transforms a demonstrative statement into a question. Interrogative words in Polish usually occur at the beginning of a sentence.

To jest pióro.	This is a pen.
Co to jest?	What's this?

Questions calling for a yes-or-no answer are marked by the interrogative intonation, characterized by a rising tone on the last syllable of the utterance. In colloquial Polish, interrogative intonation is the only feature distinguishing such questions from statements.

To jest pióro?	Is this a pen?
To jest pióro.	It's a pen.

8. INTERROGATIVE PARTICLE CZY

In more formal situations, questions calling for a yes-or-no answer are also accompanied by the interrogative particle czy.

Czy to jest pióro?	Is this a pen?

In questions offering a choice of answers, czy corresponds to the English 'or.'

To jest pióro, czy ołówek?	Is this a pen or a pencil?

As in the instance outlined above, in more formal speech these questions are introduced by another czy.

Czy to jest pióro, czy ołówek?	Is this a pen or a pencil?

9. NEGATIVE PARTICLES ANI . . . , ANI

A compound negation in answer to questions offering the possibility of choice is expressed by a negated verb form followed by the particles ani . . . , ani corresponding to the English 'neither . . . nor.'

To nie jest ani pióro, ani ołówek.	This is neither a pen nor a pencil.

The positive term after ani . . . , ani is introduced by tylko 'only' or ale 'but.'

To nie jest ani stół, ani biurko tylko krzesło.	That's neither a table nor a desk; it's a chair.
To nie jest ani stół, ani biurko, ale krzesło.	That's neither a table nor a desk; it's a chair.

10. CONJUNCTION A

The conjunction a indicates contrast. It usually corresponds to English 'and' or 'but.'

A co to jest?	And what's that?
To jest okno, a to są drzwi.	This is a window and that's a door.

11. JAK SIĘ PAN (PANI) MA? 'HOW ARE YOU?'

The expression jak się pan (pani) ma? is not so casual a greeting as English 'how are you?' but rather a fairly earnest inquiry about a person's well-being, inviting an equally earnest response. It often serves as the opening line of a conversation but is rarely used in a brief exchange.

ZADANIE   EXERCISES

Give the Polish equivalents of the following:

1.
newspaper	pencil
wallet	pen
compact	mirror
notebook	snapshot
ballpoint	money

a. That's (a, the) ——— .
b. This isn't (a, the) ——— .

2.
glasses	scissors

a. Those are (the) ——— .
b. These aren't (the) ——— .

3.
wall	floor	window
map	ceiling	chair
lamp	table	desk
blackboard	wastepaper basket	door

a. Is this a (the) ——— or a (the) ——— ?
b. That's neither a (the) ——— nor a (the) ——— .
c. This is a (the) ——— and that's a (the) ——— .

SŁÓWKA   VOCABULARY

a	and, but	bardzo	very
ale	but	biurko	desk
ani . . . ani	neither . . . nor	co	what?

czy	[particle introducing a question]	niedobrze	not well
		niezupełnie	not quite
czytać	read	no	well, and
dalej	further on	nożyczki	scissors
długopis	ball-point pen	okno	window
do widzenia	good-by	okulary	(eye)glasses
dobry	good	ołówek	pencil
dobrze	well	pan	mister, gentleman, sir
doskonale	excellent		
dosyć	enough	pani	Mrs., lady, ma'am
drzwi	door	pieniądze	money
dzień	day	pierwsza	first
dzień dobry	hello	pióro	pen
dziękuję	thank you	pisownia	spelling
gazeta	newspaper	podłoga	floor
głośniej	louder	portmonetka	wallet, purse
gramatyka	grammar	powtórzyć	repeat
ja	I	proszę	please
jak	how	przecież	after all, but (emphatically)
jeden	one		
jest	is	przepraszam	sorry, excuse me
jeszcze	still, yet	puderniczka	compact
kosz	basket	raz	once
krzesło	chair	są	are
lampa	lamp	się _see_ ma się	
lekcja	lesson	skąd	of course not
lepiej	better	słówka	words, vocabulary
lusterko	mirror		
ma się	is, feels	stół	table
mapa	map	sufit	ceiling
na	for	ściana	wall
najpierw	first	śmiecie	litter, trash
następny	next	świetnie	splendidly
naturalnie	of course	tablica	blackboard
nie	no, not	tak	yes

teraz	now	zadanie	assignment, exercise
też	also, too	zdania	sentences
to	this, that, it	zdjęcie	snapshot, photo
tylko	only, just, but	zeszyt	notebook
wolniej	slower	źle	badly, wrongly
wymowa	pronunciation		

ZDANIA

SENTENCES

1. Jak się pan nazywa?	What is your (m) name?
2. Nazywam się Jan Zieliński.	My name is John Zielinski.
3. A jak się pani nazywa?	And what is your (f) name?
4. Nazywam się Maria Brown.	My name is Mary Brown.
5. Kto to jest, panie Janie?	Who's that, John?
6. To jest profesor Karol Morgan, a to jest pani Wanda Chełmicka.	This is Professor Charles Morgan, and that's Miss Wanda Chelmicki.
7. Bardzo mi miło, panie profesorze.	Very nice to meet you, sir.
8. Dobry wieczór, panie Karolu.	Good evening, Charles.
9. Bardzo mi przyjemnie.	Glad to meet you.
10. Dobranoc, pani Wando.	Good-night, Wanda.

11. Czyja to jest gazeta?   Whose newspaper is this?
         portmonetka?   wallet
         puderniczka?   compact

   Czyj to jest zeszyt?   notebook
         długopis?   ball-point
         ołówek?   pencil

   Czyje to jest pióro?   pen
         lusterko?   mirror
         zdjęcie?   snapshot

   Czyje to są okulary?   Whose glasses are these?
         nożyczki?   scissors
         pieniądze?   money is this?

12. To jest moja gazeta.   That's my newspaper.
         portmonetka.   wallet.
         puderniczka.   compact.

      mój zeszyt.   notebook.
         długopis.   ball-point.
         ołówek.   pencil.

     moje pióro.   pen.
         lusterko.   mirror.
         zdjęcie.   snapshot.

   To są moje okulary.   Those are my glasses.
         nożyczki.   scissors.
         pieniądze.   That's my money.

13. To jest pańska gazeta.   That's your (m) newspaper.
              portmonetka.   wallet.

        pański zeszyt.   notebook.
              długopis.   ball-point.

        pańskie pióro.   pen.
              zdjęcie.   snapshot.

     To są pańskie okulary.   Those are your (m) glasses.
              pieniądze.   That's your (m) money.

14. To jest pana gazeta.   That's your (m) newspaper.
              portmonetka.   wallet.
              zeszyt.   notebook.
              długopis.   ball-point.
              pióro.   pen.
              zdjęcie.   snapshot.

     To są pana okulary.   Those are your (m) glasses.
              pieniądze.   That's your (m) money.

15. To jest pani puderniczka.   That's your (f) compact.
              ołówek.   pencil.
              lusterko.   mirror.

     To są pani nożyczki.   Those are your (f) scissors.

16.   Czy to jest pańska gazeta?   Is this your (m) newspaper?
              pana portmonetka?   (m) wallet?
              pani puderniczka?   (f) compact?

        pański zeszyt?   Is this your (m) notebook?
        pana długopis?   (m) ball-point?
        pani ołówek?   (f) pencil?

        pańskie pióro?   Is this your (m) pen?
        pana zdjęcie?   (m) snapshot?
        pani lusterko?   (f) mirror?

     Czy to są pańskie okulary?   Are these your (m) glasses?
              pana pieniądze?   Is this your (m) money?
              pani nożyczki?   Are these your (f) scissors?

17. Nie, to nie jest   No, that's not
        moja gazeta.   my newspaper.
              portmonetka.   wallet.
              puderniczka.   compact.

        mój zeszyt.   notebook.
              długopis.   ball-point.
              ołówek.   pencil.

        moje pióro.   pen.
              zdjęcie.   snapshot.
              lusterko.   mirror.

     Nie, to nie są moje okulary.   No, those are not my glasses.
              nożyczki.   scissors.
              pieniądze.   No, that's not my money.

18. Gdzie jest

    pańska gazeta, panie Michale?

    pana portmonetka, panie Janie?

    pański zeszyt, panie Ryszardzie?

    pana długopis, panie Karolu?

    pańskie pióro, panie Andrzeju?

    pana zdjęcie, panie Ryśku?

Gdzie są

    pańskie okulary, panie Tomaszu?

    pana pieniądze, panie Tomku?

19. Tu jest moja gazeta.

        portmonetka.

    mój zeszyt.

        długopis.

    moje pióro.

        zdjęcie.

Tu są moje okulary.

        pieniądze.

20. Gdzie jest

    pani gazeta, pani Wando?

    puderniczka, pani Mario?

    zeszyt, pani Krystyno?

    ołówek, pani Marto?

    pióro, pani Janino?

    lusterko, pani Anno?

Gdzie są

    pani okulary, pani Zofio?

    nożyczki, pani Zosiu?

21. Tam jest moja gazeta.

        puderniczka.

    mój zeszyt.

        ołówek.

    moje pióro.

        lusterko.

Tam są moje okulary.

        nożyczki.

22. Czy tam jest pana gazeta?

    pańska portmonetka?

    pana zeszyt?

    pański długopis?

    pana pióro?

    pańskie zdjęcie?

Czy tam są pana okulary?

    pańskie pieniądze?

Where is

    your newspaper, Michael?

    wallet, John?

    notebook, Richard?

    ball-point, Charles?

    pen, Andrew?

    snapshot, Dick?

Where are

    your glasses, Thomas?

Where is your money, Tom?

Here is my newspaper.

    wallet.

    notebook.

    ball-point.

    pen.

    snapshot.

Here are my glasses.

Here's my money.

Where is

    your newspaper, Wanda?

    compact, Mary?

    notebook, Christine?

    pencil, Martha?

    pen, Jane?

    mirror, Ann?

Where are

    your glasses, Sophia?

    scissors, Sophy?

There is my newspaper.

    compact.

    notebook.

    pencil.

    pen.

    mirror.

There are my glasses.

    scissors.

Is your (m) newspaper there?

    wallet

    notebook

    ball-point

    pen

    snapshot

Are your (m) glasses there?

Is your (m) money there?

23. Nie, tam nie ma mojej gazety.   No, my newspaper isn't there.
                        portmonetki.   wallet

        mojego zeszytu.   notebook
                długopisu.   ball-point
                pióra.   pen
                zdjęcia.   snapshot

        moich okularów.   No, my glasses aren't there.
                pieniędzy.   No, my money isn't there.

24. Czy tu jest pani gazeta?   Is your (f) newspaper here?
                        puderniczka?   compact
                        zeszyt?   notebook
                        ołówek?   pencil
                        pióro?   pen
                        lusterko?   mirror

        Czy tu są pani okulary?   Are your (f) glasses there?
                nożyczki?   scissors?

25. Nie, tu nie ma mojej gazety.   No, my newspaper isn't here.
                        puderniczki.   compact

        mojego zeszytu.   notebook
                ołówka.   pencil
                pióra.   pen
                lusterka.   mirror

        moich okularów.   No, my glasses aren't here.
                nożyczek.   scissors

26. Czy tu jest moja gazeta?   Is my newspaper here?
                        portmonetka?   wallet
                        puderniczka?   compact

        mój zeszyt?   notebook
                długopis?   ball-point
                ołówek?   pencil

        moje pióro?   pen
                zdjęcie?   snapshot
                lusterko?   mirror

        Czy tu są moje okulary?   Are my glasses here?
                nożyczki?   scissors
                pieniądze?   Is my money here?

27. Nie, tu nie ma pana gazety.   No, your (m) newspaper isn't
                                               here.
        pańskiej portmonetki.   (m) wallet
        pani puderniczki.   (f) compact

        pana zeszytu.   your (m) notebook
        pańskiego długopisu.   (m) ball-point
        pani ołówka.   (f) pencil

pana pióra.	your (m) pen
pańskiego zdjęcia.	(m) snapshot
pani lusterka.	(f) mirror
pana okularów.	your (m) glasses aren't here.
pańskich pieniędzy.	(m) money isn't here.
pani nożyczek.	(f) scissors aren't here.

28. Czy to jest pański ołówek, panie Janie?

 Is this your pencil, John?

29. Nie, panie profesorze, to nie jest mój ołówek.

 No sir, that's not my pencil.

30. Czy to jest pani zdjęcie, pani Wando?

 Is this your snapshot, Wanda?

31. Nie, proszę pani, to nie jest moje zdjęcie.

 No, that's not my snapshot.

32. Panie Aleksandrze, czy to jest pana mapa, czy pana Wiktora?

 Alexander, is this your map or Victor's?

33. Panie Romanie, czy to jest moje krzesło, czy pańskie? czy pana Adama?

 Roman, is this my chair or yours? or Adam's?

34. Pani Alino, czy to jest pani mapa, czy pani Zofii?

 Alina, is this your map or Sophia's?

35. Pani Barbaro, czy to jest moja mapa, czy pani? czy pani Julii?

 Barbara, is this my map or yours? or Julia's?

36. Proszę pana, czy tu jest pańska gazeta?

 Is your (m) newspaper here?

37. Nie, tu nie ma mojej gazety.

 No, my newspaper isn't here.

38. Proszę pani, czy tam są pani okulary?

 Are your (f) glasses there?

39. Nie, tam nie ma moich okularów.

 No, my glasses aren't there.

40. Tu też nie ma moich okularów.

 My glasses aren't here either.

41. Moich okularów nigdzie nie ma.

 My glasses aren't anywhere.

42. Czy tu na pewno nie ma pańskiego ołówka?

 Are you sure your (m) pencil isn't here?

43. Na pewno.

 I'm sure.

44. Gdzie jest pan Jan? pan Karol? pan Tomek?

pani Wanda? pani Olga? pani Zosia?

 Where is John? Charles? Tom?

 Wanda? Olga? Sophy?

45. Pana Jana nigdzie nie ma. Karola Tomka

 John isn't anywhere (to be found). Charles Tom

Pani Wandy nigdzie nie ma.	Wanda isn't anywhere (to be
Olgi	Olga found).
Zosi	Sophy

46. Gdzie jest pan Jan i pani Wanda?   Where are John and Wanda?

47. Pan Jan i pani Wanda są tutaj.   John and Wanda are here.

48. A pan Karol i pani Maria?   And Charles and Mary?

49. Pan Karol tu jest, ale pani Marii nie ma.   Charles is here but Mary isn't.

50. Dziś nie ma ani pana Jana, ani pana Karola.   Today neither John nor Charles is present.

51. Dzisiaj jest i pan Jan, i pan Karol.   Today both John and Charles are present.

52. Naprawdę?   Is that right?

53. Naprawdę.   That's right.

54. Pani Wanda już jest?   Is Wanda here yet?

55. Nie, pani Wandy jeszcze nie ma.   No, Wanda isn't here yet.

56. Pani Marii jeszcze nie ma?   Isn't Mary here yet?

57. Owszem, pani Maria już jest.   Yes, Mary's already here.

58. Pani Elżbieta jeszcze jest?   Is Elizabeth still here?

59. Nie, pani Elżbiety już nie ma.   No, Elizabeth has already left.

60. Pani Krystyny już nie ma?   Has Christine left already?

61. Owszem, pani Krystyna jeszcze jest.   No, Christine is still here.

WYMOWA   PRONUNCIATION

1. Ś Ź Ć DŹ

ś is similar to German ch in ich but is further front. The whole tongue is pushed forward, the middle and front part curve toward the hard palate, the tip hangs loosely behind the lower teeth.

ź is a voiced counterpart of ś.

ć dź are affricate counterparts of ś ź.

Before vowels, ś ź ć dź are spelled si zi ci dzi.

głośniej	louder	źle	badly
Krysia	Chris	późno	late
Zosia	Sophy	Kazimierz	Casimir
Basia	Babs	Zieliński	Zielinski

ciocia	aunt		dziś	today
zdjęcie	snapshot		dzisiaj	today
śmiecie	trash		dzień dobry	hello
ściana	wall		gdzie	where?

2. SZ Ż/RZ CZ DŻ

sz is like English sh in show.

ż (in some words spelled rz) is a voiced counterpart of sz.

cz dż are affricate counterparts of sz ż/rz; cz sounds like English tch in itch; dż occurs in very few words, chiefly foreign borrowings; drz followed by a consonant is pronounced dż (see S. & S. 15).

zeszyt	notebook		nożyczki	scissors
proszę	please		powtórzyć	repeat
kosz	basket		dobrze	well
wszyscy	all		Elżbieta	Elizabeth

czy	whether		dżungla	jungle
czytać	read		drzwi	door
puderniczka	compact			
jeszcze	still			

3. Ś Ź Ć DŹ CONTRASTED WITH SZ Ż/RZ CZ DŻ

koś	mow!		kosz	basket
wieś	village		wiesz	you know
sina	livid (fem.)		szyna	rail
sidła	snare		szydła	awls
prosię	piglet		proszę	please
siał	he sowed		szał	frenzy
Kasia	Cathy		kasza	oatmeal

zim	winters (gen.)
pazi	page—
ziół	herbs (gen.)
wiezie	he transports
obrazie	picture (loc.)
ziarna	grains
buzia	cheek

Rzym	Rome
parzy	it burns
żuł	he chewed
wieże	towers
obrażę	I'll offend
żarna	handmill
burza	storm

mieć	to have
grać	to play
ci	you (dat.)
leci	he flies
ciuła	he scrapes up
ciekł	it flowed
ciapa	bungler

miecz	sword
gracz	player
czy	whether
leczy	he treats
czuła	she felt
czek	check
czapa	bearskin

dźwig	crane
radzi	he advises
dziecię	child
dzionek	morn

drzwi	door
radży	rajah (gen.)
dżecie	jet (loc.)
dżonek	junks (gen.)

4. Ł

Ł is generally pronounced [u̯] i.e. like English w in wet. It used to be pronounced like l in English wool and this pronunciation is still used on the stage and as a regionalism in the speech of older persons.

miło	pleasantly
ołówek	pencil
długopis	ball-point
podłoga	floor

głośniej	louder
niezupełnie	not quite
Michał	Michael
stół	table

5. W RZ AFTER VOICELESS CONSONANTS

After voiceless consonants, w rz are pronounced f sz.

Spelling	Pronunciation	
świetnie	śfietnie	excellent
przyjemnie	pszyjemnie	pleasantly
przepraszam	pszepraszam	excuse me
przecież	pszeciesz	after all
krzesło	kszesło	chair

6. Ń REPLACED BY [J̯]

Before a spirant, ń is pronounced [j̯] (nasal front semivowel).

Spelling	Pronunciation	
pański	pa[j̯]ski	your (m)
Zieliński	Zieli[j̯]ski	Zielinski
koński	ko[j̯]ski	horse —

7. -AJ PRONOUNCED -EJ

In rapid speech, the unstressed adverbial suffix -aj is pronounced -ej.

Spelling	Pronunciation	
tutaj	tutej	here
dzisiaj	dzisiej	today

GRAMATYKA   GRAMMAR

1. ADVERBS

gdzie 'where?,' nigdzie 'nowhere,' tutaj or tu 'here,' tam 'over there,' już 'already, yet (indicating result or change of state),' jeszcze 'still, yet (indicating continuation and no change of state,' dzisiaj or dziś 'today' are adverbs.

Gdzie jest pan Karol?	Where's Charles?
Pana Karola nigdzie nie ma.	Charles isn't anywhere (to be found).
Tu jest pan Karol.	Charles is here.
Pan Karol jest tutaj.	Charles is here.
Pan Karol jest tam.	Charles is over there.
Pan Karol już jest.	Charles is already in.
Pana Karola jeszcze nie ma.	Charles is still absent.
Pana Karola dzisiaj nie ma.	Charles isn't in today.
Pana Karola dziś nie ma.	Charles isn't in today.

2. SENTENCES INDICATING PRESENCE AND ABSENCE

These sentences indicate presence:

Pan Karol jest.	Charles is present.
Tu są okulary.	The glasses are here.

They contain a subject (the nouns pan Karol, okulary) and a predicate (the verbs jest, są).

These sentences indicate absence:

Pana Karola nie ma.	Charles is absent.
Tu nie ma okularów.	The glasses aren't here.

They contain the impersonal expression nie ma 'there isn't, there aren't,' which functions as a predicate, and an object of nie ma (the nouns pana Karola, okularów).

3. CASE: NOMINATIVE AND GENITIVE

Polish nouns, pronouns, and adjectives occur in different forms depending on their function or position in a sentence.

Tu jest gazeta.	The newspaper is here.
Tu nie ma gazety.	The newspaper isn't here.

The forms which have the same function or fill the same position are said to belong to the same case. The case functioning as the subject is called nominative (nom.).

Pan Karol jest.	Charles is present.
Tu są okulary.	The glasses are here.
Tu jest gazeta.	The newspaper is here.

The case depending on the impersonal expression <u>nie ma</u> 'there isn't (aren't)' is called genitive (gen.).

Pana Karola nie ma.	Charles is absent.
Tu nie ma okularów.	The glasses aren't here.
Tu nie ma gazety.	The newspaper isn't here.

The nom. and gen. forms of the nouns occurring in this lesson are listed below.

Nom.	Gen.		Nom.	Gen.
gazeta	gazety		zeszyt	zeszytu
mapa	mapy		długopis	długopisu
portmonetka	portmonetki		ołówek	ołówka
puderniczka	puderniczki		pan	pana
pani	pani		Jan	Jana
Elżbieta	Elżbiety		Wiktor	Wiktora
Wanda	Wandy		Adam	Adama
Krystyna	Krystyny		Tomek	Tomka
Olga	Olgi		Karol	Karola
Zosia	Zosi		pióro	pióra
Zofia	Zofii		krzesło	krzesła
Julia	Julii		lusterko	lusterka
Maria	Marii		zdjęcie	zdjęcia
			okulary	okularów
			nożyczki	nożyczek
			pieniądze	pieniędzy

4. POSSESSIVE ADJECTIVES

czyj 'whose?,' mój 'my,' and pański 'your (addressing a man)' are possessive adjectives.

Czyj to jest ołówek?	Whose pencil is that?
To jest mój ołówek.	This is my pencil.
To jest pański ołówek.	This is your pencil (sir).

5. NUMBER AND GENDER

In addition to distinguishing cases (cf. 3 above), Polish adjectives distinguish
number and gender.

There are two numbers: singular and plural. The distribution of genders
depends on the case and number. In the nom. sg. there are three genders: feminine (fem., f), neuter (neut., n), and masculine (masc., m). In the gen. sg. there
are two genders: feminine and nonfeminine (nonfem.).

		Sg.		Pl.
	Fem.	Nonfem.		
		Neut.	Masc.	
Nom.	czyja moja pańska	czyje moje pańskie	czyj mój pański	czyje moje pańskie
Gen.	czyjej mojej pańskiej	czyjego mojego pańskiego		czyich moich pańskich

6. INFLECTION. STEMS AND ENDINGS

The distinction of case, number, and gender is called inflection and the forms
which show it are inflected forms. Inflected forms consist of a common stem
and different endings.

The tables below restate the forms presented in 3 and 5 respectively with
the stems and endings shown separately. Bare stems are marked by a hyphen
after them; endings are marked by a hyphen before them. Zero ending is symbolized by -∅.

The differences between the shape of the actual forms as they appear in 3
and 5 and the shape of the stems and endings as they appear below are explained
and reconciled in the Notes following the tables.

Stem	Nom.	Gen.
gazet-		
map-		
portmonetk-		
puderniczk-		
Elżbiet-		
Wand-	-a	-y/-i
Krystyn-		
Olg-		
Zoś-		
Zofj-		
Julj-		
Marj-		
pań-	-i	

Stem	Nom.	Gen.
zeszyt-		-u
długopis-		
ołówk-		
Jan-		
Wiktor-	-∅	
Adam-		
Tomk-		-a
Karol-		
pan-		
piór-		
krzesł-	-o	
lusterk-		
zdjęć-	-e	
okular-	-y/-i	-ów
nożyczk-		-∅
pieniądz-	-e	-y/-i

Case	Stem	Sg. Fem.	Sg. Nonfem. Neut.	Sg. Nonfem. Masc.	Pl.
Nom.	czyj-	-a	-e	-∅	-e
	moj-				
	pańsk-			-y/-i	
Gen.	czyj-	-ej	-ego		-ych/-ich
	moj-				
	pańsk-				

Notes:

a. Inserted vowels

In many stems ending in a consonant cluster, the ending -∅ is accompanied
by the vowel e inserted between the last two consonants (see S. & S. 26).

ołówk- 'pencil'	ołówka (gen.)	ołówek (nom.)
nożyczk- 'scissors'	nożyczki (nom.)	nożyczek (gen.)

b. Automatic palatalization of k g

The consonants k g followed by the high-front vowel or an ending beginning
with e are automatically palatalized (see S. & S. 12).

portmonetk- 'wallet'	portmonetki (gen.)
pańsk- 'your (m)'	pański (nom. sg. masc.)
	pańskie (nom. sg. neut.)
Olg- 'Olga'	Olgi (gen.)

c. Omission of j in the spelling

The consonant j between a vowel and the high-front vowel is dropped (see S.
& S. 8a).

moj- 'my'	moja (nom. sg. fem.)
	moich (gen. pl.)

d. j spelled i

The spellings Zofia Zofii, Maria Marii, Julia Julii (pron. Zofja Zofji, Marja
Marji, Julja Julji) follow the general rule by which j is written i after consonants
other than s z c (see S. & S. 8a).

e. Alternation o~ó

In many words the vowel o in a closed stem-final syllable is replaced by ó
(see S. & S. 27).

moj- 'my'	mój (nom. sg. masc.)

f. Alternation ą~ę in pieniądze 'money'

The vowel ą in pieniądz- 'money' is replaced by ę before endings containing
the high-front vowel: pieniędzy (gen.).

7. FEMININE, NEUTER, AND MASCULINE NOUNS

Polish singular nouns (see I 4) fall into three classes according to the gender of the adjectives accompanying them. Nouns which go with the feminine forms czyja, moja, pańska are feminine nouns; those which go with the neuter forms czyje, moje, pańskie are neuter nouns; and those which go with the masculine forms czyj, mój, pański are masculine nouns.

The singular nouns presented thus far are classified as follows (for the classification of first names, see 11 below):

Fem.	Neut.	Masc.
mapa	okno	zeszyt
lampa	pióro	sufit
gazeta	krzesło	długopis
ściana	biurko	stół
portmonetka	lusterko	ołówek
puderniczka	zdjęcie	kosz
podłoga		pan
tablica		
pani		

8. POSSESSIVES PAŃSKI, PANA, AND PANI

The possessive adjective pański 'your' is used only in addressing a man. When a woman is being addressed, the gen. pani 'lady' is used. Similarly, the gen. pana 'gentleman' is frequently used instead of the adjective pański.

Gdzie jest pańska gazeta?	Where is your newspaper (sir)?
pana	(sir)?
pani	(ma'am)?
Gdzie są pańskie okulary?	Where are your glasses (sir)?
pana	(sir)?
pani	(ma'am)?

9. WORD ORDER

Word order in Polish is freer than in English—departures from the preferred order often have a stylistic rather than a grammatical function. The sentence:

Tu nie ma pańskiego ołówka.	Your (m) pencil isn't here.

is neutral. Its several variations mark special emphasis (shown by the capitals in the English equivalents).

Pańskiego ołówka tu nie ma.	YOUR pencil isn't here.
Ołówka pańskiego tu nie ma.	Your PENCIL isn't here.
Nie ma tu pańskiego ołówka.	Your pencil ISN'T here.
Tu pańskiego ołówka nie ma.	Your pencil isn't HERE.

10. FORMS OF ADDRESS. VOCATIVE

Speaking to each other, except in the family or among close friends, Poles commonly use the nouns pan 'gentleman, Mr., sir' and pani 'lady, Mrs., Miss, Ma'am.' The noun pan is often followed by the title the man spoken to may have. In addressing someone or trying to engage his attention, a special form of these nouns called the vocative (voc.) is used. There is some difficulty in finding the exact equivalents to such expressions in English where titles are not so commonly used as in Polish. An American normally uses the last name of a person where a Pole uses the title.

Nom.	Pan profesor jest.	Mr. Smith is in.
Gen.	Pana profesora nie ma.	Mr. Smith is out.
Voc.	Panie profesorze!	Mr. Smith! (Sir!)

When no title is available or when a woman is being addressed, it is polite to use the expressions proszę pana (lit. 'I beg you, sir') and proszę pani (lit. 'I beg you, ma'am'). They are especially frequent in questions.

Czyja to jest gazeta, proszę pana?	Whose newspaper is this?
Proszę pani, czy to są pani okulary?	Are these your (f) glasses?

In less formal situations the vocatives of pan and pani are followed by the vocative of a person's first name.

Dzień dobry, panie Karolu.	Hello, Charles.
Dobranoc, pani Mario.	Good night, Mary.

A greater degree of familiarity is marked by the use of an affectionate form of the first name after the nouns pan and pani.

Dziękuję, panie Janku.	Thanks, Jack.
Do widzenia, pani Zosiu.	Good-by, Sophy.

11. POLISH FIRST NAMES

Listed below are some Polish first names in the nom., gen., and voc. Selected affectionate formations are shown in parentheses.

Nom.	Gen.	Voc.	
pan	pana	panie	sir
Adam	Adama	Adamie	Adam
Aleksander (Olek)	Aleksandra (Olka)	Aleksandrze (Olku)	Alexander
Alfred	Alfreda	Alfredzie	Alfred
Andrzej	Andrzeja	Andrzeju	Andrew
Bolesław (Bolek)	Bolesława (Bolka)	Bolesławie (Bolku)	Boleslaw
Edward (Edek)	Edwarda (Edka)	Edwardzie (Edku)	Edward
Eugeniusz (Gienek)	Eugeniusza (Gienka)	Eugeniuszu (Gienku)	Eugene
Franciszek (Franek)	Franciszka (Franka)	Franciszku (Franku)	Francis
Henryk (Heniek)	Henryka (Heńka)	Henryku (Heńku)	Henry
Jacek	Jacka	Jacku	Hyacinth
Jakub (Kuba)	Jakuba (Kuby)	Jakubie (Kubo)	James
Jan (Janek)	Jana (Janka)	Janie (Janku)	John
Jerzy (Jurek)	Jerzego (Jurka)	Jerzý (Jurku)	George
Józef (Józek)	Józefa (Józka)	Józefie (Józku)	Joseph
Juliusz (Julek)	Juliusza (Julka)	Juliuszu (Julku)	Julius
Karol	Karola	Karolu	Charles
Kazimierz	Kazimierza	Kazimierzu	Casimir
Leon	Leona	Leonie	Leon
Ludwik	Ludwika	Ludwiku	Louis
Marian	Mariana	Marianie	Marian
Michał	Michała	Michale	Michael
Mieczysław (Mietek)	Mieczysława (Mietka)	Mieczysławie (Mictku)	Mieczyslaw
Paweł	Pawła	Pawle	Paul
Piotr	Piotra	Piotrze	Peter
Roman (Romek)	Romana (Romka)	Romanie (Romku)	Roman
Ryszard (Rysiek)	Ryszarda (Ryśka)	Ryszardzie (Ryśku)	Richard
Stanisław (Staszek)	Stanisława (Staszka)	Stanisławie (Staszku)	Stanislas
Stefan	Stefana	Stefanie	Steven
Tadeusz (Tadek)	Tadeusza (Tadka)	Tadeuszu (Tadku)	Thaddeus
Tomasz (Tomek)	Tomasza (Tomka)	Tomaszu (Tomku)	Thomas
Wacław (Wacek)	Wacława (Wacka)	Wacławie (Wacku)	Venceslas
Wiktor	Wiktora	Wiktorze	Victor
Witold (Witek)	Witolda (Witka)	Witoldzie (Witku)	Witold
Władysław (Władek)	Władysława (Władka)	Władysławie (Władku)	Ladislas
Zdzisław (Zdzich)	Zdzisława (Zdzicha)	Zdzisławie (Zdzichu)	Zdzislaw
Zygmunt	Zygmunta	Zygmuncie	Sigismund

Nom.	Gen.	Voc.	
pani	pani	pani	ma'am
Adela	Adeli	Adelo	Adele
Alina (Ala)	Aliny (Ali)	Alino (Alu)	Alina
Anna (Hanka)	Anny (Hanki)	Anno (Hanko)	Anna
Barbara (Basia)	Barbary (Basi)	Barbaro (Basiu)	Barbara
Danuta (Danka)	Danuty (Danki)	Danuto (Danko)	Danuta
Elżbieta	Elżbiety	Elżbieto	Elizabeth
Ewa	Ewy	Ewo	Eve
Felicja	Felicji	Felicjo	Felicia
Halina	Haliny	Halino	Halina
Helena	Heleny	Heleno	Helen
Irena	Ireny	Ireno	Irene
Jadwiga (Jadzia)	Jadwigi (Jadzi)	Jadwigo (Jadziu)	Hedwig
Janina (Janka)	Janiny (Janki)	Janino (Janko)	Jane
Julia	Julii	Julio	Julia
Katarzyna (Kasia)	Katarzyny (Kasi)	Katarzyno (Kasiu)	Catherine
Krystyna (Krysia)	Krystyny (Krysi)	Krystyno (Krysiu)	Christine
Maria (Marysia)	Marii (Marysi)	Mario (Marysiu)	Mary
Marta	Marty	Marto	Martha
Olga	Olgi	Olgo	Olga
Teresa	Teresy	Tereso	Theresa
Wanda (Wandzia)	Wandy (Wandzi)	Wando (Wandziu)	Wanda
Zofia (Zosia)	Zofii (Zosi)	Zofio (Zosiu)	Sophia

ZADANIE   EXERCISES

1. Give the Polish equivalents of the following:

newspaper	ball-point	snapshot
wallet	pencil	glasses
compact	pen	scissors
notebook	mirror	money

a. Whose —— is this?   Whose —— are these?
b. That's my —— .   Those are my —— .
c. Where is your (m) —— ?   Where are your (m) —— ?
d. Is your (f) —— here?   Are your (f) —— here?
e. My —— isn't there.   My —— aren't there.
f. Your (m) —— isn't here.   Your (m) —— aren't here.
g. Your (f) —— isn't here.   Your (f) —— aren't here.

2. Give the negative of the following statements:

a. To jest gazeta.   Tu jest gazeta.
b. To jest ołówek.   Tu jest ołówek.
c. To jest pióro.   Tu jest pióro.
d. To są okulary.   Tu są okulary.

3. Fill in the proper forms of the following:

Jan	Wanda
Karol	Olga
Tomasz	Zofia
Tomek	Zosia
Aleksander	Elżbieta
Adam	Barbara
Roman	Maria
Wiktor	Alina

a. —— tu jest.
b. —— tu nie ma.
c. Panie —— ! Pani —— !

SŁÓWKA

Adam, -a	Adam
Aleksander, -dra	Alexander
Alina, -y	Alina
Andrzej, -a	Andrew
Anna, -y	Anna, Anne
Barbara, -y	Barbara
czyj, -ego	whose
dobranoc	good-night
drugi, -ego	second
dwa	two
dzisiaj	today
dziś	today
Elżbieta, -y	Elizabeth
Felicja, -ji	Felicia
gdzie	where
i	and
Jan, -a	John
Janina, -y	Jane, Jean
Jerzy, -ego	George
Julia, -ii	Julia
już	already, yet
Karol, -a	Charles
Krystyna, -y	Christine
kto, kogo	who

VOCABULARY

Maria, -ii	Mary
Marta, -y	Martha
mi	to me, for me
Michał, -a	Michael
miło	pleasantly, nicely
mój, mojego	my
na pewno	surely, certainly
naprawdę	really, indeed
nazywa się	his (her) name is
nazywam się	my name is
nie ma	there isn't
nigdzie	nowhere
Olga, -i	Olga
owszem	quite, why yes, no (rejecting a negation)
pański, -ego	your(s) (to a man)
pewno see na pewno	
profesor, -a	professor
przyjemnie	pleasantly, agreeably
Roman, -a	Roman

Rysiek, -śka	Dick	tutaj	here
Ryszard, -a	Richard	Wanda, -y	Wanda
tam	there, over there	wieczór, -oru	evening
		Wiktor, -a	Victor
Tomasz, -a	Thomas	Zofia, -ii	Sophia
Tomek, -mka	Tom	Zosia, -si	Sophy
tu	here		

ZDANIA	SENTENCES

1. Proszę pana.

   Excuse me, sir.

2. Słucham.

   Yes?

3. Proszę zakryć polski tekst.

   Please cover the Polish text.

4. Czy pan rozumie?

   Do you (m) understand?

5. Nie rozumiem.

   I don't understand.

6. A pani rozumie?

   And do you (f) understand?

7. Teraz rozumiem.

   Now I understand.

8. To jest pytanie.

   This is a question.

9. To nie jest odpowiedź.

   That's not an answer.

10. Całe zdanie, proszę.

    Please give a complete answer.

11. Czy pan ma gazetę?
       portmonetkę?
       zeszyt?
       długopis?
       pióro?
       zdjęcie?
       okulary?
       pieniądze?

    Do you have a newspaper?
       a wallet?
       a notebook?
       a ball-point?
       a pen?
       a snapshot?
       glasses?
   (any) money?

12. Tak, mam gazetę.
       portmonetkę.
       zeszyt.
       długopis.
       pióro.
       zdjęcie.
       okulary.
       pieniądze.

    Yes, I have a newspaper.
       a wallet.
       a notebook.
       a ball-point.
       a pen.
       a snapshot.
       glasses.
   (some) money.

13. Nie, nie mam gazety.
       portmonetki.
       zeszytu.
       długopisu.
       pióra.
       zdjęcia.
       okularów.
       pieniędzy.

    No, I don't have a newspaper.
       a wallet.
       a notebook.
       a ball-point.
       a pen.
       a snapshot.
       glasses.
   (any) money.

14. Czy pani nie ma gazety?
       puderniczki?
       zeszytu?
       ołówka?

    Don't you (f) have a newspaper?
       a compact?
       a notebook?
       a pencil?

Czy pani nie ma pióra?   Don't you (f) have a pen?
    lusterka?   a mirror?
    okularów?   glasses?
    nożyczek?   scissors?

15. Owszem, mam gazetę.   Yes, I have a newspaper.
    puderniczkę.   a compact.
    zeszyt.   a notebook.
    ołówek.   a pencil.
    pióro.   a pen.
    lusterko.   a mirror.
    okulary.   glasses.
    nożyczki.   scissors.

16. Nie, nie mam gazety.   No, I don't have a newspaper.
    puderniczki.   a compact.
    zeszytu.   a notebook.
    ołówka.   a pencil.
    pióra.   a pen.
    lusterka.   a mirror.
    okularów.   glasses.
    nożyczek.   scissors.

17. Co tu jest?   What's here?

18. Tu jest fajka.   There's a pipe here.
    zapalniczka.   a cigarette lighter
    popielniczka.   an ashtray
    książka.   a book
    tytoń.   tobacco
    papier.   paper
    notes.   a memo book
    zegarek.   a watch
    lekarstwo na kaszel.   cough medicine
    pudełko zapałek.   a pack of matches

Tu są papierosy.   There are cigarettes here.
    zapałki.   matches
    cygara.   cigars

19. Czy pan Jan ma fajkę?   Does John have a pipe?
    zapalniczkę?   a cigarette lighter?
    tytoń?   tobacco?
    papier?   paper?
    lekarstwo na kaszel?   cough medicine?
    papierosy?   cigarettes?
    cygara?   cigars?

20. Nie, on nie ma fajki.   No, he doesn't have a pipe.
    zapalniczki.   a cigarette
                                                     lighter.
    tytoniu.   tobacco.
    papieru.   paper.
    lekarstwa na kaszel.   cough medi-
                                                     cine.
    papierosów.   cigarettes.
    cygar.   cigars.

21. Czy pani Wanda ma popielniczkę?   Does Wanda have an ashtray?
     książkę?   a book?
     notes?   a memo book?
     zegarek?   a watch?
     pudełko zapałek?   a pack of
             matches?

     zapałki?   matches?

22. Nie, ona nie ma popielniczki.   No, she doesn't have an ashtray.
     książki.   a book.
     notesu.   a memo book.
     zegarka.   a watch.
     pudełka zapałek.   a pack of
             matches.

     zapałek.   matches.

23. Czy pani ma ołówek i papier?   Do you (f) have a pencil and paper?

24. Mam ołówek ale nie mam papieru.   I have a pencil but no paper.

25. Nie mam ani ołówka, ani papieru.   I have neither a pencil nor paper.

26. Przepraszam pana, czy pan ma pudełko zapałek?   Excuse me, do you (m) have a pack of matches?

27. Naturalnie, że mam, proszę bardzo.   Of course I do. Here you are.

28. Przepraszam panią, czy pani ma zegarek?   Excuse me, do you (f) have a watch?

29. Niestety nie mam.   Unfortunately I don't.

30. Przepraszam pana, panie Andrzeju, czy pan ma papierosy i zapałki?   Excuse me, Andrew, do you have cigarettes and matches?

31. Zdaje się, że nie mam ani papierosów, ani zapałek.   It seems that I have neither cigarettes nor matches.

32. Przepraszam panią, pani Mario, czy pani nie ma ołówka albo pióra?   Excuse me, Mary, don't you have a pencil or a pen?

33. Owszem mam, proszę bardzo.   Yes, I do. Here you are.

34. Proszę o gazetę?   May I have a newspaper?
     popielniczkę?   an ashtray?
     zeszyt?   a notebook?
     notes?   a memo book?
     pudełko zapałek?   a pack of matches?
     lekarstwo na kaszel?   some cough medicine?
     papierosy?   some cigarettes?
     zapałki?   some matches?

35. Bardzo proszę.   Here you are.

36. Pan dużo pali?   Do you smoke a lot?

37. Nie, mało palę.   No, I smoke little.

38. Za dużo palę.   I smoke too much.

39. Co pan pali, papierosy, czy fajkę?

What do you (m) smoke, cigarettes or a pipe?

40. Nie palę ani papierosów, ani fajki—
palę cygara.

I smoke neither cigarettes nor a
pipe—I smoke cigars.

41. Czy pan wie, co to jest?

Do you (m) know what this is?

42. Wiem.

I do. (I know.)

43. Nie wiem, co to jest.

I don't know what that is.

44. Czy pan Jan pali?

Does John smoke?

45. Nie wiem na pewno. Może pali.

I don't know for sure. Maybe he
does (he smokes).

46. Czy to na pewno jest lekarstwo na
kaszel?

Are you sure this is cough medicine?

47. Ależ oczywiście.

But of course.

48. Czy tak się mówi?

Does one say it this way?

49. Mówi się tak.

This is the way it is said.

50. Tak się nie mówi.

This isn't the way it's said.

51. Nie wiem, czy tak się mówi.

I don't know whether it's said
this way.

52. Wiem, że tak się nie mówi.

I know that it isn't said this way.

53. Jak to się mówi po polsku?

How does one say it in Polish?

54. Czy pan nie wie, jak się to mówi
po polsku?

Don't you (m) know how one says
it in Polish?

55. Nie wiem, jak się to mówi po polsku.

I don't know how one says it in
Polish.

56. Czy pan wie, jak się ten pan nazywa?

Do you (m) know what this man's
name is?

57. Wiem. On się nazywa Jan Zieliński.

I do. His name is John Zielinski.

58. Wie pan może jak się ta pani nazywa?

Do you (m) know perhaps what
that woman's name is?

59. No pewnie. Ona się nazywa Wanda
Chełmicka.

Sure. Her name is Wanda
Chelmicki.

60. Czy pani przypadkiem nie wie, jak
się nazywa tamten pan?
                    tamta pani?

Don't you know by any chance the
name of that man over there?
                    that woman

61. Owszem, wiem.
On się nazywa Karol Morgan.
Ona się nazywa Maria Brown.

Yes, I do.
His name is Charles Morgan.
Her name is Mary Brown.

62. Co pan mówi?

What are you (m) saying?

63. Nic nie mówię.

I'm not saying anything.

64. Nic nie wiem.   I don't know anything.
         rozumiem.   understand anything.

65. To nic.   That's all right. (It doesn't mat-
                                    ter.)

WYMOWA   PRONUNCIATION

1. <u>Y/I</u>

The high-front vowel has two variants: <u>y</u> occurs after hard consonants, <u>i</u> after soft.

a. <u>y</u> is midway between English <u>i</u> in <u>sit</u> and <u>e</u> in <u>set</u>.

syn	son	rymy	rhymes
mysz	mouse	syty	satiated
cyrk	circus	szyny	rails
ryba	fish	wymył	he washed

b. <u>i</u> is like the initial portion of the vowel in English <u>he</u>.

piwo	beer	pili	they drank
wino	wine	ligi	league (gen.)
mina	expression	bikini	bikini
kino	movie house	dziwi	he amazes

c. <u>y</u> and <u>i</u> contrasted.

stopy	feet	stopi	he'll melt
była	she was	biła	she beat
wyje	he howls	wije	he weaves
mamy	we have	mami	he entices

2. NASAL VOWELS

ę ą are pronounced as nasal vowels before spirants and, with important restrictions, in word-final position (see I W 3 a). They contain nasal e and o respectively followed by the nasal semivowel [u̯]. ą is close to English ow in
known. Their diphthongal character makes them quite different from the "pure"
nasal vowels of French.

Before spirants

mięso	meat	wąsy	mustache
język	language	brązowy	brown
węszy	he noses about	książka	book
męża	husband (gen.)	krąży	he circles
gęsi	geese	sąsiad	neighbor
więzi	he imprisons	wąziutki	very narrow
stęchły	stale	wącha	he sniffs
		wąwóz	canyon

3. TRZ TSZ DRZ

After voiceless consonants, rz is pronounced sz (see II W 5).

The cluster tsz (spelled: trz, tsz, dsz) is in colloquial Polish pronounced
czsz with the assimilation of t to sz with regard to the point of articulation.
Similarly, the cluster drz is normally pronounced dżrz. czsz and dżrz are
simplified to cz and dż before another consonant or at the end of a word.

Spelling	Pronunciation	
trzy	czszy	three
krótszy	króczszy	shorter
młodszy	młoczszy	younger
drzewo	dżrzewo	tree
powietrzny	powieczny	aerial
patrz	pacz	look!
drzwi	dżwi	door

4. CZ AND CZSZ (SPELLED TRZ TSZ DSZ) CONTRASTED

czy	whether	trzy	three
Czech	Czech	trzech	three (gen.)
oczyma	eyes (instr.)	otrzyma	he'll receive
uczę	I teach	utrze	he'll rub
krucza	raven — (fem.)	krótsza	shorter (fem.)
huczy	it booms	chudszy	leaner

GRAMATYKA   GRAMMAR

1. VERBS: 1ST AND 3RD PERSON SINGULAR

The verbs introduced thus far are listed below in the form of the 1st person singular (1 sg.) and 3rd person singular (3 sg.):

1 Sg.	3 Sg.	
mam	ma	have
słucham	słucha	listen
przepraszam	przeprasza	ask forgiveness
nazywam się	nazywa się	be named
wiem	wie	know, be aware
rozumiem	rozumie	understand
proszę	prosi	ask (a favor)
palę	pali	smoke
mówię	mówi	speak, say

Besides their basic meaning, some of these forms have special meanings:

słucham	yes?, go ahead (to a person wishing to speak)
przepraszam	sorry
proszę	please you're welcome (after dziękuję 'thank you') it's all right (after przepraszam 'sorry')

2. PARTICLE SIĘ

The enclitic particle się occurs with some verbs modifying or changing entirely their basic meaning.

mówi	says	mówi się	it is said, one says
nazywam	I name	nazywam się	I am named, my name is
mam	I have	Mam się (dobrze).	I feel (fine).

The particle się is usually placed after the first stressed word in its clause.

Tak się nie mówi.	One doesn't talk this way.
Jak się pan nazywa?	What's your (m) name?
Dobrze się mam.	I feel fine.

3. NEW NOUNS

The following new nouns occur in this lesson:

Fem.	
fajka	pipe
książka	book
zapalniczka	lighter
popielniczka	ashtray

Masc.	
papier	paper
notes	memo book
zegarek	watch
kaszel	cough
tytoń	tobacco

Neut.	
lekarstwo	medicine
pudełko	box

Pl.	
papierosy	cigarettes
zapałki	matches
cygara	cigars

4. ACCUSATIVE

The case functioning as the object of a non-negated verb is called the accusative (acc.). The acc. ending of most feminine nouns is -ę.

Nom.	To jest gazeta. popielniczka. książka.	This is a newspaper. an ashtray. a book.
Acc.	Mam gazetę. popielniczkę. książkę.	I have a newspaper. an ashtray. a book.

The acc. of other nouns introduced so far coincides with the nom.

Nom.	To jest ołówek. zdjęcie. są okulary.	That's a pencil. a snapshot. Those are glasses.
Acc.	Mam ołówek. zdjęcie. okulary.	I have a pencil. a snapshot. glasses.

5. GENITIVE FOR ACCUSATIVE AFTER NEGATED VERBS

The acc. is regularly replaced by the gen. when the object depends on a negated verb (cf. II 2).

Acc.	Mam gazetę. zdjęcie. papierosy.	I have a newspaper. a snapshot. cigarettes.
Gen.	Nie mam gazety. zdjęcia. papierosów.	I don't have a newspaper. a snapshot. cigarettes.

In accordance with the rule given in I 6, expressions consisting of nie followed by a monosyllabic verb form are stressed on the nie.

Nie mam.   I don't have [it].

6. ACCUSATIVE AND GENITIVE OF PAN, PANI

The gen. and acc. of pan 'sir' and pani 'madam' are:

Nom.	pan	pani
Gen.	pana	
Acc.		panią

The gen. occurs in expressions:

Proszę pana!	Sir!
Proszę pani!	Ma'am!

The acc. occurs after przepraszam:

Przepraszam pana.	Excuse me (sir).
Przepraszam panią.	Excuse me (ma'am).

7. PREPOSITIONS NA AND O + ACCUSATIVE

This lesson introduces two prepositions: na 'for (purpose)' and o 'for (goal of a request).' In these functions, na and o are followed by a noun object in the accusative.

lekarstwo na kaszel	cough medicine
Proszę o gazetę.	May I have a newspaper? (lit. I ask for a newspaper.)

8. 'YOU' IN POLISH

In speaking to a person other than a close friend, schoolmate, or relative, Poles use the noun pan (to a man) and pani (to a woman) accompanied by the 3 sg. of the verb (cf. II 8 and II 10).

Pan ma gazetę.	You (m) have a newspaper.
Czy pani ma okulary?	Do you (f) have glasses?
Pan to rozumie?	Do you (m) understand it?
Pani nie rozumie.	You (f) don't understand.

9. 3D PERSON PRONOUN. DEMONSTRATIVE ADJECTIVES

This lesson presents the nom. sg. masc. and fem. of the 3d person pronoun on and of the demonstrative adjectives ten 'this, that' and tamten 'that one over there.'

Masc.	
Ten pan mówi po polsku.	That man speaks Polish.
Tamten pan nie mówi po polsku.	That man over there doesn't speak Polish.
On na pewno nie mówi po polsku.	I'm sure he doesn't speak Polish.

Fem.	
Ta pani mówi po polsku.	That woman speaks Polish.
Tamta pani nie mówi po polsku.	That woman over there doesn't speak Polish.
Ona na pewno nie mówi po polsku.	I'm sure she doesn't speak Polish.

10. NEGATIVE PRONOUN NIC

nic 'nothing' is a negative pronoun. It replaces co 'what?' (see I 2) when the verb is negated.

Co to jest?	What's this?
To nic nie jest.	That's nothing.
Co pan mówi?	What are you (m) saying?
Nic nie mówię.	I'm not saying anything.

In the expression to nic 'that's all right' the verb is omitted.

11. SUBORDINATE CLAUSES

Subordinate clauses are introduced by the particles że 'that,' czy 'whether, if,' or by any question word. In writing they are separated from the main clause by a comma.

Wiem, że pan pali.	I know that you (m) smoke.
Nie wiem, czy pan pali.	I don't know whether you (m) smoke.
(Nie) wiem, co to jest.	I (don't) know what this is.
(Nie) wiem, gdzie to jest.	I (don't) know where this is.
(Nie) wiem, jak się to mówi.	I (don't) know how one says that.

Give the Polish equivalents of the following:

1. newspaper   ball-point   snapshot
   wallet   pencil   glasses
   compact   pen   scissors
   notebook   mirror   money

   a. Do you have (a) —— ?
   b. No, I don't have (a) —— .

2. pipe   tobacco   cough medicine
   cigarette lighter   paper   pack of matches
   ashtray   memo book   cigarettes
   book   watch   matches
                        cigars

   a. Don't you have (a) —— ?
   b. Yes, I have (a) —— .
   c. May I have (a) —— ?

3. have (has), smoke(s), speak(s), know(s), understand(s)

   a. I —— .
   b. This man —— .
   c. That woman over there —— .

4. I know that you know.

5. I don't know whether you know.

6. I don't know what you're saying.

7. I know where the book is.

8. I know how one says that.

albo	or	książka, -i f	book
ależ	but (emph.)	lekarstwo, -a n.	medicine, drug
cały, -ego	whole, entire, complete	mało	little, to a small degree
cygaro, -a n.	cigar	mam, ma	I have, he (she) has
dużo	much, many		
fajka, -i f.	pipe	może	perhaps, maybe
kaszel, -szlu m.	cough	mówię, mówi	I speak, say; he (she) speaks, says

na prep. w. acc.	for	pytanie, -a n.	question
nic, -czego	nothing	rozumiem, -e	I understand, he (she) understands
niestety	unfortunately		
notes, -u m.	memo book	słucham	I listen; yes?
o prep. w. acc.	for	ta see ten	
oczywiście	of course, evidently	tamten, -ta, -tego -tej	that, that over there
odpowiedź, -dzi f.	answer, reply	tekst, -u m.	text
on, ona; jego, jej	he, she	ten, ta; tego, tej	this, that
palę, -i	I smoke, he (she) smokes	trzeci, -ciego	third
		trzy	three
papier, -u m.	paper	tytoń, -niu m.	tobacco
papierosy, -ów pl.	cigarettes	wiem, wie	know, be aware
pewnie	probably, surely	za	too, excessively
po polsku	(in) Polish	zakryć	to cover (to hide)
polski, -ego	Polish	zapalniczka, -i f.	cigarette lighter
popielniczka, -i f.	ashtray	zapałki, -łek pl.	matches
proszę, prosi	I ask, he (she) asks	zdaje się	it seems
przypadkiem	by chance	zegarek, -rka m.	watch
pudełko, -a n.	box	że	that

ZDANIA

SENTENCES

1. Proszę zacząć.

Please begin.

2. Proszę odpowiedzieć.

Please answer.

3. Proszę zakryć prawą stronę.

Please cover the right side.

4. Proszę nie zakrywać lewej strony.

Please don't cover the left side.

5. Proszę otworzyć książkę.

Please open your book.

6. Proszę nie otwierać książki.

Please don't open your book.

7. Proszę zamknąć zeszyt.

Please close your notebook.

8. Proszę nie zamykać zeszytu.

Please don't close your notebook.

9. Proszę (się) zapytać pana Jana.

Please ask John.

10. Proszę odpowiadać po kolei.

Please answer in turn.

11. Czyją pan ma gazetę?
    Czyj pan ma zeszyt?
    Czyje pan ma pióro?
    Czyje pan ma okulary?

Whose newspaper do you have?
    notebook
    pen
    glasses

12. Ja mam swoją gazetę.
    swój zeszyt.
    swoje pióro.
    swoje okulary.

I have my own newspaper.
    notebook.
    pen.
    glasses.

13. Czyją pani ma portmonetkę?
    Czyj pani ma ołówek?
    Czyje pani ma zdjęcie?
    Czyje pani ma pieniądze?

Whose wallet do you have?
    pencil
    snapshot
    money

14. Ja mam swoją portmonetkę.
    swój ołówek.
    swoje zdjęcie.
    swoje pieniądze.

I have my own wallet.
    pencil.
    snapshot.
    money.

15. Czy ja mam
    pańską książkę?
    pański notes?
    pańskie pudełko zapałek?
    pańskie papierosy?

    pani zapalniczkę?
    zegarek?
    lekarstwo?
    zapałki?

Do I have
    your (m) book?
    memo book?
    pack of matches?
    cigarettes?

    your (f) cigarette lighter?
    watch?
    medicine?
    matches?

16. Tak, pan ma   Yes, you have
    moją książkę.   my book.
       zapalniczkę.   cigarette lighter.
    mój notes.   memo book.
       zegarek.   watch.
    moje pudełko zapałek.   pack of matches.
       lekarstwo.   medicine.
    moje papierosy.   cigarettes.
       zapałki.   matches.

17. Nie, pan nie ma   No, you don't have
    mojej książki.   my book.
       zapalniczki.   cigarette lighter.
    mojego notesu.   memo book.
       zegarka.   watch.
    mojego pudełka zapałek?   pack of matches.
       lekarstwa.   medicine.
    moich papierosów.   cigarettes.
       zapałek.   matches.

18. Czy pan nie ma   Don't you (m) have
    swojej książki?   your own book?
    swojego notesu?   memo book?
    swojego pudełka zapałek?   pack of matches?
    swoich papierosów?   cigarettes?

    Czy pani nie ma   Don't you (f) have
    swojej zapalniczki?   your own cigarette lighter?
    swojego zegarka?   watch?
    swojego lekarstwa?   medicine?
    swoich zapałek?   matches?

19. Owszem, mam swoją książkę.   Yes, I have my own book.
       swoją zapalniczkę.   cigarette
                                   lighter.
       swój notes.   memo book.
       swój zegarek.   watch.
       swoje pudełko zapałek.   pack of
                                   matches.
       swoje lekarstwo.   medicine.
       swoje papierosy.   cigarettes.
       swoje zapałki.   matches.

20. Czy pan ma gazetę pana Karola?   Do you (m) have Charles'
                               newspaper?
       zeszyt   notebook?
       pióro   pen?
       okulary   glasses?

21. Tak, mam jego gazetę.   Yes, I have his newspaper.
       zeszyt.   notebook.
       pióro.   pen.
       okulary.   glasses.

22. Czy pani ma portmonetkę pani Marii?   Do you (f) have Mary's purse?
        ołówek   pencil?
        zdjęcie   snapshot?
        pieniądze   money?

23. Tak, mam jej portmonetkę.   Yes, I have her purse.
        ołówek.   pencil.
        zdjęcie.   snapshot.
        pieniądze.   money.

24. Czy pan Karol ma książkę pana Jana?   Does Charles have John's
                                                  book?
        notes   memo book?
        pudełko zapałek   pack of matches?
        papierosy   cigarettes?

25. Nie, on nie ma jego książki;   No, he doesn't have his
                                                  book;
        notesu;   memo book;
        pudełka zapałek;   pack of matches;
        papierosów;   cigarettes;

    on ma swoją książkę.   he has his own book.
        swój notes.   memo book.
        swoje pudełko zapałek.   pack of matches.
        swoje papierosy.   cigarettes.

26. Czy pani Maria ma   Does Mary have Wanda's
        zapalniczkę pani Wandy?   cigarette lighter?
        zegarek   watch?
        lekarstwo   medicine?
        zapałki   matches?

27. Nie, ona nie ma jej zapalniczki;   No, she doesn't have her
                                                  cigarette lighter;
        zegarka;   watch;
        lekarstwa;   medicine;
        zapałek;   matches;

    ona ma swoją zapalniczkę.   she has her own cigarette lighter.
        swój zegarek.   watch.
        swoje lekarstwo.   medicine.
        swoje zapałki.   matches.

28. Jakiego koloru jest pańska teczka?   What color is your (m) briefcase?
                        koszula?   shirt?
                        marynarka?   jacket?
                        czapka?   cap?
            pański krawat?   tie?
                        sweter?   sweater?
                        kapelusz?   hat?
            pańskie ubranie?   suit?

        są pańskie spodnie?   are your trousers?
                        buty?   shoes?

29. Moja teczka jest czarna.   My briefcase is black.
    koszula jest biała.   shirt is white.
    marynarka jest szara.   jacket is gray.
    czapka jest ciemna.   cap is dark.
  Mój krawat jest granatowy.   tie is navy blue.
    sweter jest popielaty.   sweater is light gray.
    kapelusz jest jasny.   hat is light.
  Moje ubranie jest brązowe.   suit is brown.
  Moje spodnie są jasnobrązowe.   trousers are light brown.
    buty są ciemnobrązowe.   shoes are dark brown.

30. Czy pan Jan ma czarną teczkę?   Does John have a black briefcase?
    białą koszulę?   a white shirt?
    szarą marynarkę?   a gray jacket?
    ciemną czapkę?   a dark cap?
    granatowy krawat?   a navy blue tie?
    popielaty sweter?   a light gray
                                         sweater?
    jasny kapelusz?   a light hat?
    brązowe ubranie?   a brown suit?
    jasnobrązowe spodnie?   light brown
                                         trousers?
    ciemnobrązowe buty?   dark brown shoes?

31. Nie, on nie ma czarnej teczki.   No, he doesn't have
                                      a black briefcase.
    białej koszuli.   a white shirt.
    szarej marynarki.   a gray jacket.
    ciemnej czapki.   a dark cap.
    granatowego krawata.   a navy blue tie.
    popielatego swetra.   a light gray sweater.
    jasnego kapelusza.   a light hat.
    brązowego ubrania.   a brown suit.
    jasnobrązowych spodni.   light brown trousers.
    ciemnobrązowych butów.   dark brown shoes.

32. Jakiego koloru jest pani torebka? What color is your (f) handbag?
    bluzka?   blouse?
    spódniczka?   skirt?
    sukienka?   dress?
    szalik?   scarf?
    płaszcz?   overcoat?
    futro?   fur coat?
  są pani szorty?   are your (f) shorts?
    rękawiczki?   gloves?
    sandały?   sandals?

33. Moja torebka jest czarna.   My handbag is black.
    bluzka jest różowa.   blouse is pink.
    spódniczka jest niebieska.   skirt is blue.
    sukienka jest czerwona.   dress is red.
  Mój szalik jest żółty.   scarf is yellow.
    płaszcz jest granatowy.   overcoat is navy blue.

Moje futro jest brązowe.	My fur coat is brown.
Moje szorty są zielone.	shorts are green.
rękawiczki są białe.	gloves are white.
sandały są brązowe.	sandals are brown.

34. Czy pani Wanda ma   Does Wanda have
  czarną torebkę?   a black handbag?
  różową bluzkę?   a pink blouse?
  niebieską spódniczkę?   a blue skirt?
  czerwoną sukienkę?   a red dress?
  żółty szalik?   a yellow scarf?
  granatowy płaszcz?   a navy blue overcoat?
  brązowe futro?   a brown fur coat?
  zielone szorty?   green shorts?
  białe rękawiczki?   white gloves?
  brązowe sandały?   brown sandals?

35. Nie, ona nie ma   No, she doesn't have
  czarnej torebki.   a black handbag.
  różowej bluzki.   a pink blouse.
  niebieskiej spódniczki.   a blue skirt.
  czerwonej sukienki.   a red dress.
  żółtego szalika.   a yellow scarf.
  granatowego płaszcza.   a navy blue overcoat.
  brązowego futra.   a brown fur coat.
  zielonych szortów.   green shorts.
  białych rękawiczek.   white gloves.
  brązowych sandałów.   brown sandals.

36. Czy tu są pańskie rzeczy?   Are your (m) things here?
    pani   (f)

37. Nie, tu nie ma moich rzeczy. No, my things aren't here.

38. Czy to jest książka pana Karola? Is that Charles' book?
    zegarek   watch?
    pióro   pen?
    są pieniądze   money?

39. Nie, to jest moja własna książka. No, this is my own book.
    mój własny zegarek.   watch.
    moje własne pióro.   pen.
    są moje własne pieniądze. money.

40. Jurek nigdy nie ma własnych George never has his own
  papierosów.   cigarettes.

41. On zawsze pali cudze papierosy. He always smokes somebody
              else's cigarettes.

42. Jakiego koloru włosy ma pan Karol? What color hair does Charles
              have?

43. On ma jasne włosy.   He has light hair.

44. Czy pan Tomasz też ma jasne włosy? Does Tom also have light hair?

45. Nie, on nie ma jasnych włosów.	No, he doesn't have light hair.
46. On ma ciemne włosy.	He has dark hair.
47. Jakiego koloru oczy ma pani Maria?	What color eyes does Mary have?
48. Ona ma niebieskie oczy.	She has blue eyes.
49. Czy pani Zosia ma czarne oczy?	Does Sophy have black eyes?
50. Nie, ona nie ma czarnych oczu.	No, she doesn't have black eyes.
51. Ona ma piwne oczy.	She has brown eyes.
52. Czy to zdjęcie jest kolorowe?	Is this a color picture?
53. Nie, ono jest biało-czarne.	No, it's black-and-white.
54. Co pana boli?	Where do you (m) hurt?
55. Nic mnie nie boli.	I don't hurt anywhere.
56. Boli mnie głowa.	I have a headache.
prawa ręka.	My right arm is sore.
lewa noga.	My left leg is sore.
nos.	My nose hurts me.
ząb.	I have a toothache.
palec.	My finger is sore.
żołądek.	I have a stomach-ache.
brzuch.	I have a stomach-ache.
gardło.	I have a sore throat.
prawe oko.	My right eye hurts me.
lewe ucho.	My left ear hurts me.
57. A co panią boli?	And where do you (f) hurt?
58. Wszystko mnie boli.	I hurt everywhere.
59. Bolą mnie ręce.	My arms are sore.
nogi.	My legs are sore.
zęby.	My teeth hurt me.
oczy.	My eyes hurt me.
uszy.	My ears hurt me.
plecy.	My back aches.
krzyże.	My back aches.
60. To nie moja rzecz.	That's none of my business.

WYMOWA   PRONUNCIATION

1. P T K WORD INITIALLY

Voiceless stops in the word initial position are pronounced like English p t c in spar star scar—that is, without the puff of breath which accompanies them in English par tar car.

pan	mister
palę	I smoke
pudełko	box
po polsku	(in) Polish
tak	yes
ten	this
teraz	now
teczka	briefcase
Karol	Charles
kapelusz	hat
kaszel	cough
kolor	color

2. L

In the pronunciation of l the tip of the tongue touches the alveolar ridge. l has two variants: before i it is palatalized and sounds like English lli in million; in other positions it is like l in French la lampe or German die Lampe.

list	letter	lewy	left
szalik	scarf	kolor	color
Alina	Alina	naturalnie	of course
tablica	blackboard	bluzka	blouse
pali	he smokes	palę	I smoke
boli	it hurts	bolą	they hurt

3. SZCZ ŻDŻ CONTRASTED WITH ŚĆ ŹDŹ

szczeka	he barks	ścieka	it drips
szczera	sincere (fem.)	ściera	he wipes off
puszczy	forest (gen.)	puści	he'll let
deszczowa	rain — (fem.)	teściowa	mother-in-law
wieszcz	bard	wieść	lead
paszcz	jaws (gen.)	paść	fall

gwiżdże	he whistles	gwiździe	whistle (loc.)
jeżdżę	I ride	jeździe	ride (loc.)
drożdże	yeast	droździe	thrush (loc.)
zagwożdżę	I'll nail down	za gwoździe	for nails
brużdżę	I hinder	bruździe	furrow (loc.)

4. ASSIMILATION AS TO VOICE ACROSS WORD BOUNDARY

In fast speech a nonsonant (see S. & S. 7) at the end of a word is voiced before a voiced nonsonant and voiceless before a voiceless nonsonant.

Spelling	Pronunciation	
Jakub Tyszkiewicz	Jakup Tyszkiewicz	James Tyszkiewicz
Jakub Drozda	Jakub Drozda	James Drozda
Zygmunt Krasiński	Zygmunt Krasiński	Sigismund Krasinski
Zygmunt Balicki	Zygmund Balicki	Sigismund Balicki
Witold Taszycki	Witolt Taszycki	Witold Taszycki
Witold Gombrowicz	Witold Gombrowicz	Witold Gombrowicz
Ludwik Solski	Ludwik Solski	Louis Solski
Ludwik Gładecki	Ludwig Gładecki	Louis Gladecki
Józef Korzeniowski	Józef Korzeniowski	Joseph Korzeniowski
Józef Wybicki	Józew Wybicki	Joseph Wybicki
Wacław Potocki	Wacłaf Potocki	Venceslas Potocki
Wacław Berent	Wacław Berent	Venceslas Berent
Tadeusz Kościuszko	Tadeusz Kościuszko	Thaddeus Kosciusko
Tadeusz Żeleński	Tadeuż Żeleński	Thaddeus Zelenski
białych spodni	białych spodni	white trousers (gen.)
białych butów	biały[γ] butóf	white shoes (gen.)
to jest pióro	to jest pióro	that's a pen
to jest zeszyt	to jezd zeszyt	that's a notebook

5. NK PRONOUNCED [ŋ]K

The cluster nk is pronounced [ŋ]k (i.e. as English nk in banker)

a. in Warsaw Polish, in those words where nk are never separated by the inserted vowel;

b. in Cracow Polish, in all positions.

Spelling	Pronunciation		
	Warsaw	Cracow	
bank	ba[ŋ]k		bank
sukienka	sukienka	sukie[ŋ]ka	dress
Janka	Janka	Ja[ŋ]ka	Jack (gen.)

cf. sukienek (gen. pl.), Janek (nom.).

GRAMATYKA   GRAMMAR

1. NEW NOUNS

The following new nouns are introduced in this lesson:

Fem.			
strona	side	sukienka	dress
torebka	handbag	marynarka	jacket
czapka	cap	koszula	shirt
bluzka	blouse	głowa	head
teczka	briefcase	ręka	hand, arm
spódniczka	skirt	noga	leg
		rzecz	thing

Masc.			
kolor	color	nos	nose
sweter	sweater	ząb	tooth
krawat	tie	palec	finger, toe
szalik	scarf	żołądek	stomach
kapelusz	hat	brzuch	stomach
		płaszcz	overcoat

Neut.			
futro	fur coat	gardło	throat
ubranie	suit	oko	eye
		ucho	ear

Pl.			
szorty	shorts	zęby	teeth
buty	shoes	ręce	hands, arms
sandały	sandals	nogi	legs
rękawiczki	gloves	oczy	eyes
spodnie	trousers	uszy	ears
włosy	hair	plecy	back
		krzyże	back

2. NEW ADJECTIVES

The following adjectives are introduced:

prawy	right	czerwony	red
lewy	left	zielony	green
kolorowy	colored, gay	czarny	black
granatowy	navy blue	szary	gray
brązowy	brown	biały	white
jasnobrązowy	light brown	niebieski	blue
ciemnobrązowy	dark brown	własny	own
różowy	pink	cudzy	somebody else's
popielaty	light gray	jaki	what kind of? what?
żółty	yellow	swój	one's own

3. ACCUSATIVE OF ADJECTIVES

Adjectives modifying feminine nouns have the acc. in -ą. The acc. of adjectives modifying other nouns presented so far coincides with the nom. (cf. III 3).

Nom.	

To jest pańska gazeta.
    pański ołówek.
    pańskie zdjęcie.
To są pańskie okulary.
	This is your (m) newspaper.
	            pencil.
	            snapshot.
	These are your (m) glasses.

Acc.	

Ja mam pańską gazetę.
    pański ołówek.
    pańskie zdjęcie.
    pańskie okulary.
	I have your (m) newspaper.
	        pencil.
	        snapshot.
	        glasses.

The endings are (cf. II 6):

	Sg.			Pl.
	Fem.	Masc.	Neut.	
Nom.	-a	-∅ or -y/-i	-e	-e
Acc.	-ą			
Gen.	-ej	-ego		-ych/-ich

Notes:

a. The ending -∅ in the nom. sg. masc.

The sg. masc. ending -∅ occurs with the possessive adjectives _mój_ 'my,' _swój_ 'one's own,' _czyj_ 'whose?'; the ending _-y/-i_ occurs elsewhere.

b. For other Notes see II 6 b, c, d, e.

4. POSSESSIVES JEGO, JEJ

The possessives _jego_ 'his' and _jej_ 'her' are genitive forms of the 3d person pronouns _on_ 'he,' _ona_ 'she' and as such are not further inflected (cf. the possessive use of the gen. _pana_ 'your (m)' and _pani_ 'your (f)'; II 7).

To jest jego (jej) gazeta.	This is his (her) newspaper.
Ja mam jego (jej) gazetę.	I have his (her) newspaper.
Ja nie mam jego (jej) gazety.	I don't have his (her) newspaper.

5. REFLEXIVE POSSESSIVE SWÓJ

The reflexive possessive adjective swój 'one's own' is used when the possessor coincides with the subject (whether expressed or not).

Mam swoją gazetę.	I have my own newspaper.
Pan ma swoją gazetę.	You (m) have your own newspaper.
Ona ma swoją gazetę.	She has her own newspaper.

When the possessor does not coincide with the subject, other appropriate possessives are used:

mój	my	pański	your (m)
jego	his	pana	your (m)
jej	her	pani	your (f)

Pan ma moją gazetę.	You (m) have my newspaper.
On ma pańską gazetę.	He has your (m) newspaper.
Ja mam pana gazetę.	I have your (m) newspaper.
Ona ma pani gazetę.	She has your (f) newspaper.
Ja mam jego gazetę.	I have his newspaper.
Ona ma jej gazetę.	She has her (another woman's) newspaper.

To indicate ownership the adjective własny 'own' is used.

Mam swoje biurko.	I have my own desk (i.e. I have a desk to use).
Mam własne biurko.	I have my own desk (i.e. I own a desk).

6. COLOR IDENTIFICATION

In questions asking for color identification, the genitive of the expression jaki kolor 'what color?' is used.

Jakiego koloru jest ten krawat?	What color is this tie?

In answers to such questions, the adjective indicating the color is in the predicative position.

Ten krawat jest czerwony.	This tie is red.

In clipped answers, the genitive of the adjective is used.

Czerwonego.	Red.

7. BOLI 'IT HURTS' AND BOLĄ 'THEY HURT'

The verbs boli 'it hurts' and bolą 'they hurt' function as predicates in sentences where the source of the pain is nom. and the sufferer of the pain is acc.

Co pana boli?	Where do you (m) hurt?
Panią Wandę bolą zęby.	Wanda has a toothache.

8. JA (NOM.) AND MNIE (ACC.).

The forms ja and mnie are the nom. and acc. respectively of the 1st person singular pronoun.

Ja mam swoją gazetę.	I have my own newspaper.
Gardło mnie boli.	I have a sore throat.

9. NEUTER FORMS OF THE 3D PERSON PRONOUN AND DEMONSTRATIVE ADJECTIVE

The nom. sg. neuter forms of the 3d person pronoun and of the demonstrative adjective ten are ono and to (cf. III 9).

Czy to zdjęcie jest kolorowe?	Is this a color picture?
Nie, ono jest biało-czarne.	No, it's black-and-white.

ZADANIE   EXERCISES

1. Give the Polish equivalents of the following:

    book   watch   cigarettes

    cigarette lighter box of matches   matches

    memo book   medicine

    a. Whose —— do you have?
    b. I have my own —— .
    c. You have my —— .
    d. You don't have my —— .

2. Give the Polish equivalents of the following:

    newspaper   notebook   pen   glasses

    a. I have your (m) —— .
    b. I have your (f) —— .
    c. I have his —— .
    d. I have her —— .
    e. He has his own —— .
    f. She has her own ——.

3. Apply the colors and articles of clothing used in this lesson to your own
   wardrobe and list them in Polish in the following sentences:

    a. I have —— .
    b. I don't have —— .

SŁÓWKA   VOCABULARY

biały, -ego	white	czerwony, -ego	red
bluzka, -i f.	blouse	cztery	four
boli, bolą	it hurts, aches, is sore; they etc.	czwarty, -ego	fourth
		futro, -a n.	fur coat
brązowy, -ego	brown	gardło, -a n.	throat
brzuch, -a m.	stomach	głowa, -y f.	head
but, -a m.	shoe	granatowy, -ego	dark blue, navy blue
ciemnobrązowy, -ego	dark brown		
		jaki, -ego	what sort of? what?
ciemny, -ego	dark		
cudzy, -ego	somebody else's, not one's own	jasnobrązowy, -ego	light brown
		jasny, -ego	clear, bright, light
czapka, -i f.	cap		
czarny, -ego	black	jego	his

jej	her(s)	różowy, -ego	pink, rosy
kapelusz, -a m.	hat	rzecz, -y f.	thing
kolor, -u m.	color	sandał, -a m.	sandal
kolorowy, -ego	colored, gay (of colors)	spodnie, ni pl.	trousers, pants
		spódniczka, -i f.	skirt
koszula, -i f.	shirt	strona, -y f.	side
krawat, -u/-a m.	(neck)tie	sukienka, -i f.	dress
krzyże, -ów pl.	(small of the) back	sweter, -tra m.	sweater
		swój, swojego	one's own
lewy, -ego	left	szalik, -a m.	scarf
marynarka, -i f.	coat, jacket	szary, -ego	gray
mnie	me	szorty, -ów pl.	shorts
niebieski, -ego	blue	teczka, -i f.	briefcase
noga, -i f.	leg, foot	torebka, -i f.	(hand)bag
nos, -a m.	nose	ubranie, -a n.	suit (of clothes)
oczy, -u pl.	eyes	ucho, -a n.	ear
odpowiadać	answer	uszy, -u pl.	ears
odpowiedzieć	answer	własny, -ego	one's own
oko, -a n.	eye	włosy, -ów pl.	hair
otwierać	open	wszystko, -iego	all, everything, anything
otworzyć	open		
palec, -lca m.	finger, toe	zacząć	begin, start
piwny, -ego	brown (of eyes)	zakrywać	cover (to hide)
plecy, -ów pl.	back, shoulders	zamknąć	shut, close
płaszcz, -a m.	(over)coat	zamykać	shut, close
po kolei	in turn	zapytać (się)	ask, question
popielaty, -ego	gray, ash-colored	ząb, zęba m.	tooth
prawy, -ego	right	zęby, -ów pl.	teeth
ręka, -i f.	hand, arm	zielony, -ego	green
rękawiczka, -i f.	glove	żołądek, -dka m.	stomach
		żółty, -ego	yellow

ZDANIA

SENTENCES

1. Co słychać?

What's new?

2. Wszystko w porządku.

Everything's fine.

3. Nic nowego.

Nothing new.

4. Co u pana (pani) dobrego?

How are things?

5. Nic specjalnego.

Pretty good. (Nothing special.)

6. Wszystko po staremu.

Same old story.

7. Wszystko jedno.

It's all the same (to me).

8. Co to znaczy?

What does that mean?

9. Dziękuję panu (pani).

Thank you.

10. Nie ma za co.

Don't mention it.

11. Kto to jest ten pan?
        ta pani?

Who's that man?
        woman?

12. To jest pan Karol Morgan.
        Jan Zieliński.
        Jerzy Wilczek.
    pani Maria Brown.
        Wanda Chełmicka.
        Krystyna Wilczek.

That's Mr. Charles Morgan.
        John Zielinski.
        George Wilczek.
    Mrs. (Miss) Mary Brown.
        Wanda Chelmicki.
        Christine Wilczek.

13. Czy pan zna tego pana?
        tę panią?

Do you (m) know that man?
        woman?

14. Tak, znam tego pana — dobrze
    go znam.

Yes, I know that man — I know
    him well.

15. Nie, nie znam tego pana —
    zupełnie go nie znam.

No, I don't know that man — I
    don't know him at all.

16. Tak, znam tę panią — doskonale
    ją znam.

Yes, I know that woman — I know
    her very well.

17. Nie, nie znam tej pani — wcale
    jej nie znam.

No, I don't know that woman — I
    don't know her at all.

18. Czy pan zna pana Karola Morgana?

        Jana Zielińskiego?
        Jerzego Wilczka?
    panią Marię Brown?
        Wandę Chełmicką?
        Krystynę Wilczek?

Do you (m) know
    Charles Morgan?
John Zielinski?
George Wilczek?
Mary Brown?
Wanda Chelmicki?
Christine Wilczek?

19. Nie, nie znam pana Karola Morgana.   No, I don't know
                                            Charles Morgan.
              Jana Zielińskiego.   John Zielinski.
              Jerzego Wilczka.   George Wilczek.
        pani Marii Brown.   Mary Brown.
              Wandy Chełmickiej.   Wanda Chelmicki.
              Krystyny Wilczek.   Christine Wilczek.

20. Kto to są ci panowie?   Who are those men?
        te panie?   women?

21. To jest pan Jan Zieliński   That's John Zielinski
        i pan Jerzy Wilczek.   and George Wilczek.

    To jest pani Wanda Chełmicka   That's Wanda Chelmicki
        i pani Krystyna Wilczek.   and Christine Wilczek.

22. Czy pani zna tych panów?   Do you (f) know those men?
        te panie?   women?

23. Tak, znam tych panów—   Yes, I know those men—I know
        świetnie ich znam.   them extremely well.

24. Nie, nie znam tych panów—   No, I don't know those men—
        prawie ich nie znam.   I hardly know them.

25. Tak, znam te panie—już   Yes, I know those women—I've
        dawno je znam.   known them for a long time.

26. Nie, nie znam tych pań—   No, I don't know those women—
        osobiście ich nie znam.   I don't know them personally.

27. Kto to są ci państwo?   Who's that couple?

28. To są państwo Morganowie.   They're the Morgans.
              Wilczkowie.   Wilczeks.
              Zielińscy.   Zielinskis.
              Chełmiccy.   Chelmickis.
              Brown.   Browns.

29. Czy pan zna tych państwa?   Do you (m) know that couple?

30. Tak, znam tych państwa—   Yes, I know that couple—
        trochę ich znam.   I know them a little.

31. Nie, nie znam tych państwa—   No, I don't know that couple—un-
        niestety ich nie znam.   fortunately I don't know them.

32. Czy pan zna państwa Morganów?   Do you (m) know
                                                Mr. and Mrs. Morgan?
              Wilczków?   Wilczek?
              Zielińskich?   Zielinski?
              Chełmickich?   Chelmicki?
        .   Brown?   Brown?

33. Nie, nie znam państwa Morganów.   No, I don't know the Morgans.
              Wilczków.   Wilczeks.
              Zielińskich.   Zielinskis.
              Chełmickich.   Chelmickis.
              Brown.   Browns.

34. Kogo pan tu zna?   Whom do you (m) know here?
    pani   (f)
    panowie tu znają?   (mpl)
    panie   (fpl)
    państwo   (mf)
    panowie tu znacie?   (mpl) ⎫
    panie   (fpl) ⎬ informal
    państwo   (mf) ⎭

35. Ja tu wszystkich znam.   I know everyone here.

36. My tu nikogo nie znamy.   We don't know anyone here.

37. Kto tutaj pana zna?   Who knows you (m) here?
    panią   (f)
    panów   (mpl)
    panie   (fpl)
    państwa   (mf)

38. Wszyscy mnie tutaj znają. Everyone here knows me.
    nas   us.

39. Nikt mnie tutaj nie zna.   No one here knows me.
    nas   us.

40. Ten pan mnie zna; on mnie That man knows me; he knows
    już świetnie zna.   me very well by now.

41. Ta pani mnie nie zna; ona That woman doesn't know me;
    mnie jeszcze dobrze nie zna.   she doesn't know me well yet.

42. Ci panowie nas znają; oni nas These men know us; they know
    już dobrze znają.   us well by now.

43. Te panie nas nie znają; one These women don't know us; they
    nas jeszcze wcale nie znają.   don't know us at all yet.

44. Ci państwo nas znają; oni tu This couple knows us; by now
    już wszystkich znają.   they know everybody here.

45. Czy wszyscy już są?   Is everybody here yet?

46. Myślę, że tak.   I think so.
    nie.   don't think so.

47. Nie, jeszcze wszystkich nie ma. No, everybody isn't here yet.

48. Czy nie ma dziś pana Jana? Isn't John here today?
          pani Wandy?   Wanda
          państwa Zielińskich? Aren't the Zielinskis here today?

49. Nie ma go.   He isn't.
    jej.   She isn't.
    ich.   They aren't.

50. Szkoda, że go nie ma.   It's too bad he's not here.
    jej   she's
    ich   they're

51. Państwo palą?   Do you (mf) smoke?
    palicie?

52. Owszem, palimy.   Yes, we do.

53. Nie wiemy, kto to jest.   We don't know who that is.

54. Oni także nie wiedzą.   They don't know either.

55. Nikt tu nie wie, kto to są ci państwo.   No one here knows who that
                                             couple is.

56. Panowie za mało mówią.   You (mpl) speak too little.
                 mówicie.

57. Czy panie rozumieją to słowo?   Do you (fpl) understand this
                                             word?

58. Ani słowa nie rozumiemy.   We don't understand a single
                                             word.

59. Czy wszyscy panowie mnie rozumieją?   Do all of you (mpl) understand me?
    wszyscy państwo   (mf)
    wszystkie panie   (fpl)

60. Nic nie rozumiemy.   We don't understand anything.

61. Czy mają państwo dzisiaj czas?   Do you (mf) have time today?
    macie

62. Nie, dzisiaj zupełnie nie mamy czasu.   No, today we have absolutely no
                                             time.

WYMOWA   PRONUNCIATION

1. TĘ PRONOUNCED TĄ

The form tę, acc. sg. fem. of the demonstrative adjective ten 'this, that' is
pronounced tą in colloquial Polish.

2. SZCZ AND SZĆ CONTRASTED

piszczę	I squeal	piszcie	write!
pieszczę	I caress	pierzcie	launder!
dreszcze	shivers	wreszcie	finally
poszczę	I fast	koszcie	cost (loc.)
namaszczę	I'll anoint	na maszcie	on the mast
paszcze	jaws	baszcie	tower (loc.)

3. SINGLE AND GEMINATE CONSONANTS CONTRASTED

d	oda	ode	odda	he'll give back
k	leki	drugs	lekki	light
w	wozi	he transports	wwozi	he imports
s	sali	hall (gen.)	ssali	they sucked
sz	węszy	he scents	węższy	narrower
ś	siada	he sits	zsiada*	he dismounts
z	zagranicy	abroad (gen.)	z zagranicy	from abroad
ż	bierze	he takes	bierz że	go ahead and take
ź	ziemi	ground (gen.)	z ziemi*	from the ground
c	Grecy	Greeks	greccy	Greek (vir.)
cz	uczę	I teach	uczczę	I'll honor
ć	lecie	summer (loc.)	lećcie	fly!
dż	dżyn	gin	dżdżysty	rainy
m	odłamy	fragments	odłammy	let's break off
n	pana	mister (gen.)	panna	miss
l	mila	mile	willa	villa
ł	dzieła	works	mełła	she ground
j	na jaśniejszy	on the brighter	najjaśniejszy	the brightest

*For zsiada, z ziemi (pron. śsiada, źziemi) see S. & S. 16 and 17.

4. WARSAW VS. CRACOW PRONUNCIATION OF WORD-FINAL NONSONANTS

In fast speech, before a vowel or a sonant, a word-final nonsonant is pronounced voiceless in Warsaw but voiced in Cracow (see S. & S. 10 b (3) and cf. IV W 4).

Spelling	Pronunciation	
	Warsaw	Cracow
Jakub Adamczyk James Adamczyk	Jakup Adamczyk	Jakub Adamczyk
Zygmunt Rysiewicz Sigismund Rysiewicz	Zygmunt Rysiewicz	Zygmund Rysiewicz
nikt mnie nie zna nobody knows me	nikt mnie nie zna	nigd mnie nie zna
to jest ołówek that's a pencil	to jest ołówek	to jezd ołówek
Ryszard Matuszewski Richard Matuszewski	Ryszart Matuszewski	Ryszard Matuszewski
Ludwik Osiński Louis Osinski	Ludwik Osiński	Ludwig Osiński
tak jest that's right	tak jest	tag jest
Józef Mackiewicz Joseph Mackiewicz	Józef Mackiewicz	Józew Mackiewicz
Wacław Lednicki Venceslas Lednicki	Wacłaf Lednicki	Wacław Lednicki
on nas nie zna he doesn't know us	on nas nie zna	on naz nie zna
teraz rozumiem now I understand	teras rozumiem	teraz rozumiem
kosz na śmiecie wastepaper basket	kosz na śmiecie	koż na śmiecie
Kazimierz Antoniewicz Casimir Antoniewicz	Kazimiesz Antoniewicz	Kazimież Antoniewicz
ależ oczywiście but of course	alesz oczywiście	ależ oczywiście
czarnych oczu black eyes (gen.)	czarnych oczu	czarny[γ] oczu
nic nowego nothing's new	nic nowego	nidz nowego
otworzyć okno to open the window	otforzyć okno	otforzydź okno

GRAMATYKA   GRAMMAR

1. PERSONAL PRONOUNS KTO, NIKT, JA, MY

kto 'who?' and nikt 'nobody' are the interrogative and negative personal pronouns respectively (cf. co 'what?,' I 2, and nic 'nothing,' III 10).

ja 'I' and my 'we' are the singular and plural 1st person pronouns respectively.

The oblique cases of the personal pronouns are formed with different stems:

Nom.	kto	nikt	ja	my
Acc.	kogo	nikogo	mnie	nas
Gen.				

2. VERBS: PLURAL

Some of the verbs introduced in Lesson III (see III 1) are listed below in the form of the 1st person plural (1 pl.), 2d person plural (2 pl.), and 3d person plural (3 pl.):

1 Pl.	2 Pl.	3 Pl.	
mamy	macie	mają	have
wiemy	wiecie	wiedzą	know, be aware
rozumiemy	rozumiecie	rozumieją	understand
palimy	palicie	palą	smoke
mówimy	mówicie	mówią	speak, say

The verb znam 'I know, am acquainted with' is inflected like mam 'I have':

1 sg.	znam
3 sg.	zna
1 pl.	znamy
2 pl.	znacie
3 pl.	znają

3. PLURAL FORMS <u>PANOWIE</u>, <u>PANIE</u>, <u>PAŃSTWO</u>. 'YOU (PL.)'

The plural forms of <u>pan</u> 'gentleman' and <u>pani</u> 'lady' are:

	pan	pani
Nom. Pl.	panowie	panie
Acc. Pl.		
Gen. Pl.	panów	pań

The collective noun <u>państwo</u> is also plural. It indicates married couples or any mixed group of men and women. Its acc. and gen. is <u>państwa</u>.

In speaking to more than one person, in formal situations, Poles use the plural forms of the nouns <u>pan</u> (to men), <u>pani</u> (to women), or <u>państwo</u> (to a mixed group) accompanied by the 3 pl. of the verb (cf. the singular expressions, III 8); in less formal style the 2 pl. is used.

Jak się panowie mają? macie?	How are you (mpl)?
Jak się panie mają?	How are you (fpl)?
Jak się państwo mają? macie?	How are you (mf)?

4. LAST NAMES

Polish last names in -<u>ski</u> and -<u>cki</u> are adjectives; most other last names are nouns. When they refer to married couples, the adjectives have the nom. pl. ending -<u>y</u>/-<u>i</u> before which the stem-final <u>k</u> is replaced by <u>c</u>; all native nouns and those foreign nouns which fit the native pattern add the nom. pl. ending -<u>owie</u>.

Pan Zieliński Pani Zielińska Państwo Zielińscy	Mr. Mrs. (Miss) Mr. and Mrs.	Zielinski
Pan Chełmicki Pani Chełmicka Państwo Chełmiccy	Mr. Mrs. (Miss) Mr. and Mrs.	Chelmicki
Pan Wilczek Pani Wilczek Państwo Wilczkowie	Mr. Mrs. (Miss) Mr. and Mrs.	Wilczek
Pan Morgan Pani Morgan Państwo Morganowie	Mr. Mrs. (Miss) Mr. and Mrs.	Morgan
Pan Braun Pani Braun Państwo Braunowie	Mr. Mrs. (Miss) Mr. and Mrs.	Braun

but:

Pan Brown	Mr.	
Pani Brown	Mrs. (Miss)	Brown
Państwo Brown	Mr. and Mrs.	

5. ACC. = GEN. VS. ACC. ≠ GEN.

Polish nouns and pronouns are divided into two classes according to the form of the acc.:

   a. acc. coincides with the gen. (acc. = gen.);
   b. acc. does not coincide with the gen. (acc. ≠ gen.).

Acc. = Gen.							
Nom.	pan	panowie	państwo	ja	my	kto	nikt
Acc. Gen.	pana	panów	państwa	mnie	nas	kogo	nikogo

Acc. ≠ Gen.								
Nom.	pani	panie	gazeta	zeszyt	pióro	okulary	co	nic
Acc.	panią		gazetę	zeszyt	pióro	okulary	co	nic
Gen.	pani	pań	gazety	zeszytu	pióra	okularów	czego	niczego

Words which are inflected for gender (adjectives, 3d person pronoun) show the same relationship between the acc. and gen. as the noun which they modify or replace:

Acc. = Gen.				
	Sg.		Pl.	
Nom.	ten pan	on	ci panowie (państwo) wszyscy panowie (państwo)	oni
Acc. Gen.	tego pana	go	tych panów (państwa) wszystkich panów (państwa)	ich

Acc. ≠ Gen.				
	Sg.		Pl.	
Nom.	ta pani	ona	te panie wszystkie panie	one
Acc.	tę panią	ją		je
Gen.	tej pani	jej	tych pań wszystkich pań	ich

6. NOM. AND ACC. PL. FORMS REFERRING TO MALE PERSONS

As it appears from the charts in 5, the distinction between the acc.= gen. and acc.≠ gen. types of inflection is correlated with the following oppositions in the nom. pl.: ci vs. te, wszyscy vs. wszystkie, oni vs. one.

	Acc. = Gen.	Acc. ≠ Gen.
Nom. Pl.	ci wszyscy oni	te wszystkie one
Acc. Pl.	tych wszystkich ich	te wszystkie je
Gen. Pl.	tych wszystkich ich	

The nom. and acc. pl. forms in the left-hand column refer to male persons (including mixed groups of people); those in the right-hand column do not.

Czy wszyscy panowie mówicie po polsku?	Do all of you (mpl) speak Polish?
Ci państwo mówią po polsku.	This couple speaks Polish.
Oni mówią po polsku.	They (mpl) speak Polish.
Czy ja wszystkich panów znam?	Do I know all of you, gentlemen?
Pan zna tylko tych panów.	You (m) only know those men.
Pan ich zna.	You know them.

but:

Czy wszystkie panie mówią po polsku?	Do all of you (fpl) speak Polish?
Te panie mówią po polsku.	These women speak Polish.
One mówią po polsku.	They (fpl) speak Polish.
Czy ja wszystkie panie znam?	Do I know all of you, ladies?
Pan zna tylko te panie.	You (m) only know those women.
Pan je zna.	You know them.

7. ADVERBS

In addition to the adverbs listed in II 1 the following adverbs have occurred:

jak?	how?	doskonale	very well
tak	this way	świetnie	extremely well
dobrze	well	osobiście	personally
źle	badly	na pewno	surely
dużo	much	naturalnie	naturally
mało	little	oczywiście	certainly
trochę	a bit	przyjemnie	pleasantly
dosyć	enough	miło	nicely
tylko	only	niestety	unfortunately
zupełnie	completely	teraz	now
wcale	altogether	dawno	long ago
prawie	almost		

ZADANIE   EXERCISES

1. Give the Polish equivalents of the following:

that man	those men	that couple
that woman	those women	

a. Who's ——— ?
b. Who are ——— ?
c. I know ——— .
d. I don't know ——— .

2. Use the members of the following pairs alternately as subjects and objects of the nonnegated and negated verb 'to know, be acquainted with.'

a. ja   ten pan
b. my   ci panowie
c. on   ta pani
d. oni   te panie
e. ona   ci państwo
f. one   wszyscy
g. kto   Karol Morgan
h. nikt   Jan Zieliński
i. państwo Morganowie   pani Wanda Chełmicka
j. państwo Zielińscy   pani Krystyna Wilczek

Example: Ja znam tego pana.   Ten pan mnie zna.
            Ja nie znam tego pana.   Ten pan mnie nie zna.

3. Fill in the appropriate forms of the following:

                    mam papierosy   palę
                    wiem   znam go
                    rozumiem   mówię po polsku

    a. Czy pan ——— ?
    b. Czy pani ——— ?
    c. Czy panowie ——— ?
    d. Czy panie ——— ?
    e. Czy państwo ——— ?

SŁÓWKA   VOCABULARY

ci, tych	these, those	pięć, -ciu	five
czas, -u m.	time	po staremu	(in) the usual way
dawno	long ago		
go	him	porządek, -dku m.	order
ich	them	prawie	almost, nearly
ja, mnie	I	słowo, -a n.	word
ją	her	słychać	is (are) heard
je	them (acc.pl.fem.)	specjalny, -ego	special
kogo see kto		stary, -ego	old
kto, kogo	who?	szkoda	too bad, a pity
my, nas	we	także	also, too
myślę, -i	I think, he (she) thinks	trochę	a little, a bit
		u prep. w. gen.	at, by
nas see my		w porządku	in order, fine
nikogo see nikt		wcale nie	not at all
nikt, -kogo	nobody	nie ma za co	don't mention it, you're welcome
nowy, -ego	new, recent		
osobiście	personally	znaczy	it means
państwo, -a pl.	mixed group of people, ladies and gentlemen, Mr. and Mrs.	znam, zna	I know, he (she) knows; I am familiar with, he (she) is familiar with
piąty	fifth		
		zupełnie	completely, quite

ZDANIA

SENTENCES

1. Jak pan myśli?

What do you (m) think?

2. Myślę, że tak.
   nie.

I think so.
  don't think so.

3. Mam wrażenie, że tak.
   nie.

I would think so.
  wouldn't

4. Chyba tak.
   nie.

I guess so.
   not.

5. Wątpię.

I doubt it.

6. Jestem pewny.
   pewna.

I'm (m) sure.
   (f)

7. Nie mam (żadnego) pojęcia.

I have no idea (at all).

8. Ma pan rację.

You (m) are right.

9. Nie ma pan racji.

You (m) are wrong.

10. To nie ma (żadnego) sensu.

It doesn't make any sense (at all).

11. Co to jest?

What's this?

12. To jest koperta.
    widokówka.
    list.
    znaczek.
    nasz podręcznik.
    drzewo.
    jabłko.

That's an envelope.
    a picture postcard.
    a letter.
    a stamp.
    our textbook.
    a tree.
    an apple.

13. Czy pan tu widzi kopertę?
    widokówkę?
    list?
    znaczek?
    nasz podręcznik?
    drzewo?
    jabłko?

Do you see an envelope here?
    a picture postcard
    a letter
    a stamp
    our textbook
    a tree
    an apple

14. Tak, widzę tu kopertę.
    widokówkę.
    list.
    znaczek.
    nasz podręcznik.
    drzewo.
    jabłko.

Yes, I see an envelope here.
    a picture postcard
    a letter
    a stamp
    our textbook
    a tree
    an apple

15. Nie, nie widzę tu koperty.   No, I don't see an envelope here.
                widokówki.   a picture postcard
                listu.   a letter
                znaczka.   a stamp
                naszego podręcznika.   our textbook
                drzcwa.   a tree
                jabłka.   an apple

16. To są koperty.   Those are envelopes.
                widokówki.   picture postcards.
                listy.   letters.
                znaczki.   stamps.
                nasze podręczniki.   our textbooks.
                drzewa.   trees.
                jabłka.   apples.

17. Czy panowie tu widzą   Do you (mpl) see
        koperty?   envelopes here?
        widokówki?   picture postcards
        listy?   letters
        znaczki?   stamps
        nasze podręczniki?   our textbooks
        drzewa?   trees
        jabłka?   apples

18. Tak, widzimy tu koperty.   Yes, we see envelopes here.
                widokówki.   picture postcards
                listy.   letters
                znaczki.   stamps
                nasze podręczniki.   our textbooks
                drzewa.   trees
                jabłka.   apples.

19. Nie, nie widzimy tu   No, we don't see
        kopert.   envelopes here.
        widokówek.   picture postcards
        listów.   letters
        znaczków.   stamps
        naszych podręczników.   our textbooks
        drzew.   trees
        jabłek.   apples

20. A co to jest?   And what's this?

21. To jest fotografia.   That's a photograph.
                legitymacja.   an identification card.
                pomarańcza.   an orange.
                klucz.   a key.
                fotel.   an armchair.
                kalendarz.   a calendar.

22. Czy pani tam widzi   Do you (f) see
        fotografię?   a photograph there?
        legitymację?   an identification card

       pomarańczę?
       klucz?
       fotel?
       kalendarz?

                  an orange
                  a key
                  an armchair
                  a calendar

23. Tak, widzę tam fotografię.
             legitymację.
             pomarańczę.
             klucz.
             fotel.
             kalendarz.

Yes, I see a photograph there.
          an identification card
        an orange
        a key
        an armchair
        a calendar

24. Nie, nie widzę tam
    fotografii.
    legitymacji.
    pomarańczy.
    klucza.
    fotela.
    kalendarza.

No, I don't see
    a photograph there.
    an identification card
    an orange
    a key
    an armchair
    a calendar

25. To są fotografie.
       legitymacje.
       pomarańcze.
       klucze.
       fotele.
       kalendarze.

Those are photographs.
        identification cards.
        oranges.
        keys.
        armchairs.
        calendars.

26. Czy panie tam widzą
    fotografie?
    legitymacje?
    pomarańcze?
    klucze?
    fotele?
    kalendarze?

Do you (fpl) see
    photographs there?
    identification cards
    oranges
    keys
    armchairs
    calendars

27. Tak, widzimy tam fotografie.
            legitymacje.
            pomarańcze.
            klucze.
            fotele.
            kalendarze.

Yes, we see photographs there.
          identification cards
        oranges
        keys
        armchairs
        calendars

28. Nie, nie widzimy tam
    fotografii.
    legitymacji.
    pomarańczy.
    kluczy.
    foteli.
    kalendarzy.

No, we don't see
    photographs there.
    identification cards
    oranges
    keys
    armchairs
    calendars

29. Kto to jest?

Who's that?

30. To jest student.
       studentka.
       uczeń.
       uczennica.

That's a student (m).
       a student (f).
       a pupil (m).
       a pupil (f).

To jest nasz nauczyciel.   That's our teacher (m).
     nasza nauczycielka.   our teacher (f).
     nasz profesor.   our professor.

31. Czy pan zna tego studenta?   Do you (m) know that student (m)?
     tę studentkę?   that student (f)?
     tego ucznia?   that pupil (m)?
     tę uczennicę?   that pupil (f)?
     naszego nauczyciela?   our teacher (m)?
     naszą nauczycielkę?   our teacher (f)?
     naszego profesora?   our professor?

32. Tak, znam tego studenta.   Yes, I know that student (m).
     tę studentkę.   that student (f).
     tego ucznia.   that pupil (m).
     tę uczennicę.   that pupil (f).
     naszego nauczyciela.   our teacher (m).
     naszą nauczycielkę.   our teacher (f).
     naszego profesora.   our professor.

33. Nie, nie znam tego studenta.   No, I don't know that student (m).
     tej studentki.   that student (f).
     tego ucznia.   that pupil (m).
     tej uczennicy.   that pupil (f).
     naszego nauczyciela.   our teacher (m).
     naszej nauczycielki.   our teacher (f).
     naszego profesora.   our professor.

34. To są studenci.   Those are students (m).
     studentki.   students (f).
     uczniowie.   pupils (m)
     uczennice.   pupils (f).

35. Czy państwo znają   Do you (mf) know
     tych studentów?   those students (m)?
     te studentki?   those students (f)?
     tych uczniów?   those pupils (m)?
     te uczennice?   those pupils (f)?

36. Tak, znamy tych studentów.   Yes, we know those students (m).
     te studentki.   those students (f).
     tych uczniów.   those pupils (m).
     te uczennice.   those pupils (f).

37. Nie, nie znamy   No, we don't know
     tych studentów.   those students (m).
     tych studentek.   those students (f).
     tych uczniów.   those pupils (m).
     tych uczennic.   those pupils (f).

38. Co to za książka?   What kind of a book is that?

39. To jest powieść.   It's a novel.

40. A co to za książki?   And what kind of books are those?

41. To są też powieści.   They're also novels.

42. Czy pan zna tę książkę?   Do you know that book?
          tę powieść?   that novel?
          ten słownik?   that dictionary?
          ten podręcznik?   that textbook?
          te książki?   those books?
          te powieści?   those novels?
          te słowniki?   those dictionaries?
          te podręczniki?   those textbooks?

43. Nie, nie znam   No, I don't know
          tej książki.   that book.
          tej powieści.   that novel.
          tego słownika.   that dictionary.
          tego podręcznika.   that textbook.
          tych książek.   those books.
          tych powieści.   those novels.
          tych słowników.   those dictionaries.
          tych podręczników.   those textbooks.

44. Jaka to jest powieść?   What kind of a novel is it?
    Jakie   czasopismo?   periodical
    Jaki   słownik?   dictionary

45. To jest polska powieść.   It's a Polish novel.
          polskie czasopismo.   Polish periodical.
          słownik polsko-angielski.   Polish-English dictionary.

46. Czy pan zna   Do you (m) know
          jakąś polską powieść?   a Polish novel?
          jakieś polskie czasopismo?   Polish periodical?
          jakiś słownik polsko-angielski? Polish-English dictionary?

47. Nie znam   I don't know
          żadnej polskiej powieści.   any Polish novel.
          żadnego polskiego czasopisma. Polish periodical.
             słownika polsko-angielskiego. Polish-English dictionary.

48. Jakie to są powieści?   What kind of novels are they?
          czasopisma?   periodicals
          słowniki?   dictionaries

49. To są polskie powieści.   They are Polish novels.
          polskie czasopisma.   Polish periodicals.
          słowniki angielsko-polskie.   English-Polish dictio-
                                 naries.

50. Czy pani zna   Do you (f) know
          jakieś polskie powieści?   some Polish novels?
             polskie czasopisma?   Polish periodicals?
             słowniki angielsko-polskie? English-Polish dictio-
                                   naries?

51. Nie znam   I don't know
          żadnych polskich powieści.   any Polish novels.
             polskich czasopism.   Polish periodicals.
          słowników angielsko-   English-Polish dictio-
             polskich.   naries.

52. Do kogo należy ten kot?   To whom does that cat belong?
            pies?   dog
            seter?   setter
            buldog?   bulldog
            pudel?   poodle

53. Ten kot należy do mnie.   That cat belongs to me.
            pies   dog
            seter   setter
            buldog   bulldog
            pudel   poodle

54. Czy pan też ma kota?   Do you (m) also have a cat?
            psa?   dog?
            setera?   setter?
            buldoga?   bulldog?
            pudla?   poodle?

55. Nie mam kota.   I don't have a cat.
            psa.   dog.
            setera.   setter.
            buldoga.   bulldog.
            pudla.   poodle.

56. Do kogo należą te koty?   To whom do those cats belong?
            psy?   dogs
            setery?   setters
            buldogi?   bulldogs
            pudle?   poodles

57. Te koty należą do nas.   Those cats belong to us.
            psy   dogs
            setery   setters
            buldogi   bulldogs
            pudle   poodles

58. Czy państwo lubią koty?   Do you (mf) like cats?
            psy?   dogs?
            setery?   setters?
            buldogi?   bulldogs?
            pudle?   poodles?

59. Nie lubimy kotów.   We don't like cats.
            psów.   dogs.
            seterów.   setters.
            buldogów.   bulldogs.
            pudli (pudlów).   poodles.

60. Czy to jest rasowy pies?   Is that a pedigreed dog?

61. Skąd! To jest kundel.   Of course not. That's a mongrel.

WYMOWA   PRONUNCIATION

1. VOWEL + N OR M PRONOUNCED AS NASAL VOWEL

en on before a dental, alveolar, or palatal spirant, and em om before a labial spirant, are replaced by the nasal vowels ę [ǫ]. In analogous environments yn in un an and ym im um am are replaced by corresponding nasal vowels [y̨ į ų ą].

Spelling	Pronunciation	
sens	sęs	sense
emfaza	ęfaza	emphasis
konsul	k[ǫ]sul	consul
komfort	k[ǫ]fort	comfort

czynsz	cz[y̨]sz	rent
symfonia	s[y̨]fońja	symphony
instruktor	[į]struktor	instructor
nimfa	n[į]fa	nymph
kunszt	k[u̯]szt	artistry
triumf	trj[u̯]f	triumph
szansa	sz[ą]sa	opportunity
tramwaj	tr[ą]waj	streetcar

2. J AFTER CONSONANTS

In native Polish words the semivowel j does not occur after consonants except across a prefix-root boundary. In such instances it is spelled j.

ob-jaśnić	to explain
zd-jęcie	snapshot
w-jazd	entrance
z-jem	I'll eat up

In borrowings, j occurs after most consonants:

a. after s z c, it is spelled j.

Rosja	Rosji	Russia (nom., gen.)
Azja	Azji	Asia
racja	racji	reason

b. after other consonants, it is spelled i (cf. II 6 d).

Spelling		Pronunciation		
kopia	kopii	kopja	kopji	copy (nom., gen.)
fobia	fobii	fobja	fobji	phobia
ortografia	ortografii	ortografja	ortografji	orthography
Jugosławia	Jugosławii	Jugosławja	Jugosławji	Yugoslavia
premia	premii	premja	premji	bonus
partia	partii	partja	partji	party
melodia	melodii	melodja	melodji	melody
Maria	Marii	Marja	Marji	Mary
linia	linii	lińja	lińji	line
Anglia	Anglii	Anglja	Anglji	England
autarkia	autarkii	autarkja	autarkji	autarky
Norwegia	Norwegii	Norwegja	Norwegji	Norway
monarchia	monarchii	monarchja	monarchji	monarchy

Since the vowel i is also used to mark the palatalization of labial and velar consonants and the palatalness of ń (before vowels), the spellings of the type pi +vowel are ambiguous: kopią 'they kick' is pronounced ko[p'ǫ] but kopią 'copy (instr.)' is pronounced kopj[ǫ]. The former pronunciation is characteristic of native words, the latter of borrowings.

Spelling	Pronunciation	
utopię	uto[p']e	I'll drown
utopię	utopje	utopia (acc.)
skrobią	skro[b'ǫ]	they scrape
skrobią	skrobj[ǫ]	starch (instr.)
fotografie	fotogra[f']e	photographer (loc.)
fotografie	fotografje	photographs
ekonomie	ekono[m']e	steward (loc.)
ekonomię	ekonomje	economy (acc.)
Mania	Mania	Mary (affect.)
mania	mańja	mania

3. Ł BETWEEN CONSONANTS

Between consonants ł is not pronounced.

Spelling	Pronunciation	
jabłko	japko	apple

4. NG PRONOUNCED [ŋ]G

The cluster ng is pronounced [ŋ]g (cf. IV W 5).

Spelling	Pronunciation	
angielski	a[ŋ]gielski	English

5. N PRONOUNCED Ń BEFORE Ć DŹ Ń

Before ć dź ń, n is pronounced ń.

Spelling	Pronunciation	
studenci	studeńci	students
Wandzia	Wańdzia	Wanda (affect.)
inni	ińni	others (vir.)

6. UCZENNICA 'PUPIL (F)'

The noun uczennica 'pupil (f)' is pronounced uczenica.

GRAMATYKA   GRAMMAR

1. SINGULAR AND PLURAL NUMBER IN NOUNS

In addition to being inflected for case, most Polish nouns are inflected for number.

Nom. Sg. Nom. Pl.	To jest gazeta. To są gazety.	This is a newspaper. These are newspapers.
Acc. Sg. Acc. Pl.	Mam gazetę. Mam gazety.	I have a newspaper. I have newspapers.
Gen. Sg. Gen. Pl.	Nie mam gazety. Nie mam gazet.	I don't have a newspaper. I don't have any newspapers.

Nouns which have plural forms only and which therefore are not inflected for number are an exception.

Nom.	To są okulary. Tu są drzwi.	These are glasses. There is a door here.
Acc.	Mam okulary. Widzę drzwi.	I have glasses. I see a door.
Gen.	Nie mam okularów. Nie widzę drzwi.	I don't have glasses. I don't see a door.

2. NOUN DECLENSIONS

According to the shape of their endings, Polish nouns are divided into four declensions.

Declensions I and II, to which all the feminine nouns in the language belong, are called feminine.

		I			
Sg.	Nom.	koperta	książka	pomarańcza	legitymacja
	Acc.	kopertę	książkę	pomarańczę	legitymację
	Gen.	koperty	książki	pomarańczy	legitymacji
Pl.	Nom. Acc.	koperty	książki	pomarańcze	legitymacje
	Gen.	kopert	książek	pomarańczy	legitymacji

		II		
Sg.	Nom. Acc.	powieść	rzecz	
	Gen.	powieści	rzeczy	
Pl.	Nom. Acc. Gen.	powieści	rzeczy	drzwi

Declensions III and IV, to which only the nonfeminine nouns belong (masculine to Declension III, neuter to Declension IV), are called nonfeminine.

		III				IV	
Sg.	Nom.	list	klucz	pies	student	drzewo	zdjęcie
	Acc.						
	Gen.	listu	klucza	psa	studenta	drzewa	zdjęcia
Pl.	Nom.	listy	klucze	psy	studenci	drzewa	zdjęcia
	Acc.						
	Gen.	listów	kluczy	psów	studentów	drzew	zdjęć

3. INANIMATE, ANIMAL, AND VIRILE NOUNS

With respect to the grouping into the acc.= gen. and acc.≠ gen. classes (see V 5), Polish masculine nouns distinguish the following subdivisions:

(a) The nouns which belong to the acc.≠ gen. class in the singular are called inanimate; they refer to inanimate objects. In the plural, inanimate nouns belong to the acc.≠ gen. class also.

Acc. Sg.	Mam klucz.	I have the key.
Gen. Sg.	Nie mam klucza.	I don't have the key.
Acc. Pl.	Mam klucze.	I have the keys.
Gen. Pl.	Nie mam kluczy.	I don't have the keys.

(b) The nouns which belong to the acc.= gen. class in the singular and acc. ≠ gen. in the plural are called animal; they refer chiefly to animals.

Acc. Sg.	Mam psa.	I have a dog.
Gen. Sg.	Nie mam psa.	I have no dog.
Acc. Pl.	Mam psy.	I have dogs.
Gen. Pl.	Nie mam psów.	I have no dogs.

(c) The nouns which belong to the acc.= gen. class in the plural are called virile; they refer to male persons. In the singular, most personal nouns belong to the acc.= gen. class also.

Acc. Sg.	Widzę studenta.	I see a student.
Gen. Sg.	Nie widzę studenta.	I don't see a student.
Acc. Pl.	Widzę studentów.	I see students.
Gen. Pl.	Nie widzę studentów.	I don't see students.

All feminine and neuter nouns belong to the acc. ≠ gen. class in the singular and plural (see above).

Acc. Sg.	Widzę książkę. studentkę. pudełko.	I see a book. student (f). box.
Gen. Sg.	Nie widzę książki. studentki. pudełka.	I don't see a book. student (f). box.
Acc. Pl.	Widzę książki. studentki. pudełka.	I see some books. students (f). boxes.
Gen. Pl.	Nie widzę książek. studentek. pudełek.	I don't see any books. students (f). boxes.

4. DECLENSIONAL ENDINGS

The endings of the four noun declensions set up in 2 are as follows:

		I	II	III	IV
Sg.	Nom.	-a	-∅	-∅	-o, -e
	Acc.	-ę			
	Gen.	-y/-i	-y/-i	-u, -a	-a
Pl.	Nom.	-y/-i, -e	-y/-i	-y/-i, -e, -owie	-a
	Acc.				
	Gen.	-∅, -y/-i		-ów, -y/-i	-∅

Notes:

a. The nom. sg. endings in Declension IV

In the nom. sg. of Declension IV, -o occurs after alternating consonants, -e after nonalternating (see S. & S. 7 c).

okn-	'window'	okno
futr-	'fur coat'	futro
zdjęć-	'snapshot'	zdjęcie
ubrań-	'suit'	ubranie

b. The acc. sg. and pl. endings in Declension III

In the acc. sg. and pl. of Declension III, the broken line indicates the formal identity of the ending with either the nom. or gen. depending on the class of the noun (see 3 above).

Inanimate	zeszyt- 'notebook'	zeszyt (nom., acc. sg.) zeszyty (nom., acc. pl.)
Animal	ps- 'dog'	psa (acc., gen. sg.) psy (nom., acc. pl.)
Virile	student- 'student'	studenta (acc., gen. sg.) studentów (acc., gen. pl.)

c. The gen. sg. endings in Declension III

In the gen. sg. of Declension III, the ending -u occurs with most inanimate nouns; the ending -a occurs with all animal and personal nouns and with some inanimate nouns.

Virile	uczń- 'pupil'	ucznia
Animal	ps- 'dog'	psa
Inanimate	stoł- 'table' klucz- 'key'	stołu klucza

d. The nom. pl. ending in Declension I

In the nom., acc. pl. of Declension I, -y/-i occurs after alternating consonants, -e after nonalternating.

lamp- 'lamp' popielniczk- 'ashtray'	lampy popielniczki
legitymacj- 'identity card' tablic- 'blackboard'	legitymacje tablice

e. The nom. pl. ending in Declension III

In the nom. pl. of Declension III, -y/-i occurs after alternating consonants, -e after nonalternating, -owie with some virile nouns regardless of the stem-final consonant.

ps- 'dog' podręcznik- 'textbook'	psy podręczniki
fotel- 'armchair' klucz- 'key'	fotele klucze
pan- 'gentleman' uczń- 'pupil'	panowie uczniowie

Before the ending -y/-i, the stem-final consonant of virile nouns is replaced according to the $\underline{C} \sim \underline{C}_1$ type of alternations presented in S. & S. 24. The $\underline{t} \sim \underline{\acute{c}}$ alternation is the only one exemplified in this lesson.

student- 'student'	studenci

f. The gen. pl. ending in Declension I

In the gen. pl. of Declension I, -∅ is the general ending; -y/-i occurs with some nouns in nonalternating consonants.

lamp- 'lamp'	lamp
tablic- 'blackboard'	tablic
pomarańcz- 'orange'	pomarańczy
legitymacj- 'identity card'	legitymacji

g. The gen. pl. ending in Declension III

In the gen. pl. of Declension III, -ów is the general ending; -y/-i occurs with some nouns in nonalternating consonants.

słownik- 'dictionary'	słowników
uczń- 'pupil'	uczniów
fotel- 'armchair'	foteli
klucz- 'key'	kluczy

Some nouns in nonalternating consonants admit both -ów and -y/-i.

pudl- 'poodle'	pudli or pudlów

5. CO TO ZA + NOUN

Co to za książka?	What sort of book is it?
Co to za pies?	What sort of dog is it?

are sentences in which the expression co to za 'what sort of?' is followed by a noun in the nom. case.

6. INDEFINITE PARTICLE -Ś

The particle -ś added to an interrogative word (adjective, pronoun, adverb) renders it indefinite. Compare e.g. the interrogative adjective <u>jaki</u> 'what kind of?' with the indefinite adjective <u>jakiś</u> 'some, some kind of.'

Jaka to jest gazeta?	What kind of newspaper is it?
To jest jakaś gazeta.	This is some kind of newspaper.
Jaki słownik pan ma?	What dictionary have you got?
Czy pan ma jakiś polski słownik?	Do you have some Polish dictionary?
Jakich książek pan nie ma?	What books haven't you got?
Czy pan nie ma jakichś polskich książek?	Don't you have some Polish books?

7. NEGATIVE ADJECTIVE ŻADEN

The negative adjective żaden (stem: żadn-) 'none whatsoever' has the nom. sg. masc. ending -∅ (cf. <u>mój</u> 'my,' <u>nasz</u> 'our'). It occurs in sentences with the negated verb.

Nie mam żadnego podręcznika.	I don't have any textbook.
Nie znam żadnych polskich powieści.	I don't know any Polish novels whatsoever.

8. <u>NALEŻY</u> 'BELONGS'

Expressions of the type

Do kogo należy ten pies?	To whom does that dog belong?
Te psy należą do mnie.	Those dogs belong to me.

consist of the subject, the verb <u>należy</u> 'belongs' or <u>należą</u> 'they belong,' and the prepositional phrase <u>do</u> 'to' + gen. of the possessor. With monosyllabic forms of pronouns the preposition is stressed and the pronoun unstressed.

To należy do mnie.	This belongs to me.
To należy do nas.	This belongs to us.

ZADANIE   EXERCISES

Fill in the appropriate singular and plural forms of the following nouns:

1.   koperta   list   drzewo

          widokówka   znaczek   jabłko

          fotografia   podręcznik   pudełko

          legitymacja   słownik   futro

          pomarańcza   klucz   czasopismo

          koszula   fotel   zdjęcie

          powieść   kalendarz   ubranie

    a. To jest ——— .
       To są ——— .
    b. Czy pan tu widzi ——— ?
    c. Nie widzę tu ——— .

2.   ten student   ta studentka

          tamten uczeń   tamta uczennica

          nasz profesor   nasza nauczycielka

          nasz nauczyciel

    a. To jest ——— .
       To są ——— .
    b. Czy pan zna ——— ?
    c. Nie znam ——— .

3. kot, pies, seter, buldog, pudel

    a. To jest ——— .
       To są ——— .
    b. Mam ——— .
    c. Nie mam ——— .

SŁÓWKA   VOCABULARY

angielski, -ego   English   fotel, -a; -e, -i i.   armchair

buldog, -a a.   bulldog   fotografia, -ii; -ie, photograph
                                            -ii f.
co to za + nom.   what . . . is
                       that?   jabłko, -a; -łek n.   apple

chyba   probably, I   jakiś, -egoś   a, a certain,
                       guess   some sort of

czasopismo, -a n.   periodical   jestem   I am

do   prep. w. gen.   to   kalendarz, -a; -e,   calendar
                                            -y i.
drzewo, -a n.   tree

klucz, -a; -e, -y i.   key

koperta, -y f.   envelope

kot, -a a.   cat

kundel, -dla; -e,   mongrel
  -i/-ów a.

legitymacja, -ji;   identity card,
  -je, ji f.   identification

list, -u i.   letter

lubimy, lubią   we, they like or
                        are fond of

należy, należą   [it] belongs,
                        [they] belong

nasz, -ego   our, ours

nauczyciel, -a;   teacher
  -e, -i v.

nauczycielka, -i;   woman teacher
  -lek f.

pewny, -ego   certain, sure

pies, psa a.   dog

podręcznik, -a i.   textbook

pojęcie, -a n.   notion, idea

pomarańcza, -y;   orange
  -cze, -czy/-cz f.

powieść, -ci; -ci f.   novel

pudel, -dla; -c,   poodle
  -i/-ów a.

racja, -ji f.   reason
  mam rację   I'm right

rasowy, -ego   pedigreed,
                        thoroughbred

sens, -u i.   sense

seter, -a a.   setter (dog)

słownik, -a i.   dictionary,
                        vocabulary

student, -a v.   student

studentka, -i;   (female) stu-
  -tek f.   dent

sześć, -ściu   six

szósty, -ego   sixth

uczennica, -y f.   (female) pupil,
                        schoolgirl

uczeń, ucznia;   pupil, school-
  -niowie, -niów v.   boy

wątpię   I doubt

widokówka, -i;   picture post-
  -wek f.   card

widzę, widzi;   I see, he (she)
  widzimy, widzą   sees; we see,
                        they see

wrażenie, -a n.   impression

znaczek, -czka i.   stamp

żaden, żadnego   no, none, not a
                        single

ZDANIA   SENTENCES

1. Niech pan otworzy zeszyt.   Open your (m) notebook, please.

2. Niech pan nie otwiera zeszytu.   Don't open your (m) notebook.

3. Niech pani zamknie książkę.   Close your (f) book, please.

4. Niech pani nie zamyka książki.   Don't close your (f) book.

5. Niech pan zakryje polski tekst.   Cover the Polish text, please.

6. Niech pan nie zakrywa   Don't cover the English text.
   angielskiego tekstu.

7. Niech pani to powie po polsku.   Please say it in Polish.

8. Niech pani tu nie mówi po angielsku.   Don't speak English here, please.

9. Niech (się) pan zapyta pana Karola.   Ask Charles, please.

10. Niech się państwo nauczą tego na   Memorize it, please.
    pamięć.

11. Co to za człowiek?   Who is that man?

12. To jest nasz nowy student.   That's our new student (m).
        mój kolega.   my classmate (m).
        mój dobry znajomy.   a good acquaintance (m)
                                                        of mine.
        mój stary przyjaciel.   my old friend (m).

13. Co to za kobieta?   Who is that woman?

14. To jest nasza nowa studentka.   That's our new student (f).
        moja koleżanka.   my classmate (f).
        moja dobra znajoma.   a good acquaintance (f)
                                                        of mine.

15. Co to za ludzie?   Who are those people?

16. To są nasi nowi studenci.   Those are our new students.
        moi koledzy.   my classmates.
        moi dobrzy znajomi.   good acquaintances of
                                                        mine.
        moi starzy przyjaciele.   my old friends.

17. Co to za kobiety?   Who are those women?

18. To są nasze nowe studentki.   Those are our new students (f).
        moje koleżanki.   my classmates (f).
        moje dobre znajome.   good acquaintances (f)
                                                        of mine.

19. Czy pan wie, kto to   Do you (m) know who
        jest ten młody człowiek?   that young man is?
        ta młoda kobieta?   woman
        są ci młodzi ludzie?   those young people are?
        te młode kobiety?   women

20. To jest przystojny mężczyzna.   That's a handsome man.
        sympatyczny chłopiec.   likable boy.
        miła dziewczyna.   pleasant girl.
        ładna panna.   good-looking girl.

        są przystojni mężczyźni.   Those are handsome men.
        sympatyczni chłopcy.   likable boys.
        miłe dziewczyny.   pleasant girls.
        ładne panny.   good-looking girls.

21. Czy pan tu ma jakiegoś kolegę?   Do you (m) have a friend (m) here?
                        znajomego?   any acquaintance (m)
                        przyjaciela?   any friend (m)

22. Nie, nie mam tu ani   No, I don't have a
        jednego kolegi.   single friend (m) here.
            znajomego.   acquaintance (m)
            przyjaciela.   friend (m)

23. Tak, mam tu dużo kolegów.   Yes, I have many friends here.
            znajomych.   acquaintances
            przyjaciół.   friends

24. Czy pani tu ma jakąś koleżankę? Do you (f) have a friend (f) here?
                        znajomą?   any acquaintance (f)
                        przyjaciółkę?   any friend (f)

25. Nie, nie mam tu ani   No, I don't have a
        jednej koleżanki.   single friend (f) here.
            znajomej.   acquaintance (f)
            przyjaciółki.   friend (f)

26. Tak, mam tu masę koleżanek.   Yes, I have lots of friends (f) here.
            znajomych.   acquaintances
            przyjaciółek.   friends (f)

27. To jest mój ojciec.   This is my father.
            brat.   brother.
        moja matka.   mother.
        siostra.   sister.

        są moi rodzice.   These are my parents.
        bracia.   brothers.
        moje siostry.   sisters.

28. Czy pan ma brata?   Do you (m) have a brother?
        siostrę?   sister?

        braci?   brothers?
        siostry?   sisters?

29. Nie, nie mam brata.   No, I don't have a brother.
        siostry.   sister.

Nie, nie mam braci.   No, I don't have brothers.
       sióstr.   sisters.

30. Jak się   What's the name of
    nazywa pański sąsiad?   your (m) neighbor (m)?
    nazywają pańscy sąsiedzi?   neighbors?
    nazywa pańska sąsiadka?   neighbor (f)?
    nazywają pańskie sąsiadki?   neighbors (f)?

31. Mój sąsiad nazywa się   My neighbor's (m) name is
    Karol Morgan.   Charles Morgan.
    Moi sąsiedzi nazywają się   My neighbors' names are
    Jan Zieliński i Maria Brown.   John Zielinski and Mary Brown.

    Moja sąsiadka nazywa się   My neighbor's (f) name is
    Maria Brown.   Mary Brown.
    Moje sąsiadki nazywają się   My neighbors' (f) names are
    Wanda Chełmicka i Krystyna   Wanda Chelmicki and Christine
    Wilczek.   Wilczek.

32. Czy ja znam pańskiego sąsiada?   Do I know your (m) neighbor (m)?
    pańskich sąsiadów?   neighbors?

    pańską sąsiadkę?   neighbor (f)?
    pańskie sąsiadki?   neighbors (f)?

33. Nie, pan nie zna   No, you (m) don't know
    mojego sąsiada.   my neighbor (m).
    moich sąsiadów.   neighbors.
    mojej sąsiadki.   neighbor (f).
    moich sąsiadek.   neighbors (f).

34. Jakiej narodowości jest ten pan?   What nationality is that man?

35. To jest Polak.   He's a Pole.
    Anglik.   an Englishman.
    Kanadyjczyk.   a Canadian.
    Szkot.   a Scotsman.
    Szwed.   a Swede.
    Francuz.   a Frenchman.
    Włoch.   an Italian.
    Niemiec.   a German.
    Amerykanin.   an American.
    Rosjanin.   a Russian.

36. Jakiej narodowości są ci panowie?   What nationality are those men?

37. To są Polacy.   They're Poles.
    Anglicy.   Englishmen.
    Kanadyjczycy.   Canadians.
    Szkoci.   Scotsmen.
    Szwedzi.   Swedes.
    Francuzi.   Frenchmen.
    Włosi.   Italians.
    Niemcy.   Germans.
    Amerykanie.   Americans.
    Rosjanie.   Russians.

38. Jakiej narodowości jest ta pani?   What nationality is that woman?

39. To jest Polka.   She's Polish.
          Angielka.   English.
          Kanadyjka.   Canadian.
          Szkotka.   Scottish.
          Szwedka.   Swedish.
          Francuzka.   French.
          Włoszka.   Italian.
          Niemka.   German.
          Amerykanka.   American.
          Rosjanka.   Russian.

40. Jakiej narodowości są te panie?   What nationality are those
                                                 women?

41. To są Polki.   They're Polish.
          Angielki.   English.
          Kanadyjki.   Canadian.
          Szkotki.   Scottish.
          Szwedki.   Swedish.
          Francuzki.   French.
          Włoszki.   Italian.
          Niemki.   German.
          Amerykanki.   American.
          Rosjanki.   Russian.

42. Co to za mundur?   What kind of uniform is this?
          mundury?   uniforms are these?

43. To jest polski mundur.   That's a Polish uniform.
          amerykański   an American
          kanadyjski   a Canadian

          są polskie mundury.   Those are Polish uniforms.
          amerykańskie   American
          kanadyjskie   Canadian

44. To jest polski żołnierz.   That's a Polish soldier.
          amerykański marynarz.   an American sailor.
          kanadyjski lotnik.   a Canadian flier.

          są polscy żołnierze.   Those are Polish soldiers.
          amerykańscy marynarze.   American sailors.
          kanadyjscy lotnicy.   Canadian fliers.

45. Czy pan jest zdrowy?   Are you (m) well?
          chory?   sick?
          zajęty?   busy?
          zmęczony?   tired?
          zły na mnie?   angry with me?

46. Czy pani jest zdrowa?   Are you (f) well?
          chora?   sick?
          zajęta?   busy?
          zmęczona?   tired?
          zła na mnie?   angry with me?

47. Czy panowie są zdrowi?   Are you (mpl) well?
       państwo   chorzy?   (mf) sick?
                  zajęci?   busy?
                  zmęczeni?   tired?
                  źli na mnie?   angry with me?

48. Czy panie są zdrowe?   Are you (fpl) well?
             chore?   sick?
             zajęte?   busy?
             zmęczone?   tired?
             złe na mnie?   angry with me?

49. Jestem zupełnie zdrowy (zdrowa).   I am quite well.
          często chory (chora).   often sick.
          ciągle zajęty (zajęta).   still busy.
          czasem zmęczony (zmęczona).   sometimes tired.
          znowu zły (zła) na pana.   angry with you (m) again.

50. Jesteśmy całkiem zdrowi (zdrowe).   We are quite well.
          naprawdę chorzy (chore).   really sick.
          zwykle zajęci (zajęte).   usually busy.
          rzadko zmęczeni (zmęczone).   seldom tired.
          wciąż źli (źle) na panią.   still angry with you (f).

51. Ten pan jest zawsze taki wesoły.   This man is always so gay.
                        smutny.   sad.
                        opalony.   sunburnt.
                        blady.   pale.

    Ta pani jest zawsze taka wesoła.   This woman is always so gay.
                        smutna.   sad.
                        opalona.   sunburnt.
                        blada.   pale.

    Ci panowie (państwo) są   These men are (This couple is)
       zawsze tacy weseli.   always so gay.
                  smutni.   sad.
                  opaleni.   sunburnt.
                  bladzi.   pale.

    Te panie są zawsze takie   These women are always so
       wesołe.   gay.
       smutne.   sad.
       opalone.   sunburnt.
       blade.   pale.

52. Dlaczego pan jest taki zdenerwowany?   Why are you (m) so upset?

53. Dlatego że mam dużo wydatków   Because I have a lot of expense
       i mało pieniędzy.   and little money.

54. Dlaczego panowie są tacy   Why are you (mpl) so upset?
       zdenerwowani?

55. Bo mamy strasznie dużo   Because we have a tremendous
       pracy i bardzo mało czasu.   amount of work and very little
                                                       time.

56. Jestem przeziębiony (przeziębiona).   I have a cold.

57. Kto z państwa jest przeziębiony?   Who among you (mf) has a cold?

58. Nikt z nas nie jest przeziębiony.   None of us has a cold.

59. Niektórzy z nas są przeziębieni.   Some of us have colds.

60. Wszyscy jesteśmy przeziębieni.   All of us have colds.

WYMOWA   PRONUNCIATION

1. STRZ, STSZ

The clusters strz, stsz are in colloquial Polish pronounced szczsz, with assimilation of st to sz with regard to the point of articulation (cf. III W 3).

Spelling	Pronunciation	
strzygę	szczszygę	I cut hair
ostrzu	oszczszu	blade (loc.)
strzela	szczszela	he shoots
zaostrzony	zaoszczszony	pointed
strzał	szczszał	shot
prostszy	proszczszy	simpler

2. STRZ STSZ CONTRASTED WITH SZCZ

strzygły	they (f) cut hair		szczygły	siskins
strzeli	he'll shoot		szczelin	crannies (gen.)
ostrze	blade		oszczep	javelin
strzech	thatch roofs (gen.)		z Czech	from Bohemia
rejestrze	register (loc.)		jeszcze	still
tłustszy	fatter		tłuszczy	mob (gen.)
częstsza	more frequent (f)		uczęszcza	he attends

3. P T K AS THE FIRST MEMBER IN INITIAL CLUSTERS OF TWO CONSO-
NANTS

ptak	bird	tka	he weaves	kpiny	mockery
psa	dog (gen.)	twarz	face	kto	who
przy	at	tchórz	coward	kwas	acid
psi	canine	tną	they cut	krzak	bush
pcha	he pushes	tlen	oxygen	książka	book
pnie	stumps			knot	wick

4. B D G AS THE FIRST MEMBER IN INITIAL CLUSTERS OF TWO CONSO-
NANTS

bzy	lilac	dba	he cares	gbur	boor
brzask	dawn	dwa	two	gdy	when
bzik	craze	dmucha	he blows	gwiazda	star
		dno	bottom	grzać	to heat
		dla	for	gdzie	where?
				gmach	building
				gna	he drives

5. C CZ Ć AS THE FIRST MEMBER IN INITIAL CLUSTERS OF TWO CON-
SONANTS

cwałem	at a gallop	cztery	four	ćwierć	quarter
cmentarz	cemetery	czkawka	hiccups	ćma	moth
cnota	virtue	czwartek	Thursday		
cle	duty (loc.)	trzy	three		
cło	duty	czci	he worships		
		trzmiel	bumblebee		
		człowiek	man		

6. DZ DŻ DŹ AS THE FIRST MEMBER IN INITIAL CLUSTERS OF TWO
CONSONANTS

dzban	jug	drzwi	door	dźga	he jabs
dzwon	bell			dźwig	crane

GRAMATYKA   GRAMMAR

1. POLITE COMMANDS

A polite command is expressed by a regular 3d person form of address (see III 8 and V 3) preceded by the particle <u>niech</u> 'let.'

Niech pan mówi głośniej.	Speak louder (to a man).
Niech państwo mówią tylko po polsku.	Speak Polish only (to a couple).

2. VERBAL ASPECT

The difference in the form of the verb between

Niech pan otworzy zeszyt.	Open your (m) notebook.
Proszę otworzyć książkę.	Please open your book.

and

Niech pan nie otwiera zeszytu.	Don't open your (m) notebook.
Proszę nie otwierać książki.	Please don't open your book.

is a difference in verbal aspect. The verbs <u>otworzy</u>, <u>otworzyć</u> stress the completion of the act of opening; the verbs <u>otwiera</u>, <u>otwierać</u> do not. The former are called perfective, the latter—imperfective. Generally speaking, nonnegated requests contain perfective verbs, while negated requests contain imperfective verbs (see IV, Sentences).

Verbal aspects will be treated in detail beginning with Lesson XV. For the time being, it is sufficient to know that most of the verbs introduced in Lessons I – XIV are imperfective, and that the present-tense forms of perfective verbs are future in meaning.

The perfective-imperfective pairs introduced so far are:

Perfective		Imperfective		
otworzyć	otworzy	otwierać	otwiera	open
zamknąć	zamknie	zamykać	zamyka	close
zakryć	zakryje	zakrywać	zakrywa	cover
powiedzieć	powie	mówić	mówi	speak

3. VIRILE VS. NONVIRILE NOUNS

Virile nouns are defined as belonging to the acc. pl. = gen. pl. class (see VI 3 c). In addition, their nom. pl. forms are marked in the following way:

(a) most virile nouns in alternating consonants have the ending -y/-i with the $C \sim C_1$ type alternation of the stem final; some take the ending -owie.

Stem	student- 'student'	pan- 'gentleman'
Nom. Pl.	studenci	panowie
Acc. Pl.	studentów	panów
Gen. Pl.		

(b) some virile nouns in nonalternating consonants are marked by the ending -owie; most take the unmarked ending -e (see VI 4 e).

Stem	uczń- 'pupil'	nauczyciel- 'teacher'
Nom. Pl.	uczniowie	nauczyciele
Acc. Pl.	uczniów	nauczycieli
Gen. Pl.		

All other nouns (feminine, neuter, animal, and inanimate) are known as non-virile. Virile, animal, and inanimate nouns are subdivisions of the masculine nouns.

4. VIRILE VS. NONVIRILE GENDER

The virile vs. nonvirile distinction is also present in the plural forms of the words inflected for gender. The adjectives and the 3d person pronoun oppose the acc. pl. = gen. pl. to the acc. pl. ≠ gen. pl. depending on their syntactic connections with the virile or nonvirile nouns respectively. In the nom. pl. the distinction is marked by the shape of the endings: -y/-i for the virile gender, -e for the nonvirile. Before the ending -y/-i, the stem-final consonant is replaced according to the $C \sim C_1$ type of alternations.

	Virile	Nonvir.
Stem	dobr- 'good'	
Nom. Pl.	dobrzy	dobre
Acc. Pl.		
Gen. Pl.	dobrych	

5. VIRILE NOUNS OF DECLENSION I

Although most virile nouns are inflected according to Declension III (the masculine declension), some virile nouns belong to Declension I (a feminine declension). The latter are marked by the $C \sim C_1$ type of alternation of the stem-final
consonant before the nom. pl. ending -y/-i and by the gen. pl. ending -ów.

	Sg.	Pl.
Stem	koleg- 'colleague'	
Nom.	kolega	koledzy
Acc.	kolegę	kolegów
Gen.	kolegi	

The noun mężczyzna 'male person' which has the gen. pl. ending -$\emptyset$:
mężczyzn is an exception.

Note that in the singular, virile nouns of Declension I belong to the acc. $\neq$ gen.
class (cf. VI 3 c) but that the accompanying adjectives have the acc. = gen.

Acc. Sg.	Znam pańskiego kolegę.	I know your colleague.
Gen. Sg.	Nie znam pańskiego kolegi.	I don't know your colleague.

6. $C \sim C_1$ ALTERNATIONS IN NOM. PL.

So far there have occurred the following instances of the $C \sim C_1$ alternations
in the nom. pl. of virile nouns and in the nom. pl. vir. of adjectives and the 3d
person pronoun (for a full list see S. & S. 24 a).

$\underline{C} \sim \underline{C}_1$	Stem	Nom. Sg. (Masc.)	Nom. Pl. (Vir.)
$\underline{w} \sim [w']$	now- 'new' zdrow- 'healthy'	nowy zdrowy	nowi zdrowi
$\underline{m} \sim [m']$	znajom- 'acquaintance'	znajomy	znajomi
$\underline{n} \sim \underline{ń}$	mężczyzn- 'male person' smutn- 'sad' przystojn- 'handsome' sympatyczn- 'likable' zdenerwowan- 'upset' opalon- 'tanned' zmęczon- 'tired' przeziębion- 'sick with a cold' on- 'he, she, it'	mężczyzna smutny przystojny sympatyczny zdenerwowany opalony zmęczony przeziębiony on	mężczyźni smutni przystojni sympatyczni zdenerwowani opaleni zmęczeni przeziębieni oni
$\underline{r} \sim \underline{rz}$	dobr- 'good' star- 'old' chor- 'sick'	dobry stary chory	dobrzy starzy chorzy
$\underline{ł} \sim \underline{l}$	zł- 'angry' wesoł- 'gay'	zły wesoły	źli weseli
$\underline{t} \sim \underline{ć}$	student- 'student' Szkot- 'Scotsman' t- 'this' zajęt- 'busy'	student Szkot ten zajęty	studenci Szkoci ci zajęci
$\underline{d} \sim \underline{dź}$	sąsiad- 'neighbor' Szwed- 'Swede' młod- 'young' blad- 'pale'	sąsiad Szwed młody blady	sąsiedzi Szwedzi młodzi bladzi
$\underline{z} \sim \underline{ź}$	Francuz- 'Frenchman'	Francuz	Francuzi
$\underline{k} \sim \underline{c}$	lotnik- 'flier' Anglik- 'Englishman' Kanadyjczyk- 'Canadian' Polak- 'Pole' tak- 'such, so' wszystk- 'all' pańsk- 'your (m)' amerykańsk- 'American' polsk- 'Polish' kanadyjsk- 'Canadian'	lotnik Anglik Kanadyjczyk Polak taki — pański amerykański polski kanadyjski	lotnicy Anglicy Kanadyjczycy Polacy tacy wszyscy pańscy amerykańscy polscy kanadyjscy
$\underline{g} \sim \underline{dz}$	koleg- 'colleague'	kolega	koledzy
$\underline{ch} \sim \underline{ś}$	Włoch- 'Italian'	Włoch	Włosi
$\underline{sz} \sim \underline{ś}$	nasz- 'our'	nasz	nasi

Notes:

a. $o \sim e$ and $a \sim e$ before C_1

In some stems the $C \sim C_1$ alternation is accompanied by the replacement of the vowels o and a in the stem-final syllable by the vowel e.

zmęczon- 'tired'	zmęczeni (nom. pl. vir.)
wesoł- 'gay'	weseli
sąsiad- 'neighbor'	sąsiedzi (nom. pl.)

b. $s \sim \acute{s}$, $z \sim \acute{z}$, $n \sim \acute{n}$ before $\acute{c}$, $d\acute{z}$, $\acute{n}$, 1

The consonants s, z, n are replaced by $\acute{s}$, $\acute{z}$, $\acute{n}$ respectively before $\acute{c}$, $d\acute{z}$, $\acute{n}$, 1 but the alternation $n \sim \acute{n}$ is not shown in the spelling, n being written throughout.

mężczyzn- 'male person'	mężczyźni (nom. pl.)
zł- 'angry'	źli (nom. pl. vir.)
student- 'student'	studenci (nom. pl.)

c. The adjective wszystk- 'all'

The sg. masc. and fem. forms of the adjective wszystk- 'all' are seldom used. The consonant t is lost between s and c in the nom. pl. vir.

	Sg. Neut.	Pl. Vir.	Pl. Nonvir.
Nom.	wszystko	wszyscy	wszystkie
Acc.			
Gen.	wszystkiego	wszystkich	

7. THE VERB 'TO BE'

1 sg.	jestem
3 sg.	jest
1 pl.	jesteśmy
3 pl.	są

The forms above are forms of the verb 'to be.'

8. IRREGULARITIES IN THE SHAPE OF NOUN STEMS

a. Distinctions between the singular and plural stems

A few nouns have a different stem in the singular and in the plural. The following pairs have occurred so far:

człowiek-/ludź-	person
przyjaciel-/przyjacioł-	friend
brat-/brać-	brother
ok-/ocz-	eye
uch-/usz-	ear

Co to za człowiek?	What sort of man is he?
ludzie?	people are they?
Nie mam tu przyjaciela.	I don't have a friend here.
przyjaciół.	friends
To jest mój brat.	This is my brother.
są moi bracia.	These are my brothers.
Boli mnie oko (ucho).	My eye (ear) hurts.
Bolą mnie oczy (uszy).	eyes (ears) hurt.

The nouns in -anin- drop the in in the plural.

Amerykanin-/Amerykan-	American
Rosjanin-/Rosjan-	Russian

To jest Amerykanin.	That's an American.
są Amerykanie.	Those are Americans.
Czy pan zna tego Rosjanina?	Do you know that Russian?
tych Rosjan?	those Russians?

b. The noun ręk- 'hand'

The feminine noun ręk- 'hand' has the stem ręc- in the nom. and acc. pl. The stem vowel ę is replaced by ą before the gen. pl. ending -∅.

	Sg.	Pl.
Nom.	ręka	ręce
Acc.	rękę	
Gen.	ręki	rąk

9. IRREGULARITIES IN THE SELECTION OF DECLENSIONAL ENDINGS

The expected plural endings in the nonfeminine declensions (see VI 2) are:

Declension	III		IV
Stem Type	Alternating	Nonalternating	
Nom. Pl.	-y/ -i	-e	-a
Gen. Pl.	-ów	-y/ -i	-ø

	Stem		Nom. Pl.	Gen. Pl.
Decl. III	kot-	cat	koty	kotów
	student-	student	studenci	studentów
	fotel-	armchair	fotele	foteli
	żołnierz-	soldier	żołnierze	żołnierzy
Decl. IV	piór-	pen	pióra	piór
	zdjęć-	snapshot	zdjęcia	zdjęć

In addition the ending -owie occurs in the nom. pl. of some virile nouns:

pan-	gentleman	panowie	panów

also, the ending -ów occurs in the gen. pl. of some masculine nouns after non-alternating consonants:

uczń-	pupil	uczniowie	uczniów

All other endings are considered irregular:

a. Virile nouns in Cc

The nom. pl. ending of the virile nouns whose stems end in a consonant followed by c, is -y.

chłopc-	boy	chłopcy	chłopców
Niemc-	German	Niemcy	Niemców

b. Nouns in -anin-/-an-

The nom. pl. ending of the nouns in -anin-/-an- is -e before which n~ń (C~ C₁). The gen. pl. ending is -∅ with some nouns and -ów with others.

Rosjanin-/Rosjan-	Russian	Rosjanie	Rosjan
Amerykanin-/Amerykan-	American	Amerykanie	Amerykanów

c. The noun przyjaciel-/przyjacioł- 'friend'

The nom. pl. ending of the noun przyjaciel-/przyjacioł- is -e before which ł~l (C~C₁); the gen. pl. ending is -∅. The vowel o is replaced by e in the nom. pl. (see 6 a above) and by ó in the gen. pl. (see II 6 f): przyjaciele, przyjaciół.

d. The noun brat-/brać- 'brother'

The nom. pl. ending of the noun brat-/brać- 'brother' is -a: bracia, braci.

e. The nouns ok-/ocz- 'eye' and uch-/usz- 'ear'

The nom. and gen. pl. endings of ok-/ocz- 'eye' and uch-/usz- 'ear' are -y and -u respectively: oczy, oczu; uszy, uszu.

10. ADJECTIVES FUNCTIONING AS NOUNS

In addition to their usual function, many adjectives are also used as nouns. Depending on its position in the sentence, the adjective chory, for instance, means 'sick' or 'a sick person':

On jest chory.	He is sick.
Tu chorych nie ma.	There are no sick people here.

11. SEX SIGNALIZATION

Polish nouns denoting living beings signal the sex of their referent much more regularly than is the case in English, where oppositions of the type actor vs. actress are rare. In Polish the female member of the opposition is usually marked in three ways:

(a) it is feminine in gender;

(b) it is inflected according to a feminine declension;

(c) it contains a suffix with the specific meaning of 'female.'

In this lesson the following pairs occur:

student 'student'	studentka 'female student'
sąsiad 'neighbor'	sąsiadka 'female neighbor'
przyjaciel 'friend'	przyjaciółka 'female friend'
kolega 'colleague'	koleżanka 'female colleague'
Polak 'Pole'	Polka 'Polish woman'
Anglik 'Englishman'	Angielka 'English woman'
Kanadyjczyk 'Canadian' vs.	Kanadyjka 'Canadian woman'
Szkot 'Scotsman'	Szkotka 'Scotswoman'
Szwed 'Swede'	Szwedka 'Swedish woman'
Francuz 'Frenchman'	Francuzka 'Frenchwoman'
Włoch 'Italian'	Włoszka 'Italian woman'
Niemiec 'German'	Niemka 'German woman'
Amerykanin 'American'	Amerykanka 'American woman'
Rosjanin 'Russian'	Rosjanka 'Russian woman'

When an adjective functions as a noun, sex is signaled by the inflectional ending alone.

znajomy 'male acquaintance' vs.	znajoma 'female acquaintance'
Zieliński 'Mr. Zielinski'	Zielińska 'Mrs. Zielinski'

12. POLISH EQUIVALENTS OF 'MAN,' 'WOMAN'

Polish has the following system of words used in referring to people:

Sg.		Pl.	
Male	Female	Male	Female
człowiek		ludzie	
mężczyzna	kobieta	mężczyźni	kobiety
pan	pani	panowie	panie
		państwo	

The general meaning of <u>człowiek</u>, <u>ludzie</u> is 'human being, person'; more specifically <u>człowiek</u> means 'man' as distinct from 'woman'; <u>ludzie</u> is usually rendered as 'people.'

Mężczyzna and kobieta refer to male and female persons respectively and in that sense correspond to the English 'man' and 'woman.'

In addressing a person pan and pani have the meaning 'sir, mister, gentleman' and 'ma'am, Mrs., lady' respectively; in impersonal references to a third party, they are the polite forms of 'man' and 'woman.'

The plural noun państwo is used in polite references to couples or mixed groups of people.

Kto to jest ten człowiek?	
mężczyzna? pan?	Who is that man?
ta kobieta? pani?	Who is that woman?
Kto to są ci ludzie?	
państwo?	Who are these people?
mężczyźni? panowie?	Who are these men?
te kobiety? panie?	Who are these women?

---

13. KOLEGA AND KOLEŻANKA

The nouns kolega and koleżanka are used among members of the same profession or persons engaged in the same occupation. Therefore, depending on the circumstances, they mean 'colleague, friend, co-worker, classmate, fellow soldier, another waiter,' etc.

14. PRZYJACIEL AND PRZYJACIÓŁKA

The nouns przyjaciel and przyjaciółka suggest a greater degree of emotional involvement than the English word 'friend' does. When they refer to members of the opposite sex, przyjaciel often means 'lover,' przyjaciółka 'mistress.'

15. PANNA

The basic meaning of panna is 'unmarried woman.'

To jest stara panna.	That's an old maid.

Panna is used occasionally, instead of the usual pani, in addressing an unmarried woman.

Dzień dobry, panno Zosiu.	Hello, Sophy (lit. Miss Sophy).

In somewhat stylized Polish <u>panna</u> is used in jocular references to girls or young women.

Jaka to ładna panna!	What a good-looking girl!

16. QUANTIFYING ADVERBS WITH THE GENITIVE

Adverbs specifying quantity are followed by the genitive of the quantified noun.

Mam mało czasu.	I have little time.
Mam dużo wydatków.	I have a lot of expense.

ZADANIE   EXERCISES

Fill in the appropriate forms of the following:

1.
dobry student	dobra studentka
mój kolega	moja koleżanka
nasz znajomy	nasza znajoma
opalony mężczyzna	opalona kobieta
nowy sąsiad	nowa sąsiadka
pański brat	pańska siostra
przystojny chłopiec	przystojna dziewczyna
Polak i Amerykanin	Polka i Amerykanka
Anglik i Szkot	Angielka i Szkotka
Kanadyjczyk i Francuz	Kanadyjka i Francuzka
Niemiec i Włoch	Niemka i Włoszka
Rosjanin i Szwed	Rosjanka i Szwedka

polski marynarz

amerykański żołnierz

kanadyjski lotnik

stary przyjaciel

a. To jest —— .
b. To są —— .

2.   zdrowy   wesoły

                            chory   smutny

                            zajęty   blady

                            zmęczony   przeziębiony

                            zły na mnie   zdenerwowany

                            młody   sympatyczny

a. On jest ——— .   c. Ona jest ——— .
b. Oni są ——— .   d. One są ——— .

SŁÓWKA   VOCABULARY

Amerykanin, -a; -kanie, -nów v.	American	Francuzka, -i; -zek f.	Frenchwoman
Amerykanka, -i; -nek f.	American (woman)	jesteśmy	we are
amerykański, -ego	American	Kanadyjczyk, -a v.	Canadian
Angielka, -i; -lek f.	Englishwoman	Kanadyjka, -i; -jek f.	Canadian woman
Anglik, -a v.	Englishman	kanadyjski, -ego	Canadian
blady, -ego	pale	kobieta, -y f.	woman
bo	because, as, since, for	kolega, -i; -ów v.	colleague, mate, fellow, friend
brat, -a; bracia, -ci v.	brother	koleżanka, -i; -nek f.	female colleague, companion, girl friend
całkiem	quite, completely		
chłopiec, -pca; -y, -ów v.	boy, fellow	lotnik, -a v.	flier, airman
chory, -ego	sick, ill	ludzie see człowiek	
ciągle	continually, still	ładny, -ego	pretty, nice
czasem	sometimes	marynarz, -a; -e, -y v.	sailor, seaman
często	often, frequently		
człowiek, -a; ludzie, -dzi v.	man, human being; people	masa, -y f.	mass, large number
dlaczego	why?	matka, -i; -tek f.	mother
dlatego że	because		
dziewczyna, -y f.	girl	mężczyzna, -y; -źni, -zn v.	man, male person
Francuz, -a v.	Frenchman	miły, -ego	pleasant, nice

młody, -ego	young	Rosjanka, -i; -nek f.	Russian woman
mundur, -u i.	uniform	rzadko	seldom, rarely
narodowość, -ci; -ci f.	nationality	sąsiad, -a; -siedzi, -siadów v.	neighbor
nauczy, -ą się	he (she), they will learn	sąsiadka, -i; -dek f.	(female) neighbor
niech	let	siedem, -dmiu	seven
niektóry, -ego	some	siostra, -y; sióstr f.	sister
Niemiec, -mca; -y, -ów v.	German	siódmy, -ego	seventh
Niemka, -i; -mek f.	German woman	smutny, -ego	sad
ojciec, ojca; -owie, -ów v.	father	strasznie	frightfully, awfully
opalony, -ego	tanned, sun-burnt	sympatyczny, -ego	likable, pleasant
otwiera	he (she) opens	Szkot, -a v.	Scotsman
otworzy	he (she) will open	Szkotka, -i; -tek f.	Scotswoman
pamięć, -ci f. na —	memory by heart	Szwed, -a v.	Swede
panna, -y; -nien f.	unmarried wom-an, girl	Szwedka, -i; -dek f.	Swedish woman
po angielsku	(in) English	taki, -ego	such
Polak, -a v.	Pole	wciąż	continually, still
Polka, -i; -lek f.	Polish woman	wesoły, -ego; weseli	gay, cheerful
powie	he (she) will say	Włoch, -a v.	Italian
praca, -y f.	work, job	Włoszka, -i; -szek f.	Italian woman
przeziębiony, -ego; -bieni	sick with a cold	wydatek, -tku i.	expense
przyjaciel, -a; -ciele, -ciół v.	friend	z prep. w. gen.	of, from
przyjaciółka, -i; -łek f.	(girl) friend	zajęty, -ego	busy, occupied
przystojny, -ego	handsome	zakryje	he (she) will cover
rodzice, -ów pl.v.	parents	zakrywa	he (she) covers
Rosjanin, -a; -janie, -jan v.	Russian	zamknie	he (she) will close
		zamyka	he (she) closes

zapyta (się)	he (she) will ask (a question)?	znajomy, -ego	familiar; acquaintance
zawsze	always	znowu	again
zdrowy, -ego	healthy	zwykle	usually
zły, -ego	bad, evil	żołnierz, -a; -e, -y v.	soldier
zmęczony, -ego; -czeni	tired, weary		

Osiem	Eight
Lekcja Ósma	Eighth Lesson

1. Można?

May I come in?

2. Proszę.

Come in.

3. A to ty! Serwus!

Oh, it's you! Hi!

4. Cieszę się, że cię widzę.

I'm happy to see you.

5. Jak tam u ciebie?

How are things?

6. Jak zawsze.

The same.

7. Masz chwilę czasu?

Do you have a moment?

8. Niestety nie. Mam
   okropnie dużo roboty.

Unfortunately I don't. I have a
   tremendous amount of work to
   do.

9. No to do jutra.

Well then, see you tomorrow.

10. Cześć.

So long.

11. Co pan (pani) pisze?
              mówi?
              czyta?

What are you writing?
     did you say?
     are you reading?

Co (ty) piszesz?
        mówisz?
        czytasz?

What are you (fam) writing?
     did you (fam) say?
     are you (fam) reading?

Co panowie (panie, państwo)
                  piszą?
                  mówią?
                  czytają?

What are you (mpl, fpl, mf)
                          writing?
     did you   say?
     are you   reading?

Co panowie (panie, państwo)
                  piszecie?
                  mówicie?
                  czytacie?

What are you (mpl, fpl, mf)
                          writing?
     did you   say?
     are you   reading?

Co (wy) piszecie?
        mówicie?
        czytacie?

What are you (fam.pl) writing?
     did you   say?
     are you   reading?

12. Piszę ćwiczenie.

I'm writing my exercise.

Mówię, że mam katar.

I said I have a cold.

Czytam powieść.

I'm reading a novel.

117

Piszemy zadanie.   We're doing our homework.

Mówimy, że jesteśmy zmęczeni.   We said that we're tired.

Czytamy lekcję.   We're reading the lesson.

13. Pan Jan (pani Wanda) pisze po polsku.   John (Wanda) writes Polish.
                          mówi   speaks
                          czyta   reads

14. On (ona) już świetnie   He (she) writes Polish extremely
              pisze po polsku.   well already.
              mówi   speaks
              czyta   reads

15. Pan Jan i pani Wanda   John and Wanda
    (pani Maria i pani Krystyna)   (Mary and Christine)
      nie piszą po polsku.   don't write Polish;
      mówią   speak
      czytają   read

16. Oni (one) jeszcze nie piszą po polsku.   They don't write Polish yet.
              mówią   speak
              czytają   read

17. Co pan (pani) tu robi?   What are you (sg) doing here?

18. Szukam chusteczki do nosa   I'm looking for my handkerchief
    i nie mogę jej znaleźć.   and I can't find it.

19. Ciągle gubię chusteczki do nosa.   I constantly lose handkerchiefs.

20. Pani Wanda nigdy niczego nie gubi.   Wanda never loses anything.

21. Co panowie (panie, państwo) tu robią?   What are you (pl) doing here?

22. Szukamy okularów od słońca   We're looking for our sunglasses
    i nie możemy ich znaleźć.   and we can't find them.

23. Czego pan słucha?   What are you (m) listening to?
          państwo słuchają?   you (mf)

24. Słucham radia.   I'm listening to the radio.
    Słuchamy wiadomości.   We're   news.

25. Czy pan bierze lekcje muzyki?   Do you (m) take music lessons?
        państwo biorą lekcje tańca?   you (mf) take dancing lessons?

26. Biorę.   I do.
    Bierzemy.   We do.

27. Czy pan mnie słyszy?   Can you (m) hear me?
        państwo mnie słyszą?   you (mf)

28. Świetnie pana słyszę.   I can hear you perfectly.
             słyszymy.   We

29. Pani pływa?   Do you (f) swim? Can you (f) swim?
    Panie pływają?   you (fpl)   you (fpl)

30. Nie pływam—boję się wody.   I don't swim—I'm afraid of water.
    pływamy—boimy się   We   we're

31. Pan tańczy?	Do you (m) dance?	
32. Owszem, tańczę.	Yes, I do.	

33. Kto cię uczy francuskiego?
    pana
    panią
    was
    panów
    panie

Who teaches you (fam. sg) French?
    you (m)
    you (f)
    you (fam. pl)
    you (mpl)
    you (fpl)

34. Nikt mnie nie uczy—
    nas
    sam się uczę.
    sama
    sami się uczymy.
    same

Nobody teaches me—
    us—
    I study by myself (m).
    myself (f).
    we study by ourselves (mpl).
    ourselves (fpl).

35. Oprócz polskiego uczymy
    się wszyscy rosyjskiego.

Besides Polish we all study
    Russian.

36. Czy pani lubi muzykę? — Do you (f) like music?

37. Bardzo. — A lot.

38. Kto siedzi obok pana? — Who sits next to you (m)?

39. Obok mnie siedzi pan Jan;
    siedzimy obok siebie.

John sits next to me;
    we sit next to each other.

40. Obok pana Jana siedzi pani Maria;
    pan Jan i pani Maria siedzą
    obok siebie.

Next to John sits Mary;
    John and Mary sit
    next to each other.

41. Pan Karol siedzi koło tablicy,
    a ja siedzę koło ściany.
              okna.
              drzwi.

Charles sits by the blackboard
    and I sit near the wall.
                window.
                door.

42. Czy pan ich zna? — Do you (m) know them?

43. Jego znam, ale jej nie. — I know him but not her.

44. Doskonale się znamy. — We know each other very well.

45. Bardzo się lubimy. — We like each other very much.

46. Kocham ją, ale ona mnie nie kocha. — I love her but she doesn't love me.

47. Ona mnie kocha, ale ja jej nie
    kocham.

She loves me but I don't
    love her.

48. Kochasz mnie? — Do you (fam) love me?

49. Kochamy się. — We love each other.

50. Zawsze się rozumiemy. — We always understand each other.

51. On sam siebie nie rozumie.
    Ona sama
    Oni sami   rozumieją.
    One same

He doesn't understand himself.
She   herself.
They (m) don't   themselves.
They (f)

52. Czy pan często pisze
    do pana Karola?
       pani Marii?
       państwa Zielińskich?

Do you often write
   to Charles?
      Mary?
      the Zielinskis?

53. Tak, dość często do niego piszę.
                      niej
                      nich

Yes, I write to him fairly often.
                  her
                  them

54. Czy ma pan jakieś wiadomości
    od pana Karola?
       pani Marii?
       państwa Zielińskich?

Do you hear
   from Charles?
      Mary?
      the Zielinskis?

55. Od czasu do czasu.

From time to time.

56. Ostatnio nie mam od niego
    żadnych wiadomości.
               niej
               nich

Lately I haven't heard from him
   at all.

                                   her
                                   them

57. Czy pan używa słownika kiedy
    pan pisze po polsku?

Do you (m) use a dictionary when
   you write Polish?

58. Naturalnie. Wszyscy używamy
    słownika.

Certainly. We all use
   a dictionary.

59. Mimo to ciągle jeszcze
    robimy błędy.

In spite of that we still make
   mistakes.

60. Czy pan już umie tę lekcję
    na pamięć?

Have you (m) memorized this
   lesson yet?

61. Nie umiem jej jeszcze.

I haven't yet.

62. Niech pan więcej pracuje.

Work more.

63. Pracuję od rana do wieczora.

I work from morning to evening.

64. Nie mogę i nie chcę więcej
    pracować.

I can't and I don't want to work
   any more.

WYMOWA   PRONUNCIATION

1. STRESS OF NOUNS IN -YK-/-IK-

Borrowed nouns in the suffix -yk-/-ik- stress the preprefinal syllable (ante-penult) when the inflectional ending has one vowel.

| muzyka | music | klinika | clinic |
| Ameryka | America | republika | republic |

2. UNSTRESSED MONOSYLLABLES

a. Short forms of personal pronouns

Znam go.	I know him.
On mię rozumie.	He understands me.
Widzę cię.	I see you.

b. Monosyllabic forms of personal pronouns when spoken without emphasis

Znam ją.	I know her.
Ona mnie rozumie.	She understands me.
Widzę was.	I see you.

c. The reflexive się

uczę się	I study	boi się	he's afraid
uczymy się	we study	boją się	they're afraid

d. The negative nie

The negative particle nie is unstressed unless it precedes a monosyllabic verb form, in which case nie is stressed and the verb is not.

nie umiem	I don't know how	nie znam	I don't know
nie mogę	I can't	nie chcę	I don't want

e. Monosyllabic prepositions are not stressed unless they precede a monosyllabic form of a pronoun. In the latter instance the preposition is stressed and the pronoun is not.

na kaszel	for a cough	od niej	from her
o zapałki	for matches	od nas	from us
po polsku	in Polish	do mnie	to me
do pana	to you	do was	to you

3. SZ Ś H/CH AS THE FIRST MEMBER IN INITIAL CLUSTERS OF TWO
CONSONANTS

szpada	sword	śpi	he sleeps	chwila	while
sztaba	bar	świat	world	chrzan	horseradish
szkoła	school	ściana	wall	chce	he wants
Szwed	Swede	śmiały	bold	chciał	he wanted
szczęście	luck	śnieg	snow	chmura	cloud
szmata	rag	środek	middle	hrabia	count
sznur	rope	ślusarz	locksmith	chleb	bread
szrama	scar			chłopiec	boy
szli	they walked				
szła	she walked				

4. SZ AND Ś IN INITIAL CLUSTERS CONTRASTED

szpieg	spy	śpiew	chant
szwedzki	Swedish	świecki	secular
szczeka	he barks	ścieka	it drips
szmer	murmur	śmiech	laughter
sznycel	cutlet	śnili	they dreamt
szron	frost	środa	Wednesday
szlak	trail	ślad	trace

5. CH AND Ś IN INITIAL CLUSTERS CONTRASTED

chwyta	he grasps	świta	it dawns
chcieli	they wanted	ścieli	he makes his bed
chmielem	hops (instr.)	śmielej	bolder
chlubny	honorable	ślubny	wedding —
chrupki	crisp	śrubki	screws

GRAMATYKA   GRAMMAR

1. 2D PERSON PRONOUNS AND VERB FORMS

_ty_ and _wy_ are the 2d person pronouns, singular and plural respectively; both are rendered in modern English by 'you.'

Verb forms ending in _sz_ and _cie_ are the corresponding 2d person singular (2 sg.) and 2d person plural (2 pl.).

The 2d person singular constructions, in contradistinction to the 3d person singular constructions with _pan, pani_ (see III 8), carry a connotation of familiarity (fam. sg): they are used in speaking to intimate friends, relatives, and children. The transition from the _pan, pani_ level to the 2d person singular level is usually expressly agreed upon by the persons involved.

Personal pronouns of the 2d person (as well as of the 1st person) are regularly omitted when the verb is present.

To ty?	Is that you (fam. sg)?
Rozumiesz?	Do you (fam. sg) understand?

Compare the polite:

To pan (pani)?	Is that you?
Rozumie pan (pani)?	Do you understand?

The 2d person plural constructions function as:

(a) forms of address used in speaking to more than one person on the same level of familiarity (fam. pl) as the 2d person singular constructions (for the formal ways of address, see V 3).

To wy?	Is that you (fam. pl)?
Rozumiecie?	Do you (fam. pl) understand?

(b) informal but polite forms of address with _panowie, panie, państwo_ replacing the formal 3d person plural constructions (see V 3).

Co panowie robicie?	What are you (mpl) doing?
Rozumiecie państwo?	Do you (mf) understand?

(c) polite though somewhat affected forms of addressing a single person used among members of the same profession or organization. The regular pan, pani are replaced in this usage by the voc. of some word denoting fellowship.

	Male	Female	
Nom. Sg. and Voc.	kolega, -o	koleżanka, -o	colleague (cf. VII 13)
	towarzysz, -u	towarzyszka, -o	comrade (among Party members)
	obywatel, -u	obywatelka, -o	citizen (a bureaucratic equivalent of pan, pani)

Co robicie, kolego?	What are you doing?
Rozumiecie, towarzyszu?	Do you understand, comrade?

The acc., gen. of wy is was; for the acc., gen. of ja, see 2 below.

Nie widzę was.	I can't see you (fam. pl).

2. SHORT AND LONG FORMS OF PERSONAL PRONOUNS

The personal pronouns ja 'I,' ty 'you (fam),' on 'he' and ono 'it' have short and long forms of the gen. sg. (and acc. sg. if it equals the gen. sg.).

	1st Person		2d Person		3d Person			
					Masc.		Neut.	
	short	long	short	long	short	long	short	long
Nom. Sg.	ja		ty		on		ono	
Acc. Sg.	mię	mnie	cię	ciebie	go	jego	je	
Gen. Sg.							go	jego

The short forms are enclitic or stressless; they occur at the end of the first stress group in their clause (see S. & S. 4 B 2).

Dobrze go znam.	I know him well.
Znam go dobrze.	I know him well.
Boję się go.	I'm afraid of him.
Bardzo się go boję.	I'm very much afraid of him.

As objects of verbs both short and long forms occur. The long forms are marked as emphatic; the short forms are neutral.

Znam cię.	I know you (fam. sg).
Znam go.	I know him.
Znam ciebie, ale nie znam jego.	I know you (fam. sg), but I don't know him.
Jego znam, ale jej nie znam.	I know him but I don't know her.

After się the short form cię is avoided.

Nie boję się ciebie.	I'm not afraid of you.

In the written language the short form mię is avoided and is regularly replaced by the long form mnie.

On mnie nie zna.	He doesn't know me. (written)
On mię nie zna.	He doesn't know me. (coll.)

After prepositions only the long forms appear.

Pan mówi do mnie?	Are you (m) talking to me?
Do ciebie mówię.	I'm talking to you (fam. sg).

3. FORMS OF THE 3D PERSON PRONOUN AFTER PREPOSITIONS

After prepositions the forms of the 3d person pronoun begin with ń.

Piszę do niego.	I'm writing to him.
niej.	her.
nich.	them.

Compare the prepositionless:

Jego nie znam.	I don't know HIM.
Jej	HER.
Ich	THEM.

4. REFLEXIVE PERSONAL PRONOUN

siebie is the acc., gen. of the reflexive personal pronoun.

The reflexive personal pronoun does not distinguish numbers or genders and lacks the nominative case. It is used when the object coincides with the actor.

Dobrze siebie znam.	I know myself well.
On mówi do siebie.	He talks to himself.
Siedzimy obok siebie.	We sit next to each other.

5. EMPHATIC PRONOMINAL ADJECTIVE SAM

The pronominal adjective sam 'alone' emphasizes the word it goes with. Its nom. sg. masc. and neut. endings are -$\emptyset$ and -o respectively; other endings are regular.

(Ja) sam się uczę.	I study by myself.
On sam się uczy.	He studies by himself.
Pani Wanda sama się uczy.	Wanda studies by herself.
(My) sami się uczymy.	We study by ourselves.
Państwo sami się uczą?	Do you (mf) study by yourselves?

sam is often used when siebie occurs.

On sam siebie nie rozumie.	He doesn't understand himself.

Compare:

On sam tego nie rozumie.	Even he doesn't understand it.

6. SUMMARY OF PERSONAL AND POSSESSIVE WORDS

Personal and possessive words are paired below:

		Personal	Possessive	
			Adjective	Genitive
Interrogative		kto	czyj	
Reflexive		siebie	swój	
1st	Sg.	ja	mój	
	Pl.	my	nasz	
2d	Sg.	ty	twój	
	Pl.	wy	wasz	
Polite Address	Male Sg.	pan	pański	pana
	Male Pl.	panowie		panów
	Female Sg.	pani		pani
	Female Pl.	panie		pań
	Male + Female	państwo		państwa
3d	Sg. Fem.	ona		jej
	Sg. Nonfem.	on, ono		jego
	Pl.	oni, one		ich

7. PRESENT TENSE. CONJUGATIONS I, II, III

In the present tense the Polish verb is inflected for person (1st = addresser, 2d = addressee, 3d = someone referred to) and number (singular, plural).

Three inflectional types or conjugations are distinguished.

	Conjugation I 'write'	Conjugation II 'speak'	Conjugation III 'read'
1 Sg.	piszę	mówię	czytam
2	piszesz	mówisz	czytasz
3	pisze	mówi	czyta
1 Pl.	piszemy	mówimy	czytamy
2	piszecie	mówicie	czytacie
3	piszą	mówią	czytają

The present-tense forms, like all inflected forms, consist of a stem and an ending (cf. II 6). Present-tense stems end in a consonant; present-stem endings begin with a vowel.

The stems of Conjugation I end in an alternating or nonalternating consonant.

bior-ą	'they take'
pisz-ą	'they write'

The stems of Conjugation II end in a nonalternating consonant.

mówi-ą	'they speak'
tańcz-ą	'they dance'

The stems of Conjugation III end in aj.

czytaj-ą	'they read'

The endings are:

	I	II	III
1 Sg.	-ę		-am
2 Sg.	-esz	-ysz/-isz	-asz
3 Sg.	-e	-y/-i	-a
1 Pl.	-emy	-ymy/-imy	-amy
2 Pl.	-ecie	-ycie/-icie	-acie
3 Pl.	-ą		

Notes:

Stems have different shapes depending on the ending which goes with them.

a. $C \sim C_3$ alternation in Conjugation I

Stems of Conjugation I ending in an alternating consonant replace this consonant according to the $C \sim C_3$ alternation pattern (see S. & S. 24 c) before all endings beginning with an oral vowel (2, 3 sg. and 1, 2 pl.).

g ~ ż	mog- 'be able'	mog-ę 'I can' mog-ą 'they can' moż-e 'he (she) can' moż-emy 'we can'

b. o ~ e in Conjugation I

Before the C_3 consonant of the alternation outlined in a, o after a nonalternating consonant is replaced by e.

r ~ rz	bior- 'take'	bior-ę 'I take' bior-ą 'they take' bierz-e 'he (she) takes' bierz-emy 'we take'

c. $C_3 \sim C_5$ alternation in Conjugation II

Stems of Conjugation II replace the stem-final ś ź ć dź śc źdź by sz ż c dz szcz żdż respectively before the nasal vowels (1 sg. and 3 pl.).

ś ~ sz	proś- 'ask'	pros-i (stem: proś-) 'he (she) asks' pros-imy (stem: proś-) 'we ask' prosz-ę 'I ask' prosz-ą 'they ask'
dź ~ dz	widź- 'see'	widz-i (stem: widź-) 'he (she) sees' widz-imy (stem: widź-) 'we see' widz-ę 'I see' widz-ą 'they see'

d. aj ~ ∅ in Conjugation III

Stems of Conjugation III drop the final aj before all endings beginning with a (1, 2, 3 sg. and 1, 2 pl.).

czytaj- 'read'	czytaj-ą 'they read' czyt-am 'I read' czyt-a 'he (she) reads'

8. REFLEXIVE PARTICLE SIĘ

The reflexive particle się accompanies some verbs. It is an enclitic particle occurring usually at the end of the first stressed group in its clause (see III 2). It denotes:

(a) Action upon the actor (replacing the accusative object)

> Uczę się polskiego.   I'm studying Polish.

Compare the construction with the accusative object.

> Uczę pana (panią) polskiego.   I'm teaching you Polish.

(b) Mutual or reciprocal action (replacing the accusative object)

> Znamy się.   We know each other.

Compare the construction with the accusative object.

> Znam pana (panią).   I know you.

(c) Action without a specified actor

> Tak się nie mówi.   One doesn't say it this way.

These are impersonal sentences with the verb in the 3 sg. They are often rendered in English by passive constructions.

> Tu się mówi po polsku.   Polish is spoken here.

Some verbs are always accompanied by się

> Kto się boi?   Who's afraid?

9. ASSIGNMENT OF VERBS TO CONJUGATIONS

Verbs which have occurred so far are classified as follows:

Conjugation I

(a) Stems in alternating consonants

	1 Sg.	3 Sg.	
r	biorę	bierze	take
g	mogę	może	be able
n	zamknę	zamknie	close

(b) Stems in nonalternating consorants

c	chcę	chce	want
sz	piszę	pisze	write
j	dziękuję	dziękuje	thank
	pracuję	pracuje	work
	zakryję	zakryje	cover
	——	zdaje się	it seems

Conjugation II

(a) Stems in palatal consonants

ś	proszę	prosi (stem: proś-)	ask (a favor)
dź	siedzę	siedzi (stem: siedź-)	sit
	widzę	widzi (stem: widź-)	see

(b) Stems in other nonalternating consonants

[p']	wątpię	wątpi	doubt
[b']	gubię	gubi	lose
	lubię	lubi	be fond of
	robię	robi	do
[w']	mówię	mówi	say
sz	cieszę się	cieszy się	be glad
	słyszę	słyszy	hear
rz	otworzę	otworzy	open
cz	tańczę	tańczy	dance
	uczę	uczy	teach
l	——	boli	it hurts
	myślę	myśli	think
	palę	pali	burn
j	boję się	boi się	fear

Conjugation III

czytam	czyta	read
kocham	kocha	love
mam	ma	have
nazywam się	nazywa się	be called
otwieram	otwiera	open
pływam	pływa	swim
przepraszam	przeprasza	be sorry
słucham	słucha	listen
szukam	szuka	search
używam	używa	use
zakrywam	zakrywa	cover
zamykam	zamyka	close
zapytam (się)	zapyta (się)	ask (a question)
znam	zna	know

10. IRREGULAR PRESENTS

The following verbs have irregular presents:

	'be'	'know'	'know how'	'understand'
1 Sg.	jestem	wiem	umiem	rozumiem
2 Sg.	jesteś	wiesz	umiesz	rozumiesz
3 Sg.	jest	wie	umie	rozumie
1 Pl.	jesteśmy	wiemy	umiemy	rozumiemy
2 Pl.	jesteście	wiecie	umiecie	rozumiecie
3 Pl.	są	wiedzą	umieją	rozumieją

11. VERBS WITH THE GENITIVE OBJECT

The following verbs are accompanied by the object in the genitive case: uczę się 'I study,' boję się 'I'm afraid,' szukam 'I search,' słucham 'I listen,' używam 'I use.'

Boję się wody.	I'm afraid of water.
Słucham pana.	I'm listening to you.
Szukam okularów.	I'm looking for my glasses.
Uczę się rosyjskiego.	I'm studying Russian.
Czy pan używa słownika?	Do you (m) use a dictionary?

12. TRANSITIVE AND INTRANSITIVE VERBS

Verbs which are accompanied by an object in the acc. or gen. are called transitive.

| Czytam książkę. | I'm reading a book. |
| Szukam książki. | I'm looking for a book. |

Other verbs are called intransitive.

| Dobrze pływam. | I swim well. |
| Siedzę koło okna. | I sit by the window. |

13. PREPOSITIONS WITH THE GENITIVE OBJECT

The case of a noun or pronoun in a prepositional phrase is determined by the preposition. This lesson provides some examples of prepositions accompanied by the genitive.

do 'to'

| Piszę do pana Karola. | I write to Charles. |

od 'from'

| Mam wiadomości od pani Wandy. | I have news from Wanda. |

koło 'near'

| Pan Jan siedzi koło ściany. | John sits near the wall. |

obok 'next to'

| Siedzimy obok siebie. | We sit next to each other. |

oprócz 'besides'

| Oprócz pani Wandy nikogo tu nie ma. | There's nobody here besides Wanda. |

14. LEKCJA + GENITIVE

Expressions of the type lekcja + gen. are rendered in English by attributive phrases.

Lekcja polskiego.	A Polish lesson.
muzyki.	music
tańca.	dancing

ZADANIE   EXERCISES

1. Fill in the appropriate forms of the following pronouns giving where possible both the short and long forms:

ja   ty   on   ona   ono

my   wy   oni   one   siebie

a. On —— zna.
b. On —— nie zna.
c. On do —— mówi.

2. Fill in the appropriate forms of the following verbs:

biorę	piszę	słyszę
boję się	pracuję	szukam
chcę	proszę	uczę
jestem	rozumiem	umiem
mogę	siedzę	wiem
mówię	słucham	zamknę

a. (Ja) —— .   d. (My) —— .
b. (Ty) —— .   e. (Wy) —— .
c. On —— .   f. Oni —— .

3. Fill in the proper forms of the bracketed nouns:

a. Lubię —— .
   Boję się —— . [woda]

b. Słyszę —— .
   Słucham —— . [muzyka]

c. Czytam —— .
   Szukam —— . [książka]

d. Mam —— .
   Używam —— . [słownik]

SŁÓWKA

boi się, boją się	be afraid of	od/ode prep.w. gen.	from, off, of, since
bierze, biorą	take	okropnie	terribly
błąd, błędu i.	mistake, error	oprócz prep.w. gen.	besides, in addition to
chce, -ą	want, wish	osiem, ośmiu	eight
chustka, -i; -tek f.	handkerchief	ostatni, -ego	last, final
chwila, -i f.	moment, while	ostatnio	lately
ciebie see ty		ósmy, -ego	eighth
cieszy się, -ą	be glad, rejoice	pisze, -ą	write
cię see ty		pływa, -ają	swim
czego gen. of co		pracuje, -cują	work
cześć	so long	radio, -dia; -diów n.	radio
czyta, -ają	read		
ćwiczenie, -a n.	exercise, drill	rano, -a n.	morning
dość	enough; rather	robi, -bią	make, do
francuski, -ego	French	robota, -y; -bót f.	work
gubi, -bią	lose	rosyjski, -ego	Russian
jutro, -a n.	tomorrow	sam, -ego	alone, oneself
katar, -u i.	head cold	serwus	hi!; so long
kiedy	when, as	siebie (gen.acc.)	reflexive pron.; oneself
kocha, -ają	love	siedzi, -dzą	sit, be seated
koło prep.w.gen.	around, near, by	słońce, -a n.	sun
mimo prep.w.acc. or gen.	in spite of, notwithstanding	słyszy, -ą	hear
można	it is possible, permitted	szuka, -ają	seek, look for
może, mogą	be able, can, may	taniec, -ńca; -ów i.	dance
muzyka, -i f.	music	tańczy, -ą	dance
nich postprepositional ich		towarzysz, -a; -e, -y/-ów v.	comrade
niego postprepositional jego		ty, ciebie/cię (gen. acc.)	you (fam.)
niej postprepositional jej		uczy się, -ą	study, learn
nigdy	never	umiem, -e, -eją	know how
obok prep.w.gen.	beside, next to		

używa, -ają	use, make use of	więcej	more
		woda, -y f.	water
was <u>see</u> wy		wy; was (gen. acc.)	you (pl.)
wiadomość, -ci; -ci f.	news, information		
		znajdzie, -jdą	find

ZDANIA

SENTENCES

1. Dzień dobry panu.
   Do widzenia pani.
   Dobry wieczór panom.
   Dobranoc paniom.

Good morning (to a man).
Good-by (to a woman).
Good evening (to men).
Good night (to women).

2. Jak na imię
   temu studentowi?
   uczniowi?
   tej studentce?
   uczennicy?

   tym studentom?
   studentkom?
   uczniom?
   uczennicom?

What's the first name of
   this student (m)?
   pupil (m)?
   student (f)?
   pupil (f)?
What are the first names of
   these students (m)?
   (f)?
   pupils (m)?
   (f)?

3. Na imię mu Jan.
   Karol.
   Tomasz.
   Piotr.
   Paweł.

   jej Wanda.
   Olga.
   Barbara.
   Felicja.
   Maria.

   im Jerzy i Zofia.
   Jurek i Zosia.

His first name is John.
   Charles.
   Thomas.
   Peter.
   Paul.

Her first name is Wanda.
   Olga.
   Barbara.
   Felicia.
   Mary.

Their first names are
   George and Sophia.
   Jerry and Sophy.

4. Czy nie przeszkadzamy
   panu Janowi?
   Karolowi?
   Tomaszowi?
   Piotrowi?
   Pawłowi?

   pani Wandzie?
   Oldze?
   Barbarze?
   Felicji?
   Marii?

   panu Jerzemu i pani Zofii?
   Jurkowi   Zosi?

Aren't we disturbing
   John?
   Charles?
   Thomas?
   Peter?
   Paul?

   Wanda?
   Olga?
   Barbara?
   Felicia?
   Mary?

   George and Sophia?
   Jerry   Sophy?

137

5. Skądże! Wcale nie.   Of course not! Not at all.

6. Zdaje się, że nie znam   I don't think I know
   pańskiego ojca.   your father.
             syna.   son.
             brata.   brother.

   pańskiej matki.   mother.
             córki.   daughter.
             siostry.   sister.

   pańskich rodziców.   parents.
             synów.   sons.
             córek.   daughters.
             braci.   brothers.
             sióstr.   sisters.
             dzieci.   children.

7. Niech mnie pan przedstawi   Introduce me to
   swojemu ojcu.   your father.
             synowi.   son.
             bratu.   brother.

   swojej matce.   mother.
             córce.   daughter.
             siostrze.   sister.

   swoim rodzicom.   parents.
             synom.   sons.
             córkom.   daughters.
             braciom.   brothers.
             siostrom.   sisters.
             dzieciom.   children.

8. Bardzo mi miło.   Very nice to meet you.
            przyjemnie.   glad

9. Zdaje mi się, że skądś pana   It seems to me that I met you
   znam, ale nie pamiętam skąd.   somewhere before but I don't
                                                       remember where.

10. Kto komu pomaga,   Who's helping whom,
    brat panu,   is your brother helping you (m)
    czy pan bratu?   or are you helping your broth-
                                                       er?

    siostra pani,   is your sister helping you (f)
    czy pani siostrze?   or are you helping your sister?

11. Pomagamy sobie nawzajem.   We help each other.

12. Jak się tu panu podoba?   How do you (m) like it here?
             pani   you (f)
             państwu   you (mf)

        temu panu   does this man
        tej pani   woman
        tym państwu   couple

13. Bardzo mi się tu podoba.   I like it here very much.
        nam   We like
        mu   He likes
        jej   She likes
        im   They like

14. Jemu się tu nie podoba, ale   He doesn't like it here but
        mnie się podoba.   I do.

15. Wcale mu się nie dziwię —   I'm not surprised by his reac-
        mnie się tu też nie podoba.   tion — I don't like it here either.

16. Czy ten pierścionek się pani podoba?   Do you (f) like this ring?
        ta broszka   pin?
        ta bransoletka   bracelet?

    Czy te korale się pani podobają?   these beads?

17. Owszem, podoba mi się.   Yes, I like it.
        podobają   them.

18. Podobno pański przyjaciel   I hear your (m) friend (m) isn't
        źle się czuje.   feeling well.
            kolega   roommate (m)
            znajomy   acquaintance (m)

        pani przyjaciółka   your (f) friend (f)
        koleżanka   roommate (f)
        znajoma   acquaintance (f)

19. Co jest   What's the matter with
        pańskiemu przyjacielowi?   your (m) friend (m)?
        koledze?   roommate (m)?
        znajomemu?   acquaintance (m)?

        pani przyjaciółce?   your (f) friend (f)?
        koleżance?   roommate (f)?
        znajomej?   acquaintance (f)?

20. Nic mu nie jest —   There's nothing wrong with him —
        jej   her —
        on zawsze przesadza.   he always exaggerates.
        ona   she

21. Czemu pan taki blady?   Why are you (m) so pale?
        pani taka blada?   (f)

22. Trochę mi niedobrze.   I feel a bit sick.
        słabo.   ill (weak).
        duszno.   It's stifling (for me).

23. Dzięki Bogu, już mi (jest) lepiej. Thank God, I feel better now.
    Chwała

24. Moje dziecko jest chore.   My child is sick.
        dzieci są   children are

25. Co mu jest?   What's the matter with him (her)?
        im   them

26. Ma grypę.   He (she)'s got the flu.
    Jedno ma katar, a drugie grypę.   One's got a cold and the other
                                           has the flu.

27. Niech pan to wytłumaczy   Explain it
       temu młodemu człowiekowi.   to this young man.
       tej młodej kobiecie.   woman.
       tym młodym ludziom.   these young people.

28. Niech pan to nam przetłumaczy.   Translate it for us.

29. Jak się wam powodzi?   How are you getting along?

30. Różnie. Nieraz dobrze,   I have my ups and downs. Some-
       nieraz źle.   times good, sometimes bad.

31. Ten chłopiec ma szczęście;   That fellow is lucky;
    Ta dziewczyna   girl
       jemu się zawsze powodzi.   he always manages well.
       jej   she

32. Nie wierzę temu chłopcu.   I don't believe this boy.
       tej dziewczynie.   girl.

33. Niech pan to powie   Tell it
       swojemu sąsiadowi.   to your neighbor (m).
       swojej sąsiadce.   (f).
       swoim sąsiadom.   neighbors.

34. Niech pan to opowie   Tell this story
       swojemu profesorowi.   to your professor.
             nauczycielowi.   teacher (m).
       swojej nauczycielce.   (f).

35. Niech mu pan odpowie na pytanie.   Answer his question.

36. Nie wiem, co mu powiedzieć.   I don't know what to say to him.
                opowiedzieć.   tell him.
                odpowiedzieć.   answer

37. Czy ma pan coś przeciwko   Have you got anything against
       panu Morganowi?   Mr. Morgan?
          Zielińskiemu?   Zielinski?
       pani Morgan?   Mrs. Morgan?
          Zielińskiej?   Zielinski?
       państwu Morganom?   Mr. and Mrs. Morgan?
          Zielińskim?   Zielinski?

38. Nic nie mam przeciw niemu—   I have nothing against him—
                niej—   her—
                nim—   them—
    wprost przeciwnie,   quite the opposite,
    bardzo go lubię.   I like him very much.
          ją   her
          ich   them

39. Dzisiaj jest zimno.   It's cold today.
             ciepło.   warm
             gorąco.   hot

40. Czy nie jest tu państwu za zimno?   Isn't it too cold here for you (mf)?
                      ciepło?   warm
                      gorąco?   hot

41. Nie, jest nam bardzo przyjemnie.   No, it's very pleasant.

42. Tak mi gorąco, że nic mi   I am so hot I don't feel like
       się nie chce robić.   doing anything.

43. Już jest ciemno.   It's dark already.
     Jeszcze jest jasno.   It's still light.

44. Teraz wcześnie robi się ciemno.   Nowadays it gets dark early.
            późno   jasno.   light late.

45. Wygodnie ci, prawda?   You're (fam.) comfortable, aren't
                                                  you?

46. Tak mi tu wygodnie, że nie   I'm so comfortable here, that I
       chce mi się stąd ruszyć.   don't feel like moving.

47. Pan Jan się nudzi.   John is bored.
     Pani Wanda   Wanda
     Państwo Zielińscy się nudzą.   Mr. and Mrs. Zielinski are bored.

     Panu Janowi się nudzi.   John feels bored.
     Pani Wandzie   Wanda
     Państwu Zielińskim   Mr. and Mrs. Zielinski feel bored.

48. On cały czas ziewa.   He's been yawning all the time.
     Ona   She's
     Oni   ziewają.   They've

49. Może jest głodny.   Perhaps he's hungry.
               śpiący.   sleepy.
               zmęczony.   tired.

               głodna.   she's hungry.
               śpiąca.   sleepy.
               zmęczona.   tired.

          są głodni.   they're hungry.
               śpiący.   sleepy.
               zmęczeni.   tired.

50. Niech mu pan da gazetę.   Give him a newspaper.
          jej   her
          im   them

51. Chce mi się coś zjeść,   I feel like eating something
       ale nie wiem co.   but I don't know what.

52. Żal mi naszego profesora —   I feel sorry for our professor —
            naszych studentów —   students —
     on na nic nie ma czasu.   he hasn't got time for anything.
     oni   mają   they haven't

53. Szkoda mi na to pieniędzy.   I wouldn't waste any money on it.
               czasu.   time

54. Szkoda na to papieru i   It's not worth the paper it's
    atramentu.   written on.

55. Nie wystarczy mi ani czasu   I won't have enough time or
    ani pieniędzy.   money.

56. Czy jest pan podobny do swojego ojca?   Do you (m) look like your father?
                        swojej matki?   mother?
                        swojego brata?   brother?
                        swojej siostry?   sister?

57. Jestem bardzo podobny do ojca;   I look very much like my father;
    jesteśmy do siebie podobni.   we resemble each other.

58. Do kogo jest pani podobna,   Whom do you (f) resemble,
    do ojca, czy do matki?   your father or your mother?

59. Jestem całkiem podobna do matki; I look very much like my mother;
    jesteśmy do siebie podobne.   we resemble each other.

60. Jestem trochę podobny do ojca   I (m) resemble my father a bit
    i trochę do matki.   and my mother a bit.

61. Nie jestem podobna ani   I (f) do not resemble either
    do brata, ani do siostry.   my brother or my sister.

62. Po jakiemu pan pisze listy?   What language do you write let-
                                     ters in?

            mówi?   speak?
            myśli?   think in?
            się uczy?   study?
            czyta?   read?

63. Piszę listy po polsku.   I write letters in Polish.
    Mówię po francusku.   I speak French.
    Myślę po angielsku.   I think in English.
    Uczę się po rosyjsku.   I study Russian.
    Czytam po włosku.   I read Italian.

64. (Życzę państwu)   I wish you (mf)
        zdrowia i szczęścia.   good luck and good health.
        wszystkiego dobrego.   all the best.
        szczęśliwej podróży.   a good trip.
        wesołej zabawy.   a good time.
        przyjemnego weekendu.   a pleasant weekend.
        szczęśliwego Nowego Roku.   a happy New Year.
        Wesołych Świąt.   a Merry Christmas.

65. Nawzajem.   Same to you.

66. Na zdrowie!   Your health! (when toasting)
                                     God bless you! (after a sneeze)

WYMOWA   PRONUNCIATION

1. INITIAL CLUSTERS OF TWO OR MORE CONSONANTS BEGINNING WITH A SONANT

mdleje	he faints	mgła	fog	mchu	moss (gen.)
mdły	insipid	msza	mass	mniej	less
mknie	he moves fast	mszczę	I avenge	młotek	hammer
mgnienie	moment	mży	it drizzles	mleko	milk
mglisty	foggy	mści	he avenges	mróz	cold

rtęć	mercury	lgnie	he clings	łba	head
rwał	he tore	lwa	lion (gen.)	łka	he weeps
rwie	he tears	lżej	lighter	łgał	he lied
rży	he neighs	lśni	it glistens	łzę	tear (acc.)
rżnie	he cuts	lnu	flax (gen.)	łże	he lies
rdza	rust	lniany	linen	łzie	tear (loc.)

The sonants [m'] n̦ ń̦ j̦ do not occur in this position.

2. INITIAL CLUSTERS OF THREE OR FOUR CONSONANTS BEGINNING WITH A STOP + R̦

brwi	brows	drgnie	it'll oscillate	krtań	larynx
brnie	he flounders	drwal	lumberjack	krwawy	bloody
trwa	it lasts	drwi	he mocks	krnąbrny	ornery
drga	it oscillates	drży	he trembles	grdyka	Adam's apple

3. INITIAL CLUSTERS OF THREE OR FOUR CONSONANTS WITH A SPIRANT AS THE SECOND MEMBER

pstry	mottled	brzdąc	brat
bzdura	nonsense	brzmi	it sounds
pszczoła	bee	krztusi się	he chokes
pchnie	he'll push	grzbiet	back
tchnie	he'll breathe	grzmot	thunder
schnie	it dries	chrztu	baptism (gen.)
pchła	flea	chrzczę	I baptize
pchli	flea —	chrzci	he baptizes

GRAMATYKA   GRAMMAR

1. FORMATION OF ADVERBS

Many adjectives have corresponding adverbs consisting of the adjective stem followed by the adverb-forming suffix. After stems in nonalternating consonants, the suffix is -o; after stems in alternating consonants, the suffix is either -o or -e, the latter accompanied by the $C \sim C_2$ alternation of the stem-final consonant (cf. II 1 and V 7).

Stem	Adjective	Adverb
duż- 'large'	duży	dużo 'a lot'
gorąc- 'hot'	gorący	gorąco
ostatń- 'last'	ostatni	ostatnio 'lately'
mał- 'little'	mały	mało
ciepł- 'warm'	ciepły	ciepło
zimn- 'cold'	zimny	zimno
ciemn- 'dark'	ciemny	ciemno
dług- 'long'	długi	długo
krótk- 'short'	krótki	krótko
dobr- 'good'	dobry	dobrze
zł- 'bad'	zły	źle
zupełn- 'complete'	zupełny	zupełnie
wygodn- 'comfortable'	wygodny	wygodnie
okropn- 'terrible'	okropny	okropnie
doskonał- 'excellent'	doskonały	doskonale
osobist- 'personal'	osobisty	osobiście

Pani Wanda dużo nie pali.	Wanda doesn't smoke much.
Pan Jan doskonale tańczy.	John dances excellently.

2. SUBJECTLESS CONSTRUCTIONS WITH JEST (NIE JEST)

Polish has subjectless constructions consisting of the forms jest (nie jest) and a modifier. In most instances the modifier is an adverb but a few nouns and pronouns also occur in this function. The form jest, when not negated, is frequently omitted.

Przyjemnie (jest), prawda?	It's pleasant, isn't it?
Trochę mi (jest) zimno.	I feel a bit cold.
Już mi (jest) lepiej.	I feel better now.
Jak panu (jest) na imię?	What's your name?
Żal mi (jest) tego człowieka.	I feel sorry for that man.
Szkoda (jest).	Too bad.
Na imię mi (jest) Jan.	My name's John.
Co panu jest?	What's the matter with you?
Nic mi nie jest.	Nothing's the matter with me.

3. DATIVE

The dative endings are as follows:

Noun Declensions

	I	II	III	IV
Sg.	-e, -y/-i	-y/-i	-owi, -u	-u
Pl.	-om			

Notes:

a. -e in Declension I

The ending -e in Declension I occurs after alternating consonants and is accompanied by the $C \sim C_2$ type alternation of the stem-final consonant (see S. & S. 24 b and 7 c).

t~ć	kobiet- 'woman'	kobiecie
d~dź	Wand- 'Wanda'	Wandzie
k~c	matk- 'mother'	matce
g~dz	koleg- 'friend'	koledze
r~rz	siostr- 'sister'	siostrze

b. -y/-i in Declension I

The ending -y/-i in Declension I occurs after nonalternating consonants; according to the general rule, -y is written after hard consonants, -i after soft.

uczennic- 'female pupil'	uczennicy
pań- 'lady'	pani
Zoś- 'Sophy'	Zosi
Felicj- 'Felicia'	Felicji
Marj- 'Mary'	Marii

c. -owi in Declension III

The ending -owi is the general dative ending in Declension III.

student- 'student'	studentowi
człowiek- 'man'	człowiekowi
uczń- 'male pupil'	uczniowi

d. -u in Declension III

The ending -u occurs with a few nouns of Declension III.

pan- 'sir'	panu
brat- 'brother'	bratu
ojćc- 'father'	ojcu (ć lost between j and c)
Bog- 'God'	Bogu
chłopc- 'boy'	chłopcu
kot- 'cat'	kotu
ps- 'dog'	psu

The remaining few nouns which take -u in the dative do not occur in this lesson.

e. Examples of other endings

Declension II	rzecz- 'thing' powieść- 'novel'	rzeczy powieści
Declension IV	dzieck- 'child' państw- 'Mr. and Mrs.'	dziecku państwu
Plural (all declensions)	kobiet- 'woman' pań- 'lady' pan- 'sir' ludź- 'people'	kobietom paniom panom ludziom

Adjectives

	Fem.	Nonfem.
Sg.	-ej	-emu
Pl.	-ym/-im	

Examples:

	Fem.	Nonfem.	Pl.
młod- 'young' moj- 'my' pańsk- 'your'	młodej mojej pańskiej	młodemu mojemu pańskiemu	młodym moim pańskim

Pronouns

Nom.	Dat.	
	Short	Long
ja	mi	mnie
ty	ci	tobie
on	mu	jemu
ono		
ona	jej	
oni	im	
one		
my	nam	
wy	wam	
kto	komu	
co	czemu	
—	sobie	

The dative case occurs usually with personal nouns or pronouns. It has several functions:

(a) It functions as the object of some intransitive verbs (see VIII 12):

    1. With some nonreflexive verbs.

Przeszkadzam panu?	Am I disturbing you?
Czy on panu pomaga?	Does he help you?
Dziękuję panu.	Thank you.
Wierzę panu.	I believe you.
Zaraz panu odpowiem.	I'll answer you right away.

    2. With some reflexive verbs.

Podoba się to panu?	Do you like it?
Dziwię się panu.	I'm surprised (by you).

(b) It functions as the second or indirect object with transitive verbs (see VIII 12).

Dam tę książkę panu Janowi.	I'll give this book to John.
Przedstawię pana pani Wandzie.	I'll introduce you to Wanda.
Wszystko panu opowiem.	I'll tell you everything.
Życzę panu zdrowia i szczęścia.	I wish you health and happiness.

(c) It indicates 'direction to' after some greetings and wishes.

Dzień dobry panu.	Hello (to a man).
Do widzenia pani.	Good-by (to a woman).
Chwała Bogu. Dzięki Bogu.	Thank God.

(d) It denotes the person affected in subjectless constructions with <u>jest</u> (see 2 above).

Zimno mi (jest).	I feel cold.
Wygodnie (jest) panu?	Are you comfortable?
Żal mi go (jest).	I feel sorry for him.
Bardzo mi (jest) miło.	Very nice to meet you.

(e) It denotes the person affected in other subjectless constructions.

Zdaje mi się.	It seems (to me).
Nudzi mi się.	I'm bored.
Nie chce mi się.	I don't feel like (it).
Nie wystarczy nam pieniędzy.	We won't have enough money.

(f) It functions as the object of the prepositions przeciwko (coll.), przeciw (lit.) 'against.'

Nic nie mam przeciwko (przeciw) tym ludziom.	I've got nothing against these people.

4. VERBS WITH THE GENITIVE OBJECT

The following verbs are accompanied by the object in the genitive case (cf. VIII 11): wystarczy 'it's sufficient,' życzę 'I wish.'

Czy wystarczy mi pieniędzy?	Will I have enough money?
Życzę panu wesołej zabawy.	I wish you a good time.

5. ZA PLUS ADJECTIVES AND ADVERBS

The particle za followed by an adverb or an adjective means 'too, excessively.'

To jest za ciemny kolor.	This color is too dark.
Tu jest za ciemno.	It's too dark in here.

6. PO PLUS DAT. SG. NONFEM. OR PLUS THE -U FORM OF ADJECTIVES

The preposition po followed by the dat. sg. nonfem. of the adjective means 'according to or in the way or manner of [the adjective].'

Wszystko po staremu.	Same old story (literally: All's according to the old way.).

The colloquial expression po jakiemu means specifically '(in) what language?' With adjectives denoting nationalities, the dat. sg. nonfem. is replaced by a form in the suffix -u. These expressions are commonly used with reference to languages.

Po polsku.	In (the) Polish (way).
Po angielsku.	In (the) English (way).

ZADANIE　　　　　　　　　　　　　　　　　　　　　　　　　EXERCISES

1. Fill in the proper singular and plural forms of the following:

ten młody człowiek	ta młoda kobieta
tamten chłopiec	tamta dziewczyna
mój znajomy	moja znajoma
nasz sąsiad	nasza sąsiadka
jego student	jego studentka
jej uczeń	jej uczennica
pański przyjaciel	pańskie dziecko
swój kolega	swoja koleżanka

Pan Karol przeszkadza —— .

2. Fill in the proper forms of the following:

pan Jan Zieliński	pani Wanda Chełmicka
pan Jerzy Wilczek	pani Zofia Wilczek
pan Jurek	pani Zosia
pana ojciec	pana matka
pani brat	pani siostra
ich syn	ich córka

Co jest —— ?

3. Fill in the proper forms of the following pronouns giving where possible both the short and long forms.

a. kto

　　—— on pomaga?

b. ja　　　　　ty　　　　　on　　　　　ona　　　　　siebie

　　my　　　　wy　　　　　oni　　　　　one

On —— pomaga.

4. Fill in the Polish equivalent of the following:

cold	hot	dark	pleasant
warm	stifling	light	comfortable

Tu jest bardzo —— .

SŁÓWKA

atrament, -u i.	ink
Bóg, Boga, -u (dat.); -owie v.	God
bransoletka, -i; -tek f.	bracelet
broszka, -i; -szek f.	pin, brooch
chce się impers.	feel like
chwała, -y f.	glory
—Bogu	thank God
ci short form of tobie	
ciemno	dark(ly)
ciepło	warm(ly)
coś, czegoś	something
córka, -i; córek f.	daughter
czemu dat. of co	
czuje się, -ą	feel (intr.)
da, dadzą	give
duszno	sultry, stifling
dziecko, -a; dzieci, -i n.	child
dziewiąty, -ego	ninth
dziewięć, -ciu	nine
dzięki Bogu	Thank God
dziwi się, -ią	wonder, be surprised
głodny, -ego	hungry
gorąco	hot(ly)
grypa, -y f.	flu
im dat. pl. of on	
imię, imienia; imiona, imion n.	name
jasno	bright(ly), clear(ly)
jej dat. sg. fem. of on	

VOCABULARY

jemu dat. sg. nonfem. of on	
Jurek, -rka v.	Jerry
komu dat. of kto	
korale, -i pl.	beads
mi short form of mnie	
mnie dat. of ja	
mu short form of jemu	
nam dat. of my	
nawzajem	mutually, same to you
niej postprepositional form of jej	
niemu postprepositional form of jemu	
nieraz	sometimes
nim postprepositional form of im	
nudzi się, -dzą	be bored, feel dull
opowiedzieć, -wiem, -wie, -wiedzą	tell (a story), recount
pamięta, -ają	remember
Paweł, -wła v.	Paul
pierścionek, -nka i.	ring
Piotr, -a v.	Peter
po prep. w. dat. or -u form of adj.	in a manner, way
podoba się, -ają	please, be pleasing, likable

podobno	they say, apparently	słabo	weakly, feebly
		sobie dat. of siebie	
podobny, -ego	similar, resembling	stąd	from here
podróż, -y f.	trip, journey	syn, -a; -owie v.	son
pomaga, -ają	help, assist	szczęście, -a n.	happiness, luck
powodzi się impers.	prosper, get along well	szczęśliwy, -ego	happy, lucky
		śpiący, -ego	sleepy
późno	late	tobie dat. of ty	
prawda, -y f.	truth	wam dat. of wy	
przeciw prep. w. dat.	against	wcześnie	early
		weekend, -u i.	weekend
przeciwko prep. w. dat.	against	Wesołych Świąt	Merry Christmas
przeciwnie	on the contrary, the opposite	wierzy, -ą	believe
		włoski, -ego	Italian
przedstawi, -wią	present, introduce	wprost	quite, directly
przesadza, -ają	exaggerate	wygodnie	comfortably
przeszkadza, -ają	disturb, hinder	wystarczy, -ą	be enough, suffice
przetłumaczy, -ą	translate, interpret	wytłumaczy, -ą	explain
przyjemny, -ego	pleasant, agreeable	zabawa, -y f.	fun
		zdrowie, -a n.	health
robi się impers.	it grows, gets	ziewa, -ają	yawn
rok, -u; lata, lat i.	year	zimno	coldly
różnie	differently, variously	zjem, zje, zjedzą	eat
		żal, -u; -e, -ów i.	regret, grudge
ruszy się, -szą	move, budge	—mi	I'm sorry
skąd	from where?	życzy, -ą	wish
skądś	from somewhere		
skądże	but of course not		

ZDANIA

SENTENCES

1. Co pan wczoraj robił?
   pani   robiła?
   panowie   robili?
   państwo
   panie   robiły?

   What did you (m) do yesterday?
   (f)
   (mpl)
   (mf)
   (fpl)

2. Wczoraj cały dzień pisałem listy.
   pisałam
   pisaliśmy
   pisałyśmy

   I (m) wrote letters all day yesterday.
   (f)
   We (mpl or mf)
   (fpl)

3. Trochę
   czytałem i trochę się uczyłem.
   czytałam   uczyłam.
   Trochęśmy
   czytali i trochęśmy się uczyli.
   czytały   uczyły.

   I (m) read a little and studied a
                                 little.
   (f)
   We (mpl or mf)
   (fpl)

4. Słuchałem też radia;
   Słuchałam
   Słuchaliśmy
   Słuchałyśmy
   nadawali piękny koncert z płyt.

   I (m) also listened to the radio;
   (f)
   We (mpl or mf)
   (fpl)
   there was a lovely concert of
   recorded music.

5. Co pan studiował zeszłego roku?
   pani studiowała
   panowie studiowali
   państwo
   panie studiowały

   What did you (m) study last year?
   (f)
   (mpl)
   (mf)
   (fpl)

6. Zeszłego roku
   studiowałem filozofię.
   studiowałam medycynę.
   studiowaliśmy prawo.
   studiowałyśmy filologię.

   Last year
   I (m) studied philosophy.
   (f)   medicine.
   we (mpl or mf) studied law.
   (fpl)   philology.

7. Gdzie spędziłeś wczorajszy
                    wieczór?
   Gdzieś spędził
   Gdzie pan spędził
   Gdzie spędziłaś
   Gdzieś spędziła
   Gdzie pani spędziła
   Gdzie spędziliście
   Gdzieście spędzili

   Where did you (fam. m) spend the
                    night last night?

   (m)
   (fam. f)

   (f)
   (fam. mpl or mf)

Gdzie spędziliście panowie wczorajszy wieczór?	Where did you (mpl) spend the night last night?
państwo	(mf)
Gdzieście panowie spędzili	(mpl)
państwo	(mf)
Gdzie panowie spędzili	(mpl)
państwo	(mf)
Gdzie spędziłyście	(fam. fpl)
Gdzieście spędziły	
Gdzie spędziłyście panie	(fpl)
Gdzieście panie spędziły	
Gdzie panie spędziły	

8. Byłem u przyjaciół i graliśmy w   I (m) was at my
               brydża.   friends' and we played bridge.
    Byłam   (f)
    Byliśmy   We (mpl or mf) were at our
    Byłyśmy   (fpl)

9. Było bardzo przyjemnie.   It was very enjoyable.

10. Coście państwo wczoraj robili?   What were you (mf) doing yesterday?

11. Nic żeśmy specjalnego nie robili.   We weren't doing anything special.

12. Strasznieśmy się nudzili.   We were terribly bored.

13. Okropnie się nam nudziło.   We felt horribly bored.

14. Nic nam nie chciało się robić.   We didn't feel like doing anything.

15. Najpierw żeśmy byli u znajomych,   First we were at our friends'
     a potem oglądaliśmy telewizję.   and then we watched television.

16. Przedwczoraj zupełnie   The day before yesterday
     nie miałem czasu.   I (m) had no time at all.
       miałam   (f)
       mieliśmy   we (mpl or mf)
       miałyśmy   (fpl)

17. Musiałem się uczyć do egzaminu.   I (m) had to study for an exam.
     Musiałam   (f)
     Musieliśmy   We (mpl or mf)
     Musiałyśmy   (fpl)

18. Bardzoś się zmęczył?   Did you (fam. m) get very tired?
          zmęczyła?   (fam. f)
     Bardzo się pan zmęczył?   (m)
           pani zmęczyła?   (f)
     Bardzościе się zmęczyli?   (fam. mpl)
          zmęczyły?   (fam. fpl)
     Bardzościе się panowie zmęczyli?   (mpl)
          państwo   (mf)
          panie zmęczyły?   (fpl)
     Bardzo się panowie zmęczyli?   (mpl)
          państwo   (mf)
          panie zmęczyły?   (fpl)

19. Bardzo się zmęczyłem.   I (m) got very tired.
              zmęczyłam.   (f)
    Bardzośmy się zmęczyli.   We (mpl or mf)
              zmęczyły.   (fpl)

20. Pan już jadł?   Have you (m) eaten?
    Pani już jadła?   (f)
    Państwo już jedli?   (mf)

21. Jadłem.   I (m) have.
    Jadłam.   I (f) have.
    Jedliśmy.   We have.

22. Zamknął pan książkę?   Did you (m) close your book?
    Zamknęła pani   (f)
    Zamknęliście państwo książki?   (mf)   books?

23. Zamknąłem.   I (m) did.
    Zamknęłam.   I (f) did.
    Zamknęliśmy.   We did.

24. Dawnośmy się nie widzieli.   We haven't seen each other for a
                                                long time.

25. Czy pan nie mógł zjeść wcześniej?   Couldn't you (m) have eaten earlier?
    pani nie mogła   (f)
    państwo nie mogli   (mf)

26. Nie mogłem.   I (m) couldn't.
       mogłam.   I (f) couldn't.
       mogliśmy.   We couldn't.

27. Telefonowałem do pana wczoraj,   I called you (m) up yesterday but
              do pani   (f)
              do państwa   (mf)
    ale nikt się nie odzywał.   there was no answer.

28. To dziwne, przecież byłem u siebie.   That's strange, I know I was in.
              byłam
              byliśmy   we were

29. Tak jest, wczoraj mnie nie było.   That's right, I wasn't in yesterday.
              nas   we weren't

30. Jutro mnie też nie będzie.   Tomorrow I won't be in either.
       nas   we

31. Jaka jest dzisiaj pogoda?   What's the weather like today?

32. Dzisiaj jest ładna pogoda.   The weather's nice today.
              brzydka   bad

33. Dzisiaj jest ładnie.   It's nice today.
              brzydko.   It isn't nice today.

34. Dzisiaj jest burza.   There is a thunderstorm today.
              ulewa.   downpour
              mgła.   It's foggy today.
              upał.   hot

Dzisiaj jest mróz.	It's freezing today.
wiatr.	windy
słońce.	The sun's out today.
35. Dzisiaj nie ma burzy.	There is no thunderstorm today.
ulewy.	downpour
mgły.	It's not foggy today.
upału	hot
mrozu.	freezing
wiatru.	windy
słońca.	The sun isn't out today.
36. Dzisiaj pada deszcz.	It's raining today.
śnieg.	snowing
pada.	raining
leje.	pouring
37. Jaka wczoraj była pogoda?	What was the weather like yesterday?
38. Wczoraj była śliczna pogoda.	The weather was lovely yesterday.
wstrętna	awful
39. Wczoraj było ślicznie.	Yesterday it was lovely outside.
wstrętnie.	awful
40. Wczoraj była burza.	Yesterday there was a thunderstorm.
ulewa.	downpour.
mgła.	it was foggy.
był upał.	hot.
mróz.	freezing.
wiatr.	windy.
było słońce.	the sun was out.
41. Wczoraj nie było burzy.	Yesterday there was no thunder-storm.
ulewy.	downpour.
mgły.	it wasn't foggy.
upału.	hot.
mrozu.	freezing.
wiatru.	windy.
słońca.	the sun wasn't out.
42. Wczoraj padał deszcz.	It was raining yesterday.
śnieg.	snowing
padało.	raining
lało.	pouring
43. Jaka jutro będzie pogoda?	What will the weather be like tomorrow?
44. Jutro znowu będzie piękna pogoda.	Tomorrow the weather will again be beautiful.
paskudna	dreadful.
45. Jutro znów będzie pięknie.	Tomorrow it'll again be beautiful.
paskudnie.	dreadful.

46. Jutro będzie burza.   Tomorrow there'll be a thunderstorm.
      ulewa.   downpour.
      mgła.   it'll be foggy.
      upał.   hot.
      mróz.   freezing.
      wiatr.   windy.
      słońce.   the sun'll be out.

47. Jutro nie będzie burzy.   Tomorrow there'll be no thunderstorm.
      ulewy.   downpour.
      mgły.   it won't be foggy.
      upału.   hot.
      mrozu.   freezing.
      wiatru.   windy.
      słońca.   the sun won't be out.

48. Jutro będzie deszcz.   Tomorrow it'll be raining.
      śnieg.   snowing.

49. Strasznie dziś gorąco.   It's terribly hot today.
      parno.   humid

50. Błyska się i grzmi.   There's lightning and thunder.
   Błyskało się i grzmiało.   There was

51. Mówiłem, że będzie deszcz; I said it would rain;
    wziął pan parasol?   did you (m) take an umbrella?
    wzięła pani płaszcz deszczowy? (f)   a raincoat?
    wzięliście państwo kalosze? (mf)   rubbers?

52. Niestety nie wziąłem;   Unfortunately I (m) didn't;
        wzięłam;   (f)
        wzięliśmy;   we (mf)
    zupełnie zapomniałem.   I (m) completely forgot.
      zapomniałam.   (f)
      zapomnieliśmy.   we (mf)

53. Myślałem, że nie będzie deszczu. I thought it wouldn't rain.

54. Zdawało mi się, że się robi   It seemed to me that it was going
    ładnie.   to be nice.

55. Nie jest panu zimno bez   Aren't you (m) cold without an
             płaszcza?   overcoat?
    było   Weren't you
    będzie   Won't you be

56. Nic mi się nie może stać.   Nothing can happen to me.
      stanie.   will happen
      stało.   happened

57. Co się stało?   What's happened?

58. Nic się nie stało.   Nothing's happened.

59. Nie stało się nic złego.   No harm has been done.

60. Jeszcze tu jesteś?   Are you (fam. sg) still here?
   Jeszcześ tu jest?
   Jeszcześ tu?

61. Już tu jesteśmy.   We're already here.
    Jużeśmy tu.

62. Kto tam jest?   Who is there?
        był?   was
        będzie?   'll be

63. Nikogo tam nie ma.   There's nobody there.
        było.   was
        będzie.   'll be

64. Kto tam?   Who is it? (when someone knocks)

WYMOWA   PRONUNCIATION

1. Ę Ą BEFORE L Ł

Before l ł, ę ą are pronounced e o (i.e. without nasalization).

Spelling	Pronunciation	
wzięli	wzieli	they took
zaczęli	zaczeli	they began
zamknęli	zamkneli	they closed
wzięła	wzieła	she took
zaczęła	zaczeła	she began
zamknęła	zamkneła	she closed
wziął	wzioł	he took
zaczął	zaczoł	he began
zamknął	zamknoł	he closed

2. CONSONANT + Ł WORD FINALLY

In colloquial Polish, word-final ł after a consonant is not pronounced.

Spelling	Pronunciation	
plótł	plót	he weaved
jadł	jat	he ate
ciekł	ciek	it flowed
mógł	mók	he could
pomysł	pomys	idea
wiózł	wiós	he transported
wysechł	wysech	it dried up
umarł	umar	he died

3. STRESS IN 1ST AND 2D PL. PAST-TENSE FORMS

The 1st and 2d pl. past-tense forms stress the pre-prefinal syllable (antepenult).

pis<u>a</u>liśmy	we wrote	pis<u>a</u>liście	you wrote
słuch<u>a</u>liśmy	we listened	słuch<u>a</u>liście	you listened
studiow<u>a</u>liśmy	we studied	studiow<u>a</u>liście	you studied
ucz<u>y</u>liśmy	we taught	ucz<u>y</u>liście	you taught
mów<u>i</u>liśmy	we spoke	mów<u>i</u>liście	you spoke
b<u>y</u>liśmy	we were	b<u>y</u>liście	you were
pracow<u>a</u>łyśmy	we (f) worked	pracow<u>a</u>łyście	you (fpl) worked
gr<u>a</u>łyśmy	we (f) played	gr<u>a</u>łyście	you (fpl) played
zm<u>ę</u>czyłyśmy się	we (f) got tired	zm<u>ę</u>czyłyście się	you (fpl) got tired
mus<u>ia</u>łyśmy	we (f) had to	mus<u>ia</u>łyście	you (fpl) had to
j<u>a</u>dłyśmy	we (f) ate	j<u>a</u>dłyście	you (fpl) ate
wz<u>ię</u>łyśmy	we (f) took	wz<u>ię</u>łyście	you (fpl) took

GRAMATYKA   GRAMMAR

1. PAST TENSE: ENDINGS

The endings of the past tense contain suffixes indicating the past tense, gender, and number. These are followed by a suffix indicating person.

			Sg.	Pl.	
Past Tense Gender, Number		Masc.	-ł	Vir.	-li
		Fem.	-ła	Nonvir.	-ły
		Neut.	-ło		
Person	1		-m	-śmy	
	2		-ś	-ście	
	3		-∅		

While the endings of the present tense distinguish three conjugations, the endings of the past tense are uniform for all the verbs in the language. The past tense of the verb być 'to be' can serve as a model.

	Masc.	Fem.	Neut.
1 Sg.	byłem	byłam	
2 Sg.	byłeś	byłaś	
3 Sg.	był	była	było

	Vir.	Nonvir.
1 Pl.	byliśmy	byłyśmy
2 Pl.	byliście	byłyście
3 Pl.	byli	były

Notes:

a. Inserted vowel in 1st and 2d person

The vowel e is inserted between a person suffix and a preceding consonant.

był-e-m 'I was'	był 'he was'
mówił-e-ś 'you (fam.) said'	mówił 'he said'

b. Absence of 1st and 2d persons neuter

Since neuter subjects do not normally function as addressers or addressees, the 1st and 2d persons neuter, though theoretically possible, do not occur.

c. C~ł pronounced C

In colloquial Polish the 3 sg. masc. ending -ł is not pronounced after a consonant.

jadł (pron: jat) 'he ate'	jadła 'she ate'
mógł (pron: muk) 'he could'	mogła 'she could'

d. Enclitic suffixes -śmy and -ście

The 1st and 2d pl. suffixes -śmy and -ście are enclitic, i.e. do not affect the stress of the word to which they are attached.

| byli 'they were' | byliśmy 'we were' |
| | byliście 'you were' |

Thus the stress of the 1st and 2d pl. past tense forms departs from the regular pattern of stress on the prefinal syllable (see S. & S. 4 A (2)).

Note however that the 1st and 2d sg. suffixes -m and -ś preceded by the inserted vowel e (see a above) do affect the place of stress to make it conform with the regular pattern.

| pisał 'he wrote' | pisałem 'I wrote' |
| | pisałeś 'you (fam.) wrote' |

2. PAST TENSE: STEMS

The endings of the past tense are added to the past-tense stem of the verb. As a rule, the past-tense stem differs from the present-tense stem (see VIII 7).

(a) In most verbs of Conjugation I the past-tense stem is longer than the present-tense stem.

pracuj-e 'he works'	pracowa-ł 'he worked'
pracuj-ą 'they work'	pracowa-li 'they worked'
pisz-e 'he writes'	pisa-ł 'he wrote'
pisz-ą 'they write'	pisa-li 'they wrote'
zamkni-e 'he'll close'	zamkną-ł 'he closed'
zamkn-ą 'they'll close'	zamknę-li 'they closed'
zdaj-e się 'it seems'	zdawa-ło się 'it seemed'

(b) In verbs of Conjugation II the past-tense stem is longer than the present-tense stem by the vowel y/i or e (for e ~ a see 6 d below).

ucz-y 'he teaches'	uczy-ł 'he taught'
ucz-ą 'they teach'	uczy-li 'they taught'
mów-i 'he says'	mówi-ł 'he said'
mówi-ą 'they say'	mówi-li 'they said'
słysz-y 'he hears'	słysza-ł 'he heard'
słysz-ą 'they hear'	słysze-li 'they heard'
myśl-i 'he thinks'	myśla-ł 'he thought'
myśl-ą 'they think'	myśle-li 'they thought'

(c) In verbs of Conjugation III the past-tense stem is shorter than the present-tense stem by the consonant j.

zn-a 'he knows'		zna-ł 'he knew'	
znaj-ą 'they know'		zna-li 'they knew'	
czyt-a 'he reads'		czyta-ł 'he read'	
czytaj-ą 'they read'		czyta-li 'they read'	

(d) In some verbs the correspondence between the past-tense and present-tense stems is irregular.

Conj. I	chc-e 'he wants' chc-ą 'they want'	chcia-ł 'he wanted chcie-li 'they wanted'
	weźmi-e 'he'll take' wezm-ą 'they'll take'	wzią-ł 'he took' wzię-li 'they took'
Conj. III	m-a 'he has' maj-ą 'they have'	mia-ł 'he had' mie-li 'they had'
Anomalous	jest 'he is' są 'they are'	by-ł 'he was' by-li 'they were'

3. MOVABLE PERSON SUFFIXES IN PAST TENSE

Although person suffixes refer to the verb, their position in a sentence is not limited to verbal endings. As a matter of fact, in colloquial Polish, person suffixes are regularly attached to the first stressed word in a clause whether that word is a verb or not. In the latter instance, a person suffix refers to the verb or verbs which follow it in the same clause. If the word to which a person suffix is added ends in a consonant, the vowel e is inserted (see 1a above). If the word to which a person suffix is added is not a verb, the position of stress is not affected (for the stress of verbs with person suffixes, see S. & S. 4 A (2) and (3)).

Coście robili?	What were you doing?
Trochęśmy czytali i słuchali radia.	We read for a while and listened to the radio.
Jużeś jadł śniadanie?	Have you had breakfast?
Jeszczem nic nie jadł.	I haven't eaten anything yet.
Nie czytaliśmy tego.	We haven't read it.

The frequency of the separation of a person suffix from its verb under the conditions outlined above varies from individual to individual. It is more frequent (1) in the spoken, as against the written, language; (2) in Cracow, as against Warsaw; (3) with the plural suffixes -śmy and -ście as against the singular suffixes -m and -ś. A habitual avoidance of the separation in the spoken language appears artificial or substandard.*

4. PARTICLE ŻE WITH MOVABLE PERSON SUFFIXES

In informal style, when the person suffix is separated from the verb, the enclitic particle że is inserted between the suffix and the preceding word. Since the occurrence of że in this position is a matter of style, its frequency varies from individual to individual. It is particularly common with the plural suffixes when the preceding word ends in a consonant or consists of more than one syllable. The particle że with the attached personal suffix is spelled separately from the preceding word.

Artificial	Dawno nie widzieliśmy się.	
Natural	Dawnośmy się nie widzieli.	We haven't seen each other for a long time.
Informal	Dawno żeśmy się nie widzieli.	

5. INFINITIVE

The infinitive is formed by adding the ending -ć to the past-tense stem.

3 pl. vir. past	Infinitive
pracowa-li 'they worked'	pracowa-ć 'to work'
uczy-li 'they taught'	uczy-ć 'to teach'
słysze-li 'they heard'	słysze-ć 'to hear'
czyta-li 'they read'	czyta-ć 'to read'

6. SOUND ALTERNATIONS IN PAST TENSE AND INFINITIVE

The following alternations occur in the forms of the past tense and infinitive:

a. k-ć~c, g-ć~c in the infinitive.

Stem-final k and g are replaced by c before the infinitive ending -ć and the resulting group is simplified to c.

mog-li 'they were able'	móc 'to be able'

---

* Many speakers who avoid the separation of -śmy and -ście from the verb tend to stress the penult rather than the antepenult in the resultant verb form (i.e. czytaliśmy rather than czytaliśmy). Such a pronunciation, though perfectly consistent with Polish stress pattern, is considered substandard.

b. <u>t</u>-ć~<u>ś</u>ć, <u>d</u>-ć~<u>ś</u>ć in the infinitive

Stem-final <u>t</u> and <u>d</u> are replaced by <u>ś</u> before the infinitive ending -ć.

> jed-li 'they ate'   jeś-ć 'to eat'

c. <u>o</u>~<u>ó</u>

The vowel <u>o</u> in stems ending in a consonant is replaced by <u>ó</u> in closed syllables (see S. & S. 27 b).

> mogłem 'I could'   móc 'to be able'
>
> mogła 'she could'   mógł 'he could'

d. <u>e</u>~<u>a</u> before -<u>ł</u>

Stem-final <u>e</u> is replaced by <u>a</u> before -<u>ł</u> of the past-tense endings.

> myśle-ć 'to think'   myśla-ł 'he thought'
>
> myśle-li 'they (m) thought'   myśla-ły 'they (f) thought'

e. <u>ę</u>~<u>ą</u> in the past tense

Stem-final vowel <u>ę</u> is replaced by <u>ą</u> in closed syllables and before the masculine singular endings of the past tense (see S. & S. 28 b). Note that before <u>l</u> and <u>ł</u>, the nasal vowels <u>ą</u> and <u>ę</u> are pronounced as the oral <u>o</u> and <u>e</u> respectively (see W 1 above).

> zamkną-ć 'to close'   zamknę-ła 'she closed'
>
> zamkną-ł 'he closed'   zamknę-li 'they closed'
>
> wzią-ć 'to take'   wzię-ła 'she took'
>
> wziął 'he took'   wzię-li 'they took'

f. <u>a</u>~<u>e</u> in <u>jeść</u> 'eat'

In the verb <u>jeść</u> 'eat' the root vowel <u>a</u> is replaced by <u>e</u> in the infinitive and in the virile past forms.

> jad-ł 'he ate'   jeś-ć 'eat'
>
> jad-ły 'they (f) ate'   jed-li 'they (m) ate'

7. PAST-TENSE FORMS OF ADDRESS

Because of gender distinctions, the movable person suffixes, and the several levels of politeness, Polish has a great variety of forms of address containing a verb in the past tense. Depending on the situation, the English 'Where have you been?' is rendered in nineteen different ways (cf. VIII 1).

Gdzieś był?	to a man	familiar	natural
Gdzie byłeś?			artificial
Gdzie pan był?		polite	
Gdzieś była?	to a woman	familiar	natural
Gdzie byłaś?			artificial
Gdzie pani była?		polite	

Gdzieście byli?	to a group consisting of men (panowie) or of men and women (państwo)	familiar		natural
Gdzie byliście?				artificial
Gdzieście panowie byli? państwo		polite	informal	natural
Gdzie byliście panowie? państwo?				artificial
Gdzie panowie byli? państwo			formal	

Gdzieście były?	to women	familiar		natural
Gdzie byłyście?				artificial
Gdzieście panie były?		polite	informal	natural
Gdzie byłyście panie?				artificial
Gdzie panie były?			formal	

8. TENSES OF THE VERB BYĆ 'TO BE'

The present forms of the verb być 'to be' are irregular (see VIII 10). In the singular and in 1st and 2d pl. they contain the stem jest- to which the person suffixes of the past-tense endings are added; the 3d pl. form są is unanalyzable.

Sg.	1	jest-em
	2	jest-eś
	3	jest

Pl.	1	jest-eśmy
	2	jest-eście
	3	są

The person suffixes are movable (cf. 3 above). When a plural person suffix is separated from the verb, the verb is omitted.

Jeszcze tu jesteś?	Are you (fam) still here?
Jeszcześ tu jest?	
Jesteśmy bardzo zmęczeni.	We're very tired.
Bardzośmy zmęczeni.	

The past tense is formed with the stem <u>by</u>- (see 1 above).

The present forms of the stem <u>będ</u>- are future in meaning; they follow Conjugation I:

Sg.	1	będę		Pl.	1	będziemy
	2	będziesz			2	będziecie
	3	będzie			3	będą

9. OMISSION OF <u>JEST</u> AND <u>SĄ</u>

In colloquial Polish the verbs <u>jest</u> and <u>są</u> are sometimes omitted. When the person suffix is not attached to the verb, the verb may be omitted in the 1st and 2d person singular and is regularly omitted in the 1st and 2d person plural (see 8 above).

Jeszcześ tu (jest)?	Are you (fam) still here?
Bardzośmy zmęczeni.	We're very tired.

In the 3d person <u>jest</u> and <u>są</u> are omitted when they specifically refer to the presence of something; they are retained when the distinction between presence and being is not required.

Gdzie pana klucz?	Where's your key? (When contrary to expectation the man is unable to produce the key.)
Gdzie jest pana klucz?	Where's your key? (Either as above, or 'Where do you keep your key?')
To moje pieniądze.	That's my money. (The money is present and can be seen.)
To są moje pieniądze.	That's my money. (Either as above, or 'the money we've been talking about is mine.')

10. PAST TENSE OF SUBJECTLESS CONSTRUCTIONS

The past tense of the verb in subjectless constructions (cf. IX 2) is rendered by the 3d sg. neuter form.

Wczoraj było gorąco.	It was hot yesterday.
Zimno mi było.	I was cold.
Na imię mu było Jan.	His name was John.
Zdawało się jej.	It seemed to her.
Nie chciało się nam.	We didn't feel like it.

11. PAST AND FUTURE OF NIE MA 'THERE ISN'T'

The past tense of the subjectless expression nie ma 'there isn't, aren't' (see II 2) is nie było; the future tense is nie będzie.

Dzisiaj nie ma burzy.	There is no storm today.
Wczoraj nie było burzy.	There was no storm yesterday.
Jutro nie będzie burzy.	There'll be no storm tomorrow.
Nie ma go u siebie.	He isn't at home.
Nie było go u siebie.	He wasn't at home.
Nie będzie go u siebie.	He won't be at home.

12. PREPOSITION U WITH THE GENITIVE

The preposition u 'at' takes the genitive.

Byłem u przyjaciół.	I was at my friends'.
Zielińskich.	the Zielinskis'.
siebie.	home.

ZADANIE   EXERCISES

1. Change the verbs in the following sentences to the past tense, giving the masculine and feminine forms in the singular and the virile and nonvirile forms in the plural.

   a. Czytam i piszę.

      Czyta i pisze.

      Czytamy i piszemy.

      Czytają i piszą.

    b. Uczę się i słucham radia.

        Uczy się i słucha radia.

        Uczymy się i słuchamy radia.

        Uczą się i słuchają radia.

    c. Robię, co chcę.

        Robi, co chce.

        Robimy, co chcemy.

        Robią, co chcą.

    d. Myślę, że jestem chory (chora).

        Myśli, że jest chory (chora).

        Myślimy, że jesteśmy chorzy (chore).

        Myślą, że są chorzy (chore).

2. Replace the present tense in the following sentences by the past tense, showing two permissible positions for the person suffix.

    a. Nic nie czytamy.   e. Ciągle robimy błędy.

    b. Co piszecie?   f. W co gracie?

    c. Nikogo nie widzimy.   g. Tu mamy przyjaciół.

    d. Jak możecie?   h. Czy się nudzicie?

3. Give the proper past tense forms of the following:

            zamknąć drzwi   musieć pracować

            wziąć książkę   zupełnie zapomnieć

            jeść jabłko   mieć czas

            móc zapomnieć   wszystko widzieć

    a. On —— —— .
    b. Ona —— —— .
    c. Oni —— —— .
    d. One —— —— .

4. Fill in the proper forms of the verb 'to be' and of the following nouns:

             burza, mgła, upał, mróz, słońce

    a. Dzisiaj —— —— .
    b. Dzisiaj nie —— —— .
    c. Jutro —— —— .
    d. Jutro nie —— —— .
    e. Wczoraj —— —— .
    f. Wczoraj nie —— —— .

SŁÓWKA   VOCABULARY

bez/beze   without   mgła, -y; mgieł   fog, mist
  prep. w. gen.   f.

będzie see być   mróz, mrozu i.   frost, bitter
                                                                 cold
błyskać (się)   there is light-
  impers;   ning   musieć; -si, -szą   must, have to
  błyska (się)
                                        nadawać; -daje,   broadcast, be
brydż, -a a.   bridge (game)   -ą;   on (the
                                                                 radio)
brzydki, -ego   ugly, bad
                       (about weather) odzywać się;   answer, speak
                                          -a, -ają   up
burza, -y f.   storm
                                        oglądać; -a,   watch, look
być; jestem, -eś,   be   -ają   over
  jest, -eśmy,
  -eście, są   padać; -a, -ają   fall, rain
  (pres.); będzie,
  będą (fut.)   parasol, -a; -e,   umbrella
                                          -i i.
deszcz, -u; -e,   rain
  -y/-ów i.   parno   humid, sultry
                                                                 (adv.)
deszczowy, -ego   rainy
                                        paskudnie   awfully, nasti-
dziesiąty, -ego   tenth   ly

dziesięć, -ciu   ten   paskudny, -ego   awful, foul,
                                                                 nasty
dziwny, -ego   strange, odd
                                        pewno   probably, sure-
egzamin, -u i.   examination   ly

filologia, -ii f.   philology   pięknie   beautifully

filozofia, -ii f.   philosophy   piękny, -ego   beautiful

grać; gra, -ają   play   płyta, -y f.   (playing)
                                                                 record
grzmieć; -mi,   thunder
  -mią   pogoda, -y f.   weather, fine
                                                                 weather
jeść; jem, je,   eat
  jedzą; jadł,   potem   after(wards),
  jedli   then

kalosz, -a; -e, -y   overshoes, rub-   prawo, -a n.   law
  i.   bers
                                        przedwczoraj   the day before
koncert, -u i.   concert   yesterday

lać; leje, -ą; lał, pour   spędzić; -dzi,   spend, pass
  lali/leli   -dzą   time

ładnie   nicely, pret-   stać się; stanie,   become, get;
                       tily   -ną   happen

medycyna, -y f.   medicine   studiować;   study
                                          -diuje, -diują

ślicznie	lovely (adv.)	wiatr, -u i.	wind
śliczny, -ego	lovely	wstrętnie	disgustingly, awfully
śnieg, -u i.	snow		
telefonować; -nuje, -nują	phone, call up	wstrętny, -ego	disgusting, awful
telewizja, -ji f.	television	wziąć; weźmie, -mą; wziął, wzięła	take
ulewa, -y f.	downpour		
upał, -u i.	heat	zapomnieć; -ni, -ną	forget
wczoraj	yesterday		
wczorajszy, -ego	pertaining to yesterday	zeszły, -ego	past, last
		zmęczyć się; -y, -ą	tire, get tired

ZDANIA

SENTENCES

1. Co pan (pani) wie
   o tym studencie?
      człowieku?
      uczniu?
      panu?

   o tej studentce?
      kobiecie?
      uczennicy?
      pani?

   o tych studentach?
      studentkach?
      ludziach?
      uczniach?
      uczennicach?
      panach?
      paniach?
      państwu?

What do you know
   about this student (m)?
      man?
      pupil (m)?
      gentleman?

   about this student (f)?
      woman?
      pupil (f)?
      lady?

   about these students (m)?
      students (f)?
      people?
      pupils (m)?
      pupils (f)?
      gentlemen?
      ladies?
      this couple?

2. Nic o nim nie wiem.
     niej
     nich

I don't know anything about him.
              her.
              them.

3. O kim mowa?

Whom are you talking about?

4. O panu Edwardzie.
     Henryku.
     Karolu.
     Tomaszu.

  O pani Wandzie.
     Oldze.
     Alicji.
     Marii.

About Edward.
     Henry.
     Charles.
     Thomas.

     Wanda.
     Olga.
     Alice.
     Mary.

5. O czym pan myśli?

What are you (m) thinking about?

6. Co pani o tym myśli?

What do you (f) think about it?

7. Mój mąż myśli tylko o sobie.
   Moja żona

My husband thinks only about himself.
    wife   herself.

8. Nikt o mnie nie myśli.
     nas

Nobody thinks about me.
            us.

9. Staram się o niczym nie myśleć.

I try not to think about anything.

10. Myślę tylko o tobie.
       was.

I think only of you (fam).
       you (fam. pl).

11. Wiesz, że się w tobie kocham.   You know that I'm in love with you.

12. Kto to jest ten pan   Who is that man
     w granatowej marynarce?   in the navy-blue jacket?
       niebieskiej koszuli?   blue shirt?
       szarym swctrzc?   gray sweater?
       popielatym kapeluszu?   light gray hat?
       krótkim palcie?   short overcoat?
       jasnym ubraniu?   light suit?
       ciemnych spodniach?   dark trousers?
       spodenkach kąpielowych?   bathing trunks?

13. Kto to jest ta pani   Who is that woman wearing
     w kolorowej sukience?   the gay-colored dress?
       sukni wieczorowej?   evening gown?
       kostiumie kąpielowym?   bathing suit?
       płaszczu deszczowym?   raincoat?
       brązowym futrze?   brown fur coat?
       białych szortach?   white shorts?
       ciemnych okularach?   sunglasses?
       długich rękawiczkach?   long gloves?

14. Nie mam pojęcia, kto to jest.   I have no idea who that is.

15. Czy pan się urodził   Were you (m) born
     w Stanach Zjednoczonych?   in the United States?
       Kanadzie?   Canada?

16. Tak, urodziłem się   Yes, I was born
     w Waszyngtonie.   in Washington.
       Nowym Jorku.   New York.
       Montrealu.   Montreal.
       Ottawie.   Ottawa.
       Filadelfii.   Philadelphia.
       Kalifornii.   California.

17. Czy pan dużo podróżuje?   Do you travel a lot?

18. Owszem, dość dużo.   Yes, quite a lot.

19. Byłem już w Moskwie.   I've already been to Moscow.
           Norymberdze.   Nuremberg.
           Brukseli.   Brussels.
          Marsylii.   Marseille.
          Londynie.   London.
          Rzymie.   Rome.
          Lipsku.   Leipzig.
          Hamburgu.   Hamburg.
          Paryżu.   Paris.
          Wiedniu.   Vienna.
          Atenach.   Athens.

20. Jak się panu podobała Moskwa?   How did you like Moscow?
                Norymberga?   Nuremberg?
                Bruksela?   Brussels?
                Marsylia?   Marseille?

Jak się panu podobał Londyn?   How did you like London?
          Rzym?   Rome?
          Lipsk?   Leipzig?
          Hamburg?   Hamburg?
          Paryż?   Paris?
          Wiedeń?   Vienna?
    podobały Ateny?   Athens?

21. Bardzo mi się podobała.   I liked it very much.
           podobał.
           podobały.

22. Więc zna pan prawie całą   So you know practically all of
     Europę.   Europe.

23. Niezupełnie.   Not quite.

24. Byłem, jak pan widzi,   I've been, as you can see,
     w Rosji.   in Russia.
       Grecji.   Greece.
     we Francji.   France.
     w Anglii.   England.
       Belgii.   Belgium.
       Austrii.   Austria.
       Niemczech Zachodnich.   West Germany.
       NRF (Niemieckiej Republice   West Germany (German
         Federalnej).   Federal Republic).
       Niemczech Wschodnich.   East Germany.
       NRD (Niemieckiej Republice   East Germany (German
         Demokratycznej).   Democratic Republic).
     we Włoszech.   Italy.
     w Związku Radzieckim.   the Soviet Union.
          Sowieckim.   the Soviet Union.

25. Najlepiej znam Francję.   I know France best.
           Niemcy Zachodnie.   West Germany
           Włochy.   Italy

26. Kiedy pan był w Europie?   When were you in Europe?

27. Byłem w Europie w lecie.   I was in Europe in the summer.
               zimie.   winter.
               jesieni.   fall.
          na wiosnę.   spring.

28. Jakie miasta pan zna w Polsce?   What cities do you know in Poland?

29. Znam Warszawę.   I know Warsaw.
          Gdynię.   Gdynia.
          Łódź.   Lodz.
          Bydgoszcz.   Bydgoszcz.
          Kraków.   Cracow.
          Lublin.   Lublin.
          Gdańsk.   Gdansk.
          Poznań.   Poznan.
          Wrocław.   Wroclaw.

Znam Gniezno.	I know Gniezno.
Opole.	Opole.
Katowice.	Katowice.

30. Gdzie mieszkają państwo
    Zielińscy?

    Where do the Zielinskis live?

31. Państwo Zielińscy mieszkają

    The Zielinskis live

w Warszawie.	in Warsaw.
Gdyni.	Gdynia.
Łodzi.	Lodz.
Bydgoszczy.	Bydgoszcz.
Krakowie.	Cracow.
Lublinie.	Lublin.
Gdańsku.	Gdansk.
Poznaniu.	Poznan.
we Wrocławiu.	Wroclaw.
w Gnieźnie.	Gniezno.
Opolu.	Opole.
Katowicach.	Katowice.

32. Gdzie pan woli mieszkać,
    w mieście, czy na wsi?

    Where do you prefer to live,
    in the city or in the country?

33. To zależy: w zimie lubię
    miasto, a w lecie wolę
    wieś.

    It depends: in winter I like the
    city, but in the summer I prefer
    the country.

34. Polska leży na

    Poland is situated

północ od Czechosłowacji.	north of Czechoslovakia.
południe od Bałtyku.	south of the Baltic.
zachód od Związku Radzieckiego.	west of the Soviet Union.
wschód od Niemiec.	east of Germany.

35. Czy pan mieszkał kiedyś

    Have you ever lived

na północy?	in the North?
południu?	South?
zachodzie Ameryki?	American West?
Bliskim Wschodzie?	Near East?
Dalekim	Far

36. Nie, nigdy tam nie mieszkałem.

    No, I've never lived there.

37. Czy pan wie, gdzie tu

    Do you know where

jest poczta?	the post office is?
biblioteka?	library
pływalnia?	swimming pool
plaża?	beach
teatr?	theater
kościół?	church
dom towarowy?	department store
bank?	bank
szpital?	hospital
dworzec?	railroad station
kino „Wisła"?	Vistula (movie) theater
lotnisko?	airport

38. Ależ oczywiście, że wiem.　But of course I know.

39. Sam mieszkam　I live
koło poczty.　near the post office myself.
　biblioteki.　library
　pływalni.　swimming pool
　plaży.　beach
　teatru.　theater
　kościoła.　church
　domu towarowego.　department store
　banku.　bank
　szpitala.　hospital
　dworca.　railroad station
　kina „Wisła."　Vistula (movie) theater
　lotniska.　airport

40. Byłem wczoraj u pana, ale　I went to see you yesterday but
pana nie było w domu.　you weren't at home.

41. Tak jest, byłem　That's right, I was
na poczcie.　at the post office.
　w bibliotece.　in the library.
　na pływalni.　at the swimming pool.
　na plaży.　at the beach.
　w teatrze.　in the theater.
　w kościele.　in church.
　w domu towarowym.　in the department store.
　w banku.　in the bank.
　w szpitalu.　in the hospital.
　na dworcu.　at the railroad station.
　w kinie.　at the movies.
　na lotnisku.　at the airport.

42. Nie mogę sobie przypomnieć,　I can't remember
gdzie zostawiłem portfel.　where I left my wallet.
　　płaszcz.　overcoat.
　　parasol.　umbrella.

43. Jak to, przecież pański　What do you mean? Your
portfel leży na stole.　wallet is on the table.
płaszcz wisi na wieszaku.　overcoat is on the coat rack.
parasol stoi w kącie.　umbrella is in the corner.

44. Czy już pan jadł (pani jadła)　Have you had your
śniadanie?　breakfast?
obiad?　lunch?
kolację?　dinner?

45. Jadłem. (Jadłam.)　I have.

46. Jestem już po śniadaniu.　I've had breakfast.
　　obiedzie.　lunch.
　　kolacji.　dinner.

47. Gdzie pan był (pani była)   Where did you have
    na śniadaniu?   breakfast?
        obiedzie?   lunch?
        kolacji?   dinner?

48. W stołówce uniwersyteckiej.   In the university dining hall.
    chińskiej restauracji.   a Chinese restaurant.
    klubie studenckim.   the students' club.

49. Czemu pan (pani) ma taką   Why do you look so sad?
    smutną minę?

50. Bo mi ukradli portfel   Because I had my wallet stolen
    w pociągu.   on the train.
        tramwaju.   streetcar.
        autobusie.   bus.

51. Co pan miał (pani miała)   What did you have
    w portfelu?   in your wallet?
        kieszeni?   pocket?

52. Pieniądze, fotografie żony   Money, photographs of my wife
    (męża) i dzieci i wszystkie   (husband) and children, and all
    dokumenty: paszport, legi-   my documents: my passport, my
    tymację studencką i prawo   student's identity card, and my
    jazdy.   driver's license.

53. Całe szczęście, że nie miałem   Fortunately I didn't have
    (miałam) przy sobie dużo   a great deal of money on me.
    pieniędzy.

54. Zresztą na pieniądzach mi nie   On the other hand I don't care about
    zależy, ale szkoda mi doku-   the money but I'm sorry about
    mentów.   the documents.

55. Był pan (była pani) już na policji? Did you go to the police?
                            milicji?   militia?

56. Byłem (byłam), ale to i tak na nic. I did but it won't do any good any-
                                           way.

57. Wściekły (wściekła) jestem   I'm mad at myself.
    na siebie.

58. Niech pan o tym nie wspomina   Please don't mention it
    przy panu Chełmickim,   in front of Mr. Chelmicki
            Morganie,   Morgan
            Wilczku,   Wilczek
        pani Chełmickiej,   Mrs. Chelmicki
            Morgan,   Morgan
            Wilczek,   Wilczek
        państwu Chełmickich,   Mr. and Mrs. Chelmicki
            Morganach,   Morgan
            Wilczkach,   Wilczek
    bo mi wstyd.   because I'm ashamed of myself.

59. Jakiego jest pan zdania o   What's your opinion of the
    sytuacji politycznej?   political situation?

60. Nie orientuję się w   I'm not familiar with the
    sytuacji politycznej.   political situation.

61. Nie bardzo się znam na polityce.   I don't know much about politics.

62. W każdym razie nie warto się   In any case, there's no use
    denerwować.   getting upset.

WYMOWA   PRONUNCIATION

1. STRESS IN INDIVIDUAL WORDS AND PHRASES

The following words and phrases stress the antepenult:

Ameryka	America (see S. & S. 4 A (5))
polityka	politics
republika	republic
biblioteka	library
na wieś	to the country
na wsi	in the country

The pronunciation biblioteka with the penultimate stress also occurs.

2. VOWEL-LESS PREPOSITIONS AS MEMBERS OF INITIAL CLUSTERS

Accentually prepositions belong to the word which they precede. Therefore initial clusters can be extended by vowel-less prepositions.

Spelling	Pronunciation	
w płaszczu	fpłaszczu	in an overcoat
w tramwaju	ftr[ą]waju	in a streetcar
w książce	fksi[ǫ]szce	in a book
w Gdańsku	wGda[i̯]sku	in Gdansk
w Gnieźnie	wGnieźnie	in Gniezno
w stołówce	fstołófce	in the dining hall
w swetrze	fsfeczsze	in a sweater
w szpitalu	fszpitalu	in the hospital
w szczęściu	fszczęściu	in happiness

3. PRONUNCIATION OF ABBREVIATIONS

Most abbreviations composed of individual letters are indeclinable and stress the final syllable (for the phonetic value of the letters see S. & S. 1).

Spelling	Pronunciation	
NRF	ener__ef__	West Germany
NRD	enerd__e__	East Germany

GRAMATYKA   GRAMMAR

1. LOCATIVE

The locative case (sometimes called prepositional) occurs in prepositional phrases only. It depends on the following prepositions:

na	on
o	about
po	after
przy	at, near, in the presence of
w, we	in

The locative endings are as follows:

Noun Declensions

	I	II	III	IV
Sg.	-e, -y/-i	-y/-i	-e, -u	
Pl.	-ach			

Notes:

a. Consonant alternations before -e

Before the ending -e, the stem-final consonant is replaced according to the $\underline{C} \sim \underline{C}_2$ pattern of alternations (see S. & S. 24 b and cf. IX 3 a).

$\underline{C} \sim \underline{C}_2$	Stem	Nom. Sg.	Loc. Sg.
b~[b']	klub- 'club'	klub	klubie
w~[w']	Warszaw- 'Warsaw'	Warszawa	Warszawie
m~[m']	zim- 'winter'	zima	zimie
n~ń	kin- 'movie house'	kino	kinie
r~rz	teatr- 'theater'	teatr	teatrze
ł~l	stoł- 'table'	stół	stole
t~ć	palt- 'overcoat'	palto	palcie
d~dź	zachod- 'west'	zachód	zachodzie
s~ś	autobus- 'bus'	autobus	autobusie
z~ź	raz- 'once'	raz	razie
k~c	stołówk- 'dining hall'	stołówka	stołówce
g~dz	Norymberg- 'Nuremberg'	Norymberga	Norymberdze

b. Distribution of endings in the feminine declensions

The ending -e in Declension I occurs after alternating consonants (cf. a above), the ending -y/-i after nonalternating consonants. According to a general rule, -y is written after hard consonants, -i after soft.

Ending	Stem	Nom. Sg.	Loc. Sg.
	Declension I		
-e	poczt- 'post office' bibliotek- 'library'	poczta biblioteka	poczcie bibliotece
-y	uczennic- 'female pupil' plaż- 'beach'	uczennica plaża	uczennicy plaży
-i	sukń- 'dress' koszul- 'shirt'	suknia koszula	sukni koszuli

Ending	Stem	Nom. Sg.	Loc. Sg.
	Declension II		
-y	północ- 'north' Bydgoszcz- 'Bydgoszcz'	północ Bydgoszcz	północy Bydgoszczy
-i	jesień- 'autumn' wś- 'village'	jesień wieś	jesieni wsi

c. Distribution of endings in the nonfeminine declensions

The ending -e in Declensions III and IV occurs after alternating consonants except k, g, ch/h (the velar consonants); the ending -u occurs after nonalternating consonants and k, g, ch/h.

Ending	Stem	Nom. Sg.	Loc. Sg.
	Declension III		
-e	student- 'student' swetr- 'sweater'	student sweter	studencie swetrze
-u	uczń- 'pupil' płaszcz- 'overcoat' szpital- 'hospital' bank- 'bank' pociąg- 'train'	uczeń płaszcz szpital bank pociąg	uczniu płaszczu szpitalu banku pociągu
	Declension IV		
-e	lat- 'summer' futr- 'fur coat'	lato futro	lecie futrze
-u	śniadań- 'breakfast' lotnisk- 'airport'	śniadanie lotnisko	śniadaniu lotnisku

The following nouns take the ending -u instead of the expected -e:

Stem	Nom. Sg.	Loc. Sg.
dom- 'house'	dom	domu
pan- 'sir'	pan	panu
syn- 'son'	syn	synu
państw- 'Mr. and Mrs.'	państwo	państwu

d. Palatalized labial consonants alternating with plain labial consonants

In word-final position palatalized labial consonants are replaced by the corresponding plain consonants (see S. & S. 11). Cf. the following examples:

Stem	Nom. Sg.	Gen. Sg.	Loc. Sg.
Krakow- 'Cracow' Wrocła[w']- 'Wroclaw'	Kraków Wrocław	Krakowa Wrocławia	Krakowie Wrocławiu

e. $o \sim e$ and $a \sim e$ before C_2

In some nouns, before C_2 of the $C \sim C_2$ alternations, the vowels o and a are
replaced by e (cf. VII 6 a).

	Stem	Nom. Sg.	Loc. Sg.
o~e	kościoł- 'church'	kościół	kościele
a~e	obiad- 'dinner' lat- 'summer' miast- 'town'	obiad lato miasto	obiedzie lecie mieście

f. The locative plural ending -ech

Three plural nouns denoting countries take the loc. pl. ending -ech instead of
the regular -ach:

Stem	Nom. Pl.	Loc. Pl.
Włoch- 'Italy' Niemc- 'Germany' Węgr- 'Hungary'	Włochy Niemcy Węgry	Włoszech Niemczech Węgrzech

Adjectives

	Fem.	Nonfem.
Sg.	-ej	-ym/-im
Pl.	-ych/-ich	

Examples:

Stem	Sg. Fem.	Sg. Nonfem.	Pl.
młod- 'young'	młodej	młodym	młodych
moj- 'my'	mojej	moim	moich
pańsk- 'your'	pańskiej	pańskim	pańskich

Pronouns

Nom.	Loc.
ja	mnie
ty	tobie
on	nim
ono	
ona	niej
oni	nich
one	
my	nas
wy	was
kto	kim
co	czym
—	sobie

2. VOCALIC FORM OF PREPOSITIONS ENDING IN A CONSONANT

Before certain consonant clusters, prepositions ending in or consisting of a consonant are extended by the vowel $\underline{e}$ (cf. II 6 a).

w nas	in us	we mnie	in me
w Anglii	in England	we Francji	in France

3. PREPOSITIONS W AND NA DENOTING LOCATION

The basic meaning of the prepositions $\underline{w}$ and $\underline{na}$ is 'in, inside of' and 'on, on top of' respectively.

Parasol stoi w kącie.	The umbrella is in the corner.
Portfel leży na stole.	The wallet is on the table.

There are also instances where both $\underline{w}$ and $\underline{na}$ are rendered by the English 'at.'

Byłem w domu.	I was at home.
Byłem na plaży.	I was at the beach.

In some instances $\underline{na}$ corresponds to the English 'in.'

Mieszkam na wsi.	I live in the country.

4. SEASONS IN "TIME WHEN" EXPRESSIONS

In "time when" expressions, <u>lato</u> 'summer,' <u>jesień</u> 'fall,' and <u>zima</u> 'winter' occur in the locative case depending on the preposition <u>w</u>.

w lecie	in the summer
w jesieni	in the fall
w zimie	in winter

However <u>wiosna</u> 'spring' is in the accusative depending on the preposition <u>na</u>.

na wiosnę	in spring

5. POSITION OF ADJECTIVES IN A SENTENCE

As a general rule, adjectives precede a noun when they refer to its kind or quality but follow a noun when they refer to its type or intrinsic feature. In the latter position, adjectives are regularly derived from nouns.

Compare:

ciepły płaszcz	warm overcoat
biały dom	white house
chińska restauracja	Chinese restaurant
moja legitymacja	my identity card

with:

płaszcz deszczowy	raincoat
dom towarowy	department store
stołówka uniwersytecka	university dining hall
legitymacja studencka	student's identity card

6. TYPES OF SUBJECTLESS CONSTRUCTIONS

Subjectless constructions contain the verb in the 3d person singular (neuter, if in the past tense; see X 10) or in the 3d person plural (virile, if in the past tense). The following types of subjectless constructions have occurred:

(a) The impersonal expression <u>nie ma</u> (<u>nie było</u>, <u>nie będzie</u>) denoting absence (see II 2 and X 11)

Tu nie ma gazety.	There is no newspaper here.
Wczoraj nie było deszczu.	There was no rain yesterday.

(b) Subjectless constructions with (nie) jest, (nie) było, (nie) będzie (see IX 2).

Nie warto się denerwować.	It's no use getting upset.
Zimno mi było.	I felt cold.
Wstyd mi będzie.	I'll be ashamed.

(c) The 3 sg. of impersonal verbs (no other person occurs)

Zależy mi na tym.	It matters to me.
Zdawało mi się.	It seemed to me.

(d) The 3 sg. of nonreflexive verbs with the reflexive particle się

Tak się nie mówi.	One doesn't talk this way.
Nie chciało mi się.	I didn't feel like it.

(e) The 3 pl. of a verb

Mówią, że to prawda.	They say it's true.
Ukradli mi portfel.	My wallet was stolen.

ZADANIE   EXERCISES

1. Fill in the preposition and the proper form of the following nouns:

Europa	stołówka	klub	autobus
Warszawa	Norymberga	Kraków	Lublin
poczta	miasto	Rzym	teatr
Kanada	kino	zachód	kościół
pływalnia	Rosja	Wiedeń	Paryż
Kalifornia	Francja	Wrocław	Gdańsk
Bruksela	plaża	szpital	Hamburg
Anglia	wieś	dworzec	Opole

Byłem —— —— .

2. Fill in the proper singular and plural forms of the following expressions:

ten młody człowiek	ta młoda kobieta
nowy student	nowa studentka
pański kolega	pańska koleżanka
mój uczeń	moja uczennica
nasz sąsiad	nasza sąsiadka

Co pan wie o —— —— —— ?

3. Fill in the proper forms of the following pronouns:

a. kto   co

O —— on myśli?

b.   ja   ty   on   ona   siebie

my   wy   oni   one

On myśli o —— .

SŁÓWKA   VOCABULARY

Alicja, -cji f.	Alice	Czechosłowacja, -ji f.	Czechoslovakia
Ameryka, -i f.	America	czym loc. sg. of co	
Anglia, -ii f.	England		
Ateny, Aten pl.	Athens	daleki, -ego	distant, far
Austria, -ii f.	Austria	demokratyczny, -ego	democratic
autobus, -u i.	bus		
Bałtyk, -u i.	The Baltic (sea)	denerwować się; -wuje, -wują	get upset
bank, -u i.	bank	długi, -ego	long
Belgia, -ii f.	Belgium	dokument, -u i.	document
biblioteka, -i f.	library	dom, -u (gen. loc.) i.	house, home
bliski, -ego	near, close		
Bolek, -lka v.	affect. of Bolesław	— towarowy	department store
Bruksela, -i f.	Brussels	dworzec, -rca; -e, -ów i.	railroad station
Bydgoszcz, -y f.	Bydgoszcz (town)	Europa, -y f.	Europe
chiński, -ego	Chinese	federalny, -ego	federal

Filadelfia, -ii f.   Philadelphia

Francja, -ji f.   France

Gdańsk, -a i.   Gdansk

Gdynia, -ni f.   Gdynia

Gniezno, -a n.   Gniezno

Grecja, -ji f.   Greece

Hamburg, -a i.   Hamburg

Henryk, -a v.   Henry

jazda, -y,   ride, drive,
  jeździe (loc.) f.   driving

jedenasty, -ego   eleventh

jedenaście, -astu   eleven

jesień, -ni f.   autumn, fall

Kalifornia, -ii f.   California

Kanada, -y f.   Canada

Katowice,   Katowice
  Katowic pl.

każdy, -ego   each; every,
                            everyone

kąpielowy, -ego   pert. to bath-
                            ing

kąt, -a i.   corner, angle

kiedyś   sometime,
                            one day

kieszeń, -ni;   pocket
  -nie, -ni f.

kim loc. of kto

kino, -a n.   movie house

klub, -u i.   club(house)

kochać się;-a, -ają   be in love

kolacja, -ji f.   supper, dinner

kostium, -u i.   costume,
                            dress

kościół, -cioła,   church
  -ciele (loc.) i.

Kraków, -owa i.   Cracow

krótki, -ego   short, brief

lato, -a, lecie   summer
  (loc.) n.

lecieć; leci, lecą   fly, move fast

leżeć; -y, -ą   lie, be in a ly-
                            ing position

Lipsk, -a i.   Leipzig

Londyn, -u i.   London

lotnisko, -a n.   airport

Lublin, -a i.   Lublin

Łódź, Łodzi f.   Lodz

Marsylia, -ii f.   Marseilles

mąż, męża;   husband
  -owie, -ów v.

miasto, -a,   town, city
  mieście (loc.)
  n.

mieszkać; -a,   live, reside
  ają

milicja, -ji f.   militia

mina, -y f.   looks, face

Montreal, -u i.   Montreal

Moskwa, -y f.   Moscow

mowa, -y; mów   speech, talking
  f.

na prep. w. loc.   on, at

najlepiej   best

niczym loc. of nic

Niemcy, -miec,   Germany
  -mczech (loc.)
  pl.

niemiecki, -ego   German

  Niemiecka   German Fed-
  Republika Fede-   eral Repub-
  ralna (NRF)   lic, West
                            Germany

  Niemiecka   German
  Republika Demo-   Democratic
  kratyczna   Republic,
  (NRD)   East Ger-
                            many

Norymberga, -i f.   Nuremberg

Nowy Jork,   New York
  Nowego Jorku i.

o prep. w. loc. — about, on, at

obiad, -u, obiedzie (loc.) i. — dinner, lunch

Opole, -a n. — Opole (town in Silesia)

orientować się; -tuje, -tują — be familiar, know one's way

Ottawa, -y f. — Ottawa

palto, -a n. — overcoat

Paryż, -a i. — Paris

paszport, -u i. — passport

plaża, -y; -e, plaż/-y f. — beach

pływalnia, -i; -e, -i f. — (public) swimming pool

po prep. w. loc. — after, past, about, along

pociąg, -u i. — train

poczta, -y f. — post office

podróżować; -uje, -ują — travel

policja, -ji f. — police

polityczny, -ego — political

Polska, -i f. — Poland

południe, -a, -owi (dat.) n. — noon; south

pomóc; -może, -mogą; -mógł, -mogła — help, assist

portfel, -u; -e, -i i. — wallet, pocketbook

Poznań, -nia i. — Poznan

północ, -y f. — midnight; north

przy prep. w. loc. — near, beside, at, in front of

przypomnieć sobie; -mni, -mną — remember

radziecki, -ego — Soviet

republika, -i f. — republic

restauracja, -ji; -je, -ji f. — restaurant

Rosja, -ji f. — Russia

Rzym, -u i. — Rome

sowiecki, -ego — Soviet

spodenki, -nek pl. — trunks, shorts

stać; stoi, stoją — stand, be in a standing position

Stany Zjednoczone, Stanów Zjednoczonych pl. — United States

starać się; -a, -ają — try one's best, endeavor

stołówka, -i; -wek f. — dining hall

studencki, -ego — pert. to students

suknia, -ni; -nie, sukni/sukien f. — dress, gown

sytuacja, -ji f. — situation

szpital, -a; -e, -i i. — hospital

śniadanie, -a n. · — breakfast

teatr, -u i. — theater

towarowy, -ego — pert. to merchandise

tramwaj, -u; -e, -ów i. — street car

ukraść; -dnie, -dną; -dł — steal

uniwersytecki, -ego — pert. to university

urodzić się; -dzi, -dzą — be born

w/we prep. w. loc. — in, at

Warszawa, -y f.	Warsaw	wspominać; -a, -ają	mention
warto	it is worth- (while)	wstyd, -u i.	shame
Waszyngton, -u i.	Washington (D.C.)	— mi	I'm ashamed
		wściekły, -ego	mad, furious
wieczorowy, -ego	pert. to evening	zachodni,	western, west
		zachód, -odu i.	west
Wiedeń, -dnia i.	Vienna	zależeć; -y, -ą	depend
wieszak, -a i.	hanger, rack	zaraz	right away, at once
wieś, wsi; wsie, wsi f.	village, countryside	zima, -y f.	winter
więc	so, then	zjednoczony, -ego	united
wiosna, -y; -sen f.	spring	zostawić; -wi, -wią	leave (behind)
wisieć; -si, -szą	hang	zresztą	besides, however
Wisła, -y f.	the Vistula	związek, -zku i.	union, connection
Włochy, -ów, Włoszech (loc.) pl.	Italy	Związek Radziecki (Sowiecki)	Soviet Union
woleć; -i, -ą	like better, prefer	żona, -y f.	wife
Wrocław, -wia i.	Wroclaw		
wschodni, -ego	eastern, east		
wschód, -odu i.	east		

ZDANIA

SENTENCES

1. Czy pan jest obywatelem polskim?
   pani jest obywatelką polską?
   państwo są obywatelami polskimi?

   Are you (m) a Polish citizen?
   (f)
   (mf)

2. Jestem obywatelem amerykańskim.
   kanadyjskim.
   Jestem obywatelką amerykańską.
   kanadyjską.
   Jesteśmy obywatelami amerykańskimi.
   kanadyjskimi.

   I (m) am an American citizen.
   a Canadian
   (f)   an American citizen.
   a Canadian
   We are American citizens.
   Canadian

3. Pan Zieliński jest Polakiem.
   Pani Zielińska jest Polką.
   Państwo Zielińscy są Polakami.

   Mr. Zielinski is Polish.
   Mrs.
   Mr. and Mrs. Zielinski are
   Polish.

4. Pan Morgan jest Amerykaninem.
   Kanadyjczykiem.
   Pani Morgan jest Amerykanką.
   Kanadyjką.
   Państwo Morganowie są Amerykanami.
   Kanadyjczykami.

   Mr. Morgan is an American.
   a Canadian.
   Mrs. Morgan is an American.
   a Canadian.
   Mr. and Mrs. M. are Americans.
   Canadians.

5. Gdzie pracuje pański ojciec?
   pańska matka?

   Where does your (m) father work?
   mother

6. Mój ojciec jest robotnikiem.
   urzędnikiem.
   nauczycielem.
   dziennikarzem.
   inżynierem.
   adwokatem.
   lekarzem.
   dentystą.
   wojskowym.

   My father is a worker.
   a clerk.
   a teacher.
   a newspaperman.
   an engineer.
   a lawyer.
   a physician.
   a dentist.
   a military man.

7. Moja matka nie pracuje.

   My mother doesn't work.

8. Ona zajmuje się domem.
   gospodarstwem.
   dziećmi.

   She takes care of the house.
   household.
   children.

9. Czym jest pański (pani) brat?
   pańska (pani) siostra?

   What does your brother do?
   sister

10. Mój brat jest na uniwersytecie.
    w wojsku.

    My brother is at the university.
    in the army.

189

11. On jest studentem.   He is a student.
       żołnierzem.   soldier.

12. Moja siostra już skończyła studia   My sister has finished her studies
       i pracuje w szpitalu.   and works in the hospital.
              w bibliotece.   library.
              w biurze.   an office.

13. Ona jest pielęgniarką.   She is a nurse.
         bibliotekarką.   librarian.
         maszynistką.   typist.

14. Czy pański dziadek żyje?   Is your grandfather living?
       pańska babka   grandmother

15. Nie, mój dziadek niedawno umarł.   No, my grandfather died recently.
       moja babka już dawno umarła.   grandmother died long ago.

16. Czy pan jest żonaty?   Are you (m) married?

17. Jestem kawalerem.   I am a bachelor.

18. Czy pani jest mężatką?   Are you (f) married?

19. Jestem panną.   I am single (woman speaking).

20. Czy pan na kogoś czeka?   Are you (m) waiting for someone?
       pani   (f)
       państwo   czekacie?   (mf)

21. Tak, umówiłem się tu z kimś.   Yes, I (m) have an appointment
                                              here with someone.
         umówiłam   (f)
         umówiliśmy   we (mf)

22. Z kim?   With whom?

23. Z przyjacielem.   With a friend (m).
       kolegą.   a friend (m)
    Ze znajomym.   an acquaintance (m).
    Z przyjaciółką.   a friend (f).
       koleżanką.   a friend (f).
    Ze znajomą.   an acquaintance (f).

    Z przyjaciółmi.   With friends.
       kolegami.   friends (m).
       koleżankami.   friends (f).
    Ze znajomymi.   acquaintances.

24. Gdzie się pan z nim umówił?   Where do you (m) have your ap-
                                              pointment with him?
         pani z nią umówiła?   (f) her?
         państwo z nimi umówili?   (mf) them?

25. Umówiłem się z nim przed   I arranged to meet him in front
       tą bramą.   of this gate.
       tym budynkiem.   building.

    Umówiliśmy się z nim przed   He and I arranged to meet in
       tym kinem.   front of this movie house.
       tymi koszarami.   these barracks.

Umówiłam się z nią przed
  ambasadą amerykańską.
  konsulatem kanadyjskim.

I (f) arranged to meet her in front
  of the American Embassy.
    Canadian consulate.

Umówiłyśmy się z nią przed
  dworcem kolejowym.
  wejściem do parku.

She and I (f) arranged to meet
  in front of the railroad station.
  at the entrance to the park.

Umówiliśmy się z nimi
  pod pocztą główną.
    pomnikiem Mickiewicza.
    biurem podróży.

We arranged to meet
  by the main post office.
    statue of Mickiewicz.
    travel agency.

26. Co się z tobą dzieje—
    panem
    panią
    wami
    panami
    paniami
    państwem
  czekam już na ciebie
  od godziny.

      pana
      panią
      was
      panów
      panie
      państwa

What happened to you (fam.)—
    (m)
    (f)
    (fam. pl)
    (mpl)
    (fpl)
    (mf)
  I've been waiting for you (fam.)
  an hour.

      (m)
      (f)
      (fam.pl)
      (mpl)
      (fpl)
      (mf)

27. Strasznie mi przykro, ale to nie
      moja wina.
    nam   nasza wina.

I'm terribly sorry but it isn't
      my fault.
We're   our fault.

28. Pociąg się spóźnił.

The train was late.

29. Proszę się na mnie nie gniewać.
    nas

Please don't be angry with me.
    us.

30. Niech się pan spieszy, bo się pan
  spóźni na pociąg.

Hurry up or you'll be
  late for the train.

31. Chwileczkę. Jeszcze się nie
  pożegnałem z bratem.
    braćmi.
    siostrą.
    siostrami.
    ojcem.
    matką.
    rodzicami.
    teściem.
    teściową.
    teściami.

Just a moment. I haven't said
  goodby to my brother.
    brothers.
    sister.
    sisters.
    father.
    mother.
    parents.
    father-in-law.
    mother-in-law.
    parents-in-law.

32. Jutro jadę do domu—
    jedziemy
  chce pan (pani) jechać ze mną?
      z nami?

Tomorrow I'm going home—
    we're
  would you like to come with me?
      us?

33. Czym pan (pani) jedzie?   How are you going?
    państwo jadą?   you (mf)

34. Samochodem.   By car.
    Autobusem.   bus.
    Pociągiem.   train.
    Koleją.   rail.
    Końmi.   In a carriage (or any horse-drawn
                                           vehicle).

35. Jak się stąd jedzie do miasta?   How does one go downtown from
                                           here?

36. Do miasta można jechać   You can go downtown
    autobusem, tramwajem albo   by bus, streetcar, or
    taksówką.   taxi.

37. Do Europy jedzie się statkiem   One goes to Europe by boat
    albo samolotem.   or by plane.

38. Czy jest pan wolny dziś wieczorem?   Are you (m) free this evening?
    pani wolna   (f)

39. Dziś jestem zajęty—idziemy z   I (m) am busy today—my wife and
    żoną do kina.   I are going to the movies.
        zajęta—idziemy z   (f)   —my husband
    mężem do kina.   and I are going to the movies.

40. Chce pan iść razem z nami?   Do you want to go (together) with us?

41. Na co państwo idziecie?   What are you going to see?

42. Na nowy polski film z Cybulskim   A new Polish film with Cybulski
    i Nowakówną.   and Nowak.

43. Dziś wieczór idę z wizytą.   Tonight I'm going visiting.

44. Mam się zobaczyć z   I have to see
    panem Zielińskim.   Mr. Zielinski.
        Morganem.   Morgan.
    Nowakiem.   Nowak.
    panią Zielińską.   Mrs. Zielinski.
        Morgan.   Morgan.
    Nowakową.   Nowak.
    państwem Zielińskimi.   Mr. and Mrs. Zielinski.
        Morganami.   Morgan.
    Nowakami.   the Nowaks.

45. Nie wziąłem ze sobą ołówka.   I didn't take a pencil with me.
        pióra.   pen

46. Może mi pan pożyczyć ołówka?   Can you lend me a pencil?
        ten ołówek?   that pencil?
        pióra?   a pen?
        to pióro?   that pen?

47. Z przyjemnością   Gladly.

48. Nigdy nie piszę ołówkiem.   I never write with a pencil.
    Zawsze piszę wiecznym piórem.   I always write with a fountain pen.
    Czasem piszę długopisem.   Sometimes I write with a ball-
         point.

49. Którą ręką pan pisze, lewą czy   Do you write left-handed or right-
    prawą?   handed?

50. Lewą. Jestem mańkutem.   Left-handed. I'm left-handed.

51. Czym się pan interesuje poza   What are you interested in outside
    studiami?   of your studies?

52. Przede wszystkim interesuję się   Most of all I'm interested in
    muzyką.   music.
    sztuką.   art.
    rzeźbą.   sculpture.
    polityką.   politics.

    baletem.   ballet.
    teatrem.   the theater.
    filmem.   the movies.
    sportem.   sports.

    malarstwem.   painting

53. Niczym się nie interesuję.   I'm not interested in anything.

54. Jestem przed śniadaniem.   I haven't had breakfast.
        obiadem.   lunch/dinner.
        kolacją.   supper.

55. Czy pan (pani) pije   Do you take your
    kawę z mlekiem,   coffee with milk
        czy bez mleka?   or black?

    kawę z cukrem,   coffee with sugar
        czy bez cukru?   or without?

    herbatę z cytryną,   tea with lemon
        czy bez cytryny?   or without?

56. Z mlekiem.   With milk.
    cukrem.   sugar.
    cytryną.   lemon.

57. Zgubiłem portfel z wszystkimi   I lost my wallet with all my
    pieniędzmi.   money.

58. Musiałem sobie pożyczyć   I had to borrow
    pieniędzy od znajomych.   money from my friends.

59. Znalazłem teczkę z czyimiś   I found a briefcase with
    papierami.   somebody's papers.

60. Nie zgadzam się   I don't agree
    z tym młodym człowiekiem.   with this young man.
    tą młodą kobietą.   woman.
    tymi młodymi ludźmi.   these   people.

61. Czy rachunek się zgadza?   Is the check correct?

62. Ten kelner chyba nie umie   This waiter, I guess, doesn't know
    liczyć.   how to count.

63. Ciekawe, że on nigdy się nie   It's curious that he never makes
    myli na korzyść gościa.   mistakes in the customer's
                                                   favor.

64. Proszę się czuć jak u siebie—   Please feel at home—
    pan jest naszym gościem.   you (m) are our guest.
    pani   (f)
    państwo są naszymi gośćmi.   (mf)   guests.

65. Czy poznał pan już naszych gości?   Have you met our guests?

66. Jeszcze się nie przywitałem   I haven't said hello
    z gospodarzem.   to the host yet.
    gospodynią.   hostess
    gospodarzami.   hosts

WYMOWA   PRONUNCIATION

1. STRESS IRREGULARITIES

The noun m<u>u</u>zyka 'music' stresses the antepenult.
The noun uniwersytet 'university' stresses the first e in the nom. sg. In colloquial Polish the y is dropped in all forms of the noun.

Spelling	Pronunciation	
uniwersytet	uniwerstet	university (nom.)
uniwersytetu	uniwerstetu	(gen.)
uniwersytetowi	uniwerstetowi	(dat.)

2. PREPOSITION Z AS FIRST MEMBER OF INITIAL CLUSTERS

Spelling	Pronunciation	
z przyjacielem	spszyjacielem	with a friend
z bratem	zbratem	with brother
z Krystyną	sKrystyn[ǫ]	with Christine
z Krzysztofem	sKszysztofem	with Christopher
z książką	sksi[ǫ]szk[ǫ]	with a book
z Francuzem	sFrancuzem	with a Frenchman
z wszystkimi	sfszystkimi	with everybody
z Włochem	zWłochem	with an Italian
z człowiekiem	szczłowiekiem	with a man
z mlekiem	zmlekiem	with milk

3. VOCALIC FORM OF PREPOSITION Z

ze studentem	with a student
ze znajomym	with a friend
ze zdjęciem	with a snapshot
ze Szkotem	with a Scotsman
ze Szwedem	with a Swede
ze Zdzisławem	with Zdzislaw
ze mną	with me

GRAMATYKA   GRAMMAR

1. INSTRUMENTAL: ENDINGS

The instrumental case has the following endings:

Noun Declensions

	I	II	III	IV
Sg.	-ą		-em	
Pl.	-ami, -mi			

Note: Distribution of the endings -ami and -mi

The ending -ami is regular; the ending -mi occurs with a few nouns:

Stem	Nom. Sg.	Instr. Pl.
gość- 'guest'	gość	gośćmi
koń- 'horse'	koń	końmi
pieniądz- 'money' (for ą~ę, see II 6 f)	pieniądz	pieniędzmi
człowiek-/ludź- 'person'	człowiek	ludźmi
przyjaciel-/przyjacioł- 'friend'	przyjaciel	przyjaciółmi
brat-/brać- 'brother'	brat	braćmi
dzieck-/dzieć- 'child' (for nouns with two stems, see VII 8)	dziecko	dziećmi

Examples of regular endings:

Decl.	Stem	Nom. Sg.	Instr. Sg.	Instr. Pl.
I	gazet- 'newspaper' książk- 'book'	gazeta książka	gazetą książką	gazetami książkami
II	powieść- 'novel' kolej- 'railroad'	powieść kolej	powieścią koleją	powieściami kolejami
III	zeszyt- 'notebook' ołówk- 'pencil'	zeszyt ołówek	zeszytem ołówkiem	zeszytami ołówkami
IV	piór- 'pen' zdjęć- 'snapshot'	pióro zdjęcie	piórem zdjęciem	piórami zdjęciami

Adjectives

	Fem.	Nonfem.
Sg.	-ą	-ym/-im
Pl.	-ymi/-imi	

Examples:

Stem	Fem.	Nonfem.	Pl.
młod- 'young' moj- 'my' pańsk- 'your (m)'	młodą moją pańską	młodym moim pańskim	młodymi moimi pańskimi

Pronouns

Nom.	Instr.
ja	mną
ty	tobą
on	nim
ono	
ona	nią
oni	nimi
one	
my	nami
wy	wami
kto	kim
co	czym
—	sobą

Note: Instrumental of 3d person pronoun

Unlike other case forms, the instrumental forms of the 3d person pronoun begin with <u>ń</u> regardless of their position in the sentence (cf. VIII 3).

Kto się nim zajmuje?
    nią
    nimi
	Who takes care of him?
	    her?
	    them

Zgadzam się z nim.
    nią.
    nimi.
	I agree with him.
	    her.
	    them.

2. INSTRUMENTAL: FUNCTIONS

The instrumental appears in the following positions:

(a) It is the case of the predicative noun or pronoun with a form of the verb 'to be' functioning as the predicate. An adjective appearing in this position is also in the instrumental when it modifies the predicative noun but in the nominative when it refers to the noun or pronoun of the subject. (Compare also the demonstrative sentences, I 5.)

Pan Morgan jest Amerykaninem.	Mr. Morgan is an American.
Jakim pan jest obywatelem?	What country are you a citizen of?
Jestem obywatelem polskim.	I'm a Polish citizen.
Mój ojciec był nauczycielem.	My father was a teacher.

Compare the nominative in the following sentences:

Pan Karol jest blady.	Charles is pale.
On był chory.	He was sick.
To jest Amerykanin.	That's an American.
To był mój nauczyciel.	That was my teacher.

(b) It denotes means or instrument.

Jadę samochodem.	I'm going by car.
Piszę ołówkiem.	I write with a pencil.

(c) It is the object of some verbs, e.g. <u>zajmować się</u> 'to take care of,' <u>interesować się</u> 'be interested in.'

Moja matka zajmuje się domem.	My mother takes care of the house.
Mój ojciec interesuje się sztuką.	My father is interested in art.

(d) It is the object of some prepositions, e.g.

z, ze	with (accompaniment)
pod, pode	under, at the foot of, at
przed, przede	before, in front of
poza	behind, in addition to

Zgadzam się z panem.	I agree with you.
Nie lubię herbaty z cytryną.	I don't like tea with lemon.
Umówiłem się z nim pod pocztą.	He and I arranged to meet at the post office.
Jesteśmy przed śniadaniem.	We haven't had breakfast.

(e) It denotes "time when" with some time expressions.

Wczoraj wieczorem byłem w domu.	Last night I was at home.

Compare the accusative of quantification, XIV 1:

Wczoraj wieczór byłem w domu.	I spent yesterday evening at home.

3. EXPRESSIONS OF THE TYPE <u>MY Z BRATEM</u> 'MY BROTHER AND I'

An action performed jointly by the addresser and another person is indicated either by the 1st sg. or 1st pl. of the verb followed by the preposition <u>z</u> 'with' and the instr. of the noun denoting the addresser's companion. The singular construction stresses the notion of accompaniment; the plural construction stresses the collective aspect of the action. When no verb is present, the pronoun <u>my</u> 'we' is used.

Idę z kolegą do kina Idziemy	My friend and I are going to the movies.
My z bratem. nim.	My brother and I. He and I

4. THE POLISH VERBS 'TO GO'

Polish has two verbs corresponding to the English 'to go.' The verb iść describes motion on foot, the verb jechać refers to motion by agency other than one's own. Both verbs have presents belonging to Conjugation I; their present stems end in d: id- and jad-; the vowel a in jad- is replaced by e before dź (cf. VIII 7 b).

		iść	jechać
	1.	idę	jadę
Sg.	2.	idziesz	jedziesz
	3.	idzie	jedzie
	1.	idziemy	jedziemy
Pl.	2.	idziecie	jedziecie
	3.	idą	jadą

The goal of motion is usually expressed by the preposition do 'to' with the genitive.

Idę do miasta.	I'm going downtown.
Jadę do Europy.	to Europe.

5. LAST NAMES OF WOMEN

As a rule Poles do not specify the marital status of a woman addressed or talked about. However, when a distinction between a married and unmarried woman must be made, the general term pani is contrasted with the specific term panna 'unmarried woman' (cf. VII 14).

pani Zielińska		Mrs. (or Miss) Zielinski
pani Wanda		Wanda
	vs.	
panna Zielińska		Miss Zielinski
panna Wanda		Wanda (unmarried)

Moreover, with last names which are nouns rather than adjectives (see V 4), the distinction in marital status is made by suffixes: -owa for married women and -ówna for unmarried ones. These suffixes are primarily used when the terms pani, panna are not present.

pani Nowak	Mrs. (or Miss) Nowak
Nowakowa pani Nowakowa	Mrs. Nowak
panna Nowak Nowakówna panna Nowakówna	Miss Nowak

As for inflection, the suffix -owa follows the pattern of feminine adjectives, the suffix -ówna follows Declension I or, colloquially, the pattern of feminine adjectives. Suffixless nouns when they designate women and do not end in a, are not inflected.

Zna pan Nowakową? Nowakównę? Nowakówną? panią Nowak? pannę Nowak?	Do you know Mrs. Nowak? Miss Nowak? Miss Nowak (coll.)? Mrs. (or Miss) Nowak? Miss Nowak?
Nie znam Nowakowej. Nowakówny. Nowakównej. pani Nowak. panny Nowak.	I don't know Mrs. Nowak. Miss Nowak. Miss Nowak (coll.). Mrs. (or Miss) Nowak. Miss Nowak.

The suffix -owa is also used with virile nouns other than last names.

teść	father-in-law
teściowa	mother-in-law

6. FEMININE NOUNS IN -NI

Some feminine nouns whose stems end in ń take the nom. sg. ending -i. Their other endings follow the pattern of Declension I except for the anomalous acc. sg. panią of pani 'lady.' Following is the inflection of gospodyni 'hostess' and pani.

	Sg.		Pl.	
Nom.	gospodyni	pani	gospodynie	panie
Gen.			gospodyń	pań
Acc.	gospodynię	panią	gospodynie	panie
Dat.	gospodyni	pani	gospodyniom	paniom
Loc.			gospodyniach	paniach
Instr.	gospodynią	panią	gospodyniami	paniami

7. POŻYCZYĆ 'TO LOAN'

The verb <u>pożyczyć</u> 'to loan' takes the accusative when the object is definite and the genitive when it is not. When it is accompanied by the dative <u>sobie</u>, it means 'to borrow'; when it is followed by another dative, it means 'to lend.'

Pożyczyłem sobie ten ołówek.	I borrowed this pencil.
Pożyczyłem mu ołówka.	I lent him a pencil.

ZADANIE   EXERCISES

1. Fill in the proper singular and plural forms of the following:

obywatel polski   obywatelka amerykańska

młody Amerykanin   młoda Amerykanka

dobry adwokat   dobra maszynistka

nasz gość   nasza sąsiadka

stary kawaler   stara panna

chory człowiek   chora kobieta

nowy student   nowa studentka

  a. On jest —— —— .   Ona jest —— —— .

     Oni są —— —— .   One są —— —— .

2. Fill in the proper forms of the following:

    a. mąż   b. ambasada amerykańska

       żona   konsulat kanadyjski

       ojciec   dworzec kolejowy

       bracia   kino „Wisła"

       przyjaciele   chińska restauracja

       dzieci   wejście do parku

       pieniądze   biuro podróży

Czekam z ——(a)—— przed ——(b)—— .

3. Fill in the proper forms of the following pronouns:

    a. kto   co

       —— on się interesuje?

    b. ja   ty   on   ona   siebie

       my   wy   oni   one

       On się za bardzo —— interesuje.

SŁÓWKA   VOCABULARY

adwokat, -a v.	lawyer, attorney	czekać; -a, -ają	wait
ambasada, -y f.	embassy	czyjś, -jegoś	somebody's

babka, -i;
   babek f.
	grandmother,
	   dame (coll.)
		czym instr. of co
		 dentysta, -y; -ów
		   v.
			dentist

balet, -u i.	ballet		

bibliotekarka, -i;
   -rek f.
	librarian (fem.)	dwanaście,
		   dwunastu
			twelve

biuro, -a n.	office	dwunasty, -ego	twelfth
brama, -y f.	gate	dziać się; dzieje, -ją	happen
budynek, -nku i.	building		
chwileczka, -i f.	moment	dziadek, -dka; -dkowie v.	grandfather

ciekawy, -ego	interesting,
	   curious
		dziennikarz, -a;
		   -e, -y v.
			journalist,
			   newspaperman

cukier, cukru i.	sugar	film, -u i.	film
cytryna, -y f.	lemon	główny, -ego	main, principal

gniewać się; -a,   be angry
-ają

godzina, -y f.   hour; o'clock

gospodarstwo,   household, farm
-a n.

gospodarz, -a;   host
-e, -y v.

gospodyni, -i f.   hostess, house-
                        keeper

gość, -cia; -cie,   guest, customer
-ci, -ćmi v.

herbata, -y f.   tea

interesować się;   be interested
-suje, -sują   in

inżynier, -a;   engineer
-owie v.

iść; idzie, idą;   go (on foot),
szedł, szła   move

jechać; jedzie,   go (in a vehicle),
jadą   ride

kawaler, -a;   bachelor
-owie v.

kelner, -a v.   waiter

kim instr. of kto

kolej, -ei; -je,   railroad; turn
-ei f.

kolejowy, -ego   pert. to rail-
                        road

konsulat, -u i.   consulate

koń, konia; konie,   horse
koni a.

korzyść, -ci;   advantage,
-ci f   profit

koszary, koszar   barracks
pl.

który, -ego   which, that,
                        who

lekarz, -a; -e,   physician
-y v.

liczyć; -y, -ą   count, reckon,
                        number

malarstwo, -a n.   painting

mańkut, -a v.   left-handed
                        person

maszynistka, -i;   typist
-tek f.

mężatka, -i;   married woman
-tek f.

mleko, -a n.   milk

mną instr. of ja

mylić się; -i, -ą   err, be wrong,
                        make mis-
                        takes

nami instr. of my

nią instr. sg. fem.
of on

niedawno   recently, lately

nim instr. sg.
nonfem. of on

nimi instr. pl. of
on

obywatel, -a; -e,   citizen
-i v.

obywatelka, -i;   citizen (fem.)
-lek f.

park, -u i.   park

pić; pije, -ą   drink

pielęgniarka,   nurse
-i; -rek f.

pod/pode prep.   under, by, near
w. acc., instr.

polityka, -i f.   politics

pomnik, -a i.   monument

poza prep. w.   outside of, in
instr.   addition to;
                        behind

poznać; -a, -ają   recognize; get
                        acquainted

pożegnać się; -a,   say good-by,
-ają   take one's
                        leave

pożyczyć; -y, -ą   loan, lend, bor-
                        row

przed/przede prep. w. acc., instr.	before, in front of	tobą *instr. of* ty	
przyjemność, -ci; -ci f.	pleasure	umarł *see* umrzeć	
przykro	unpleasantly	umówić się; -wi, -wią	arrange to meet, make a date
— mi	I'm sorry	umrzeć; umrze, umrą; umarł	die
przywitać się; -a, -ają	greet, say hello	uniwersytet, -u i.	university
rachunek, -nku i.	calculation, account, check	urzędnik, -a v.	clerk
robotnik, -a v.	worker	wami *instr. of* wy	
rzeźba, -y f.	sculpture	wejście, -a n.	entrance
samochód, -chodu i.	automobile, car	wieczny, -ego	eternal, perpetual
samolot, -u i.	(air)plane	wieczne pióro	fountain pen
skończyć; -y, -ą	finish, end	wina, -y f.	guilt
sobą *instr. of* siebie		wizyta, -y f.	visit
spieszyć się; -y, -ą	hurry up, be in a hurry	wojsko, -a n.	army, troops
sport, -u i.	sport	wojskowy, -ego	military; military man, serviceman
spóźnić się; -ni, -nią	be late, miss	wolny, -ego	free; slow
statek, -tku i.	boat, ship	z/ze prep. w. instr.	with
studia, -iów pl.	studies	zajmować się; -muje, -mują	busy oneself, be occupied, take care
sztuka, -i f.	art, trick	zgadzać się; -a, -ają	agree
taksówka, -i; -wek f.	taxi(cab)	zgubić; -bi, -bią	lose
teściowa, -ej f.	mother-in-law	zobaczyć się; -y, -ą	see someone
teść, -cia; -ciowie, -ciów v.	father-in-law; parents-in-law	żonaty, -ego	married (of a man)
		żyć; żyje, -ą	live, be alive

ZDANIA

SENTENCES

1. Jutro będę
   u adwokata.
     fryzjera.
     doktora.
     lekarza.
     zegarmistrza.
     szewca.
     dentysty.

Tomorrow I'll be
   at the lawyer's.
     barber's (hairdresser's).
     doctor's.
     physician's.
     watchmaker's.
     shoemaker's.
     dentist's.

2. Jutro idę
   do adwokata.
     fryzjera.
     doktora.
     lekarza.
     zegarmistrza.
     szewca.
     dentysty.

Tomorrow I'll go
   to the lawyer's.
     barber's (hairdresser's).
     doctor's.
     physician's.
     watchmaker's.
     shoemaker's.
     dentist's.

3. On (ona) idzie
   od adwokata.
     fryzjera.
     doktora.
     lekarza.
     zegarmistrza.
     szewca.
     dentysty.

He (she) is coming
   from the lawyer's.
     barber's (hairdresser's).
     doctor's.
     physician's.
     watchmaker's.
     shoemaker's.
     dentist's.

4. Przed południem byłem
   w aptece.
     szkole.
     kawiarni.
     pralni.

     sklepie.
     domu.
     parku.
     hotelu.
     garażu.

     mieście.
     biurze.
     muzeum.
     liceum.

In the morning I was
   in the drugstore.
   at school.
   in a café.
   in the laundry.

   in a store.
   at home.
   in the park.
     hotel.
     garage.

   downtown.
   in the office.
     museum.
     high school.

5. Idziemy do apteki.   We are going to the drugstore.
         szkoły.   to school.
         kawiarni.   to a café.
         pralni.   to the laundry.

         sklepu.   to a store.
         domu.   home.
         parku.   to the park.
         hotelu.   hotel.
         garażu.   garage.

         miasta.   downtown.
         biura.   to the office.
         muzeum.   museum.
         liceum.   high school.

6. Oni idą   They are coming
      z apteki.   from the drugstore.
      ze szkoły.   school.
      z kawiarni.   a café.
         pralni.   the laundry.

      ze sklepu.   a store.
      z domu.   home.
         parku.   the park.
         hotelu.   hotel.
         garażu.   garage.

         miasta.   downtown.
         biura.   the office.
         muzeum.   museum.
         liceum.   high school.

7. Po południu będę   In the afternoon I'll be
      na zabawie.   at a party.
         stacji.   at the station.

         uniwersytecie.   at the university.
         pogrzebie.   at a funeral.
         dansingu.   dance.
         balu.   ball.
         meczu.   game.
         cmentarzu.   at the cemetery.

         weselu.   at a wedding.
         przyjęciu.   reception.
         zebraniu.   meeting.

         wykładach.   attending lectures.
         zajęciach.   in class.

8. Idziemy na zabawę.   We are going to a party.
         stację.   the station.

         uniwersytet.   to the university.
         pogrzeb.   a funeral.
         dansing.   a dancing party.

Idziemy na bal.
     mecz.
     cmentarz.

     wesele.
     przyjęcie.
     zebranie.

     wykłady.
     zajęcia.

We are going to a ball.
     a game.
     the cemetery.

     to a wedding.
     a reception.
     a meeting.

     to the lectures.
     class.

9. Oni idą
     z zabawy.
     ze stacji.

     z uniwersytetu.
     pogrzebu.
     dansingu.
     balu.
     meczu.
     cmentarza.

     wesela.
     przyjęcia.
     zebrania.

     wykładów.
     zajęć.

They are coming
     from a party.
     the station.

     the university.
     a funeral.
     a dancing party.
     a ball.
     a game.
     the cemetery.

     a wedding.
     a reception.
     a meeting.

     the lectures.
     class.

10. Gdzie pan był na urlopie?
     wakacjach?
     świętach?

Where did you spend your leave?
     your vacation?
     the holidays?

11. Byłem w górach.
     we Francji.
     na wsi.
     nad morzem.
     za granicą.

I was in the mountains.
     in France.
     in the country.
     at the seashore.
     abroad.

12. Dokąd pan jedzie
     na urlop?
     wakacje?
     święta?

Where are you going
     for your leave?
     your vacation?
     the holidays?

13. Jadę w góry.
     do Francji.
     na wieś.
     nad morze.
     za granicę.

I am going to the mountains.
     to France.
     to the country.
     to the seashore.
     abroad.

14. Skąd państwo jadą?

Where are you (mf) coming from?

15. Jedziemy
     z urlopu.
     wakacji.
     ze świąt.
     z gór.
     Francji.

We are coming
     from our leave.
     our vacation.
     our holidays.
     the mountains.
     France.

Jedziemy ze wsi.   We are coming from the country.
     znad morza.   the seashore.
     z zagranicy.   abroad.

16. Mieszkam nad oceanem.   I live by the ocean.
         jeziorem.   lake.
         pod Krakowem.   near Cracow.
            Warszawą.   Warsaw.
         za miastem.   outside the city.
         rzeką.   on the other side of the
                                  river.

17. Urządzamy wycieczkę   We're planning an excursion
    nad ocean.   to the oceanside.
       jezioro.   lakeside.
       pod Kraków.   vicinity of Cracow.
          Warszawę.   Warsaw.
       za miasto.   outside the city.
       rzekę.   to the other side of the river.

18. Wracamy   We're coming back
    znad oceanu.   from the oceanside.
       jeziora.   the lakeside.
       spod Krakowa.   the vicinity of Cracow.
         Warszawy.   Warsaw.
       zza miasta.   outside the city.
       rzeki.   the other side of the river.

19. Idę do cienia.   I'm going into the shade.
   na słońce.   out in the sun.

20. Lubię siedzieć w cieniu.   I'm fond of sitting in the shade.
     leżeć na słońcu.   lying in the sun.

21. Mój ojciec mieszka   My father lives
    Moja matka   My mother
    Moi rodzice mieszkają   My parents live
      na (ulicy) Batorego 7.   at 7 Batory Street.

22. Mój brat mieszka   My brother lives
    Moja siostra   My sister
      na placu Dominikańskim 5.   at 5 Dominican Square.

23. Mój syn mieszka   My son lives
    Moja córka   My daughter lives
    Moje dzieci mieszkają   My children live
      na Marszałkowskiej, między   on Marszalkowska St. between
      Świętokrzyską a Alejami   Swietokrzyska St. and
      Jerozolimskimi.   Jerusalem Boulevard.

24. Mój wuj mieszka   My uncle (maternal) lives
    Mój stryj   (paternal)
    Moja ciotka   My aunt
    Moi wujostwo mieszkają   My uncle and my aunt live
      w centrum miasta,   in the center of town,
      na Szewskiej.   on Szewska St.

25. Mój dziadek mieszka   My grandfather lives
    Moja babka   My grandmother
    Moi dziadkowie mieszkają   My grandfather and my grand-
       na rogu Grodzkiej i   mother live on the corner of
       Senackiej.   Grodzka and Senacka Streets.

26. Nasz dom stoi wśród drzew.   Around our house there are trees.

27. Między naszym domem, a domem   Between our house and the house
    sąsiadów jest kort tenisowy.   of our neighbors there's a
                                    tennis court.

28. Gram tam często w tenisa.   I often play tennis there.

29. Wśród nas nie ma lekarza.   There's no physician among us.

30. Idę do ojca.   I'm going to my father's.
       matki.   mother's.
       rodziców.   parents'.

       brata.   brother's.
       siostry.   sister's.

       syna.   son's.
       córki.   daughter's.
       dzieci.   children's.

       wuja.   uncle's (maternal).
       stryja.   (paternal).
       ciotki.   aunt's.
       wujostwa.   uncle and aunt's.

       dziadka.   grandfather's.
       babki.   grandmother's.
       dziadków.   grandfather and
                                 grandmother's.

31. Idę po   I'm going to pick up
       ojca.   my father.
       matkę.   mother.
       rodziców.   parents.

       brata.   brother.
       siostrę.   sister.

       syna.   son.
       córkę.   daughter.
       dzieci.   children.

       wuja.   uncle (maternal).
       stryja.   (paternal).
       ciotkę.   aunt.
       wujostwa.   uncle and my aunt.

       dziadka.   grandfather.
       babkę.   grandmother.
       dziadków.   grandfather and my grand-
                               mother.

32. Idę podziękować
    ojcu za prezent.
    matce
    rodzicom

    bratu
    siostrze

    synowi
    córce
    dzieciom

    wujowi
    stryjowi
    ciotce
    wujostwu

    dziadkowi
    babce
    dziadkom

I'm going to thank
    my father for the gift.
    my mother
    parents

    brother
    sister

    son
    daughter
    children

    uncle (maternal)
       (paternal)
    aunt
    uncle and aunt

    grandfather
    grandmother
    grandfather and
       grandmother

33. Idę
    z ojcem na spacer.
    matką
    rodzicami.

    bratem
    siostrą

    synem
    córką
    dziećmi

    wujem
    stryjem
    ciotką
    wujostwem

    dziadkiem
    babką
    dziadkami

I am going for a stroll
    with my father.
       mother.
       parents.

       brother.
       sister.

       son.
       daughter.
       children.

       uncle (maternal).
          (paternal).
       aunt.
       uncle and my aunt.

       grandfather.
       grandmother.
       grandfather and my
          grandmother.

34. Nie mówię o tym
    przy ojcu.
       matce.
       rodzicach.

       bracie.
       siostrze.

       synu.
       córce.
       dzieciach.

I don't speak about it
    in the presence of my father.
          mother.
          parents.

          brother.
          sister.

          son.
          daughter.
          children.

                                     in the presence of

przy wuju.	my uncle (maternal).
stryju.	(paternal).
ciotce.	aunt.
wujostwu.	uncle and my aunt.
dziadku.	grandfather.
babce.	grandmother.
dziadkach.	grandfather and my grandmother.

35. W przyszłym roku jadę do Polski. — Next year I'm going to Poland.

36. Kiedy pan będzie w Polsce? — When will you be in Poland?

37. Będę w Polsce w styczniu. — I'll be in Poland in January.

lutym.	February.
marcu.	March.
kwietniu.	April.
maju.	May.
czerwcu.	June.
lipcu.	July.
sierpniu.	August.
we wrześniu.	September.
w październiku.	October.
listopadzie.	November.
grudniu.	December.

38. Jak długo państwo będą w Polsce? — How long are you (mf) going to be in Poland?

39. Będziemy w Polsce — We'll be in Poland

od stycznia	do marca.	from January	to March.
lutego	kwietnia.	February	April.
maja	lipca.	May	July.
czerwca	sierpnia.	June	August.
września	listopada.	September	November.
października	grudnia.	October	December.

40. Jak długo pan tu zostaje? — How long will you stay here?

41. Zostaję tu przez styczeń. — I'll stay here through January.

luty.	February.
marzec.	March.
kwiecień.	April.
maj.	May.
czerwiec.	June.
lipiec.	July.
sierpień.	August.
wrzesień.	September.
październik.	October.
listopad.	November.
grudzień.	December.

42. W tym miesiącu jedziemy   This month we're going
    na wieś.   to the country.

43. Będziemy na wsi przez cały   We'll be in the country for the
    weekend.   whole week end.
    tydzień.   week.

44. W zeszłym tygodniu byłem   Last week I was in Warsaw.
    w Warszawie.

45. Byłem w Warszawie w poniedziałek. I was in Warsaw on Monday.
                    we wtorek.   Tuesday.
                    w środę.   Wednesday.
                    czwartek.   Thursday.
                    piątek.   Friday.
                    sobotę.   Saturday.
                    niedzielę.   Sunday.

46. W przyszłym tygodniu jedziemy   Next week we're going to Washing-
    do Waszyngtonu.   ton.

47. Będziemy w Waszyngtonie   We'll be in Washington
    od poniedziałku do czwartku.   from Monday till Thursday.
        wtorku   piątku.   Tuesday   Friday.
        środy   soboty.   Wednesday   Saturday.
        jutra   niedzieli.   tomorrow   Sunday.

48. Co jest dzisiaj?   What day is it today?

49. Dzisiaj jest poniedziałek.   Today is Monday.
                    wtorek.   Tuesday.
                    środa.   Wednesday.
                    czwartek.   Thursday.
                    piątek.   Friday.
                    sobota.   Saturday.
                    niedziela.   Sunday.

50. Jak na imię temu panu?   What's this man's name?

51. Na imię mu Zdzisław.   His name is Zdzislaw.
                Włodzimierz.   Wlodzimierz.

52. To jest długie i trudne imię.   That's a long and difficult name.
    są   imiona.   Those are   names.

53. Czy pan zna to imię?   Do you know this name?
            te imiona?   these names?

54. Nie, nie znam tego imienia.   No, I don't know that name.
                tych imion.   those names.

55. Nigdy nie spotkałem się   I've never encountered
    z tym imieniem.   this name.
    tymi imionami.   these names.

56. Co to za zwierzę?   What kind of animal is this?
            zwierzęta?   animals are these?

57. To jest żubr.   That's a European bison.
    są żubry.   Those are European bisons.

58. Czy pan kiedyś widział   Have you ever seen
    takie zwierzę?   such an animal?
       zwierzęta?   animals?

59. Nie, nigdy nie widziałem   No, I've never seen
    takiego zwierzęcia.   such an animal.
    takich zwierząt.   animals.

60. Nigdy nie słyszałem nawet   I've never even heard
    o takim zwierzęciu.   of such an animal.
       takich zwierzętach.   animals.

61. Dokąd pan szedł, kiedy pana   Where were you (m) going when I
       pani szła,   panią   you (f)
       panowie szli,   panów   (mpl)
       państwo   państwa   (mf)
       panie szły,   panie   (fpl)
    spotkałem?   met you?

62. Szedłem do pracy.   I (m) was on my way to work.
    Szłam   I (f)
    Szliśmy   We (m) were on our way to work.
    Szłyśmy   We (f)

63. Skąd pan jechał, kiedyśmy się   Where were you (m) coming from
       pani jechała,   (f)
       panowie jechali,   (mpl)
       państwo   (mf)
       panie jechały,   (fpl)
    spotkali?   when we met?

64. Jechałem z pracy.   I (m) was coming from work.
    Jechałam   I (f)
    Jechaliśmy   We (m) were coming from work.
    Jechałyśmy   We (f)

WYMOWA   PRONUNCIATION

1. SEQUENCES OF VOWELS

a. Non-i vowels followed by i.
   i following a non-i vowel is pronounced ji.

Spelling	Pronunciation	
czyi	czyji	whose (vir.)
statui	statuji	statue (gen.)
alei	aleji	boulevard (gen.)
stoi	stoji	he stands
gaik	gajik	grove

b. Vowels followed by u

Most sequences of a vowel and u are separated by a syllabic boundary. However in many words the sequences eu and au are diphthongs.

Spelling	Pronunciation	
Tadeusz	Ta-de-usz	Thaddeus
muzeum	mu-ze-um or mu-ze-um	museum
liceum	li-ce-um or li-ce-um	high school
poufny	po-uf-ny	confidential
nauka	na-u-ka	learning
zaułek	za-u-łek	alley

but

Spelling	Pronunciation	
Eugeniusz	E[u̯]-[g′]e-ńjusz	Eugene
Europa	E[u̯]-ro-pa	Europe
reumatyzm	re[u̯]-ma-tyzm	rheumatism
auto	a[u̯]-to	automobile
Australia	A[u̯]s-tra-lja	Australia
pauza	pa[u̯]-za	pause

c. Vowels followed by e o a

Sequences of a vowel and e, o, or a are separated by a syllabic boundary.

Spelling	Pronunciation	
duet	du-et	duet
poeta	po-e-ta	poet
aeroplan	a-e-ro-plan	airplane
uosobienie	u-o-so-bie-nie	embodiment
Leon	Le-on	Leon
chaos	cha-os	chaos
trotuar	tro-tu-ar	sidewalk
ocean	o-ce-an	ocean
oaza	o-a-za	oasis

2. FINAL CLUSTERS ENDING IN A SONANT

rytm	rhythm	cierń	thorn
wydm	dunes (gen.)	żubr	European bison
organizm	organism	wiatr	wind
wiedźm	witches (gen.)	wydr	otters (gen.)
alarm	alarm	akr	acre
film	film	szyfr	code
sejm	diet	manewr	maneuver
blizn	scars (gen.)	sióstr	sisters (gen.)
nokturn	nocturne	filtr	filter
pieśń	song	cykl	cycle
przyjaźń	friendship	myśl	thought

GRAMATYKA   GRAMMAR

1. MOTION VS. PLACE OF REST IN PREPOSITIONAL PHRASES

The distinction between location, movement to, and movement from is indicated by contrasting prepositional phrases.

	Location		Movement to		Movement from	
'inside of'	w	+ loc.	do	+ gen.	z	
'on top of'	na		na			
'in front of'	przed	+ instr.	przed	+ acc.	sprzed	+ gen.
'behind'	za		za		zza	
'above'	nad		nad		znad	
'under'	pod		pod		spod	

With biurko 'desk':

'inside of'	w biurku	do biurka	z biurka
'on top of'	na biurku	na biurko	z biurka
'in front of'	przed biurkiem	przed biurko	sprzed biurka
'behind'	za biurkiem	za biurko	zza biurka
'above'	nad biurkiem	nad biurko	znad biurka
'under'	pod biurkiem	pod biurko	spod biurka

Notes:

a. The English 'at' is expressed by the patterns of either 'inside of' or 'on top of' (cf. XI 3). The latter pattern occurs usually in reference to unenclosed or complex locations, performances, and gatherings.

szkoła 'school'	w szkole	do szkoły	ze szkoły
kino 'moviehouse'	w kinie	do kina	z kina

but:

uniwersytet 'university'	na uniwersytecie	na uniwersytet	z uniwersytetu
film 'movie'	na filmie	na film	z filmu

b. Some places without well-defined limits take <u>w</u> +acc. rather than <u>do</u> +gen. in the pattern of 'inside of.'

góry 'mountains'	w górach	w góry	z gór

c. The notion of 'abroad' is expressed by the pattern of 'behind' with the noun <u>granica</u> 'border.' For the 'movement from' the spelling of the prepositional <u>phrase</u> is irregular.

granica 'border'	za granicą	za granicę	z zagranicy

d. With nouns designating persons the following prepositions are used:

	'at'	'to'	'from'
	u + gen.	do + gen.	od + gen.
kolega 'friend'	u kolegi	do kolegi	od kolegi
Morganowie 'the Morgans'	u Morganów	do Morganów	od Morganów

2. PREPOSITIONS <u>Z</u> + GEN. AND <u>Z</u> + INSTR.

The preposition <u>z</u> +gen. indicates movement from inside or from the top (see 1 above); the preposition <u>z</u> +instr. signals accompaniment (see XII 2 d).

Biorę ołówek z pudełka.	I'm taking the pencil out of the box.
ze stołu.	from the table.
Idę na spacer z ojcem.	I'm going for a stroll with my father.

3. PREPOSITIONS PO + ACC. AND PO + LOC.

The prepositions po +acc. means 'for, in order to bring'; the preposition po +loc. means 'after, next.'

Idę po książkę.	I'm going to get a book.
Idę po ojca.	to pick up my father.
Będę tam po południu.	I'll be there in the afternoon.

4. PREPOSITION ZA + ACC.

The preposition za +acc. accompanying a verb of motion means 'behind, beyond' and indicates 'movement to' (see 1 above); when no verb of motion is involved it means 'for, in exchange for.'

Jadę za granicę.	I'm going abroad.
Dziękuję za prezent.	Thank you for the gift.

5. PREPOSITION MIĘDZY + INSTR. AND WŚRÓD + GEN.

The preposition między +instr. means 'between'; wśród +gen. means 'among, amidst.'

Mieszkam między szkołą a apteką.	I live between the school and the drugstore.
Wśród nas nie ma lekarza.	There's no physician among us.

6. PREPOSITIONS PRZEZ AND W IN TIME EXPRESSIONS

The preposition przez +acc. of a time expression indicates the amount of time used up; it is therefore very close in meaning to the acc. of quantification (see XII 2 e and XIV 1).

Będziemy tam przez tydzień.	We'll be there for a week.

Compare:

Będziemy tam tydzień.	We'll be there a week.

The preposition w + acc. denotes 'time when' with days of the week; with larger units of time (week, month, season, year) 'time when' is indicated by w + loc. (but see XI 4).

W niedzielę będę zajęty.	On Sunday I'll be busy.
W tym tygodniu	This week
miesiącu	month
roku	year
W styczniu	In January
zimie	winter

7. NEUTER NOUNS IN -Ę

Polish has a few nouns whose nom. = acc. sg. ending is -ę. These nouns have differing stems in the singular and plural (cf. VII 8 a); their singular stem is shortened before -ę. Two classes are distinguished:

(a) Singular stem in the suffix -ęć- (dropped before -ę); plural stem in -ęt- with the replacement of ę by ą before the gen. pl. ending -∅ (cf. VII 8 b and 10 below). Most of these nouns denote young animals, e.g. zwierzęć-/zwierzęt- 'animal.'

(b) Singular stem in mień- (eń dropped before -ę); plural stem in mion-, e.g. imień-/imion- 'name.'

	Sg.		Pl.	
Nom.	zwierzę	imię	zwierzęta	imiona
Acc.				
Gen.	zwierzęcia	imienia	zwierząt	imion
Dat.	zwierzęciu	imieniu	zwierzętom	imionom
Loc.			zwierzętach	imionach
Instr.	zwierzęciem	imieniem	zwierzętami	imionami

8. NEUTER NOUNS IN -UM

Neuter nouns in the suffix -um are not inflected in the singular; in the regularly inflected plural the suffix -um is dropped; the gen. pl. ending is -ów, e.g. centrum/centr- 'center.'

	Sg.	Pl.
Nom.		centra
Acc.		
Gen.	centrum	centrów
Dat.		centrom
Loc.		centrach
Instr.		centrami

9. STEM ALTERNATION IN TYDZIEŃ 'WEEK'

The masculine noun tydzień 'week' has the stem tygodń- in all cases but the nom. = acc. sg.

	Sg.	Pl.
Nom.	tydzień	tygodnie
Acc.		
Gen.	tygodnia	tygodni
Dat.	tygodniowi	tygodniom
Loc.	tygodniu	tygodniach
Instr.	tygodniem	tygodniami

10. Ę~Ą IN GEN. PL. OF ŚWIĘTO 'HOLIDAY'

Before the gen. pl. ending -$\emptyset$, the vowel ę in the stem of the neuter noun święto 'holiday' is replaced by ą (cf. VII 8 b and 7 a above).

	Sg.	Pl.
Nom.	święto	święta
Acc.		
Gen.	święta	świąt

11. ANIMAL NOUNS DENOTING INANIMATE OBJECTS

Not all animal nouns (see VI 3 b) denote animals. Among those which do not are names of games, dances, currencies, brand names, and the noun papieros 'cigarette.'

tenis 'tennis' brydż 'bridge'	Gram w tenisa. brydża.	I play tennis. bridge.
papieros 'cigarette' dolar 'dollar' Parker 'Parker (pen)' Ford 'Ford (car)'	Mam papierosa. dolara. Parkera. Forda.	I have a cigarette. dollar. Parker pen. Ford.
walc 'waltz' polonez 'polonaise'	Tańczę walca. poloneza.	I dance the waltz. polonaise.

12. COLLECTIVE NOUNS IN -STWO

The collective suffix -stwo denotes mixed groups of people. The nouns formed with this suffix are virile; despite their singular endings they require the plural in forms agreeing with them:

> państwo 'married couple, mixed group of people'

> wujostwo 'uncle and aunt'

Państwo Zielińscy są w domu.	Mr. and Mrs. Zielinski are at home.
Moi wujostwo już tu nie mieszkają.	My uncle and my aunt don't live here any longer.

13. PAST TENSE OF THE VERB IŚĆ 'GO (ON FOOT)'

The past tense of the verb iść 'go (on foot)' is formed with the stem szd-. The masc. sg. forms insert the vowel e before d; all other forms drop the d.

Person	Sg.			Pl.	
	Masc.	Fem.	Neut.	Vir.	Nonvir.
1	szedłem	szłam		szliśmy	szłyśmy
2	szedłeś	szłaś		szliście	szłyście
3	szedł	szła	szło	szli	szły

For the present-tense forms see XII 4.

14. STREET AND HOUSE NUMBER ADDRESSES

In addresses the house number follows the name of the street. In colloquial Polish the noun <u>ulica</u> is omitted.

Mieszkam na (ulicy) Szewskiej 5.   I live at 5 Szewska Street.

ZADANIE   EXERCISES

1. Fill in the preposition and the proper forms of the following:

biuro	fryzjer	rodzice
bracia	kawiarnia	sklep
cmentarz	miasto	wujostwo
dentysta	muzeum	wykłady
dom	pogrzeb	zajęcia
dziadkowie	przyjęcie	zegarmistrz

a. Idę (motion to) —— —— .
b. Jestem —— —— .
c. Idę (motion from) —— —— .

2. Fill in the proper singular and plural forms of the following:

dziecko	przyjaciel	teść
kolega	sąsiad	znajomy

a. Idę do —— .
b. Idę po —— .
c. Idę podziękować —— .
d. Idę z(e) —— .
e. Tak się nie mówi o —— .

3. Fill in the proper forms of the days of the week and of the months.

a. Będę tu przez —— .
b. Będę tu do —— .
c. Będę tu w(e) —— .

4. Fill in the proper forms of the following nouns:

a. imię zwierzę

Znam to —— .   Znam te —— .
Nie znam tego —— .   Nie znam tych —— .

b. oko ucho

Boli mnie —— .   Bolą mnie —— .
Mój kot nie ma jednego —— .   Ona nie ma ładnych —— .

SŁÓWKA   VOCABULARY

aleja, alei; aleje, alei f.	boulevard, avenue	jezioro, -a n.	lake
bal, -u; -e, -ów i.	ball (party)	kawiarnia, -ni; -nie, -ni f.	coffee shop, café
centrum; centra, -ów n.	center	kort, -u i.	(tennis) court
		kwiecień, -tnia i.	April
cień, -nia; -nie, -ni i.	shade, shadow	liceum; -ea, -eów n.	high school, lycée
ciotka, -i; -tek f.	aunt	lipiec, lipca i.	July
		listopad, -a i.	November
cmentarz, -a; -e, -y i.	cemetery	luty, -ego i.	February
		maj, -a i.	May
czerwiec, -wca i.	June	marszałkowski, -ego	pert. to a marshal
czwartek, -tku i.	Thursday		
dansing, -u i.	dancing party	marzec, marca i.	March
długo	long, for a long time	mecz, -u; -e, -ów/-y i.	game, sports contest
dokąd	where to?; till when?	miesiąc, -a; -e, -ęcy i.	month
doktor, -a v.	doctor	między prep. w. acc., instr.	between, among
dominikański, -ego	Dominican	morze, -a; mórz n.	sea
fryzjer, -a v.	barber, hair- dresser	muzeum; -ea, -eów n.	museum
garaż, -u; -e, -y i.	garage	nad/nade prep. w. acc., instr.	over, above
góra, -y f.	mountain		
granica, -y f. (cf. zagranica)	frontier	nawet	even, actually
		niedziela, -i f.	Sunday
za granicę	(to) abroad	ocean, -u i.	ocean
za granicą	(at) abroad	październik, -a i.	October
grodzki, -ego	pert. to a castle or town	piątek, -tku i.	Friday
		plac, -u i.	square
grudzień, -dnia i.	December	po prep. w. acc.	for
hotel, -u; -e, -i i.	hotel	podziękować; -uje, -ują	thank
jerozolimski, -ego	pert. to Jerusalem	pogrzeb, -u i.	funeral

poniedziałek, -łku   Monday
  i.

pralnia, -ni;   laundry
  -nie, -ni f.

prezent, -u i.   present, gift

przez/przeze   across, over,
  prep. w. acc.   through, for,
    by

przyjęcie, -a n.   reception, party

przyszły, -ego   next, future

róg, rogu i.   corner

rzeka, -i f.   river

senacki, -ego   pert. to the
    senate

sierpień, -pnia i.   August

sklep, -u i.   shop, store

sobota, -y;   Saturday
  -bót f.

spacer, -u i.   stroll, walk

spod/spode   from under
  prep. w. gen.

spotkać; -a,   meet, come
  -ają   across

stacja, -ji;   station
  -je, -ji f.

stryj, -a; -owie,   (paternal) uncle
  -ów v.

styczeń,   January
  -cznia i.

szewc, -a; -y,   shoemaker
  -ów v.

szewski, -ego   pert. to shoe-
    makers

szkoła, -y;   school
  szkół f.

środa, -y f.   Wednesday

święto, -a;   holiday
  świąt n.

świętokrzyski,   pert. to the
  -ego   Holy Cross

tenis, -a a.   tennis

tenisowy, -ego   pert. to tennis

trudny, -ego   difficult, hard

trzynasty, -ego   thirteenth

trzynaście, -astu   thirteen

tydzień, tygodnia;   week
  e, -i i.

ulica, -y f.   street

urlop, -u i.   leave, furlough

urządzać;   arrange, plan
  -a, -ają

wakacje, -ji pl.   vacation

wesele, -a n.   wedding

Włodzimierz,   Wlodzimierz
  -a v.

wracać; -a, -ają   come back,
    return

wrzesień, -śnia   September
  i.

wśród prep.   among
  w. gen.

wtorek, -rku i.   Tuesday

wuj, -a; -owie,   (maternal)
  -ów v.   uncle

wujostwo, -a   uncle and aunt
  pl. v.

wycieczka, -i;   excursion
  -czek f.

wykład, -u i.   lecture

za w. acc.,   behind, beyond
  instr.

zabawa, -y f.   party, ball

zagranica, -y   foreign coun-
  f. (cf.   tries
  granica)

z zagranicy   from abroad

zajęcia, -jęć pl.   classes, course
    work

Zdzisław, -a v.   Zdzislaw

zebranie, -a n.	meeting	zwierzę, -ęcia; -ęta, -ąt n.	animal
zegarmistrz, -a; -e, -ów v.	watchmaker	zza prep. w. gen.	from behind, from beyond
znad prep. w. gen.	from above	żubr, -a a.	(European) bison
zostawać; zostaje, -ają	remain, stay		

Czternaście
Lekcja Czternasta

ZDANIA   SENTENCES

1. Ile godzin dziennie spędza   How many hours a day do you spend
   pan w laboratorium?   in the lab?

2. Godzinę.   One hour.
   Dwie godziny.   Two hours.
   Trzy   Three
   Cztery   Four
   Pięć godzin.   Five
   Sześć   Six
   Siedem   Seven

3. Jak długo pan tu będzie?   How long will you be here?

4. Miesiąc.   One month.
   Dwa miesiące.   Two months.
   Trzy   Three
   Cztery   Four
   Pięć miesięcy.   Five
   Osiem   Eight
   Dziewięć   Nine

5. Ile lat ma pański syn?   How old is your son?

6. Rok.   One year old.
   Dwa lata.   Two years old.
   Trzy   Three
   Cztery   Four
   Pięć lat.   Five
   Dziesięć   Ten
   Jedenaście   Eleven

7. Czy długo pan na mnie czeka?   Have you waited for me long?

8. Czekam na pana   I've been waiting for you
      od godziny.   for an hour.
         dwóch godzin.   two hours.
         trzech   three
         czterech   four
         pięciu   five
         sześciu   six
         siedmiu   seven

9. Jak dawno pan nie ma wiadomości   How long is it since you've had
      od brata?   any news from your brother?

225

10. Od miesiąca.   It's been a month.
    dwóch miesięcy.   two months.
    trzech   three
    czterech   four
    pięciu   five
    ośmiu   eight
    dziewięciu   nine

11. Jak dawno państwo tu mieszkają?   How long have you lived here?

12. Od roku.   For a year.
    dwóch lat.   two years.
    trzech   three
    czterech   four
    pięciu   five
    dziesięciu   ten
    jedenastu   eleven.

13. Kiedy się pan o tym dowiedział?   When did you find out about it?

14. Przed godziną.   An hour ago.
        dwiema (dwoma) godzinami.   Two hours
        trzema   Three
        czterema   Four
        pięciu (pięcioma)   Five
        sześciu (sześcioma)   Six
        siedmiu (siedmioma)   Seven

        miesiącem.   A month ago.
        dwoma miesiącami.   Two months
        trzema   Three
        czterema   Four
        pięciu (pięcioma)   Five
        ośmiu (ośmioma)   Eight
        dziewięciu (dziewięcioma)   Nine

        rokiem.   A year ago.
        dwoma laty (latami).   Two years
        trzema   Three
        czterema   Four
        pięciu (pięcioma)   Five
        dziesięciu (dziesięcioma)   Ten
        jedenastu   Eleven

15. Po godzinie pracy wróciłem do   After one hour of work I returned
                       domu.   home.
        dwóch godzinach   two hours
        trzech   three
        czterech   four
        pięciu   five
        sześciu   six
        siedmiu   seven

16. Po miesiącu pobytu w Polsce   After a month's stay in Poland I
        wróciłem do Ameryki.   came back to America.
        dwóch miesiącach   a two months'

Po trzech miesiącach pobytu w Polsce wróciłem do Ameryki.	After a three months' stay in Poland I came back to America.
czterech	four
pięciu	five
ośmiu	eight
dziewięciu	nine

17. Po roku pracy należy mi się odpoczynek. — After one year of work I'm entitled to a rest.

dwóch latach	two years
trzech	three
czterech	four
pięciu	five
dziesięciu	ten
jedenastu	eleven

18. Ile kopert jest w tym pudełku? — How many envelopes are in this box?

ołówków	pencils
piór	pens

19. W tym pudełku jest jedna koperta. — In this box there is one envelope.

jeden ołówek.	pencil.
jedno pióro.	pen.

są dwie koperty.	there are two envelopes.
trzy	three
cztery	four

są dwa ołówki.	two pencils.
trzy	three
cztery	four

są dwa pióra.	two pens.
trzy	three
cztery	four

jest pięć kopert.	five envelopes.
dwanaście	twelve
dwadzieścia	twenty

jest pięć ołówków.	five pencils.
dwanaście	twelve
dwadzieścia	twenty

jest pięć piór.	five pens.
dwanaście	twelve
dwadzieścia	twenty

20. Ilu studentów jest w tym pokoju? — How many students (m) are in this room?

21. W tym pokoju — In this room

jest jeden student.	there is one student (m).
jest dwóch studentów.	there are two students (m).
trzech	three
czterech	four

W tym pokoju   In this room
    są dwaj studenci.   there are two students (m).
    trzej   three
    czterej   four

    jest pięciu studentów.   five
    dwunastu   twelve
    dwudziestu   twenty

22. Ile studentek jest   How many students (f) are
    w tym pokoju?   in this room?

23. W tym pokoju   In this room
    jest jedna studentka.   there is one student (f).

    są dwie studentki.   there are two students (f).
    trzy   three
    cztery   four

    jest pięć studentek   five
    dwanaście   twelve
    dwadzieścia   twenty

24. Ile kopert było w tym pudełku?   How many envelopes were in this box?
    ołówków   pencils
    piór   pens

25. W tym pudełku   In this box
    była jedna koperta.   there was one envelope.
    był jeden ołówek.   pencil.
    było jedno pióro.   pen.

    były dwie koperty.   there were two envelopes.
    trzy   three
    cztery   four

    były dwa ołówki.   two pencils.
    trzy   three
    cztery   four

    były dwa pióra.   two pens.
    trzy   three
    cztery   four

    było pięć kopert.   five envelopes.
    dwanaście   twelve
    dwadzieścia   twenty

    było pięć ołówków.   five pencils.
    dwanaście   twelve
    dwadzieścia   twenty

    było pięć piór.   five pens.
    dwanaście   twelve
    dwadzieścia   twenty

26. Ilu studentów było   How many students (m) were
    w tym pokoju?   in this room?

27. W tym pokoju   In this room
        był jeden student.   there was one student (m).

        było dwóch studentów.   there were two students (m).
        trzech   three
        czterech   four

        byli dwaj studenci.   two
        trzej   three
        czterej   four

        było pięciu studentów.   five
        dwunastu   twelve
        dwudziestu   twenty

28. Ile studentek było   How many students (f) were
        w tym pokoju?   in this room?

29. W tym pokoju   In this room
        była jedna studentka.   there was one student (f).

        były dwie studentki.   there were two students (f).
        trzy   three
        cztery   four

        było pięć studentek.   five
        dwanaście   twelve
        dwadzieścia   twenty

30. Czy pan tu zna   Do you know
        wielu studentów?   many students (m) here?
        wiele studentek?   (f)

31. Znam tu jednego studenta.   I know one student (m) here.
        jedną studentkę.   (f)

        dwóch studentów.   two students (m)
        dwie studentki.   (f)

        pięciu studentów.   five students (m)
        pięć studentek.   (f)

32. Od ilu studentów miał pan   How many students (m) did you
        studentek   (f)
     wiadomości?   hear from?

33. Od jednego studenta.   From one student (m).
        jednej studentki.   (f)

        dwóch studentów.   two students (m).
        studentek.   (f)

        pięciu studentów.   five students (m).
        studentek.   (f)

34. Jakie oceny dał pan swoim   What grades did you give to
        studentom?   your students?

35. Jednemu studentowi dałem   I gave Honors to one student (m).
     Jednej studentce   (f).
       „bardzo dobrze" (piątkę).

Dwóm studentom	I gave a High Pass to two students (m).
studentkom dałem „dobrze" (czwórkę).	(f)
Pięciu studentom studentkom dałem „dostatecznie" (trójkę).	I gave a Pass to five students (m). (f).
Ani jednemu studentowi nie dałem „niedostatecznie" (dwójki).	I didn't give a Fail to a single student.

36. O ilu studentach pan mówi? — How many students (m) are you talking about?

37. Mówię o jednym studencie. — I'm talking about one student (m).
    jednej studentce. — (f).

    dwóch studentach. — two students (m).
    studentkach. — (f).

    pięciu studentach. — five students (m).
    studentkach. — (f).

38. Czy pan sam się uczy polskiego? — Do you study Polish by yourself?

39. Nie, uczę się jeszcze — No, I study
    z jednym studentem; — with another student (m);
    jedną studentką; — (f);
    uczymy się we dwójkę. — the two of us study together.

    z dwoma studentami; — with two students (m);
    dwiema (dwoma) studentkami; — (f);
    uczymy się w trójkę. — the three of us study together.

    z pięciu (pięcioma) studentami; — with five students (m);
    studentkami; — (f);
    uczymy się w szóstkę. — the six of us study together.

40. Ile razy był pan w Waszyngtonie? — How many times have you been in Washington?

41. Raz. — Once.
    Dwa razy. — Twice.
    Pięć razy. — Five times.

42. Czy ma pan dosyć pieniędzy? — Have you got enough money?

43. Nie mam ani centa. — I don't have a cent.
    grosza. — grosz.

44. Mam dolara. — I've got one dollar.
    złotego. — zloty.
    dwa dolary. — two dollars.
    złote. — zlotys.
    pięć dolarów. — five dollars.
    złotych. — zlotys.

45. Ile to kosztuje? — How much is it?

46. Trzydzieści dolarów.   Thirty dollars.
    Czterdzieści centów.   Forty cents.
    Pięćdziesiąt złotych.   Fifty zlotys.
    Sześćdziesiąt groszy.   Sixty groszes.

47. Proszę o znaczek   May I have a
    za piętnaście centów.   fifteen-cent stamp (.15)?
    dwa pięćdziesiąt.   two-zlotys-fifty stamp (2.50)?

48. To było sto lat temu.   This was a hundred years ago.
    dwieście   two hundred
    trzysta   three
    czterysta   four
    pięćset   five
    tysiąc   a thousand

49. Ile pan waży?   How much do you weigh?

50. Sto pięćdziesiąt funtów.   A hundred and fifty pounds.
    Siedemdziesiąt kilo.   Seventy kilograms.

51. Ile jestem panu winien?   How much do I (m) owe you?
                         winna?   (f)

52. Jest mi pan winien   You (m) owe me nineteen pounds.
    dziewiętnaście funtów.
    Jest mi pani winna   You (f) owe me seventy francs.
    siedemdziesiąt franków.
    Jesteście mi państwo winni   You (mf) owe me eighty marks.
    osiemdziesiąt marek.
    Państwo są mi winni   You (mf) owe me ninety rubles.
    dziewięćdziesiąt rubli.
    Oni mi są winni   They owe me
    dwa tysiące złotych.   two thousand zlotys.
    pięć tysięcy dolarów.   five thousand dollars.

53. Na rynku było kilka osób.   There were several people in
                                             the market square.

         kilkanaście   a dozen or so
         kilkadziesiąt   a few dozen
         masę ludzi.   lots of

54. Od kilku lat nikt w tym domu   For several years nobody has
    nie mieszka.   lived in this house.
    kilkunastu   some fifteen years or so
    kilkudziesięciu   a few decades

55. Niech pan na mnie poczeka —   Wait for me —
    za minutę będę gotów.   I'll be ready in a minute.
    dwie minuty   two minutes.

56. Niech się pan nie martwi —   Don't be upset —
    za dzień będzie pan zdrów.   in a day you'll be all right.
    dwa dni   two days
    pięć dni   five days
    tydzień   a week
    dwa tygodnie   two weeks
    pięć tygodni   five weeks

57. Mam dwa szaliki —   I have two scarves —
        oba popielate.   both are gray.
    Mam dwie pary butów —   I have two pairs of shoes —
        obie brązowe.   both are brown.
    Mam dwóch braci —   I have two brothers —
        obaj są brunetami.   both have dark hair. (lit.)
            bruneci.   (coll.)
    Mam dwie siostry —   I have two sisters —
        obie są blondynkami.   both are blondes. (lit.)
            blondynki.   (coll.)

58. Ile ma pan dzieci?   How many children do you have?

59. Mam dwoje dzieci.   I have two children.
        troje   three
        czworo   four
        pięcioro   five
        jedno dziecko.   one child.

60. Z dwojgiem dzieci trudno jest   It's hard to travel with two children.
            podróżować.
        trojgiem   three
        czworgiem   four
        pięciorgiem   five

61. Tu jeszcze jest miejsce dla   There is room here for
        dwojga ludzi.   two more people.
        trojga   three
        czworga   four
        pięciorga   five

62. W tym pokoju są jedne drzwi.   In this room there is one door.
            jest dwoje drzwi.   are two doors.

WYMOWA   PRONUNCIATION

1. PIĘTNAŚCIE '15,' DZIEWIĘTNAŚCIE '19'

    In the numerals piętnaście '15,' dziewiętnaście '19,' and the corresponding
ordinals, ęt is pronounced et.

Spelling	Pronunciation	
piętnaście	pietnaście	15
dziewiętnaście	dziewietnaście	19

2. PIĘĆDZIESIĄT '50,' SZEŚĆDZIESIĄT '60,' DZIEWIĘĆDZIESIĄT '90'

    In the numerals pięćdziesiąt '50,' sześćdziesiąt '60,' dziewięćdziesiąt '90,'
ć is not pronounced.

pięćdziesiąt	pieńdziesiont	50
sześćdziesiąt	szeździesiont	60
dziewięćdziesiąt	dziewieńdziesiont	90

3. PARĘ 'SEVERAL'

parę as the first member in compound numerals is pronounced pare.

paręnaście	parenaście	a dozen or so
parędziesiąt	paredziesiont	some 20 or 30 odd
paręset	pareset	a few hundred

4. SET '100'

The particle set '100' is enclitic.

| kilkaset | kilkaset | several hundred |
| pięciuset | pieńciuset | 500 |

5. SZEŚĆSET '600'

The form sześćset '600' is pronounced szejset; sześciuset is regular.

6. PIERWSZY 'FIRST'

The ordinal pierwszy 'first' is pronounced pierszy in rapid speech.

GRAMATYKA   GRAMMAR

1. ACCUSATIVE OF QUANTIFICATION

A syntactically independent accusative of a quantifier (i.e. of a numeral or of a noun denoting a measurable quantity) specifies that the quantifier is used in its delimiting sense.

Chwilę.	Just a moment.
To było rok temu.	This was a year ago.
Na rynku było masę ludzi.	There were crowds of people in the market square.
Dziś wieczór będę u Zielińskich.	I'll spend this evening at the Zielinskis.
W Waszyngtonie byłem raz, a w Bostonie dwa razy.	I've been in Washington once and in Boston twice.
Będziemy tu cały dzień.	We'll be here the whole day.
To kosztuje dolara.	This costs a dollar.
Spędzam tu godzinę dziennie.	I spend one hour a day here.
dwie godziny	two hours
pięć godzin	five hours

2. NUMERAL ADJECTIVE: JEDEN '1'

Jeden '1' has the nom. sg. masc. ending -∅ and nom. sg. neut. ending -o; other endings follow the inflection of adjectives.

		Sg.			Pl.	
	Fem.	Masc.		Neuter	Virile	Nonvirile
		Animal	Inan.			
Nom.	jedna	jeden		jedno	jedni	jedne
Acc.	jedną					
Gen.	jednej	jednego			jednych	
Dat.	jednej	jednemu			jednym	
Loc.	jednej	jednym			jednych	
Instr.	jedną	jednym			jednymi	

Syntactically <u>jeden</u> '1' is an adjective.

Acc.	Widzę tu jedną studentkę. jednego studenta. jeden stół. jedno krzesło. jedne drzwi.	I see one student (f) here. (m) table chair door
Gen.	Nie widzę tu ani jednej studentki. jednego studenta. stołu. krzesła. jednych drzwi.	I don't see a single student (f) here. (m) table chair door
Instr.	Uczę się z jedną studentką. jednym studentem. Pokój z jednym stołem. krzesłem. jednymi drzwiami.	I study with one student (f). (m). A room with one table. chair. door.

3. PLAIN NUMERALS: <u>DWA</u> '2,' <u>TRZY</u> '3,' <u>CZTERY</u> '4,' <u>OBA</u> 'BOTH'

The numerals <u>dwa</u> '2' and <u>oba</u> 'both' distinguish the feminine, virile, and nonfeminine-nonvirile genders:

	Fem.	Virile	Other
Nom.	dwie obie	dwaj obaj	dwa oba
Acc.			
Gen.	dwóch, dwu obu		
Dat.	dwóm, dwom, dwu obu		
Loc.	dwóch, dwu obu		
Instr.	dwiema, dwoma obiema, obu	dwoma oboma, obu	

The numerals trzy '3' and cztery '4' distinguish the virile and nonvirile genders:

	Virile	Nonvirile
Nom.	trzej czterej	trzy cztery
Acc.		
Gen.	trzech czterech	
Dat.	trzem czterem	
Loc.	trzech czterech	
Instr.	trzema czterema	

The numerals dwa, trzy, cztery, and oba agree with the quantified noun as to case and gender and are therefore considered adjectival.

Acc.	Widzę tu dwóch studentów.
	        trzech
	        czterech
	
	        dwie studentki.
	        trzy
	        cztery
	
	        dwa stoły.
	            krzesła.
	        trzy
	        cztery
		I see two students (m) here.
		        three
		        four
		
		        two students (f)
		        three
		        four
		
		        two tables
		            chairs
		        three
		        four

Gen.	Tu nie ma dwóch studentów.
	                studentek.
	                stołów.
	                krzeseł.
	            trzech
	            czterech
		There aren't two students (m) here.
		                                (f)
		                    tables
		                    chairs
		            three
		            four

Dat.	Przeciw dwóm studentom.
	                studentkom.
	            trzem
	            czterem
		Against two students (m).
		                            (f).
		                three
		                four

Loc.	O dwóch studentach.
	            studentkach.
	            stołach.
	            krzesłach.
	        trzech
	        czterech
		About two students (m).
		                        (f).
		                tables.
		                chairs.
		        three
		        four

Instr.	Przed dwoma studentami.	In front of two students (m).
	dwiema studentkami.	(f). (lit.)
	dwoma studentkami.	(coll.)
	stołami.	tables.
	krzesłami.	chairs.
	trzema	three
	czterema	four

Notes:

a. Competing forms in the inflection of dwa '2'

The inflection of dwa '2' has several competing forms. The gen. loc. dwóch and the dat. dwóm are colloquial; the general form dwu is literary; the dat. dwom is pedantic. In the instr. the specifically feminine form dwiema is literary; the general form dwoma is colloquial.

Gen.	(coll.) (lit.)	Od dwóch godzin. dwu	For two hours.
Dat.	(coll.) (lit.) (ped.)	Przeciw dwóm braciom. dwu dwom	Against two brothers.
Loc.	(coll.) (lit.)	O dwóch miastach. dwu	Of two cities.
Instr.	(coll.) (lit.)	Przed dwoma godzinami. dwiema	Two hours ago.

b. Instrumental obu vs. obiema, oboma

The specifically instrumental forms obiema and oboma (see above) are the feminine and nonfeminine variants of the usual but potentially ambiguous form obu (cf. 4 a).

Obu rękami. Obiema	Using both hands.
Z obu synami. oboma	With both sons.

4. PLAIN NUMERALS OF THE PIĘĆ '5' TYPE

Most Polish numerals belong to the type of pięć '5.' The numerals of that type distinguish the virile and nonvirile genders in the accusative. The nominative is absent (see 7) and the acc. nonvirile is used as the quotation form (e.g. for bare numbers in arithmetic.

	Virile	Nonvirile
Acc.	_ _ _ _ _ _ _	pięć
Gen.	pięciu	
Dat.	pięciu	
Loc.	pięciu	
Instr.	pięciu pięcioma	

In the following list of numerals inflected like pięć '5,' the acc. nonvirile form precedes the oblique case form in -u:

szęść, -ściu	6
siedem, -dmiu	7
osiem, ośmiu	8
dziewięć, -ciu	9
dziesięć, -ciu	10
kilka, -u	several
parę, -u	several
ile, -u	how many?
tyle, -u	so many
wiele, -u	many
niewiele, -u	not many
jedenaście, -stu	11
dwanaście, dwunastu	12
trzynaście, -stu	13
czternaście, -stu	14
piętnaście, -stu	15
szesnaście, -stu	16
siedemnaście, -stu	17
osiemnaście, -stu	18
dziewiętnaście, -stu	19
kilkanaście, kilkunastu ⎫ parenaście, parunastu ⎭	11–19
dwadzieścia, dwudziestu	20
trzydzieści, -stu	30
czterdzieści, -stu	40

pięćdziesiąt, -ęciu	50
sześćdziesiąt, -ęciu	60
siedemdziesiąt, -ęciu	70
osiemdziesiąt, -ęciu	80
dziewięćdziesiąt, -ęciu	90

kilkadziesiąt, kilkudziesięciu } parędziesiąt, parudziesięciu }	20-99

sto, -u	100
dwieście, dwustu	200
trzysta, -u	300
czterysta, -u	400

pięćset, pięciuset	500
sześćset, sześciuset	600
siedemset, siedmiuset	700
osiemset, ośmiuset	800
dziewięćset, dziewięciuset	900

kilkaset, kilkuset } paręset, paruset }	several hundred

The acc. and gen. of pięć '5' and other numerals belonging to the same type are followed by the gen. pl. of the quantified noun (cf. the quantifying adverbs, VII 16). The dat., loc., and instr. agree with the quantified noun as to case and are therefore considered adjectival.

Acc.	Widzę tu pięciu studentów. pięć studentek. stołów. krzeseł.	I see five students (m) here. (f) tables chairs
Gen.	Tu nie ma pięciu studentów. studentek. stołów. krzeseł.	There aren't five students (m) here. (f) tables chairs
Dat.	Przeciw pięciu studentom. studentkom.	Against five students (m). (f).
Loc.	O pięciu studentach. studentkach. stołach. krzesłach.	About five students (m). (f). tables. chairs.
Instr.	Między pięciu studentami. studentkami. stołami. krzesłami.	Among five students (m). (f). tables. chairs.

Notes:

a. Instrumental -oma vs. -u

The specifically instrumental ending -oma is a variant of the potentially ambiguous ending -u (cf. 3 b). In the sentence:

Przed pięciu godzinami.	Five hours ago.

the instrumental is specified by the preposition and the ending of the noun counted. That sentence is therefore preferred to the overspecified:

Przed pięcioma godzinami.	Five hours ago.

On the other hand the sentence:

Jedziemy pięcioma samochodami.	We're going in five cars.

is preferred to the underspecified:

Jedziemy pięciu samochodami.	We're going in five cars.

The ending -oma does not occur with the numerals containing st- '100.'

Z dwustu żołnierzami.	With two hundred soldiers.
pięciuset	five

b. śc ~ st

The numerals whose stems end in śc before the vocalic endings of the acc. nonvir., replace the śc by st in the oblique case forms.

Acc. Nonvir.	Oblique	
jedenaście	jedenastu	11
trzydzieści	trzydziestu	30

c. ąt ~ ęć

Numerals whose stems in the acc. nonvir. end in ąt, replace it by ęć in the oblique case forms.

Acc. Nonvir.	Oblique	
siedemdziesiąt	siedemdziesięciu	70
osiemdziesiąt	osiemdziesięciu	80

d. Internal inflection

Compound numerals which in the acc. nonvir. begin with dwa, dwie; kilka or
parę, replace them in the oblique case form by dwu, kilku, paru.

Acc. Nonvir.	Oblique	
dwanaście	dwunastu	12
dwadzieścia	dwudziestu	20
dwieście	dwustu	200
kilkanaście	kilkunastu	11-19
kilkadziesiąt	kilkudziesięciu	20-99
paręnaście	parunastu	11-19
parędziesiąt	parudziesięciu	20-99

Compound numerals consisting of a plain numeral followed by the enclitic
particle set '100' (see W 4), inflect the plain numeral.

Acc. Nonvir.	Oblique	
pięćset	pięciuset	500
kilkaset	kilkuset	several hundred

5. NUMERAL NOUNS: TYSIĄC 'THOUSAND,' ETC.

tysiąc 'thousand' and its multiples are masc. inanimate nouns inflected according to Declension III. Like other non-adjectival quantifiers (cf. VII 16 and
4 above), they are followed by the gen. pl. of the quantified noun.

Acc.	Mam tysiąc dolarów.	I have a thousand dollars.
Gen.	Nie mam tysiąca dolarów.	I don't have a thousand dollars.
Instr.	Zgubiłem portfel z tysiącem dolarów.	I lost a wallet with a thousand dollars.

6. COLLECTIVE NUMERALS

Collective numerals contain the suffix -ojg- or -org-; the consonant g is
omitted in the nom., acc. The suffix -ojg- occurs in three collective numerals:

dwoje, -jga	2	
troje, -jga	3	
oboje, -jga	both	

Other collective numerals (4-19; 20, 30, etc. through 90) have the suffix -org-:

czworo, -rga	4
dziesięcioro, -rga	10
trzydzieścioro, -rga	30

Collective numerals are inflected according to Declension IV; except in oboje, the nom. is lacking (see 7).

	-ojg-	-org-
Nom.	-e	
Acc.	-e	-o
Gen.	-a	
Dat.	-u	
Loc.	-u	
Instr.	-em	

The acc., gen., and instr. of collective numerals are followed by the gen. pl. of the quantified noun; the dat. and loc. agree with the quantified noun as to case; the nom. of oboje also shows agreement with the following noun.

Acc.	Mam dwoje dzieci.
	        pięcioro
		I have two children.
		        five

Gen.	Oni nie mają dwojga dzieci.
	              pięciorga
		They don't have two children.
		              five

Dat.	Dwojgu dzieciom się nudzi. Pięciorgu	Two children are bored. Five

Loc.	Siedzę przy dwojgu chorych
	              pięciorgu
	dzieciach.
		I'm staying by the side of two
		                                  five
		sick children.

Instr.	Jadę z dwojgiem dzieci.
	          pięciorgiem
		I'm going with two children.
		                            five

Collective numerals occur:

(a) with nonfeminine nouns which denote living beings, signaling the absence of sex specification in the quantified group or, by extension, its bisexual composition.

| Oni mają pięcioro dzieci. | They have five children. |
| Znam tu dwoje ludzi. | I know two persons here [their sex is irrelevant or else they are a man and a woman]. |

A three-way differentiation is possible in phrases from which the quantified noun is omitted, when a collective numeral is contrasted with the virile and non-virile forms of a plain numeral.

Nas było pięciu.	There were five of us (men only).
pięć.	(women or children).
pięcioro.	(male & female).

(b) with some nouns which occur in the plural only.

| W tym pokoju jest dwoje drzwi. | There are two doors in this room. |

Note: Some nouns which occur in the plural only and are composed of two discernible parts are quantified through the intermediacy of para 'pair.'

| Mam jedną parę spodni. | I have one pair of trousers. |
| dwie pary | two pairs |

(c) in some set expressions.

Jedno z dwojga.	One or the other.
Z dwojga złego.	Of the two evils.
Dziesięcioro przykazań.	The Ten Commandments.

7. QUANTIFIERS IN SUBJECT-PREDICATE OR SUBJECTLESS CONSTRUCTIONS

Polish quantifiers appear in subject-predicate or subjectless constructions. In subject-predicate constructions the subject is the quantified noun modified by a quantifier; the predicate is a verb agreeing with the subject as to number (and gender, if in the past). In subjectless constructions (see XI 6) the quantifier, if inflected, is in the acc. (see acc. of quantification, 1), the quantified noun in the gen. (see VII 16), and the verb in the 3d sg. (neuter, if in the past; see X 10). Quantifiers are distributed in the following way between the two constructions:

a. Subject-predicate construction

<u>jeden</u> 'one'

Tu jest (była) jedna studentka.	There is (was) one student (f) here.
(był) jeden student.	(m)
stół.	table
(było) jedno krzesło.	chair
(były) jedne drzwi.	door

<u>dwa</u> '2,' <u>trzy</u> '3,' <u>cztery</u> '4' when the quantified noun is nonvirile

Tu są (były) dwie studentki.	There are (were) two students (f) here.
dwa stoły.	tables
krzesła.	chairs
trzy studentki.	three students (f)
stoły.	tables
krzesła.	chairs
cztery studentki.	four students (f)
stoły.	tables
krzesła.	chairs

Plain numeral <u>oba</u> and collective numeral <u>oboje</u> 'both'

Tu są (byli) obaj studenci.	Both students (m) are (were) here.
(były) obie studentki.	(f)
oba stoły.	tables
krzesła.	chairs
Tu są (byli) oboje moi rodzice.	Both of my parents are (were) here.

b. Subjectless construction

<u>pięć</u> '5' and other numerals of its type

Tu jest (było) pięciu studentów.	There are (were) five students (m) here.
pięć studentek.	(f)
dolarów.	dollars
słów.	words

Numeral substantives (also when preceded by <u>dwa</u>, <u>trzy</u>, <u>cztery</u>)

Tu jest (było) tysiąc	There are (were) a thousand
studentów.	students (m) here.
studentek.	(f)
dolarów.	dollars
słów.	words
dwa tysiące	two thousand
pięć tysięcy	five thousand
sto tysięcy	a hundred thousand

Collective numerals other than <u>oboje</u> 'both'

Tu jest (było) dwoje drzwi.	There are (were) two doors here.
pięcioro dzieci.	five children

Quantifying adverbs (see VII 16)

Tu jest (było) dużo studentów.	There are (were) many students (m) here.
mało studentek.	few students (f)
trochę pieniędzy.	There is (was) some money here.

Various quantifying nouns (used in their delimiting sense)

Tu jest (było) masę ludzi.	There are (were) lots of people here.

c. Subjectless or subject-predicate constructions

<u>dwa</u> '2,' <u>trzy</u> '3,' <u>cztery</u> '4' when the quantified noun is virile

Tu jest (było) dwóch studentów.	There are (were) two students (m) here.
trzech	three
czterech	four
Tu są (byli) dwaj studenci.	There are (were) two students (m) here.
trzej	three
czterej	four

The difference in meaning between the two constructions is blurred. As a general rule, the subject-predicate construction is characteristic of the literary style and is frequently used when the quantified noun is definite (whether due to its inherent meaning, accompanying adjective, or previous mention). The sub-

jectless construction is neutral as to style or specificity and is therefore the
more frequent of the two.

Spotkało się dwóch studentów.	Two students met.
Spotkali się dwaj studenci, jeden Amerykanin a drugi Polak.	Two students met, one American the other Polish.
W pokoju czekało trzech chłopców.	Three boys were waiting in the room.
Czy ci trzej chłopcy ciągle jeszcze czekają?	Are those three boys still waiting?

8. COMPLEX NUMERALS

Two or more numerals combine to form a complex numeral. Each numeral
in a complex numeral is inflected. Except for two instances, complex numerals
enter into the constructions required by the final numeral.

Tu jest trzydziestu dwóch studentów.	There are 32 students (m) here.	
jest czterdziestu pięciu	45	
są trzydzieści dwie studentki.	32	(f)
jest czterdzieści pięć studentek.	45	
Mam pięćdziesiąt trzy dolary.	I have 53 dollars.	
sześćdziesiąt sześć dolarów.	66	
Od stu siedemdziesięciu trzech lat.	For 173 years.	
czterystu dwudziestu ośmiu	428	
Po osiemdziesięciu dziewięciu latach.	After 89 years.	
dziewięćdziesięciu siedmiu	97	

The following restrictions occur:

(a) Complex numerals with dwa ' 2,' trzy '3,' and cztery '4' as their final
members occur in subjectless constructions only (see 7 c). Whereas with simple numerals, when the quantified noun is virile, there is a choice between the
neutral:

Tu mieszka dwóch studentów.	Two students (m) live here.

and the literary or definite:

Tu mieszkają dwaj studenci.	Two students (m) live here.

with complex numerals the only possible construction is:

| Tu mieszka dwudziestu dwóch studentów. | Twenty two students (m) live here. |

(b) The numeral _jeden_ 'one' as the final member of complex numerals is not inflected. It is inserted into regular constructions but does not affect them.

Tu jest dwudziestu jeden studentów.	There are 21 students (m) here.
Mam pięćdziesiąt jeden dolarów.	I have 51 dollars.
Po stu jeden godzinach.	After 101 hours.

Note: This construction occurs in the speech of many Poles and is recommended by grammars. The norm, however, is not firmly established and departures from it are encountered.

9. NOUNS DERIVED FROM QUANTIFIERS

The suffix -_k_- forms feminine nouns from the stems of quantifiers.

Three nouns contain stems of collective numerals:

dwójka	2
trójka	3
czwórka	4

Other nouns contain stems of ordinals (see 10), e.g.:

piątka	5	jedenastka	11
szóstka	6	dwunastka	12
siódemka	7	dwudziestka	20
ósemka	8	trzydziestka	30
dziewiątka	9	pięćdziesiątka	50
dziesiątka	10	setka	100

Nouns derived from quantifiers denote:

(a) groups of people.

| Uczymy się w trójkę. | The three of us study together. |

(b) whatever is identifiable by a number, e.g. a card, a streetcar or bus, a hotel room, a grade, a banknote, an age group (in multiples of ten beginning with 30), etc.

Kto miał dziesiątkę pik?	Who had the ten of spades?
Jadę dwójką.	I'm taking the (streetcar no.) 2.
Mieszkam w siedemnastce.	I live in (room no.) 17.
On już jest chyba po pięćdziesiątce.	He is, I guess, past 50.
Mam same piątki.	I've got nothing but 5 ('excellent' on a 2-5 grading scale; a coin or banknote whose denomination is 5).

10. ORDINALS

Ordinals have the form and functions of adjectives. In most ordinals the inflectional endings are added directly to the stem of the plain numeral. However, when the numeral ends in st- '100,' the adjective forming suffix -n- is interposed.

pierwszy	1st	dwudziesty	20th
drugi	2d	trzydziesty	30th
trzeci	3d	czterdziesty	40th
czwarty	4th		
piąty	5th	pięćdziesiąty	50th
szósty	6th	etc.	
siódmy	7th		
ósmy	8th	setny	100th
dziewiąty	9th	dwóchsetny	200th
dziesiąty	10th	trzechsetny	300th
		czterechsetny	400th
jedenasty	11th		
dwunasty	12th	pięćsetny	500th
etc.		etc.	

To jest lekcja czternasta.	This is the Fourteenth Lesson.
Bierzemy lekcję czternastą.	We're taking the Fourteenth Lesson.

In complex ordinals, only the units and tens have the form of adjectives.

sto czterdziesty piąty	145th
pięćset trzeci	503d

11. IRREGULARITIES IN NOUN INFLECTION

a. rok-/lat- 'year'

rok- 'year,' inflected according to Declension III, is a singular stem variant; lat- 'years,' inflected according to Declension IV, is a plural stem variant (cf. VII 7).

Rok temu.	A year ago.
Dwa lata temu.	Two years ago.
Pięć lat temu.	Five years ago.

b. tysiąc 'thousand,' miesiąc 'month,' raz 'time, instance'

The masculine nouns tysiąc 'thousand,' miesiąc 'month,' and raz 'time, instance' have the gen. pl. ending -y (rather than the expected -ów); before the ending -y, the vowel -ą in the stem of tysiąc and miesiąc is replaced by ę (cf. II h).

pięć tysięcy	five thousand
miesięcy	months
razy	times

c. kilo 'kilogram'

The neuter noun kilo 'kilogram' is not inflected.

To waży kilo.	This weighs one kilogram.
dwa kilo.	two kilograms.
pięć kilo.	five

12. PREDICATIVE FORM OF THE NOM. SG. MASC. IN SOME ADJECTIVES

Several adjectives, when they occur in the predicative position, take either the regular nom. sg. masc. ending -y/-i or its specialized variant -∅, which specifies the predicative function of the adjective.

Jestem zdrowy. zdrów.	I'm well.
On już jest gotowy. gotów.	He's ready.
Nic mu nie byłem winny. winien.	I didn't owe him anything.

ZADANIE   EXERCISES

1. Fill in the numerals from 2–12 and the proper forms of the nouns:

                    godzina   dzień   miesiąc

    a. Będę tu —— —— .
    b. Czekam od —— —— .
    c. Dowiedziałem się o tym przed —— —— .
    d. Po —— —— wróciłem do domu.

2. Fill in the present and the past of the verb 'to be,' the numerals from 1 to 10, and the proper forms of the nouns:

                    koperta   pióro   student

                    ołówek   chłopiec   studentka

    Give alternate constructions where possible.

    Tu —— —— —— .

3. Fill in the Polish equivalents of the following:

    20¢, $30, 40 groszes, 50 zlotys, 60 fr., £70, 80 rubles, 90 marks

    a. To kosztuje —— —— .
    b. Nie mam —— —— .

4. Fill in the Polish equivalents of the following:

    53 kilog., 56 kilog., 64 kilog., 69 kilog., 147 lbs., 158 lbs., 175 lbs., 200 lbs.

    a. On waży —— —— .
    b. On nie waży —— —— .

5. Give the Polish equivalents of the following expressions:

    a. He has two sons — both are doctors.
              two daughters — both are married.
              four children.

    b. He had five sons.
              five daughters.
              ten children.

6. Fill in the proper form of the following numerals:

    a. 2   3   4   5   6
    b. 3   4   5   6   7

    Jadę z —(a)— dzieci; jedziemy w —(b)— .

7. Fill in the proper forms of the following numerals and of the noun rok.

    100   111   125   203   300   471   509   1,000

    To było —— —— temu.

8. Fill in the Polish equivalents of the ordinals from 1st–14th.

  a. Umiem lekcję —— na pamięć.

  b. Nauczyłem się na pamięć wszystkich słówek z lekcji —— .

SŁÓWKA

Polish	English
blondynka, -i; -nek f.	blonde
brunet, -a v.	dark-haired man
cent, -a a.	cent
czterdzieści, -estu	forty
czternasty, -ego	fourteenth
czternaście, -astu	fourteen
czterysta, -u	four hundred
czworo, -rga	four (collect.)
czwórka, -i; -rek f.	four(some), anything characterized by the number four
dla prep. w. gen.	for
dolar, -a a.	dollar
dostatecznie	sufficiently, adequately, Pass (grade)
dowiedzieć się; -wiem, -wie, -wiedzą	learn, find out
dwadzieścia, dwudziestu	twenty
dwieście, dwustu	two hundred
dwoje, -jga	two (collect.)
dwójka, -i; -jek f.	two(some), anything characterized by the number two

VOCABULARY

dziennie	daily
dziewięćdziesiąt, -ęciu	ninety
dziewiętnaście, -astu	nineteen
frank, -a a.	franc
funt, -a i.	pound
gotowy/gotów, -ego	ready
grosz, -a; -e, -y a.	grosz (1/100 of a zloty), penny
ile, -u	how much? how many?
kilka, -u	several
kilkadziesiąt, kilkudziesięciu	several score, tens
kilkanaście, kilkunastu	a dozen or so, teens
kilo indecl.	kilogram
kosztować; -uje, -ują	cost
laboratorium; -ria, -riów n.	laboratory, lab
lata, lat, -ami/-y pl. of rok	
marka, -i; -rek f.	mark, stamp
martwić się; -wi, -wią	worry, be upset
miejsce, -a n.	place, seat
minuta, -y f.	minute
oba, obaj, obie; obu; oboma, obiema	both

ocena, -y f.	evaluation, grade	spędzać; -a, -ają	spend, pass (time)
odpoczynek, -nku i.	rest	sto, -u	hundred
osiemdziesiąt, -sięciu	eighty	sześćdziesiąt, -sięciu	sixty
osoba, -y; osób f.	person	szóstka, -i; -tek f.	(group of) six, anything characterized by the number six
para, -y f.	pair, couple		
piątka, -i; -tek f.	(group of) five, anything characterized by the number five	temu	ago
		troje, -jga	three (collect.)
		trójka, -i; -jek f.	three(some), anything characterized by the number three
pięcioro, -rga	five (collect.)		
pięćdziesiąt, -sięciu	fifty		
pięćset, pięciuset	five hundred	trudno	(it is) hard, difficult
piętnaście, -astu	fifteen		
		trzydzieści, -estu	thirty
pobyt, -u i.	stay	trzysta, -u	three hundred
poczekać; -a, -ają	wait	tysiąc, -a; -e, tysięcy i.	thousand
pokój, -koju; -koje, -koi/ -kojów i.	room	ważyć; -y, -ą	weigh
		wiele, -u	many, much
rubel, -bla; -e, -i a.	ruble	winny/winien, winnego	indebted, owing
rynek, -nku i.	market square	wrócić; -ci, -cą	come back, return
siedemdziesiąt, -sięciu	seventy	za prep. w. acc.	in (w. time expressions)
		złoty, -ego a.	zloty (unit of currency)

Piętnaście
Lekcja Piętnasta

Fifteen
Fifteenth Lesson

ZDANIA

SENTENCES

1. Co pan robi?

What are you doing?

2. Piszę list.
   Gotuję obiad.
   Robię porządki.

I'm writing a letter.
   cooking dinner.
   cleaning up.

3. Czy pan często pisze do domu?
                sam sobie gotuje?
                sam robi porządki?

Do you often write home?
                do your own cooking?
                cleaning
                up?

4. Teraz już nie, ale dawniej dość
   często pisałem do domu.
                sam sobie gotowałem.
                sam robiłem porządki.

Not any longer, but formerly
   I used to write home quite often.
                do my own cooking
                cleaning up

5. W tym roku nie, ale w przyszłym
   roku często
   będę pisał do domu.
   będę sam sobie gotował.
   będę sam robił porządki.

Not this year, but
   next year
   I'll write home frequently.
      do my own cooking
                cleaning up

6. Moja matka wczoraj cały dzień
   pisała listy.
   gotowała.
   robiła porządki.

My mother
   wrote letters all day yesterday.
   cooked
   cleaned up

7. Wczoraj napisałem list do domu.
                ugotowałem sobie obiad.
                zrobiłem porządek
                w mieszkaniu.

Yesterday I wrote a letter home.
                cooked my own lunch.
                cleaned up
                the apartment.

8. Jutro napiszę list do domu.
                ugotuję sobie kolację.
                zrobię porządek w domu.

Tomorrow I'll write a letter home.
                cook my own dinner.
                clean up the house.

9. Czy pan już podpisał czek?
                zapisał mój adres?
                przepisał zadanie?

Have you signed the check?
                noted down my address?
                copied the exercise?

10. Nie, zaraz go podpiszę.
                go zapiszę.
                je przepiszę.

No, I'll sign it right away.
                note it down
                copy it

11. Właśnie go podpisuję.
                go zapisuję.
                je przepisuję.

I'm just signing it.
                writing it down.
                copying it.

253

12. Proszę tego nie podpisywać.
    zapisywać.
    przepisywać.
	Please don't sign that.
	    write that down.
	    copy that.

13. Czy pan się już przygotował do egzaminu?	Have you prepared for the exam?
14. Nie, wieczorem się przygotuję.	No, I'll prepare myself in the evening.
15. Jak długo przygotowywał się pan do tego egzaminu?	How long did you spend preparing for that exam?
16. Przygotowywałem się do niego całą sobotę i niedzielę.	I prepared for it all Saturday and Sunday.
17. Co pan robił zeszłego lata?	What did you do last summer?
18. Pracowałem jako kelner w hotelu i zarobiłem pięćset dolarów.	I worked as a waiter in a hotel and earned five hundred dollars.
19. W przyszłym roku będę miał więcej doświadczenia i na pewno zarobię przynajmniej sześćset dolarów.	Next year I'll have more experience and will certainly earn at least six hundred.
20. Ile pan zarabia?	How much do you earn?
21. W tym roku zarabiam dwa tysiące złotych miesięcznie, ale w zeszłym roku zarabiałem znacznie mniej.	This year I'm earning two thousand a month but last year I earned much less.
22. Na przyszły rok będę miał jeszcze jedną pracę i będę chyba zarabiał dwa tysiące pięćset złotych.	Next year I'll have an extra job and will earn, I guess, twenty-five hundred.
23. Kto tu gra w szachy?	Who plays chess here?
24. Kto chce zagrać w szachy?	Who wants to have a game of chess?

25. Wczoraj przegrałem dwie partie.
   wygrałem pięć partii.
	Yesterday I lost two games.
	   won five

26. Ostatnio stale przegrywam.
   wygrywam.
	Lately I've been losing regularly.
	   winning

27. Ile płacę?	How much do I pay?
28. Tu się nie płaci.	You don't pay here.
29. Kto za to będzie płacił?	Who'll pay for it?
30. Ja już zapłaciłem.	I've paid already.
31. Pan pozwoli, że ja dziś zapłacę.	I'll pay today if I may.
32. Nie pozwalam dzieciom grać w karty.	I don't let children play cards.

33. Czy spłacił pan już rower?   Have you paid off the bicycle?
             samochód?   car?
             lodówkę?   refrigerator?
             pralkę?   washing
                                           machine?
             meble?   furniture?

34. Nie, jeszcze nie spłaciłem   No, I haven't yet paid off
     roweru.   the bicycle.
     samochodu.   car.
     lodówki.   refrigerator.
     pralki.   washing machine.
     mebli.   furniture.

35. Wciąż jeszcze go spłacam.   I'm still paying it off.
                ją
                je

36. Nie lubię kupować na raty.   I don't like to buy in installments.

37. Wolę płacić gotówką.   I prefer to pay cash.

38. W zeszłym roku kupiłem   Last year I bought a motorcycle
     motor i jeszcze ciągle   and I'm still paying it off.
     go spłacam.

39. Jak pan myśli, co   What do you think—what'll
     panu dadzą rodzice na urodziny?   your parents give you for your
                                        birthday?

     pan da rodzicom na święta?   you give your parents for the
                                        holidays?

40. Rodzice mi pewnie dadzą   My parents will probably give me
       maszynę do pisania;   a typewriter;
       radio;   radio;
       adapter;   record player;
       magnetofon;   tape recorder;
     zwykle mi dają bardzo ładne   they usually give me very nice
     prezenty.   presents.

41. Nie wiem jeszcze, co dam   I don't know yet what I'll give
     rodzicom; zwykle im daję   my parents; I usually give them
     coś do czytania.   something to read.

42. W tym roku nie kupuję żadnych   This year I'm not buying any
     prezentów, bo wydałem   gifts because I've spent
     wszystko, co miałem.   everything I had.

43. Stanowczo za dużo wydaję.   I spend much too much.

44. Czy pan już zdał wszystkie   Have you passed all your
     egzaminy?   exams?

45. Nie. W tym tygodniu zdawałem   No. This week I took the
     historię, a w przyszłym będę   history exam and next week I'll
     zdawać rosyjski.   take the Russian language exam.

46. Historię zdałem dobrze, ale   I've done well in history, but I'm
    rosyjskiego na pewno nie zdam.   sure I won't pass Russian.

47. Życzę panu powodzenia.   I wish you good luck.

48. Rok temu pożyczyłem koledze   A year ago I lent a friend
    pięćset złotych i do dzisiaj   five hundred zlotys and he
    mi nie oddał.   hasn't paid me back yet.

49. Z zasady nikomu nie pożyczam.   I don't lend (money), as a matter
                                           of principle.

50. Nigdy od nikogo nic nie   I've never borrowed a thing from
    pożyczałem.   anybody.

51. Niech mi pan pożyczy dolara —   Lend me a dollar — I'll pay you back
    jutro panu oddam.   tomorrow.

52. Zawsze oddaję długi.   I always pay back my debts.

53. Proszę oddać tę książkę do   Please return this book to the
    biblioteki.   library.

54. W zeszłym roku nie oddawałem   Last year I didn't return books
    książek na czas i kilka razy   on time and paid fines
    płaciłem karę.   several times.

55. Czy pan już zaczął tę książkę?   Have you begun this book?
        skończył   finished
        przeczytał   read

56. Właśnie ją zaczynam.   I'm just beginning it.
        kończę.   finishing
        czytam.   reading

57. Jutro ją zacznę.   I'll begin it tomorrow.
        skończę.   finish
        przeczytam.   read

58. Kilka razy ją zaczynałem, ale   I've begun it several times but
    w żaden sposób nie mogę jej   I just can't finish it.
    skończyć.

59. Zawsze kończę to, co zaczynam.   I always finish what I begin.

60. Zaraz zacznę (skończę)   I'll begin (finish)
        pracować.   working right now.
        przepisywać pracę seminaryjną.   rewriting the term paper
        się uczyć.   studying
        się przygotowywać do egzaminu.   preparing for the exam

61. Mam brudne buty — zaraz je   My shoes are dirty — I'll clean
    wyczyszczę.   them up right away.

62. Mam czyste buty — właśnie je   My shoes are clean — I've just
    wyczyściłem.   shined them up.

63. Niech pan tu butów nie czyści.   Don't clean your shoes in here.

64. Niech mi pan to pośle.   Send it to me.

65. Proszę mi to posłać.
        tego nie posyłać.

    Please send it to me.
       don't send it to me.

66. Zwykle biorę ze sobą oboje
    dzieci, ale tym razem wezmę
    tylko syna.

    Usually I take both children along,
      but this time I'll take only
      my son.

67. Bez okularów w ogóle źle widzę,
    a stąd na pewno nic nie
    zobaczę.

    As it is I see poorly without glas-
      ses, but from out here I'm sure
      not to see a thing.

68. Nikomu o tym nie mówię, ale panu
    powiem.

    I'm not telling anybody about it,
      but I'll tell you.

GRAMATYKA   GRAMMAR

1. PERFECTIVE VS. IMPERFECTIVE ASPECTS

Polish verbs are either perfective or imperfective (cf. VII 2). Perfective verbs stress completion of the action. Imperfective verbs do not specify completion: they view the action in its progress, or denote its repetition. Distinctions of the type perfective-vs.-imperfective are called verbal aspect.

Perf.	On już napisał list
	  do domu.
		He wrote (has written)
		  a letter home.

	Proszę napisać to zdanie.	Please write this sentence.

Imperf.	On długo pisał list
	  do domu.
		He took a long time writing
		  a letter home.

	On często pisał do domu.	He often wrote home.
	Proszę więcej pisać po polsku.	Please write more in Polish.

2. TENSE-ASPECT CORRELATIONS

(a) Past-tense forms occur in both perfective and imperfective verbs (see examples in 1).

(b) Present-tense forms also occur in both perfective and imperfective verbs, but only in the latter do they denote the present tense. The present-tense forms of perfective verbs specify that the action will be completed in the future.

Perf.	On napisze list.	He'll write a letter.
Imperf.	On pisze list.	He's writing a letter.
	On pisze dużo listów.	He writes many letters.

(c) The imperfective future is expressed by the present-tense forms of the perfective verb <u>będę</u> 'I'll be' (see X 8) combined with the 3d person past-tense forms or the infinitive of an imperfective verb. The forms with the infinitive belong to the formal style, those with the past tense are stylistically neutral and are common in the colloquial language. In contrast to the present-tense forms of perfective verbs, which specify that the action will be completed, the imperfective future forms state that the action will occur but do not imply its completion.

On będzie pisał listy.	He'll be writing letters.
Ona pisała	She
Oni będą pisali	They (m)
One pisały	They (f)

or:

On będzie pisać listy.	He'll be writing letters.
Ona	She
Oni będą	They (m)
One	They (f)

Thus, finite verbs (quoted in 3d sg.) combine tense and aspect in the following way:

	Past	Present	Future
Perf.	napisał	—	napisze
Imperf.	pisał	pisze	będzie pisał (pisać)

3. ASPECTS OF SIMPLE VERBS AND OF COMPOUNDS OF SIMPLE VERBS

a. Imperfective simple verbs

Nearly all simple verbs, i.e. verbs without a preverb (verbal prefix) are imperfective.

pisać	write
robić	do
grać	play

b. Perfective simple verbs

A few simple verbs are perfective and are therefore treated as exceptions. Two such verbs occur in this lesson:

dać	give
kupić	buy

c. Compounds of simple verbs

Compounds of a simple verb with a preverb are perfective.

napisać	write
podpisać	sign
zapisać	note down
przepisać	copy
oddać	give back, return
zdać	pass (an exam)
wydać	spend (money)

4. PAIRS OF SIMPLE IMPERFECTIVE AND COMPOUND PERFECTIVE VERBS

As a rule, Polish verbs occur in aspect pairs consisting of one perfective and one imperfective verb. Members of such pairs differ in aspect but otherwise have the same meaning. Among the compound perfectives there is usually one verb which matches exactly the meaning of the simple imperfective verb and forms with it an aspect pair:

Simple Imperf.	Cpd. Perf.	
pisać	napisać	write
gotować	ugotować	cook
robić	zrobić	do
czyścić	wyczyścić	clean
grać	zagrać	play
czytać	przeczytać	read

Since in such compound perfective verbs the preverb does not alter the meaning of the underlying simple imperfective verb, it is called empty. In the examples quoted above, the empty preverbs are: na-, u-, z-, wy-, za-, prze-.

5. PAIRS OF COMPOUND PERFECTIVE AND COMPOUND IMPERFECTIVE VERBS

Most compound perfective verbs, however, contain preverbs which are not empty and which do alter the meaning of the underlying simple verb, whether it is imperfective or perfective.

gotować	cook	przygotować	prepare
robić	do	zarobić	earn
grać	play	przegrać	lose
		wygrać	win

(For other examples see 3 c)

For each of such compound perfective verbs there is a compound imperfective verb which forms with it an aspect pair. A compound perfective and a matching compound imperfective have the same preverb but different stem suffixes:

(a) If the past-tense stem of a compound perfective ends in -y-/-i- and its present is inflected according to Conjugation II, then the past-tense stem of a matching imperfective replaces -y-/-i- by -a- and the present is transferred to Conjugation III.

Cpd. Perf.	Cpd. Imperf.	
pożyczyć pożyczę pożyczysz	pożyczać pożyczam pożyczasz	lend, borrow

The vowel o in the syllable preceding the suffix -a- is replaced by a:

zarobić zarobię zarobisz	zarabiać zarabiam zarabiasz	earn

The consonant or consonant cluster preceding the suffix -a- is replaced according to the $C_3 \sim C_5$ type of alternations (cf. VIII 7 c):

spłacić spłacę spłacisz	spłacać spłacam spłacasz	pay off

(b) If the past-tense stem of a compound perfective is polysyllabic (not counting the preverb) and ends in -a-, the past-tense stem of a matching imperfective replaces -a- by the suffix -ywa-/-iwa-. The present tense follows Conjugation I and replaces -ywa-/-iwa- by -uj- (cf. 12 a below):

podpisać podpiszę podpiszesz	podpisywać podpisuję podpisujesz	sign
przygotować się przygotuję się przygotujesz się	przygotowywać się przygotowuję się przygotowujesz się	prepare (intransitive)

(c) Other pairs of compound perfective and imperfective verbs show various distinctions between stem suffixes:

wygrać wygram wygrasz	wygrywać wygrywam wygrywasz	win
oddać oddam oddasz	oddawać oddaję oddajesz	return
posłać poślę poślesz	posyłać posyłam posyłasz	send

6. COMPOUND PERFECTIVE VERBS WITHOUT SIMPLE VERBS

Some compound perfective verbs do not have an underlying simple imperfective:

zacząć zacznę zaczniesz	zaczynać zaczynam zaczynasz	begin
pozwolić pozwolę pozwolisz	pozwalać pozwalam pozwalasz	allow

(The elements cząć and zwolić do not occur without a preverb.)

7. PAIRS OF PERFECTIVE AND IMPERFECTIVE SIMPLE VERBS

Perfective simple verbs (see 3 b) and matching imperfective simple verbs have different stem suffixes:

dać dam dasz	dawać daję dajesz	give
kupić kupię kupisz	kupować kupuję kupujesz	buy

8. DIFFERENT VERBS PAIRED ACCORDING TO MEANING AND ASPECT

In a few instances, completely different verbs which agree in meaning but disagree in aspect are considered matching members of an aspect pair. The following occur in this lesson:

wziąć wezmę weźmiesz	brać biorę bierzesz	take

zobaczyć zobaczę zobaczysz	widzieć widzę widzisz	see
powiedzieć powiem powiesz	mówić mówię mówisz	tell

9. UNPAIRED SIMPLE IMPERFECTIVE VERBS

A few simple imperfective verbs do not have perfective counterparts. The following occur in this lesson:

mieć	have
wiedzieć	know, be aware of
życzyć	wish
woleć	prefer

10. SYNOPSIS OF ASPECT PAIRS

Simple Imperf.	Cpd. Perf.	Cpd. Imperf.	
pisać	napisać podpisać zapisać przepisać	 podpisywać zapisywać przepisywać	write sign note down copy
gotować	ugotować przygotować się	 przygotowywać się	cook prepare
robić	zrobić zarobić	 zarabiać	do earn
płacić	zapłacić spłacić	 spłacać	pay pay off
kończyć	skończyć		finish
czyścić	wyczyścić		clean
grać	zagrać przegrać wygrać	 przegrywać wygrywać	play lose win
czytać	przeczytać		read
życzyć	 pożyczyć	 pożyczać	wish borrow

Simple Imperf.	Cpd. Perf.	Cpd. Imperf.	
	posłać	posyłać	send
	zacząć	zaczynać	begin
	pozwolić	pozwalać	allow
brać	wziąć		take
widzieć	zobaczyć		see
mówić	powiedzieć		say

Simple Perf.	Simple Imperf.	Cpd. Perf.	Cpd. Imperf.	
dać	dawać			give
		oddać	oddawać	give back
		wydać	wydawać	spend (money)
		zdać	zdawać	pass (exam)
kupić	kupować			buy

11. USE OF ASPECTS

The system of Polish verbal aspects compels the speaker to decide whether the completion of an action is to be stressed or not. The necessity of making such a choice is foreign to the English grammatical pattern and is likely therefore to cause a student some difficulty. Although the English system of tenses has distinctions akin to Polish verbal aspect, its emphases are differently placed:

	napisał	Completion/Result	wrote
Past	pisał	Repetition	
		Progress	was writing
	napisze	Completion/Result	will write
Future	będzie pisał	Repetition	
		Progress	will be writing

Following are some environments in which the choice of aspect is more or less automatic:

(a) in nonnegated requests perfective verbs are more frequent than the imperfective ones; in negated requests imperfective verbs are usual (see VII 2).

Proszę zacząć.	Please begin.
Niech pan zacznie.	Begin.
Proszę nie zaczynać.	Don't begin, please.
Niech pan nie zaczyna.	Don't begin.

(b) With verbs denoting a beginning or an end, imperfective verbs are regularly used.

Zacznę czytać.	I'll begin reading.
Skończyłem pisać.	I finished writing.

(c) With expressions implying a habit, imperfective verbs are regularly used.

Nie lubię kupować na raty.	I don't like installment buying.

12. ALTERNATIONS BETWEEN PAST-TENSE AND PRESENT-TENSE STEMS IN CONJUGATION I

a. -owa- -ywa-/-iwa- ~ -uj-

The suffixes -owa- and -ywa-/-iwa- in past-tense stems are replaced by the suffix -uj- in present-tense stems.

kupował	he bought	kupuję	I buy
podpisywał	he signed	podpisuję	I sign

b. Other stem alternations

Other past-tense stem vs. present-tense stem alternations also occur in this lesson:

dawa- ~ daj-	dawał	he gave	daję	I give
pisa- ~ pisz-	pisał	he wrote	piszę	I write
zaczą- ~ zaczn-	zaczął	he began	zacznę	I'll begin
wzią- ~ wezm-	wziął	he took	wezmę	I'll take
bra- ~ bior-	brał	he took	biorę	I take

13. IRREGULAR PRESENTS

a. dadzą 'they'll give'

The present of the perfective dać 'give' is inflected according to Conjugation III except for 3d pl., which is dadzą. Note that the expected form dają is actually 3d pl. of the imperfective dawać 'give' (see 12b).

b. wiedzieć 'know' and its compounds

The present-tense inflection of wiedzieć 'know, be aware of,' of its compound powiedzieć 'tell,' and of the compounds based on powiedzieć, e.g. odpowiedzieć 'answer' etc. is irregular (see VIII 10):

1 sg.	powiem		1 pl.	powiemy
2 sg.	powiesz		2 pl.	powiecie
3 sg.	powie		3 pl.	powiedzą

14. MULTIPLE NEGATION

A negated verb requires the negative counterpart of interrogative pronouns, adverbs, or adjectives:

Kto wie?	Who knows?
Co on wie?	What does he know?
Nikt nic nie wie.	Nobody knows anything.

Kiedy pan to pożyczył?	When did you borrow it?
Od kogo pan to pożyczył?	From whom did you borrow it?
Co pan pożyczył?	What did you borrow?
Nigdy od nikogo nic nie pożyczałem.	I've never borrowed anything from anybody.

Jakie polskie powieści pan zna?	What Polish novels do you know?
Nie znam żadnych polskich powieści.	I don't know any Polish novels.

ZADANIE   EXERCISES

1. Depending on the context, supply the proper perfective or imperfective present forms of the following:

napisać list	zrobić porządek
podpisywać czek	zapłacić rachunek
zapisać adres	kończyć zadanie
przepisywać zadanie	zaczynać książkę
ugotować obiad	przeczytać list
przygotowywać się	kupować gazetę

    a. On zaraz —— —— .
    b. Oni właśnie —— —— .

2. Depending on the context, supply the proper perfective or imperfective past forms of the following:

zarobić dwa tysiące	zobaczyć go
przegrać dużo pieniędzy	mówić mi o tym
wygrywać dużo pieniędzy	dać mi prezent
pożyczyć ode mnie	zdawać wszystkie egzaminy
pozwalać mi zapłacić	wydać wszystko
brać dzieci ze sobą	oddawać długi

    a. On już —— —— .
    b. On zwykle —— —— .

3. Depending on the context, supply the proper perfective or imperfective forms of the following, changing the case of the object where necessary:

zagrać z nimi	otwierać okno
spłacać samochód	zamknąć drzwi
zakryć tekst	mówić po polsku

    a. Niech pan —— —— .
    b. Niech pan nie —— —— .

SŁÓWKA   VOCABULARY

adapter, -a i.	record player
adres, -u i.	address
brudny, -ego	dirty
czek, -u i.	check
czyścić I; czyści, czyszczą	clean
czysty, -ego	clean
czytanie, -a n.	reading
dawać I; daje, -ą;	give
dawniej	formerly, before
dług, -u i.	debt

doświadczenie, -a n.	experience, experiment
gotować I; -uje, -ują	cook, prepare
gotówka, -i f.	cash
historia, -rii; -rie, -rii f.	history, story
jako	as, in the capacity of
kara, -y f.	punishment, fine
karta, -y f.	card
kończyć I; -y, -ą	finish, end
kupić P; -i, -ią	buy

kupować I; -puje,   buy
   -pują

lodówka, -i; -wek   refrigerator,
   f.   ice box

magnetofon, -u i.   tape recorder

maszyna, -y f.   machine

   —do pisania   typewriter

mebel, -bla; -e,   (piece of)
   -i i.   furniture

miesięczny, -ego   monthly

mieszkanie, -a n.   apartment

mniej   less

motor, -u i.   motorcycle
               (coll.)

napisać P; -isze,   write
   -iszą

nikomu   dat. non-
   fem. of nikt

oddać P; -da,   give back, hand
   -dadzą   over, render

oddawać I; -daje,   give back, hand
   -dają   over, render

ogół, -u i.   generality

   w ogóle   in general, as it
             is

partia, -ii; -ie,   game
   -ii f.

piętnasty, -ego   fifteenth

płacić I; -ci, -cą   pay

podpisać P;   sign
   -isze, -iszą

podpisywać I;   sign
   -uje, -ują

posłać P; pośle,   send
   -ą

posyłać I; -a, -ają   send

powodzenie, -a n.   success

pozwalać I; -a,   allow, permit
   -ają

pozwolić P; -i, -ą   allow, permit

pożyczać I; -a,   loan, lend, bor-
   -ają   row

pralka, -i; -lek   washing ma-
   f.   chine

przeczytać P; -a,   read (through)
   -ają

przegrać P; -a,   lose
   -ają

przegrywać I; -a,   lose
   -ają

przepisać P; -sze,   copy, rewrite
   -szą

przepisywać I;   copy, rewrite
   -suje, -sują

przygotować się   prepare one-
   P; -tuje,   self, make
   -tują   ready

przygotowywać   prepare one-
   się I; -wuje,   self, make
   -wują   ready

przynajmniej   at least

rata, -y f.   installment

rower, -u i.   bicycle

seminaryjny,   pert. to a
   -ego   seminar

   praca   (term) paper
     seminaryjna

spłacać I; -a,   pay off, repay
   -ają

spłacić P; -ci,   pay off, repay
   -cą

sposób, -sobu i.   manner, means,
              way

stale   constantly,
              regularly

stanowczo   decidedly,
              most certainly

szachy, -ów pl.   chess

sześćset, -ściuset   six hundred

ugotować P; -tuje, -tują	cook, prepare	zapisywać I; -suje, -sują	note down
urodziny, -in pl.	birthday	zapłacić P; -ci, -cą	pay
właśnie	just		
wyczyścić P; -ści, -szczą	clean	zarabiać I; -a, -ają	earn
wydać P; -a, -adzą	give out, spend	zarobić P; -bi, -bią	earn
wydawać I; wydaje, -ają	give out, spend	zasada, -y f.	principle, rule
		zdać P; -a, -adzą	pass an exam
wygrać P; -a, -ają	win	zdawać I; zdaje, -ą	take an exam
wygrywać I; -a, -ają	win	znacznie	considerably, much
zaczynać I; -a, -ają	begin, start	zobaczyć P; -y, -ą	see, catch sight of
zagrać P; -a, -ają	play	zrobić P; -bi, -bią	make, do
zapisać P; -sze, -szą	note down		

ZDANIA

SENTENCES

1. W tym roku budzę się zwykle
   o siódmej godzinie rano.

   This year I usually wake up at
   seven o'clock in the morning.

2. Szybko wstaję, zdejmuję piżamę
   i biorę prysznic.

   I quickly get up, take off my
   pajamas, and take a shower.

3. W łazience myję się, golę,
   czeszę i myję zęby.

   In the bathroom I wash, shave,
   comb my hair, and brush my teeth.

4. Potem wracam do siebie do pokoju,
   ubieram się i idę na dół na
   śniadanie.

   Then I come back to my room, get
   dressed, and go downstairs for
   breakfast.

5. Na dole jem śniadanie, piję kawę
   i zaraz po śniadaniu idę na
   zajęcia.

   Downstairs I eat breakfast and drink
   coffee, and right after breakfast
   go to my classes.

6. Zajęcia zaczynają się zwykle o
   dziewiątej, a kończą o dwunastej.

   My classes usually begin at nine
   and end at twelve.

7. Po zajęciach spotykam się z
   kolegami i idę z nimi do
   stołówki na obiad.

   After classes I meet my friends
   and go to the dining hall with
   them for lunch.

8. Przy obiedzie rozmawiamy i
   opowiadamy sobie nawzajem
   plotki uniwersyteckie.

   At dinner we talk and tell each
   other university gossip.

9. Resztę popołudnia spędzam zwykle
   w bibliotece albo laboratorium.

   I usually spend the rest of the
   afternoon in the library or
   at the lab.

10. Wieczorem wracam do siebie, ale
    po drodze wstępuję do sklepu
    i kupuję sobie gazetę.

    In the evening I return to my room,
    but on the way I stop at a store
    and buy the paper.

11. Siadam do kolacji koło siódmej,
    a po kolacji idę do kina, na
    spacer albo do kolegów z
    wizytą.

    I sit down to dinner around seven
    and after dinner I go to the
    movies, out for a walk, or to
    see my friends.

12. Czasem dzwonię do znajomych i
    zapraszam ich do siebie na
    kawę.

    Sometimes I call up my acquaint-
    ances and invite them to my place
    for coffee.

13. Zwykle kładę się do łóżka o
    wpół do dwunastej.

    I usually go to bed at half past
    eleven.

14. Najpierw leżę i czytam (przez)
    kilka minut, a potem gaszę
    światło.

    First I lie down and read for a
    few minutes and then I turn
    off the light.

15. Natychmiast zasypiam i dobrze   I fall asleep immediately and
    śpię całą noc.   sleep well all night.

16. W zeszłym roku podczas wakacji   Last year during vacations I used
    budziłem się zwykle o wpół   to wake up at half past
    do ósmej.   seven.

17. Przez chwilę leżałem w łóżku,   I lay in bed for a while, and
    a potem wstawałem, zdejmo-   then I'd get up, take off my
    wałem piżamę i brałem prysznic.   pajamas, and take a shower.

18. W łazience myłem się, goliłem,   In the bathroom I washed, shaved,
    czesałem i myłem zęby.   combed my hair, and brushed my
                                           teeth.

19. Następnie wracałem do sypialni,   Next I'd come back to the bedroom
    ubierałem się i szedłem na   and get dressed, and go downstairs
    dół do jadalni.   to the dining room.

20. W jadalni siadałem do stołu,   In the dining room I'd sit down
    jadłem śniadanie i czytałem   at the table, eat breakfast, and
    poranne gazety.   read the morning newspapers.

21. Potem dzwoniłem do kolegów i   Then I used to call up my friends
    umawiałem się z nimi na basen   and arrange to go to the swimming
    albo na tenisa.   pool or to play tennis with them.

22. Obiad jadłem zwykle na mieście,   I would usually have dinner in town,
    a po obiedzie szedłem do   and after dinner go to the public
    biblioteki miejskiej, gdzie   library, where I worked as an
    pracowałem jako pomocnik.   assistant.

23. Ponieważ ruch był stosunkowo   Since there was relatively little
    mały, mogłem podczas pracy   activity, I could read at work
    czytać i rozmawiać z biblio-   and talk with the librarian —
    tekarką — panną Zosią.   Sophy.

24. Po pracy wstępowałem z panną   After work Sophy and I used to stop
    Zosią do pobliskiej kawiarni,   at the nearby coffee house and
    gdzie jedliśmy lody albo pili kawę.   have ice cream or coffee.

25. Czasem rodzice Zosi zapraszali   Sometimes Sophy's parents invited
    mnie na kolację.   me for dinner.

26. Po kolacji rzadko siedzieliśmy   After dinner we seldom stayed at
    w domu, ale szliśmy do kina,   home, but went to the movies, the
    teatru albo na koncert.   theater, or a concert.

27. Koło dwunastej odprowadzałem   Around twelve I used to see Sophy
    Zosię do domu, żegnałem się   home, say good night to her,
    z nią i wracałem do siebie.   and return home.

28. Brat zwykle jeszcze nie spał,   Usually my brother wasn't asleep
    więc opowiadałem mu, co   and I told him what I had been
    robiłem w ciągu dnia.   doing during the day.

29. Potem rozbierałem się, gasiłem   Then I undressed, turned off the
    światło i kładłem się spać.   light, and went to bed.

30. Zwykle zaraz zasypiałem.

Usually I went to sleep immediately.

31. Jutro obudzę się wcześnie,
    poleżę chwilę w łóżku i
    wstanę kwadrans po szóstej.

Tomorrow I'll wake up early, lie
in bed for a while, and get up
at quarter past six.

32. W łazience zdejmę piżamę,
    wezmę prysznic, umyję
    zęby, ogolę się i uczeszę.

In the bathroom I'll take off my
pajamas, take a shower, brush
my teeth, shave, and comb my
hair.

33. Z łazienki wrócę do sypialni
    i szybko się ubiorę.

From the bathroom I'll come back
to the bedroom and get dressed
quickly.

34. Potem zjem śniadanie i wypiję
    filiżankę herbaty.

Then I'll eat breakfast and drink
a cup of tea.

35. Za piętnaście dziewiąta pójdę
    na uniwersytet i spędzę co
    najmniej trzy godziny w
    czytelni.

At quarter to nine I'll go to the
university and spend at least
three hours in the library
reading room.

36. Przed obiadem spotkam się z
    moim starym przyjacielem,
    Janem Wilczkiem.

Before lunch I'll meet my
old friend, John Wilczek.

37. Porozmawiamy o różnych sprawach,
    opowiemy sobie ostatnie
    kawały polityczne i umówimy
    się na pojutrze.

We'll talk about all sorts of things,
tell each other the latest political jokes, and arrange to meet
the day after tomorrow.

38. Z obiadu pójdę wprost na
    wykłady.

After dinner I'll go straight to
class.

39. Jak tylko skończą się wykłady,
    pójdę do domu, ale po drodze
    wstąpię jeszcze do kawiarni
    na czarną kawę.

As soon as classes are over,
I'll go home, but on the way
I'll stop at a coffee house
to have some (black) coffee.

40. Siądę przy stoliku i przeczytam
    popołudniową gazetę.

I'll sit down at a table and read
the afternoon paper.

41. W domu prędko się przebiorę,
    bo za dziesięć siódma mam
    być u Zielińskich na kolacji.

At home I'll quickly change because
at ten of seven I am to be at
the Zielinskis for dinner.

42. Na wszelki wypadek zadzwonię
    do nich i powiem, że mogę się
    spóźnić.

In any case I'll give them a ring
and tell them that I may be
late.

43. Pożegnam się z Zielińskimi koło
    jedenastej i zaproszę ich do
    siebie na sobotę.

I'll say good-by to the Zielinskis
around eleven and I'll invite
them to come to my place on
Saturday.

44. Wrócę do domu koło wpół do
    dwunastej, posiedzę chwilę
    przy radiu, potem się rozbiorę
    i położę do łóżka.

I'll come home around half past
eleven, sit for a while listening
to the radio, and then undress
and go to bed.

45. Punkt dwunasta zgaszę światło
    i jeśli od razu nie zasnę,
    wezmę środek nasenny.

I'll turn off the light at twelve
sharp, and if I don't fall asleep
immediately I'll take a sleeping
pill.

46. Wczoraj była niedziela, więc
    chociaż obudziłem się wcześnie,
    wstałem dopiero o dziewiątej.

Yesterday was a Sunday and so—
although I woke up early—I didn't
get up until nine.

47. W łazience zdjąłem piżamę,
    wziąłem prysznic i umyłem sobie
    głowę.

In the bathroom I took off my
pajamas, took a shower, and
washed my hair.

48. Potem uczesałem się, umyłem
    zęby i ogoliłem się.

Then I combed my hair, brushed my
teeth, and shaved.

49. W sypialni się ubrałem i
    poszedłem do jadalni na
    śniadanie.

I dressed in the bedroom and went
to the dining room for breakfast.

50. Przy śniadaniu wypiłem dwie
    szklanki wody, bo miałem
    straszne pragnienie.

At breakfast I drank two glasses
of water because I was terribly
thirsty.

51. Potem posłuchałem radia,
    przeczytałem gazetę i
    zadzwoniłem do Wandy
    Chełmickiej.

Then I listened to the radio for a
while, read the newspaper, and
called up Wanda Chelmicki.

52. Zaprosiłem ją na kolację—
    umówiliśmy się na dziesięć
    po wpół do siódmej.

I invited her (out) for dinner—
we arranged to meet at twenty
of seven.

53. Rano byłem w domu, bo
    chciałem napisać kilka listów.

In the morning I was at home because
I wanted to write a few letters.

54. Obiad zjadłem na mieście, a
    po obiedzie poszedłem z
    kolegami na nową wystawę do
    muzeum.

I ate lunch in town, and after lunch
my friends and I went to see a
new exhibit at the museum.

55. Po wystawie poszliśmy sobie na
    spacer, ale zaczęło padać,
    więc wstąpiliśmy do cukierni
    na ciastka i kawę.

After seeing the exhibit we went
for a walk, but it began raining,
and we stopped at a pastry shop
for some pastry and coffee.

56. Punktualnie o wpół do siódmej
    poszedłem się spotkać z Wandą.

At exactly half past six I went
to meet Wanda.

57. Przy kolacji Wanda opowiedziała
    mi o różnych kłopotach, które
    ma w domu.

At dinner Wanda told me about
various problems she has at
home.

58. O dziewiątej poszliśmy do kina,
    a po kinie odprowadziłem
    Wandę do domu i pożegnałem
    się z nią.

At nine we went to the movies
and after the movies I took
Wanda home and said good night
to her.

59. Wróciłem do siebie za kwadrans
    dwunasta, rozebrałem się i
    położyłem do łóżka.

I came back to my place at quarter
  to twelve, undressed, and went
  to bed.

60. Zaraz po dwunastej zgasiłem
    światło, ale długo nie
    mogłem zasnąć.

Soon after twelve I turned off
  the light but I couldn't
  go to sleep for a long time.

GRAMATYKA   GRAMMAR

1. PAIRS OF SIMPLE IMPERFECTIVE AND COMPOUND PERFECTIVE VERBS

This lesson introduces the following pairs of simple imperfective and compound perfective verbs (cf. XV 4):

a. Presents of Conjugation I:

myć (się)	umyć (się)	wash (oneself)
pić	wypić	drink
czesać się	uczesać się	comb one's hair
iść	pójść	go (on foot)

b. Presents of Conjugation II:

dzwonić	zadzwonić	ring, call up
golić się	ogolić się	shave
budzić się	obudzić się	wake up
gasić	zgasić	extinguish

c. Present of Conjugation III:

żegnać się	pożegnać się	say good-by

d. Irregular present (see 9):

jeść	zjeść	eat

2. PAIRS OF COMPOUND PERFECTIVE AND COMPOUND IMPERFECTIVE
   VERBS

The following pairs of compound perfective and compound imperfective verbs
occur in this lesson:

(a) pairs with an underlying simple imperfective (cf. XV 5):

brać 'take'	ubrać się	ubierać się	dress
	rozebrać się	rozbierać się	undress
	przebrać się	przebierać się	change (clothes)
mówić 'talk'	umówić się	umawiać się	make an appointment
pędzić 'run'	spędzić	spędzać	spend
prowadzić 'lead'	odprowadzić	odprowadzać	see off
prosić 'ask'	zaprosić	zapraszać	invite

(b) pairs with an underlying perfective (cf. XV 5):

| stać się 'become' | wstać | wstawać | get up |
| powiedzieć 'say' (see XV 13 b) | opowiedzieć | opowiadać | tell (a story) |

(c) pairs without an underlying simple verb (cf. XV 6):

zasnąć	zasypiać	fall asleep
zdjąć	zdejmować	take off
wstąpić	wstępować	stop by, drop in
spotkać (się)	spotykać (się)	meet (each other)

3. PAIRS OF PERFECTIVE AND IMPERFECTIVE SIMPLE VERBS

The following pairs of perfective and imperfective simple verbs occur in this
lesson (see XV 7):

| siąść | siadać | sit down |
| wrócić | wracać | return |

4. DIFFERENT VERBS PAIRED ACCORDING TO MEANING AND ASPECT

The following verbs agree in meaning but disagree in aspect (see XV 8):

| położyć się | kłaść się | lie down |

5. PERFECTIVE VERBS WITH PREVERB <u>PO-</u> 'TO A LIMITED DEGREE'

Some imperfective verbs which denote a state or imply duration have matching perfective verbs compounded with the preverb po-. In such verbs the preverb not only perfectivizes the underlying imperfective but also limits the duration or the intensity of the process.

leżeć	lie	poleżeć	lie for a while
siedzieć	sit	posiedzieć	sit for a while
rozmawiać	talk	porozmawiać	talk a bit
czytać	read	poczytać	read a little

6. MOTION VS. REST IN VERBS

Some verbs which indicate motion are paired with related verbs which denote rest:

	Motion		Rest	
Imperf.	siadać	assume a sit-	siedzieć	be in a sit-
Perf.	siąść	ting position	posiedzieć	ting position
Imperf.	kłaść się	assume a ly-	leżeć	be in a ly-
Perf.	położyć się	ing position	poleżeć	ing position

7. ALTERNATIONS BETWEEN PAST-TENSE AND PRESENT-TENSE STEMS

One should note the following past-tense stem vs. present-tense stem alternations occurring in this lesson (cf. XV 12):

a. Vowel~vowel+<u>j</u> (Conjugation I):

my- ~ myj-	mył	he washed	myję	I wash
pi- ~ pij-	pił	he drank	piję	I drink

b. Vowel~vowel+<u>n</u> (Conjugation I):

wsta- ~ wstan-	wstał	he got up	wstanę	I'll get up

c. Other:

Conj. I	wstawa- ~wstaj- (cf. dawa- ~daj-)	wstawał	he got up	wstaję	I get up
	czesa- ~czesz- (cf. pisa- ~pisz-)	czesał	he combed	czeszę	I comb
	zdją- ~zdejm- (cf. wzią- ~wezm-)	zdjął	he took off	zdejmę	I'll take off
Conj. II	spa- ~śpi-	spał	he slept	śpię	I sleep

8. OTHER ALTERNATIONS IN VERB INFLECTION

a. d—ć~ść in the infinitive (see X 6 b):

kład-ę się	I lie down	kłaś-ć się	to lie down
siąd-ę	I'll sit down	siąś-ć	to sit down
id-ę	I go	iś-ć	to go

b. siąd- 'sit down' replaced by siad- ~sied- in the past tense

The vowel ą in the stem siąd- 'sit down' is replaced by a in the nonvirile and by e in the virile past tense forms (see X 6 f).

siąd-ę	I'll sit down	siad-ł	he sat down
siąś-ć	to sit down	sied-li	they sat down

c. Compound perfectives of iść 'go (on foot)'

After a preverb, the initial vowel i in the conjugation of iść 'go (on foot)' is replaced by j; the preverb po- before the j is replaced by pó- (cf. XII 4 and XIII 13).

poszedł	he went	pójść	'to go'
poszła	she went	pójdę	'I'll go'

9. IRREGULAR PRESENTS

The verb jeść 'eat' has an irregular present (cf. VIII 10):

	Sg.	Pl.
1	jem	jemy
2	jesz	jecie
3	je	jedzą

10. VOCALIC FORM OF PREVERBS ENDING IN A CONSONANT

Before some consonant clusters, preverbs ending in or consisting of a consonant are extended by the vowel e (cf. XI 2). This alternation occurs within the same paradigm or within an aspect pair when the paradigm or aspect pair contains two alternating stems, one beginning with a single consonant, the other with two consonants.

roz-biorę się	I'll undress	roze-brała się	she undressed
roz-bierać się	to undress (imperf.)	roze-brać się	to undress (perf.)

11. RESTRICTIONS IN THE OCCURRENCE OF ENCLITICS

a. Reflexive się

In a succession of two or more reflexive verbs, the particle się is usually not repeated:

Myję się, golę i czeszę.	I wash, shave, and comb my hair.
Tam się umyłem i uczesałem.	There I washed and combed my hair.

b. Person suffixes in past tense

A past-tense person suffix which is not attached to the verb qualifies all the past-tense forms which follow it in the same clause:

W kawiarniśmy jedli lody, albo pili kawę.	In the café we used to eat ice cream or drink coffee.

12. FUNCTIONS OF THE DATIVE SOBIE

As an object of a verb, the dative of the reflexive pronoun indicates that the action expressed by the verb is performed by the actor independently of others. This general meaning is discernible in the following particular situations:

(a) The object coincides with the actor (cf. VIII 4):

Pomagamy sobie.	We help each other.

(b) The action is performed solely for the benefit of the actor:

Kupuję sobie gazetę.	I buy a newspaper (for myself).

(c) The action is performed without regard for others; this often lends a carefree coloring to the manner of the performance.

Poszliśmy sobie na spacer.	We went for a walk.

In rapid, somewhat sloppy, speech, the dative sobie is pronounced soe or se.

13. TELLING TIME BY THE CLOCK

The basic units of clock time are:

godzina	hour
wpół (obs. pół)	half hour
kwadrans	quarter hour
minuta	minute

godzina and minuta are feminine nouns; kwadrans is a masculine noun with a nom.= acc. pl. in -e: kwadranse; wpół is indeclinable.

Even hours are indicated by ordinals; minutes and quarters by plain numerals; after a quantifier, the nouns godzina, kwadrans, and minuta are omitted in the colloquial language. In the inquiries about time, the noun godzina is modified by the interrogative adjective który 'which?'

a. Exact time

In inquiring about time and announcing even hours, the nom. godzina is modified by który or by an ordinal:

Która godzina?	What time is it?
Pierwsza (godzina).	One o'clock.
Druga (godzina).	Two o'clock.

wpół is followed by the preposition do 'to'+gen. of the next even hour:

Wpół do trzeciej.	Half past two.
czwartej.	three.

kwadrans and minuta usually have even hours as their point of reference: in the first half hour they are followed by the preposition po 'after'+ loc. of the preceding even hour; in the second half hour they depend on the preposition za 'beyond' (+acc.), followed by the nom. of the next even hour:

Kwadrans po piątej. ⎫ Piętnaście po piątej. ⎭	Quarter past five.
Pięć po szóstej.	Five past six.
Za kwadrans siódma. ⎫ Za piętnaście siódma. ⎭	Quarter to seven.
Za pięć ósma.	Five to eight.

Characteristic of Cracow is the use of wpół as a reference point in the second and third quarters:

Warsaw	Dwadzieścia po dziewiątej.	Twenty past nine.
	Za dwadzieścia pięć dziesiąta.	Twenty-five to ten.
Cracow	Za dziesięć wpół do dziesiątej.	Twenty past nine.
	Pięć po wpół do dziesiątej.	Twenty-five to ten.

Going out of use is a construction in which kwadrans in the first half hour is followed by the preposition na 'on'+acc. of the next even hour:

Kwadrans na jedenastą.	Quarter past ten.

Similarly, for kwadrans in the second half hour one occasionally hears the obsolete trzy (kwadranse) followed by na + acc. of the next even hour:

Trzy na dwunastą.	Quarter to twelve.

In announcing time, units in which even hours are not in the nominative are in subjectless constructions (cf. XIV 1 and 7):

Jest piąta.	It's five o'clock.
Była piąta.	It was five o'clock.
Jest za dziesięć ósma.	It's ten to eight.
Była za dziesięć ósma.	It was ten to eight.

but:

Jest wpół do szóstej.	It's half past five.
Było wpół do szóstej.	It was half past five.

b. "Time when"

In inquiring about and announcing "time when,"even hours depend on the preposition o 'at' + loc.:

O której (godzinie) się spotkamy?	At what time will we meet?
Spotkamy się o pierwszej.	We'll meet at one.
drugiej.	two.

Expressions with wpół are also preceded by the preposition o 'at':

Spotkamy się o wpół do trzeciej.	We'll meet at half past two.

Other expressions remain without change:

Spotkamy się kwadrans po szóstej.	We'll meet at a quarter past six.
pięć po siódmej.	five past seven.
za dwadzieścia ósma.	twenty to eight.

When other prepositions are used, they supplant the preposition o but are added to the expressions with the preposition za. However, the preposition na is usually dropped before za.

Spotkamy się przed piątą.	We'll meet before five.
po wpół do piątej.	after half past four.
Umówimy się na piątą.	We'll make a date for five.
Czekam od za pięć czwarta.	I've been waiting since five to four.
Będę tu do za dwadzieścia dziesiąta.	I'll be here till twenty to ten.
Umówimy się (na) za kwadrans jedenasta.	We'll make a date for a quarter to eleven.

ZADANIE   EXERCISES

1. Depending on the context, supply the proper perfective or imperfective form of the parenthesized infinitives:

(budzić się) o siódmej i zaraz (wstać)

najpierw (zdjąć) piżamę, a potem (brać) prysznic

najpierw (golić się), a potem (uczesać się)

najpierw (wrócić) do siebie, a potem (iść) na dół

(jeść) śniadanie i (wypić) kawę o ósmej

(zacząć) pracować o wpół do dziewiątej

(kończyć) pracować o dwunastej

po zajęciach (spotkać się) z kolegami

potem (żegnać się) z kolegami

popołudnie (spędzić) w bibliotece

po drodze do domu (wstępować) do sklepu i (kupić) gazetę

(siadać) do kolacji koło siódmej

wieczorem (zadzwonić) do znajomych i (zapraszać) ich do siebie

(rozebrać się), (umyć) zęby i (kłaść się) do łóżka o dwunastej

najpierw (leżeć) i (czytać), a potem (zgasić) światło

zaraz (zasnąć)

a. W tym roku Karol ——— .
b. Jutro Karol ——— .
c. W zeszłym roku Karol ——— .
d. Wczoraj Karol ——— .

2. Fill in the following time quotes, using alternate constructions wherever possible:

       1:00, 2:03 3:15, 4:25, 5:30, 6:40, 7:45, 8:58

a. Teraz jest ——— .
b. Spotkamy się o ——— .
c. Czekam od ——— .

3. Fill in the following time quotes:

      9:00   1:00   11:00   12:00

a. Zobaczymy się o ——— .
b. Zobaczymy się przed ——— .
c. Zobaczymy się między ——— a ——— .
d. Zobaczymy się po ——— .

SŁÓWKA

VOCABULARY

basen, -u i.	swimming pool
budzić się I; budzi, budzą	wake up, awaken (intr.)
chociaż	although
ciastko, -a; -tek n.	pastry

ciąg, -u i.	sequence
w ciągu	in the course of, during
cukiernia, -ni; -nie, -ni f.	pastry shop, café

czesać się I; -sze, -szą	comb one's hair	natychmiast	at once, instantly, immediately
czytelnia, -ni; -nie, -ni f.	reading room	noc, -y f.	night
dopiero	not until, as late as, only, just	obudzić się P; -dzi, -dzą	wake up, awaken (intr.)
		odprowadzać I; -a, -ają	see off, see home
dół, dołu i.	hole; down, downstairs	odprowadzić P; -dzi, -dzą	see off, see home
droga, -i; dróg f.	road, way		
dzwonić I; -i, -ią	ring, call up	ogolić się P; -i, -ą	shave (intr.)
filiżanka, -i; -nek f.	cup	opowiadać I; -a, -ają	tell (a story), recount
gasić I; -si, -szą	turn off (lights), extinguish	piżama/pidżama, -y f.	pajamas
golić się I; -i, -ą	shave (intr.)		
jadalnia, -ni; -nie, -ni f.	dining room	plotka, -i; -tek f.	gossip, tale
		pobliski, -ego	near, neighboring
jeśli	if	podczas prep. w. gen.	during, in the course of
kawa, -y f.	coffee		
kawał, -u i.	portion, piece; joke	pojutrze	the day after tomorrow
kłaść się I; kładzie, kładą; kładł	lie down, assume a lying position	położyć się P; -y, -ą	lie down, assume a lying position
kłopot, -u i.	trouble, headache	pomocnik, -a v.	assistant, helper
kwadrans, -a; -e, -ów i.	quarter of an hour	ponieważ	because, since, as
lody, -ów pl.	ice cream	popołudnie, -a n.	afternoon
łazienka, -i; -nek f.	bathroom	popołudniowy, -ego	afternoon-
łóżko, -a; -żek n.	bed	poranny, -ego	morning-
miejski, -ego	urban, municipal	porozmawiać P; -a, -ają	have a talk, converse for a while
myć I; myje, -ą	wash (tr.)		
—się	wash (intr.)	posiedzieć P; -dzi, -dzą	sit for a while
najmniej	least	posłuchać P; -a, -ają	listen for a while
co —	at least		
nasenny, -ego	soporific	pójść P; -jdzie, -jdą; poszedł, -szła	go (on foot), start

pragnienie, -a n.	thirst	szklanka, -i; -nek f.	glass
prędko	quickly, fast	szybko	quickly, fast
prysznic, -a i.	shower	środek, -dka i.	middle; means, remedy
przebrać się P; -bierze, -biorą	change (clothes)	światło, -a n.	light
punkt	sharp (of time by the clock)	ubierać się I; -a, -ają	dress (intr.)
punktualnie	punctually, exactly	ubrać się P; ubierze, ubiorą	dress (intr.)
reszta, -y f.	rest, re- mainder	uczesać się P; -sze, -szą	comb one's hair
rozbierać się I; -a, -ają	undress (intr.)	umawiać się I; -a, -ają	arrange to meet, make a date
rozebrać się P; rozbierze, -biorą; rozebrał	undress (intr.)	umyć P; umyje, -ą	wash (tr.)
rozmawiać I; -a, -ają	talk, have a conversation	—się	wash (intr.)
różny, -ego	different, various	wpół	half (in telling time)
ruch, -u i.	motion, activity, traffic	wstać P; -anie, -aną	stand up, get up
siadać I; -a, -ają	sit down, take a seat	wstawać I; wstaje, -ają	stand up, get up
siąść P; siądzie, siądą; siadł, siedli	sit down, take a seat	wstąpić P; -pi, -pią	stop at, drop by
spać I; śpi, śpią	sleep	wstępować I; -puje, -pują	stop at, drop by
spotkać się P; -a, -ają	meet (each other)	wszelki, -ego	all, any
spotykać się I; -a, -ają	meet (each other)	wypadek, -dku i.	case, accident
sprawa, -y f.	affair, matter	wypić P; -ije, -iją	drink, drink up
stolik, -a i.	(small) table	wystawa, -y f.	exhibit(ion)
stosunkowo	relatively	zadzwonić P; -ni, -nią	ring, call up
straszny, -ego	terrible	zapraszać I; -a, -ają	invite
sypialnia, -ni; -nie, -ni f.	bedroom	zaprosić P; -si, -szą	invite
szesnasty, -ego	sixteenth	zasnąć P; -nie, -ną; -nął, -nęła	fall asleep
szesnaście, -astu	sixteen		

zasypiać I; -a, -ają	fall asleep	zgasić P; -si, -szą	turn off (light), extinguish
zdejmować I; -muje, -mują	take off, take down	żegnać się I; -a, -ają	say good-by, take one's leave
zdjąć P; zdejmie, -mą; zdjął, zdjęła	take off, take down		

ZDANIA

SENTENCES

1. Jeśli pan chce, możemy dziś
   pójść do teatru.

   If you want, we can go to the
   theater today.

2. Jak pani ma ochotę, możemy
   dziś pójść do kina.

   If you feel like it, we can go
   to the movies today.

3. Jeżeli państwo pozwolą,
   pójdziemy dziś z Zosią
   do opery.

   If we may (if you permit),
   Sophy and I will go to the
   opera today.

4. Jeśli nie dziś, to może
   jutro?

   If not today, then perhaps
   tomorrow?

5. Chciałbyś pójść do teatru?

   Would you (fam. m) like to go to
   the theater?

   Czybyś chciał
   Chciałabyś
   Czybyś chciała

   (fam. f)

   Chciałby pan
   Czyby pan chciał

   (m)

   Chciałaby pani
   Czyby pani chciała

   (f)

   Chcielibyście
   Czybyście chcieli

   (fam. mpl)

   Chciałybyście
   Czybyście chciały

   (fam. fpl)

   Chcielibyście państwo
       panowie
   Czybyście państwo chcieli
       panowie
   Chciałybyście panie
   Czybyście panie chciały

   (mf)
   (mpl)
   (mf)
   (mpl)
   (fpl)

   Chcieliby państwo
       panowie
   Czyby państwo chcieli
       panowie
   Chciałyby panie
   Czyby panie chciały

   (form. mf)
   (form. mpl)
   (form. mf)
   (form. mpl)
   (form. fpl)

6. Owszem, bardzo bym chciał
            bym chciała
           byśmy chcieli
           byśmy chciały
   pójść na dobrą sztukę.

   Yes, I'd (m) very much like
       (f)
   we'd (mpl)
       (fpl)
   to go to see a good play.

7. Wątpię jednak, czy dostaniemy   I doubt, however, that we'll get
   bilety.   tickets.

8. Gdybyśmy dzisiaj nie dostali   If we can't get tickets today,
   biletów, to może pójdziemy   then perhaps we can go
   jutro.   tomorrow.

9. Dobrze, ale wolałbym jednak   Good, but I still would prefer
   pójść dzisiaj.   to go today.

10. Jeśli nie dostaniemy biletów,   If we don't get tickets, why
    to może pójdziemy do kina —   don't we go to the movies —
    grają nowy włoski film.   a new Italian film is playing.

11. Zgoda. Z przyjemnością   OK. I'd be happy to go to see
    poszedłbym na dobrą komedię.   a good comedy.

12. Czy pan przyjdzie do nas   Will you come to see us
    dziś wieczorem?   tonight?

13. Chętnie bym przyszedł, gdybym   I would be glad to come if
    nie był zajęty.   I weren't busy.

14. Chętnie bym przyszedł, gdyby   I would be glad to come if
    nie to, że jestem zajęty.   I weren't busy.

15. Chętnie bym przyszedł, ale   I would be glad to come but
    jestem zajęty.   I'm busy.

16. Szkoda, że pan nie mógł   Too bad that you couldn't
    wczoraj przyjść do   come to the Karpowiczes
    Karpowiczów.   yesterday.

17. Chętnie bym przyszedł, gdybym   I would have come gladly if
    nie był zajęty.   I hadn't been busy.

18. Byłbym chętnie przyszedł,   I would have come gladly
    gdybym nie był zajęty.   if I hadn't been busy.

19. Chętnie bym przyszedł, gdyby   I would have come gladly if
    nie to, że byłem zajęty.   I hadn't been busy.

20. Chętnie bym przyszedł, tylko   I would have come gladly but
    byłem zajęty.   I was busy.

21. Gdyby pan przyszedł, mielibyśmy   Had you (m) come, we would have
    czwartego do brydża.   had a fourth for bridge.

22. Gdyby pani przyszła, tobyśmy   Had you (f) come, we would have
    mieli czwartego do brydża.   had a fourth for bridge.

23. Bardzo żałuję, że zepsułem   I'm very sorry that I spoiled
    (zepsułam) wam wieczór.   your evening.

24. Rozumie pan (pani) jednak,   But you understand that if I hadn't
    że gdybym się wczoraj nie   studied yesterday, I wouldn't
    uczył (uczyła), tobym dzisiaj   have passed my exam today.
    nie zdał (zdała) egzaminu.

25. Czy państwo pojadą jutro do   Are you going to Zakopane
    Zakopanego?   tomorrow?

26. Raczej nie.

Probably not.

27. Zepsuł nam się wóz i jeśli
jutro nam go nie naprawią,
to nie pojedziemy.

Our car broke down and if they
don't fix it for us tomorrow,
we won't go.

28. Jeśli państwo nie pojadą, ja
też nie pojadę.

If you don't go, I won't go
either.

29. Nie chce mi się samemu
(samej) jechać.

I don't feel like going by
myself.

30. Gdyby pan (pani) miał (miała)
czas w sobotę, moglibyśmy
pójść razem do kina.

If you had time on Saturday, we
could go to the movies
together.

31. Mógłbym wstąpić po pana, jeśli
pan chce.

I could stop by to pick you (m)
up if you want me to.

32. Mógłbym wstąpić po panią, gdyby
pani chciała.

I could stop by to pick you (f)
up if you wanted me to.

33. Byłbym panu bardzo wdzięczny.
                    zobowiązany.

I'd be very grateful to you.
        much obliged

34. Czy pan wstąpi po panią Wandę?

Are you going to stop by and pick
up Wanda?

35. Wstąpiłbym po nią, gdybym
wiedział, gdzie mieszka.

I'd stop by and pick her up if
I knew where she lived.

36. Wstąpiłbym po nią, gdyby nie
to, że nie wiem, gdzie mieszka.

I'd stop by and pick her up if
I knew where she lived.

37. Wstąpiłbym po nią, ale nie
wiem, gdzie mieszka.

I'd stop by and pick her up, but
I don't know where she lives.

38. Dlaczegoście wczoraj po mnie
nie wstąpili?

Why didn't you stop by and pick me
up yesterday?

39. Wstąpilibyśmy po panią,
gdybyśmy wiedzieli,
gdzie pani mieszka.

We would have stopped by and
picked you up if we had known
where you lived.

40. Bylibyśmy po panią wstąpili,
gdybyśmy wiedzieli, gdzie
pani mieszka.

We would have stopped by and
picked you up if we had known
where you lived.

41. Wstąpilibyśmy po panią, gdyby
nie to, że nie wiedzieliśmy,
gdzie pani mieszka.

We would have stopped by and
picked you up if we had known
where you lived.

42. Wstąpilibyśmy po panią, tylko
nie wiedzieliśmy, gdzie pani
mieszka.

We would have stopped by and
picked you up but we didn't know
where you lived.

43. Mógłby mi pan pomóc?

Could you help me?

44. Pomógłbym panu, gdybym sam
nie miał tyle roboty.

I'd help you if I didn't
have so much work myself.

45. Gdybyśmy tylko mieli więcej czasu!

If only we had more time!

46. Znowu się spóźniłem (spóźniłam).   I'm late again.
     Znowuśmy się spóźnili (spóźniły).   We're

47. Powinien pan wcześniej wstawać.   You (m) ought to get up earlier,
     Powinna pani   (f)
     Powinni państwo   (mf)
           panowie   (mpl)
     Powinny panie   (fpl)

48. Rzeczywiście, nie powinienem   It's true, I (m) shouldn't
           powinnam   (f)
           powinniśmy   we (m)
           powinnyśmy   (f)
     tak długo spać.   sleep so long.

49. Będzie ulewa—powinienem był   It's going to pour—I (m) should
           powinnam była   (f)
           powinniśmy byli   we
           powinien pan był   you (m)
           powinna pani była   (f)
           powinni państwo byli   (pl)
     wziąć parasol.   have taken an umbrella.

50. Na tę lekcję trzeba dużo czasu.   This lesson takes a lot of time.
           trzeba było   took
           trzeba będzie   will take

51. Czy panu czegoś nie trzeba ze   Don't you need anything from
     sklepu?   the store?

52. Dziękuję, nic mi nie trzeba.   Thank you, I don't need anything.

53. Nie wiem, co się dzieje na   I don't know what's going on in
     świecie—trzeba by kupić   the world—I should buy
     jakąś gazetę.   a paper.

54. Nie mam czasu—mam iść do   I have no time—I'm supposed to
     doktora.   go to the doctor's.

55. Źle się czuję—powinienem   I'm not feeling well—I ought to
     iść do doktora.   go to the doctor's.

56. Mam gorączkę—muszę iść do   I have a fever—I must go to the
     doktora.   doctor's.

57. Powinien pan pojechać dokądś   You ought to go somewhere during
     podczas wakacji.   your vacation.

58. Wakacje dobrze by panu zrobiły.   A vacation would do you good.

59. W tym roku wolałbym sam   This year I'd prefer to spend
     spędzić wakacje.   my vacation alone.

60. Jak pan uważa, czy mam jechać   What do you think, should I go
     sam, czy z żoną?   alone or with my wife?

61. Nie wiem, co panu poradzić.   I don't know what to advise you.

62. Uważam, że pan powinien   I think you should go with your
     pojechać z żoną.   wife.

63. Nie potrzebuję pańskich rad.   I don't need your advice.

64. Potrzebuję pieniędzy.   I need money.
              wypoczynku.   a rest.

GRAMATYKA   GRAMMAR

1. CONDITIONAL

The conditional mood imposes a restriction upon the action expressed by the verb by reducing it to a potential state or to zero. It consists of a past-tense form of the verb and of the particle by. The conditional particle by is enclitic and as such normally follows the first stressed word of its clause. When the stressed word is a finite form of a verb, a conjunction, or a particle, by is spelled jointly with it; otherwise it is spelled separately. The past-tense person suffixes are always attached to by and form with it an enclitic phrase (see S. & S 4 A 1).

Czyby pan nie poszedł do teatru?	Wouldn't you (like to) go to the theater?
Poszlibyśmy dziś do teatru.	We would (like to) go to the theater today.
Wczoraj bym poszedł, ale dziś mi się nie chce.	Yesterday I would have gone, but today I don't feel like it.

2. SENTENCES CONTAINING A CONDITION

Sentences containing a condition are composed of two clauses: an "if" clause and a main clause. Without the conditional particle by, the Polish equivalent of "if" is jeśli, or jak (coll.), or jeżeli (bookish); with by, it is gdyby or, more bookish, jeśliby or jeżeliby. When the main clause follows the "if" clause and the two clauses contrast with each other, the main clause is introduced by the particle to 'then'; otherwise there is no introductory word.

Jeśli pan ma czas,
Jak pan ma ochotę,
Jeżeli pan pozwoli,
    pójdziemy do kina.
	If you have time,
	If you feel like it,
	If you permit,
	    we'll go to the movies.

Gdyby pan miał czas, pójdziemy do kina.	If by any chance you have the time, we'll go to the movies.
Jeśli pan dziś nie ma czasu, to pójdziemy jutro.	If you don't have time today, we'll go tomorrow.
Gdybyśmy dziś nie poszli, tobyśmy poszli jutro.	If by any chance we don't go today, then we might go tomorrow.
Poszlibyśmy jutro, gdybyśmy dziś nie poszli.	We might go tomorrow if by any chance we don't go today.

3. TYPES OF SENTENCES CONTAINING A CONDITION

The following types of sentences containing a condition are distinguished:

(a) jeśli in the "if" clause, no by in the main clause. Meaning: if the condition is (will be) present, the effect will be produced.

Jeśli nie będę zajęty, pójdę do kina.	If I'm not busy, I'll go to the movies.

(b) gdyby in the "if" clause, no by in the main clause. Meaning: the condition might be present and, if it is, the effect will be produced.

Gdyby padało, pojedziemy taksówką.	If by any chance it rains, we'll go by taxi.

(c) jeśli in the "if" clause, by in the main clause. Meaning: if the condition is (will be) present, the effect might be produced.

Jeśli dziś nie pójdziemy, tobyśmy jutro poszli.	If we don't go today, we might go tomorrow.

(d) gdyby in the "if" clause, by in the main clause. This construction refers either to the past or to the future: (1) the condition was not present and therefore the effect was not produced (past), (2) the condition might be present and, if it is, the effect might be produced (future).

Gdybym nie był zajęty, poszedłbym do kina.	(1) If I had not been busy, I would have gone to the movies.
	(2) If I weren't busy, I would go to the movies.

There are three constructions which resolve the ambiguity present in (d); two refer specifically to the past, one refers specifically to the future:

(e) gdyby in the "if" clause, by in the main clause, the verb of the main clause preceded by the appropriate past-tense form of the verb być 'to be.' Meaning: the condition was not present and therefore the effect was not produced (past).

Gdybym nie był zajęty, byłbym poszedł do kina.	If I hadn't been busy, I would have gone to the movies.
Gdybym wiedziała, co grają, byłabym poszła do kina.	If I had known what was playing, I would have gone to the movies.
Gdyby nie padało, bylibyśmy poszli do kina.	If it hadn't been raining, we would have gone to the movies.

(f) The "if" clause is introduced by the phrase <u>gdyby nie to,</u> że 'were it not for the fact that' followed by a past-tense form of the verb; <u>by</u> in the main clause. Meaning: the condition was not present, but had it been present, the effect would have been produced (past).

Gdyby nie to, że byłem zajęty, poszedłbym do kina.	Had I not been busy, I would have gone to the movies.
Gdyby nie to, że nie wiedziałam, co grają, poszłabym do kina.	Had I known what was playing, I would have gone to the movies.
Gdyby nie to, że padało, poszlibyśmy do kina.	Had it not rained, we would have gone to the movies.

(g) The "if" clause is introduced by the phrase <u>gdyby nie to,</u> że 'were it not for the fact that' followed by a nonpast form of the verb; <u>by</u> in the main clause. Meaning: the condition is not present, but were it present, the effect would be produced (future).

Gdyby nie to, że jestem zajęty, poszedłbym do kina.	If I weren't busy, I would go to the movies.
Gdyby nie to, że nie wiem, co grają, poszedłbym do kina.	If I knew what was playing, I would go to the movies.
Gdyby nie to, że pada, poszedłbym do kina.	If it weren't raining, I would go to the movies.

Note. Another way to resolve the ambiguity present in (d) is to replace the "if" clause by a "but" clause containing a past or nonpast form of the verb depending on whether the reference is past or future. The Polish equivalent of 'but' is <u>ale</u> or <u>tylko.</u>

Poszedłbym do kina, ale byłem zajęty.	I would have gone to the movies, but I was busy.
Poszedłbym do kina, ale jestem zajęty.	I'd go to the movies, but I'm busy.
Poszłabym do kina, tylko nie wiedziałam, co grają.	I would have gone to the movies, but I didn't know what was playing.
Poszłabym do kina, tylko nie wiem, co grają.	I would go to the movies, but I don't know what's playing.

4. EXPRESSIONS DENOTING OBLIGATION OR NECESSITY

Following are the most frequently used expressions denoting obligation or necessity.

potrzebuję	+ gen.	I need
muszę	+ inf.	I have to, must
mam	+ inf.	I am to, am supposed to
trzeba	+ gen. + inf.	one needs it is necessary
powinien	+ inf.	he ought to

a. potrzebuję, muszę, mam

The verbs potrzebuję, muszę, and mam belong to Conjugations I, II, and III respectively; they are imperfective and have no matching perfectives. The infinitives are potrzebować, musieć; mam in the meaning 'am supposed to' does not occur in the infinitive.

Potrzebuję wypoczynku.	I need a rest.
Muszę kupić papierosy.	I must buy cigarettes.
Mam napisać zadanie.	I'm supposed to write my homework.

b. trzeba

trzeba is a subjectless expression whose past tense is formed with the neuter form było and the future with the 3d sg. będzie.

Trzeba kupić papierosy.	It's necessary to buy cigarettes.
Trzeba było kupić papierosy.	It was
Trzeba będzie kupić papierosy.	It'll be
Trzeba czasu.	One needs time.
Trzeba było czasu.	needed
Trzeba będzie czasu.	will need

c. powinien

The forms of powinien have verbal functions. The present tense is formed by adding past-tense suffixes (see X 1) to the forms of the 3d person. The past tense is formed by adding the appropriate 3d person past-tense forms of the verb być 'to be' to the present-tense forms. There is no infinitive or future tense. In the language of the younger generation, the stress is uniformly on the penult; in a somewhat antiquated usage the plural forms stress the syllable wi.

Present (Past)

		Masc.	Fem.	Neut.
	1	powinienem (był)	powinnam (była)	
Sg.	2	powinieneś (był)	powinnaś (była)	
	3	powinien (był)	powinna (była)	powinno (było)

		Vir.	Nonvir.
	1	powinniśmy (byli)	powinnyśmy (były)
Pl.	2	powinniście (byli)	powinnyście (były)
	3	powinni (byli)	powinny (były)

Powinienem mu pomóc.	I ought to help him.
Powinienem był mu pomóc.	I ought to have helped him.
Powinniśmy mu pomóc.	We ought to help him.
Powinniśmy byli mu pomóc.	We ought to have helped him.

5. SAM 'ALONE' IN SUBJECTLESS CONSTRUCTIONS

In subjectless constructions, the emphatic pronominal adjective sam 'alone' (see VIII 5) is in the dative case.

Nie chce mi się samemu jechać.	I don't feel like going by myself.
Nudzi mi się samej.	I feel bored when I'm alone.
Samemu trudno to zrobić.	It's difficult to do it alone.

6. PRZYJŚĆ 'TO COME, ARRIVE'

The verb przyjść, przyjdzie, przyszedł 'to come, arrive' is a compound perfective containing the preverb przy- and the simple imperfective verb iść 'to go' (see XVI 8 c).

Można przyjść do państwa?	May I come to see you?
Niech pan przyjdzie jutro.	Come tomorrow.
Nikt jeszcze nie przyszedł.	Nobody's come yet.

1. Change the condition in the sentences below according to the following model:

> Wstanę, jeśli nie będę śpiący.
>
> > Wstałbym, gdybym nie był śpiący.
> >
> > Byłbym wstał, gdybym nie był śpiący.
> >
> > Wstałbym, gdyby nie to, że byłem śpiący.
> >
> > Wstałbym, ale byłem śpiący.

   a. Pójdę do kina, jeśli będę miał czas.

   b. Przyjdę, jeśli nie będę zajęty.

   c. Będziemy mieli czwartego do brydża, jeśli pan przyjdzie.

   d. Pojadę, jeśli zdam egzamin.

   e. Pojadę, jeśli mi się nie zepsuje wóz.

   f. Wstąpię po panią, jeśli pani chce.

   g. Wezmę parasol, jeśli będzie deszcz.

   h. Pomogę panu, jeśli pan potrzebuje pieniędzy.

2. Change the sentences below according to the following model:

> Nie kupię papierosów, bo nie mam pieniędzy.
>
> > Kupię papierosy, jeśli będę miał pieniądze.
> >
> > Kupiłbym papierosy, gdybym miał pieniądze.
> >
> > Kupiłbym papierosy, ale nie miałem pieniędzy.

   a. Nie przebiorę się, bo nie mam ciemnego ubrania.

   b. Nie położę się, bo nie chce mi się spać.

   c. Nie pójdę na zajęcia, bo źle się czuję.

   d. Nie wrócę do siebie, bo muszę pracować.

   e. Nie mogę panu pomóc, bo nie mam okularów.

   f. Nie napisałem listu, bo nie znam adresu.

   g. Nie zjem kolacji, bo nie jestem głodny.

   h. Nie pożyczę panu słownika, bo sam go potrzebuję.

SŁÓWKA

VOCABULARY

bilet, -u i.	ticket	raczej	rather, in fact, would rather say
by conditional particle		rada, -y f.	advice, counsel; council
chętnie	willingly, gladly	rzeczywiście	really, indeed
dostać P; -anie, -aną	get, receive	siedemnasty, -ego	seventeenth
gdyby	if	siedemnaście, -astu	seventeen
gorączka, -i f.	fever	sztuka, -i f.	play
jak	if	świat, -a, -u (dat.), świecie (loc.) i.	world
jednak	however		
jeżeli	if, supposing	trzeba	it is necessary, one needs
komedia, -ii; -ie, -ii f.	comedy	tyle, -u	so many, so much
naprawiać I; -a, -ają	fix, repair	uważać I; -a, -ają	consider, think
ochota, -y f.	eagerness, desire	wdzięczny, -ego	grateful
mieć ochotę	feel like	wóz, wozu i.	cart, (motor) car
opera, -y f.	opera, opera house	wypoczynek, -nku i.	rest
pojechać P; -jedzie, -jadą	go (by a vehicle), start	Zakopane, -ego n.	Zakopane
poradzić P; -dzi, -dzą	advise	zepsuć P; -uje, -ują	spoil
potrzebować I; -buje, -bują	need, have need of	zgoda, -y f.	agreement; OK
powinien, -nna, -nno; -nni, -nny	ought to, should	zobowiązany, -ego	obliged
przyjść P; -jdzie, -jdą; -szedł, -szła	come (on foot), arrive	żałować I; -łuje, -łują	regret, be sorry

ZDANIA

SENTENCES

1. Dokąd pan idzie?
        jedzie?

Where are you going (X)?
        (o=o)

2. Idę na basen.
   łyżwy.

   Jadę na plażę.
   narty.

I'm going (X) to the swimming pool.
   skating.

   (o=o) to the beach.
   skiing.

3. Czy pan często chodzi na basen?

        łyżwy?
   jeździ na plażę?
   narty?

Do you often go (X) to the swimming pool?

        skating?
   (o=o) to the beach?
   skiing?

4. Nie, rzadko chodzę na basen.

        łyżwy.
   jeżdżę na plażę.
   narty.

No, I seldom go (X) to the swimming pool.

        skating.
   (o=o) to the beach.
   skiing.

5. Mój syn już chodzi.
        jeździ na nartach.
   pływa.

My son walks already.
   skis
   swims

6. Wszyscy moi koledzy
   jeżdżą na łyżwach od dziecka.
   pływają od dziecka.

All my friends have been
   skating from childhood.
   swimming

7. Ja niestety ciągle jeszcze
   słabo jeżdżę na łyżwach.
   pływam.

Unfortunately I still
   skate poorly.
   swim

8. Będę tak długo próbował,
   dopóki się nie nauczę.

I'll keep on trying
   until I learn.

9. W Ameryce mało się chodzi,
   natomiast dużo się jeździ
   samochodem.

In America people don't walk much,
   but drive a great deal.

10. Kiedy byłem w Warszawie, nie
    miałem auta i stale chodziłem
    pieszo.

When I was in Warsaw I had no
   car and walked all the time.

11. W tym roku zamiast samochodem,
    jeżdżę na uniwersytet rowerem.

This year instead of by car, I
   go to the university by bicycle.

12. Chodzi mi o to, żeby mieć
    więcej ruchu.

The idea is to get
   more exercise.

13. W tym tygodniu nie będę
  więcej chodził na plażę.
     jeździł na nartach.
     pływał.

This week I won't be
 going to the beach again.
 skiing again.
 swimming again.

14. Zegarek mi nie idzie.
    nie chodzi.
    się zepsuł.

My watch isn't running.
    doesn't work.
    is out of order.

15. Czy pan
  pójdzie jutro na basen?

      łyżwy?
  pojedzie jutro na plażę?
      narty?

Will you
 go (X) to the swimming pool to-
         morrow?
   skating tomorrow?
 (o=o) to the beach tomorrow?
   skiing tomorrow?

16. Nie pójdę dopóki nie będzie
  pojadę
  ładnej pogody.

I won't go (X) until the
   (o=o)
 weather gets nice.

17. Mój brat poszedł na basen.

    pojechał na plażę.

 Moja siostra poszła na łyżwy.
    pojechała na narty.

My brother went (X) to the swimming pool.
   (o=o) to the beach.

My sister went (X) skating.
   (o=o) skiing.

18. Dopóki jest pogoda, trzeba
  z niej korzystać.

While the weather is good,
 one has to take advantage of it.

19. O której pan jutro
  wyjdzie z domu?
  wyjedzie

  przyjdzie do domu?
  przyjedzie

At what time will you
 leave (X) home tomorrow?
 (o=o)

 come (X)
 (o=o)

20. O ósmej. Nigdy nie
  wychodzę z domu przed ósmą.
  wyjeżdżam

  O piątej. Nigdy nie
  przychodzę do domu po piątej.
  przyjeżdżam

At eight. I never
 leave (X) home before eight.
 (o=o)

At five. I never
 come (X) home after five.
 (o=o)

21. Czy mogę się widzieć z panem
  dyrektorem?

Could I see the director?

22. Właśnie wyszedł.
   wyjechał.
  A o co panu chodzi?

He's just gone (X) out.
   (o=o)
 What is it about?

23. Nie chodzi mi o nic ważnego —
  poczekam aż wróci.

My business isn't important —
 I'll wait till he comes back.

24. Kiedy wychodziłem z sali
  wykładowej, spotkałem
  kilku kolegów.

When I was leaving (X) the
 classroom, I met a
 few friends.

25. Szli do przystanku auto-   They were going (X) to the bus
    busowego, więc poszliśmy   stop, so we went
    razem.   together.

26. Kiedy wyjeżdżałem z Krakowa,   When I was leaving (o=o) Cracow,
    spotkałem paru znajomych.   I met a few friends.

27. Jechali też do Warszawy, więc   They were also going (o=o) to
    pojechaliśmy razem.   Warsaw, so we went together.

28. Może pan wyjść,   You can leave (X)
        wyjechać,   (o=o)
        przyjść,   come (X)
        przyjechać,   (o=o)
    kiedy pan chce.   whenever you want to.

29. Wczoraj przyszedł do mnie   My school friend came (X)
        przyjechał   (o=o)
    mój kolega szkolny.   to see me yesterday.

30. Lubię przychodzić tu w jesieni, I like to come (X) here in the fall,
        przyjeżdżać   (o=o)
    zanim zrobi się zimno.   before it gets cold.

31. Po operacji, dopóki nie przy-   After the operation, I wasn't
    szedłem do siebie, nie wolno   allowed to go out of the house
    mi było wychodzić z domu.   until I recuperated.

32. Doktor nie dał mi wyjść dopóki My doctor didn't let me go out
    nie poczułem się lepiej.   until I felt better.

33. Co pan niesie?   What are you carrying (X)?
        wiezie?   (o=o)?

34. Niosę paczkę na pocztę.   I'm taking (X) a parcel to the post
    Wiozę   (o=o)   office.

35. Ona nigdy nie nosi dziecka na She never carries her baby
    rękach.   in her arms.

    Ona nigdy nie wozi dziecka w She never wheels her baby
    wózku.   in the carriage.

36. Nikt teraz nie nosi   Nowadays nobody wears
    takich długich spódnic.   such long skirts.
        krótkich   short
        kapeluszy.   hats.
        rzeczy.   things.

37. Niech mi pan przyniesie   Bring (X) me a glass of vodka.
    kieliszek wódki.

    Niech mi pan przywiezie   Bring (o=o) me a bottle of wine.
    butelkę wina.

38. Czy pan coś przyniósł   Have you brought (X) anything
        przywiózł   (o=o)
    dzieciom?   for the children?

39. Przyniosłem im mnóstwo
zabawek.

I brought (X) them a lot
of toys.

40. Zamiast zabawek
przynieśliśmy im słodycze.
przywieźliśmy

Instead of toys
we brought (X) them candy.
(o=o)

41. Zawsze przynoszę
przywożę
im bajki albo płyty.

I always bring (X)
(o=o)
them fairy tales or records.

42. Ten pociąg jedzie do Krakowa.
samolot leci do Warszawy.
statek płynie do Gdyni.

This train goes to Cracow.
plane   Warsaw.
ship   Gdynia.

43. Nie chcę jechać pociągiem
pośpiesznym.
lecieć samolotem.
płynąć statkiem.

I don't want to go by express train.
plane.
ship.

44. Nie lubię jeździć pociągami
osobowymi.
latać samolotem.
jeździć statkiem.

I don't like to go by slow trains.
plane.
ship.

45. Wieczorem wyjeżdżam z Warszawy
i nad ranem przyjeżdżam do
Berlina.

In the evening I leave (o=o) Warsaw
and in the early morning arrive
(o=o) in Berlin.

46. Wylatuję rano z Nowego Jorku
i w południe przylatuję do
Londynu.

In the morning I take a plane in
New York and at noon arrive in
London.

47. Ciekaw jestem, czy samolot
wyleci punktualnie.
przyleci

I wonder whether the plane
will leave on schedule.
arrive

48. To jest ciekawy człowiek.
ciekawa podróż.
ciekawe.

That's an interesting man.
trip.
interesting.

49. Ona nigdy nie ma czasu, bo
cały dzień lata po sklepach.
znajomych.

She never has any time because
she shops all day.
visits friends all day.

50. Którędy chodzi autobus?

Where does the bus run?

51. Autobus tą ulicą nie chodzi.
tamtą

tędy
tamtędy

The bus doesn't run on this street.
that street
over there.
this way.
that way.

52. Muszę już lecieć, bo mój
tramwaj idzie.
jedzie.

I've got to run along because my
streetcar is coming.

53. Niech się pan pośpieszy,   Hurry up,
    bo pociąg panu odejdzie.   because your train is going to
        odjedzie.   leave.
    bo samolot panu odleci.   plane
    bo statek panu odejdzie.   ship
        odpłynie.

54. Ma pan rozkład jazdy?   Do you have the timetable?

55. Pociąg odchodzi   The train leaves
    odjeżdża
    o szesnastej trzydzieści.   at 4:30 P.M.

    Pociąg przychodzi   The train arrives
    przyjeżdża
    o dwudziestej trzeciej   a few minutes after 11:00 P.M.
    z minutami.

56. Samolot odlatuje w południe.   The plane leaves at noon.
    przylatuje o północy.   arrives at midnight.

57. Statek odchodzi   The ship leaves
    odpływa
    o ósmej rano.   at eight in the morning.

    Statek przychodzi   The ship arrives
    o czwartej po południu.   at four in the afternoon.

58. Podróż pociągiem z Warszawy   A trip from Warsaw to Prague by
    do Pragi trwa dzień.   train takes a day.

    Podróż samolotem naokoło   A trip around the world by plane
    świata trwa kilka dni.   takes several days.

    Podróż statkiem z Gdyni do   A trip from Gdynia to Montreal by
    Montrealu trwa dziesięć dni.   boat takes ten days.

59. Muszę już iść, bo inaczej   I've got to go, otherwise
    nie zdążę na pociąg.   I won't make the train.

60. Niech się pan nie śpieszy —   Don't rush—you won't make it
    i tak pan nie zdąży na dwunastą.   at twelve anyway.

61. W takim razie zamiast o   In that case instead of twelve,
    dwunastej pojadę o pierwszej.   I'll go (o=o) at one.

62. Chciałem pójść pieszo aż na   I wanted to walk as far as the sta-
    dworzec — zamiast tego pojadę   tion—I'll take a taxi instead.
    taksówką.

63. Już idę —   I'm coming —
    właśnie wkładam kapelusz.   I'm just putting on my hat.
        ubieram
    tylko włożę kurtkę.   I'll just put on my jacket.
        ubiorę

64. Wszystko pan jeszcze zdąży   You'll still have time to do
    zrobić.   everything.

65. Nie potrafię tego zrobić.   I won't be able to do it.

              tego przetłumaczyć.   translate it.

              się tego nauczyć.   learn it.

66. Potrafi pan—proszę spróbować.   You'll manage—just try.

GRAMATYKA   GRAMMAR

1. CONSONANTAL VERBS

In some verbs of Conjugation I the present- and past-tense stems are alike, both ending in a dental or velar stop or in a dental spirant. Such verbs are called consonantal.

kład-ę	I put	kład-ła	she put
mog-ę	I can	mog-ła	she could
nios-ę	I carry	nios-ła	she carried
wioz-ę	I transport	wioz-ła	she transported

These verbs have an intricate system of sound alternations:

a. $\underline{C} \sim \underline{C}_3$

The stem-final consonant is replaced according to the $\underline{C} \sim \underline{C}_3$ alternation pattern before oral vowels (see S. & S. 24 c and VIII 7 a).

kład-ę	I put	kładzi-e	he puts
mog-ę	I can	moż-e	he can
nios-ę	I carry	niesi-e	he carries
wioz-ę	I transport	wiezi-e	he transports

b. $\underline{t}$-ć, $\underline{d}$-ć $\sim$ ść; $\underline{k}$-ć, $\underline{g}$-ć $\sim$ c

Before the infinitive ending -ć, the stem-final $\underline{t}$ $\underline{d}$ are replaced by ś; the stem-final $\underline{k}$ $\underline{g}$ are replaced by c and the resulting group is simplified to c (see X 6 a, b).

kład-ła	she put	kłaś-ć	to put
mog-ła	she could	móc	to be able

c. o̲ a̲ ~ e̲

The root vowels o̲ a̲ are replaced by e̲ between nonalternating consonants or between a nonalternating consonant and an alternating consonant followed by -l̲- (virile past) (see VIII 7 b and X 6 f).

nios-ę	I carry	niesi-esz	you carry
		niesi-e	he carries
jad-ę	I ride	jedzi-esz	you ride
		jedzi-e	he rides
nios-ła	she carried	nieś-li	they carried
		nieś-ć	to carry
jad-ła	she ate	jed-li	they ate
		jeś-ć	to eat

d. o̲ ~ ó̲

In closed syllables the root vowel o̲ is replaced by ó̲ except as in c̲ above (see X 6 c).

mog-ła	she could	móg-ł	he could
		móc	to be able
nios-ła	she carried	niós-ł	he carried
wioz-ła	she transported	wióz-ł	he transported

e. Irregular consonantal verbs

Several verbs have different stems in the present and in the past.

jad-ę	I ride	jecha-ł	he rode
siąd-ę	I'll sit down	siad-ł	he sat down
id-ę	I walk	szed-ł	he walked
j-em	I eat	jad-ł	he ate

siąś-ć 'sit down' and iś-ć 'walk' have the present-tense stems before the infinitive ending -ć. For the present of jeś-ć 'eat' see XVI 9.

2. VERBS OF MOTION. DETERMINED AND NONDETERMINED ASPECTS

Polish verbs of motion (or, strictly speaking, displacement) distinguish between motion on foot and motion by an agency other than one's own (see XII 4). As a space-saving device, the two modes of motion are symbolized here by (X) and (o=o) respectively.

Some simple verbs of motion have two imperfective sets of forms (cf. XV 1): the forms which describe the motion as unbroken and proceeding in one direction are said to be determined in aspect; those which do not specify the wholeness of the motion are said to be nondetermined in aspect. Whereas the determined verbs refer to a specific motion in progress, the nondetermined verbs refer to the repetition of a motion or to its habitual or frequentative character.

Following is a list of determined and nondetermined verbs occurring in this lesson:

Determined	Nondetermined	
iść	chodzić	go (X), walk
jechać	jeździć	go (o=o), ride
lecieć	latać	fly, run
płynąć	pływać	swim, go by water
nieść	nosić	take (X), carry
wieźć	wozić	take (o=o), transport

Idę na plażę.	I'm going to the beach.
W lecie chodzę na plażę.	In the summer I go to the beach.
Często chodzę na plażę.	I often go to the beach.
On już idzie.	He's already on his way.
On już chodzi.	He walks already.
Ona szła do kina, kiedy ją spotkałem.	She was going to the movies when I met her.
Ona rzadko chodziła do kina.	She seldom went to the movies.
Ona chodziła na wszystkie włoskie filmy.	She went to see all Italian films.
Jadę do Warszawy.	I'm going to Warsaw.
W zimie jeżdżę w góry.	In winter I go to the mountains.
Nigdy nie jeżdżę nad morze.	I never go to the seashore.
Jadę samochodem.	I'm going by car.
Jeżdżę na nartach.	I (can) ski.

On jechał z Waszyngtonu, kiedy go spotkałem.	He was on his way from Washington when I met him.
On często jeździł do Waszyngtonu.	He often went to Washington.
On całe lato jeździł po Ameryce.	All summer he went around America.

3. PAIRS OF SIMPLE DETERMINED AND COMPOUND PERFECTIVE VERBS OF MOTION

As a rule, the nondetermined verbs do not have a matching perfective verb. The perfective counterpart of the determined verbs is formed with the preverb po- (see XV 1 and cf. XV 4 and XVI 1).

Determined	Perfective	
iść	pójść (see XVI 8 c)	go (X)
jechać	pojechać	go (o=o)
płynąć	popłynąć	swim, float
lecieć	polecieć	fly, run

4. PAIRS OF COMPOUND PERFECTIVE AND COMPOUND IMPERFECTIVE VERBS OF MOTION

In most verbs of motion, the stem of the compound imperfective coincides with the stem of the nondetermined forms.

Nondetermined	Compound Perfective	Compound Imperfective	
chodzić	wyjść	wychodzić	go out (X)
	przyjść	przychodzić	come (X)
	odejść	odchodzić	leave (X)
	(see XVI 10)		
pływać	przypłynąć	przypływać	come by water
	odpłynąć	odpływać	leave by water
nosić	przynieść	przynosić	bring (X)
wozić	przywieźć	przywozić	bring (o=o)

In some verbs of motion the stem of the compound imperfective differs from the stem of the nondetermined form.

Nondetermined	Compound Perfective	Compound Imperfective	
jeździć	wyjechać	wyjeżdżać	go out (o=o)
	przyjechać	przyjeżdżać	come (o=o)
	odjechać	odjeżdżać	leave (o=o)
latać	wylecieć	wylatywać	fly out
	przylecieć	przylatywać	fly in
	odlecieć	odlatywać	fly away

5. SPECIAL MEANINGS OF VERBS OF MOTION

In addition to their basic meanings, some verbs of motion have other meanings:

iść, chodzić 'go (X), walk' also mean:

(a) 'go (o=o)' when they refer to scheduled public surface transport and emphasize its function rather than the motion itself.

Pociąg już idzie.	The train is coming.
Autobus tędy nie chodzi.	The bus doesn't run through here.

Compare:

Pociąg już jedzie.	The train is moving.
Autobus jechał powoli.	The bus was moving slowly.

(b) 'work, run' when they refer to a mechanism.

Zegarek nie idzie.	The watch stopped running.
źle chodzi.	is off.

(c) The expressions <u>idzie</u> (<u>chodzi</u>) <u>o</u> + acc. are subjectless phrases (cf. XI6 c) meaning 'the thing (point, idea, problem) is, it concerns.'

O co panom idzie?	What's your problem, gentlemen? (What are your arguing about?)
O co chodzi?	What's up?
Chodzi mi o pana.	I'm concerned about you.
Chodzi o to, że nie mam czasu.	The thing is that I have no time.

In colloquial Polish <u>lecieć</u>, <u>latać</u> 'fly, go by air' mean also 'run, be in a hurry, be on the move.'

Muszę już lecieć.	I've got to run along.
Latam po sklepach.	I dash from store to store.

<u>nosić</u> 'carry (X)' means also 'wear.'

Ona nosi bardzo krótkie sukienki.	She wears very short dresses.
Nikt teraz nie nosi takich rzeczy.	Nobody wears such things nowadays.

6. IRREGULARITIES IN ASPECT

a. The imperfective verbs <u>móc</u> 'be able' and <u>umieć</u> 'know how' are both matched with the perfective verb <u>potrafić</u> 'be able, know how, manage.'

Mogę to zrobić.	I can do it.
Umiem	I know how to do it.
Potrafię	I'll be able to do it.

b. Compound perfective verbs in -<u>łożyć</u> 'put' are paired with compound imperfective verbs in -<u>kładać</u>.

Włożę kapelusz.	I'll put on my hat.
Wkładam kapelusz.	I'm putting on my hat.

7. ZAMIAST 'INSTEAD OF'

The adverb <u>zamiast</u> 'instead of' is placed before the substituted term (nouns, pronouns, adjectives, numerals, infinitives, prepositional phrases). If the sub-

stituting term is in the genitive, dative, or instrumental, the substituted term
agrees with it in case; if the substituting term is in the accusative, the substituted term replaces the accusative by the genitive. When the substituted term
is a full clause, the substituting term is introduced by <u>zamiast tego</u> 'instead of
that.'

Zamiast samochodem, jeżdżę rowerem.	I go by bicycle rather than by car.
Zamiast zabawek, przynieśliśmy słodycze.	Instead of toys, we brought candy.
Zamiast o dwunastej, pojadę o pierwszej.	Instead of twelve, I'll go at one.
Chciałem pójść pieszo na dworzec — zamiast tego, pojadę taksówką.	I wanted to walk to the railroad station but I'll take a taxi instead.

8. <u>ZANIM</u> 'BEFORE,' <u>DOPÓKI</u> 'WHILE, AS LONG AS,' <u>DOPÓKI NIE</u> UNTIL,'
<u>AŻ</u> 'TILL, AS MUCH AS'

<u>zanim</u> 'before,' <u>dopóki</u> 'while, as long as,' and <u>dopóki nie</u> 'until' are adverbs
of time. The negative particle in <u>dopóki nie</u> is placed immediately before the
verb causing the usual replacement of the accusative object by the genitive (see
III 5).

Lubię tu przychodzić zanim zrobi się zimno.	I like to come here before it gets cold.
Dopóki jest pogoda, trzeba z niej korzystać.	While the weather is good, one has to take advantage of it.
Poczekam dopóki on nie wróci.	I'll wait until he returns.

The adverb <u>aż</u> emphasizes the extent or degree of whatever is expressed by
the verb. When it occurs before a verb, it is rendered by 'till' and is therefore
synonymous with, though more colloquial than, <u>dopóki nie</u>. Before other expressions it is rendered by 'as [much, many, far, late, etc.] as' depending on the
situation.

Poczekam aż on wróci.	I'll wait till he comes back.
Mam aż sto dolarów.	I've got as much as $100.
Jesteśmy tu aż trzy lata.	We've been here as long as three years.
Idę aż na dworzec.	I'm going as far as the station.
Wracam aż o dwunastej.	I'll come back as late as twelve.

9. KTÓRĘDY 'WHICH WAY?,' TĘDY 'THIS WAY,' TAMTĘDY 'THAT WAY'

którędy 'which way?,' tędy 'this way,' tamtędy 'that way' are adverbs of place
indicating the path but not the direction of the motion.

Którędy chodzi autobus?	What's the route of the bus?
Tędy tramwaj nie chodzi.	The streetcar doesn't go through here.

10. TELLING TIME ON FORMAL OCCASIONS

Railroads, airlines, radio, television, sports events, etc. do not use the system
of telling time outlined in XVI 13. Like the general system, they indicate the
A.M. hours by the feminine form of the ordinals from 1 to 12 but, unlike it, they
indicate the P.M. hours by the ordinals from 13 to 24. Minutes are given in the
quotation form of plain numerals from 1 to 59 and are not inflected; before one-
digit numbers, the noun zero '0' is inserted.

Pierwsza czternaście.	1:14 A.M.
Trzynasta zero siedem.	1:07 P.M.
O szóstej czterdzieści pięć.	At 6:45 A.M.
O osiemnastej zero dwa.	At 6:02 P.M.

11. CIEKAWY 'CURIOUS, INTERESTING'

The adjective ciekawy has two meanings: 'curious' and 'interesting.' When
it occurs in the predicative position and means 'curious,' it takes either the
general nom. sg. masc. ending -y/-i or its predicative variant -∅ (see XIV 12).
In the meaning 'interesting,' only the -y/-i ending occurs.

Jestem ciekaw.	I'm curious. (I wonder.)
On jest ciekawy.	He's curious. He's interesting.

ZADANIE   EXERCISES

1. Depending on the context, fill in the proper aspect of the parenthesized determined infinitives; use present-tense forms.

   a. Dokąd pan (iść)?

   b. Dokąd pani (jechać)?

   c. Dokąd (płynąć) ten statek?

   d. Dokąd (lecieć) ten samolot?

   e. Dokąd pan to (nieść)?

   f. Dokąd pani to (wieźć)?

   g. On nigdy tędy nie (iść)?

   h. Ona nigdy tędy nie (jechać).

   i. Nie lubię (płynąć).

   j. Nie lubię (lecieć).

   k. Nigdy nie (nieść) tego koloru.

   l. Nigdy nie (wieźć) dziecka w wózku.

   m. Kiedy ten człowiek już (iść)?

   n. Kiedy ta kobieta już (jechać)?

   o. Samolot zaraz (lecieć).

2. Depending on the context, supply the proper perfective or imperfective form of the parenthesized infinitives:

> (wyjść) z domu o ósmej
>
> (przyjeżdżać) do biura o dziewiątej
>
> (wyjechać) z biura o piątej
>
> (przychodzić) do domu o szóstej

   a. W tym roku Karol —— .

   b. Jutro Karol —— .

   c. W zeszłym roku Karol —— .

   d. Wczoraj Karol —— .

   e. W przyszłym roku Karol —— .

3. Depending on the context, supply the proper perfective or imperfective of the parenthesized infinitives:

> (przylecieć) samolotem
>
> (odchodzić)
>
> (odjechać)
>
> (pojechać) do Warszawy
>
> (iść) do apteki
>
> (przynieść) zabawki dzieciom
>
> (przywozić) butelkę wina

   a. Niech pan —— .

   b. Niech pan nie —— .

4. Fill in the proper present and past-tense forms of the following infinitives:

kłaść się   móc   nieść   wieźć   siąść   jeść   iść   jechać

a. (Ja) —— .   e. (My) —— .

b. (Ty) —— .   f. (Wy) —— .

c. On —— .   g. Oni —— .

d. Ona —— .   h. One —— .

SŁÓWKA   VOCABULARY

auto, -a n.	car, automobile	mnóstwo, -a n.	lots, multitude
autobusowy, -ego	pert. to a bus	naokoło	all around
aż	until, as much as	narta, -y f.	ski
		natomiast	but, on the other hand
bajka, -i; bajek f.	fable, fairy tale		
		nieść D: niesie, niosą; niósł, niosła, nieśli	carry (X), bear
Berlin, -a i.	Berlin		
butelka, -i; -lek f.	bottle		
		nosić ND; -si, -szą	carry (X), bear; wear
chodzić ND; chodzi, -dzą	go (X), walk	odchodzić I; -dzi, -dzą	go (X) away, leave, depart
dopóki	while, as long as	odejść P; -jdzie, -jdą; odszedł, odeszła	go (X) away, leave, depart
—	until		
dyrektor, -a v.	director		
inaczej	otherwise, differently	odjechać P; -jedzie, -jadą	go (o=o) away, leave, depart
jeździć ND; -i, jeżdżą	go (o=o), ride, drive	odjeżdżać I; -a, -ają	go (o=o) away, leave, depart
kieliszek, -szka i.	(liquor) glass	odlatywać I; -tuje, -tują	go away (flying), fly away
korzystać I; -a, -ają	enjoy, make use of, take advantage of	odlecieć P; -ci, -cą	go away (flying), fly away
		odpłynąć P; -nie, -ną; -nął, -nęła	swim away, sail off
którędy	which way?		
kurtka, -i; -tek f.	(pea) jacket	odpływać I; -a, -ają	swim away, sail off
latać ND; -a, -ają	fly, dart		
		operacja, -ji; -je, -ji f.	operation
łyżwa, -y; -żew f.	skate	osiemnasty, -ego	eighteenth

osiemnaście, -astu	eighteen	przywozić I; -zi, -żą	bring (o=o)
osobowy, -ego	slow, local (passenger train)	rozkład, -u i.	schedule, timetable
paczka, -i; -czek f.	parcel, package	sala, -i f.	room, hall
		słodycze, -y pl.	candy
parę, -u	several	spódnica, -y f.	skirt
pieszo	on foot	spróbować P;	try, attempt
płynąć D; -nie, -ną; -nął, -nęła	float, swim, go by water	-buje, -bują	
		szkolny, -ego	pert. to school
poczuć się P; -uje, -ują	feel (intr.)	tamtędy	that way over there
pośpieszny, -ego	fast, express (train)	tędy	this way
pośpieszyć się P; -y, -ą	hurry up, hasten	trwać I; -a, -ają	last, continue
		ważny, -ego	important
potrafić P; -fi, -fią	be able, know how	wieźć D; wiezie, wiozą; wiózł, wiozła, wieźli	transport, take (o=o)
powoli	slowly		
Praga, -i f.	Prague	wino, -a n.	wine
próbować I; -buje, -bują	try, attempt	wkładać I; -a, -ają	put in, put on
przychodzić I; -dzi, -dzą	come (X), arrive	włożyć P; -y, -ą	put in, put on
przyjechać P; -jedzie, -jadą	come (o=o), arrive	wolno	freely, it is allowed; slowly
przyjeżdżać I; -a, -ają	come (o=o), arrive	wozić ND; -zi, -żą	transport, take (o=o)
przylatywać I; -tuje, -tują	fly in, come, arrive (by air)	wódka, -i; -dek f.	vodka
		wózek, -zka i.	handcart; (baby) carriage
przylecieć P; -ci, -cą	fly in, come, arrive (by air)	wychodzić I; -dzi, -dzą	go (X) out, leave
przynieść P; -niesie, -niosą; -niósł, -niosła, -nieśli	bring (X)	wyjechać P; -jedzie, -jadą	go (o=o) out, leave
		wyjeżdżać I; -a, -ają	go (o=o) out, leave
przynosić I; -si, -szą	bring (X)	wyjść P; -jdzie, -jdą; -szedł, -szła	go (X) out, leave
przystanek, -nku i.	(public conveyance) stop		
		wykładowy, -ego	pert. to lectures
przywieźć P; -wiezie, -wiozą; -wiózł, -wiozła, -wieźli	bring (o=o)	wylatywać I; -tuje, -tują	leave by air, fly out

wylecieć P;   leave by air,   zdążyć P; -y, -ą   be in time,
 -ci, -cą   fly out   have enough
                                                                   time
zabawka, -i;   toy
 -wek f.   zebrać się P;   gather
                                              zbierze, zbiorą
zamiast prep.   instead
 w. gen.   zrobić się P   grow, get
                                              impers.; -i
zanim   before
                                             żeby   in order, so
                                                                  that; to

ZDANIA

SENTENCES

1. Wczoraj po południu
   postanowiłem odwiedzić swego
   kolegę i przy okazji trochę
   się przejść.

Yesterday afternoon I decided
to visit a friend of mine
and take a stroll in the
bargain.

2. Wyszedłem z domu o czwartej i
   poszedłem w kierunku miasta.

I left the house at four o'clock and
went in the direction of the city.

3. Nie uszedłem pięciu kroków,
   kiedy zaczął padać deszcz.

I hadn't gone five steps when
it began raining.

4. Pomyślałem, że dobrze by było
   kupić parasol, bo stary już
   dawno zgubiłem.

I thought that it would be a good
idea to buy an umbrella since I
lost my old one a long time ago.

5. Wszedłem do domu towarowego,
   wjechałem windą na drugie
   piętro i podszedłem do
   stoiska z parasolami.

I went into a department store,
took the elevator to the third
floor, and walked up to the
umbrella counter.

6. Miła ekspedientka pomogła mi
   w wyborze.

A pleasant saleslady helped me
select one.

7. Po chwili zszedłem na dół z
   porządnym, nowym parasolem.

After a while, I went down with a
fine, new umbrella.

8. W pewnej chwili zobaczyłem
   znajomego, z którym wolałem
   się nie spotkać.

At one point I noticed an
acquaintance whom I preferred
not to meet.

9. Zszedłem z chodnika,
   przeszedłem na drugą stronę
   ulicy i wszedłem do księgarni.

I stepped off the sidewalk, went
to the other side of the street,
and entered a bookstore.

10. Obejrzałem nowości wydawnicze,
    kupiłem jedną książkę i
    wyszedłem.

I looked over some recent
publications, bought a book, and
went out.

11. Szybko przeszedłem przez Plac
    Trzech Krzyży i doszedłem
    do domu mego przyjaciela.

I quickly crossed the Square of
Three Crosses and reached my
friend's house.

12. Drzwi frontowe były zamknięte,
    obszedłem więc dom i wszedłem
    przez tylne wejście.

The front door was locked so I went
around the house and came in
through the back entrance.

13. Winda nie działała,
    musiałem więc wejść na
    czwarte piętro po schodach.

The elevator wasn't working
so I had to walk upstairs
to the fifth floor.

14. Kiedy wszedłem na górę,
okazało się, że nikogo nie
ma w domu.

When I got upstairs, it
turned out that nobody
was in.

15. Z przykrością odszedłem od
drzwi i zdecydowałem się
wrócić do domu.

Sadly I walked away from
the door and decided to
return home.

16. Na rogu Świętokrzyskiej i
Krakowskiego Przedmieścia
byłem świadkiem wypadku
samochodowego.

At the corner of Swietokrzyska
and Krakowskie Przedmiescie
Streets I witnessed an
automobile accident.

17. Zderzyły się dwa samochody —
jeden jechał prosto a
drugi skręcał w lewo.

Two cars had collided —
one was going straight, the
other was making a left turn.

18. Na miejscu wypadku zebrało
się dużo przechodniów.

Many passers-by had gathered at
the place of the accident.

19. Wkrótce jednak nadszedł
milicjant i wszyscy się
rozeszli.

However, soon a militiaman ar-
rived and everybody went his
way.

20. Kiedy przyszedłem do domu
dochodziła siódma.

When I came home it was close to
seven o'clock.

21. W zeszłą niedzielę z kilkoma
kolegami wybraliśmy się na
wycieczkę rowerami.

Last Sunday I and several friends
of mine set out on an excursion
by bicycle.

22. Wyjechaliśmy z miasta o
wschodzie słońca, kiedy
nie było jeszcze dużego ruchu.

We left town at sunrise
when the traffic was still
light.

23. Nie przejechaliśmy nawet
pięciu kilometrów, kiedy
Jurek najechał na gwóźdź
i przebił oponę.

We had scarcely gone five
kilometers when George ran
over a nail and punctured
his tire.

24. Zjechaliśmy z szosy,
zsiedliśmy z rowerów i
pomogliśmy Jurkowi
naprawić dętkę.

We rode off the highway, got
off our bicycles and helped
George repair the tube.

25. Po jakimś czasie przejechaliśmy most na Rabie
i wjechaliśmy w las.

After a while we went across the
bridge on the Raba and rode
into the forest.

26. Co kilkanaście kilometrów
zatrzymywaliśmy się i
odpoczywali przy drodze.

Every few kilometers we stopped
and rested by the roadside.

27. Kiedy dojechaliśmy do polanki,
przez którą przepływał
strumyk, zdecydowaliśmy się
zsiąść z rowerów i zjeść obiad.

When we reached a meadow
through which a brook ran,
we decided to get off the
bicycles and have lunch.

28. Usiedliśmy w cieniu, zjedliśmy
    kanapki z szynką, napiliśmy
    się wody i odpoczęliśmy.

We sat down in the shade, ate
ham sandwiches, drank some
water, and rested.

29. Po odpoczynku wsiedliśmy na
    rowery i pojechali dalej.

Having rested, we got on our
bicycles and rode on.

30. Koło czwartej po południu
    wyjechaliśmy na szosę, którą
    mieliśmy wracać do miasta.

Around four P.M. we rode onto
the highway on which we were to
return to the city.

31. Ledwie jednak ujechaliśmy
    kilkaset metrów, okazało się,
    że drogę naprawiają i że
    trzeba ją objechać.

However, we had hardly gone several hundred meters when it
turned out that the road was being repaired and it was necessary to make a detour.

32. W jednym miejscu Rysiek o mało
    (co) nie przejechał kota,
    który nagle wyskoczył na drogę.

At one point Dick almost ran over
a cat which suddenly jumped
onto the road.

33. Przed samym miastem musieliśmy
    jeszcze wjechać na dość
    dużą górę.

Just before reaching the city
we had to climb a fairly
high hill.

34. Zmęczyliśmy się trochę, ale
    potem z przyjemnością
    zjechaliśmy w dół.

We got a bit tired, but then
rode downhill with
pleasure.

35. Kiedy przyjechaliśmy do miasta,
    słońce już zachodziło.

When we reached the city, the
sun was already setting.

36. Koło mostu na Wiśle pożeg-
    naliśmy się i rozjechali
    do domów.

Near the bridge on the Vistula we
said good-by to each other and
went home.

37. Byłem tak zmęczony, że ledwie
    dojechałem do domu.

I was so tired that I hardly
managed to reach my house.

38. Wsiadłem do auta i pojechałem.
    na motor

I got into the car and drove off.
on the motorcycle

Wysiadłem z auta i poszedłem pieszo.
Zsiadłem z motoru

out of the car and walked.
off the motorcycle

39. Wsiadam do autobusu przed samym
    domem.
    na rower

I get on the bus right in front of
the house.
bicycle

Wysiadam z autobusu
Zsiadam z roweru

off the bus
bicycle

40. Za kogo wyszła za mąż pańska
    siostra?

Whom did your sister marry?

Z kim się ożenił pański brat?

brother

41. Moja siostra wyszła za mąż
    za studenta medycyny.

My sister married a medical student.

Mój brat się ożenił ze
studentką konserwatorium.

My brother married a music
student.

42. Moja siostra dzisiaj wychodzi
za mąż.

My sister is getting married today.

Mój brat dzisiaj się żeni.

brother

43. Ślub odbędzie się po południu.

The wedding will be in the afternoon.

44. Skąd pochodzi narzeczony
pańskiej siostry?

Where is your sister's fiancé
from?

Skąd pochodzi narzeczona
pańskiego brata?

Where is your brother's fiancée
from?

45. Narzeczony siostry pochodzi
z Pomorza.

My sister's fiancé comes from
Pomerania.

Narzeczona brata pochodzi
ze Śląska.

My brother's fiancée comes from
Silesia.

46. On mieszka za miastem i
codziennie dojeżdża do pracy.

He lives out of town and
commutes every day to work.

47. Schodziliśmy się co tydzień.
              miesiąc.

We used to gather (X) every week.
              month.

Zjeżdżaliśmy się co roku.
            dwa lata.
            pięć lat.

(o=o) every year.
            two years.
            five years.

48. Niech pan po drodze zajdzie
            zajedzie
po mnie—mieszkam na
parterze.
pierwszym piętrze.
drugim
trzecim

Pick me up (X)
        (o=o)
on your way—I live on
the first floor.
second
third
fourth

49. Dużo przeszedłem w życiu.

I've gone through a lot in my life.

50. Od rana mi nie przechodzi
ból głowy.

Since this morning I haven't been
able to get rid of my headache.

51. Kogo to obchodzi?

Who cares?

52. To mnie nic a nic nie
obchodzi.

This doesn't concern me in
the least.

53. On się dobrze obchodzi z dziećmi.

He is good with children.

54. Gdzie tu jest wyjście?
        wejście?
        przejście?

Where is the exit?
        entrance?
        crossing?

55. Nic z tego nie wyjdzie.

Nothing will come of it.

56. Przed wyjazdem na wakacje
odjazdem żony
przyjazdem żony
muszę się ostrzyc.

Before leaving for my vacation
my wife's departure
my wife's arrival
I have to get a haircut.

57. Po wyjeździe na wakacje   After leaving for my vacation
    odjeździe męża   my husband's departure
    przyjeździe męża   my husband's arrival
    muszę sobie ściąć włosy.   I have to get my hair cut.

58. U kogo się pan strzyże?   Where do you get your haircut?
    sobie pani ścina włosy?   get your hair cut?

59. Chodzę zwykle do fryzjera   I usually go to the barber (hair-
    w Hotelu Europejskim—   dresser) in the Europejski Hotel—
    on pana dobrze ostrzyże.   he'll give you a good haircut.
    on pani dobrze zetnie włosy.   he'll cut your hair well.

60. Nigdy jeszcze u niego   I have never
    się nie strzygłem.   had a haircut there.
    nie ścinałam włosów.   had my hair cut there.

61. Niech pani usiądzie z przodu,   Why don't you sit in front
    a ja usiądę z tyłu.   and I'll sit in the back.

62. Proszę jechać prosto, a   Please drive straight ahead
    potem skręcić w (na) lewo.   and then turn left.
             prawo.   right.

GRAMATYKA   GRAMMAR

1. PREVERBS WITH VERBS OF MOTION

The meaning of preverbs with verbs of motion is fairly constant. Consequently, it is often possible to infer the meaning of a compound verb of motion from the meaning of its preverb. Following is a list of frequently used preverbs classified according to their reference.

a. Beginning or end of motion (_ _ _ _ _ _ _ _)

po- 'beginning motion' o→_ _ _ _ _ _ _

Pójdziemy?	Shall we go (X)?
Zaraz pójdę.	I'll go (X) right away.
Kto ze mną pojedzie?	Who will go (o=o) with me?
Pan Karol pojechał do Bostonu.	Charles went (o=o) to Boston.

u- 'covering a certain distance from the beginning of motion' —→o _ _ _ _ _

On nie mógł daleko ujść.	He couldn't have gone (X) far.
Nie ujechaliśmy pięciu kilometrów, kiedy zaczęło padać.	We hadn't gone (o=o) five kilometers when it began raining.

przy- 'reaching the end of motion' ‒ ‒ ‒ ‒ ‒ ‒ →○

Przyjdę o piątej.	I'll come (X) at five.
Nikt jeszcze nie przyszedł.	Nobody has come (X) yet.
Jutro przyjeżdżam.	I'm arriving (o=o) tomorrow.
Mój brat właśnie przyjechał.	My brother has just arrived (o=o).

b. Starting point or goal (•)

od- 'moving away from the starting point' •○→

Z przykrością odszedłem od drzwi.	Sadly I walked away from the door.
Niech pan jeszcze nie odchodzi.	Don't leave (X) yet.
Jutro odjedziemy z Nowego Jorku.	Tomorrow we're leaving (o=o) New York.
Dzisiaj odjeżdżamy do Waszyngtonu.	Today we're leaving (o=o) for Washington.

roz- 'moving away from a common starting point toward different goals'

Wszyscy się rozeszli.	Everybody went (X) his way.
Rozjechaliśmy się do domów.	Each of us went to his place.

do- 'moving as far as the goal' →○•

Nie wiem, czy dojdę.	I don't know whether I'll make (X) it.
Doszedłem do wniosku, że to prawda.	I've reached the conclusion that it's true.
O piątej dojechałem do domu.	I reached (o=o) home at five.
Autobus nie dojeżdża do mojego domu.	The bus doesn't go as far as my house.

z- 'moving to a common goal from different starting points'

Zeszło się dużo przechodniów.	Many passers-by gathered (X).
Po wykładach schodziliśmy się w kawiarni.	After classes we used to gather (X) in a coffee shop.
Zjeżdżaliśmy się co roku.	We used to gather (o=o) every year.

c. Confining area (⊔)

w- 'moving into a confining area' ⌐⌐

Można wejść?	May I come in?
Weszliśmy do pokoju.	We entered the room.
Wjechałem do lasu.	I drove into the forest.

wy- 'moving out of a confining area' ⌐⌐

Dyrektor wyszedł.	The director has gone (X) out.
Wychodzimy właśnie do restauracji.	We're just going (X) out to a restaurant.
Wyjechaliśmy z miasta o ósmej.	We left (o=o) the city at eight.
W tym roku nie wyjeżdżam na wakacje.	This year I'm not going (o=o) away for the vacation.

za- 'moving into and out of a confining area' ⌐⌐ : with the preposition po + acc. the motion out of a confining area is accompanied by the object of the preposition; with other prepositions, the accompaniment is not specified.

Zajdę po pana.	I'll stop by and pick you up.
do	I'll stop by at your place.
Zaszedłem po książkę.	I dropped in to pick up a book.
do księgarni.	I dropped in at a bookstore.

d. Object along the way (▭)

pod- (with the preposition do + gen.) 'moving up to the object' →o▭

Podszedłem do stołu.	I went (X) up to the table.
Proszę do mnie nie podchodzić.	Please don't come (X) near me.

w- (with the preposition na + acc.) 'moving upward toward the top of the object' ▱▭

Wszedłem na drugie piętro.	I walked to the third floor.
Wjechałem na górę.	I rode to the top.

z- 'moving downward toward the base of the object'

Zszedłem na dół.	I walked down.
Schodzę z drugiego piętra.	I'm walking down from the third floor.
Zjechaliśmy windą.	We went down by elevator.
Zjeżdżamy tu z szosy.	We are getting off the highway here.

za- (without a preposition or with the preposition za + acc.) 'moving behind the object

Słońce zachodzi.	The sun is setting.

na- 'moving upon the object'

Najechałem na gwóźdź.	I drove over a nail.

ob- 'moving around the object' or

Obszedłem dom.	I walked around the house.
Objechaliśmy miasto.	We drove around the city.

prze- 'moving across or through the object' or

Przeszedłem na drugą stronę ulicy.	I crossed (X) to the other side of the street.
Proszę tędy nie przechodzić.	Please don't cross (X) here.
O mało co nie przejechałem kota.	I almost ran over a cat.
Codziennie przechodzę obok tego sklepu.	I walk by this store every day.

2. SPECIAL MEANINGS OF VERBS OF MOTION

The following verbs of motion are used with meanings which cannot be inferred from the meaning of the preverb (cf. XVIII 4).

a. Perfective and imperfective aspects

wyjść/wychodzić za mąż	marry (of a woman)
przejść/przechodzić	stop (of a sensation)
obejść się/obchodzić się	treat, have an attitude

b. Perfective aspect only

przejść się	go for a stroll
przejechać się	go for a ride

c. Imperfective aspect only

pochodzić	originate
obchodzić	concern
dochodzić	be getting on (of time)
dojeżdżać	commute

3. SPELLING OF THE PREVERB Z-

Before voiceless consonants except s, ś, sz, the preverb z- is spelled s- (ś-
before ć; see VII 6 b and S. & S. 10 b (1)).

dać	give	z-dać	pass (an exam)
robić	do	z-robić	do
siąść	sit	z-siąść	dismount
szedł	he walked	z-szedł	he walked down

but

płacić	pay	s-płacić	pay off
chodzić	walk	s-chodzić	walk down
ciąć	cut	ś-ciąć	cut off

4. VOCALIC FORM OF PREVERBS ENDING IN A CONSONANT

Following are additional examples of the vocalic form of preverbs (see XVI
10):

ode-jść	walk away (perf.)	od-chodzić	walk away (imperf.)
we-szła	she walked in	w-szedł	he walked in
ze-tnę	I'll cut off	ś-ciąć	to cut off

5. VERBS IN A CONSONANT AND N OR M

Some verbs of Conjugation I are characterized by present-tense stems consisting of one or two consonants (C or CC) followed by a nasal consonant (n or m). These verbs, though few in number, occur frequently. In past-tense stems the nasal consonant is replaced by a nasal vowel ($ę$ or $ą$; for distribution see X 6 e). The consonant before the nasal vowel is replaced according to the $C \sim C_1$ pattern of alternations.

ze-tn-ę	I'll cut off	ś-cię-ła	she cut off
ze-tni-e	he'll cut off	ś-cią-ł	he cut off
ze-tn-ą	they'll cut off	ś-cią-ć	to cut off
zde-jm-ę	I'll take off	zd-ję-ła	she took off
zde-jmi-e	he'll take off	zd-ją-ł	he took off
zde-jm-ą	they'll take off	zd-ją-ć	to take off

Note: zd- in zdjąć 'take off' is an irregular variant of the preverb z-.

6. SIĄŚĆ 'SIT' AND ITS COMPOUNDS

The basic meaning of siąść/siadać (see XVI 3 and 8 a-b) is 'to assume a sitting position.'

Siądę na krześle.	I'll sit in a chair.
Siadam	I'm sitting down in a chair.
Siadłem do kolacji o ósmej.	I sat down to supper at eight.
Siadałem	I used to sit down to supper at eight.

The perfective compound usiąść 'sit down' does not have an imperfective counterpart.

Usiądę w cieniu.	I'll sit down in the shade.

The perfective compounds wsiąść, wysiąść, zsiąść denote the action of getting on (preverb w-) or off (preverb wy- 'from inside' and z- 'from the top')a conveyance which presupposes travel in a sitting position. Imperfective compounds are formed with siadać.

Motion to the inside	Wsiądę do tramwaju. Wsiadam	I'll get on the streetcar. I'm getting
Motion to the top	Wsiądę na rower. Wsiadam	I'll get on the bicycle. I'm getting
Motion from inside	Wysiądę z tramwaju. Wysiadam	I'll get off the streetcar. I'm getting
Motion from the top	Zsiądę z roweru. Zsiadam	I'll get off the bicycle. I'm getting

7. SHORT VARIANTS OF POSSESSIVE ADJECTIVES

Except before the nominative endings and the ending -$\emptyset$, the possessive adjectives mój 'my,' twój 'your (fam.),' and swój 'one's own' have alternate forms based on the shorter stems m-, tw-, and sw- respectively. The short forms are literary.

On stoi koło mojego (mego) domu. twojego (twego) swojego (swego)	He stands near my house. your his
On czeka przed moją (mą) szkołą. twoją (twą) swoją (swą)	He waits in front of my school. your his
On opowiada o moich (mych) kolegach. twoich (twych) swoich (swych)	He's talking about my friends. your his

8. PIĘTRO 'FLOOR, STORY' AND PARTER 'FIRST (GROUND) FLOOR'

Polish parter corresponds to the American first or ground floor; Polish pierwsze piętro corresponds to the American second floor, etc.

Mieszkam na parterze. pierwszym piętrze. czwartym piętrze.	I live on the first floor. second fifth

9. INDICATING REGULAR INTERVALS

Regular intervals are indicated by the pronoun co + nom. or acc. of a unit of measure.

Co godzina (godzinę). Co dwa miesiące. Co pięć lat. Co kilka kilometrów.	Every hour. two months. five years. several kilometers.

The noun rok 'year' appears anomalously in the gen. or in the acc.

Co roku (rok).	Every year.

The expression co dzień 'every day' is commonly replaced by the adverb codziennie.

Co dzień boli mnie głowa. Codziennie	I have headaches every day.

10. EXPRESSIONS O MAŁO (CO) NIE AND LEDWIE PLUS A VERB

The expression o mało (co) nie + verb indicates that the actor barely missed doing something; the expression ledwie (or ledwo) + verb indicates that the actor barely managed to do something.

O mało co nie przejechałem kota.	I barely missed running over a cat.
Ledwie dojechałem do domu.	I barely managed to reach home.

ZADANIE   EXERCISES

1. Fill in the proper past-tense forms of the perfective compounds of iść, jechać and the present-tense forms of the matching imperfectives; for the explanation of symbols, see Grammar, 1.

   a. Karol ⊙→ _ _ _ do domu.

   b. Karol ⌊♂⌉ z lasu.

   c. Karol ⌈ ⌉ na czwarte piętro.

   d. Karol •⊙→ z domu.

   e. Wszyscy do domów.

   f. Karol do bramy.

   g. Karol z czwartego piętra.

   h. Karol →⊙• do domu.

   i. Karol do lasu.

j. Karol dom.

k. Karol ——→o do domu o piątej.

l. Wszyscy .

m. Karol przez ulicę.

n. Słońce → . [iść only]

o. Karol na gwóźdź. [jechać only]

2. Fill in the proper present and past-tense forms of the following infinitives:

ściąć   zdjąć   strzyc   odejść

a. (Ja) —— .   e. (My) —— .

b. (Ty) —— .   f. (Wy) —— .

c. On —— .   g. Oni —— .

d. Ona —— .   h. One —— .

SŁÓWKA   VOCABULARY

ból, -u; -e, -ów/ -i i.	ache, pain	duży, -ego; duzi	large, big
		działać I; -a, -ają	work, function
chodnik, -a i.	sidewalk	dziewiętnasty, -ego	nineteenth
codziennie	every day, daily		
		ekspedientka, -i; -tek f.	saleslady
dętka, -i; tek f.	(inner) tube		
dochodzić I; -dzi, -dzą	reach (X)	frontowy, -ego	front
		gwóźdź, gwoździa; -e, -i i.	nail
dojechać P; -jedzie, jadą	reach (o=o)		
dojeżdżać I; -a, -ają	reach (o=o), commute	kanapka, -i, -pek f.	canapé, sandwich
dojść P; -jdzie, -jdą; -szedł, -szła	reach (X)	kierunek, -nku i.	direction, trend
		kilkaset, kilkuset	several hundred, hundreds

kilometr, -a i.	kilometer
konserwatorium; -ria, -riów n.	conservatory, school of music
krakowski, -ego	pert. to Cracow, Cracovian
krok, -u i.	step
krzyż, -a; -e, -y/-ów i.	cross
księgarnia, -ni; -nie, -ni f.	bookshop, bookstore
las, -u; lesie (loc.) i.	forest, woods
ledwie	hardly, barely
lewo	left (adv.)
milicjant, -a v.	militiaman
most, -u i.	bridge
nadejść P; -jdzie, -jdą; nadszedł, nadeszła	come, arrive (X)
nagle	suddenly
najechać P; -jedzie, -jadą	run into, run over
napić się P; -ije, -iją	have (something to drink), drink
naprawić P; -wi, -wią	fix, repair
narzeczona, -ej f.	fiancée
narzeczony, -ego; -czeni v.	fiancé; engaged couple
nowość, -ci; -ci f.	novelty, news
o mało nie	almost, all but
obchodzić I; -dzi, -dzą	go (X) around; concern
—się	handle, treat, have an attitude

obejrzeć P; -y, -ą	look over, examine
objechać P; -jedzie, -jadą	go (o=o) around, make a detour
odbyć się P; -będzie, -będą	take place
odjazd, -u, -jeździe (loc.) i.	departure
odpocząć P; -cznie, -czną; -czął, -częła	rest
odpoczywać I; -a, -ają	rest
odwiedzić P; -dzi, -dzą	visit
okazać się P; -aże, -ażą	turn out, appear
okazja, -ji; -je, -ji f.	opportunity, bargain
opona, -y f.	tire
ostrzyc P; -yże, -ygą; -ygł	cut hair
—się	have one's hair cut
ożenić się P; -ni, -nią	get married (of a man)
parter, -u i.	ground floor
piętro, -a; -ter n.	floor, story
pochodzić I; -dzi, -dzą	originate
polanka, -i; -nek f.	clearing, meadow
Pomorze, -a n.	Pomerania
pomyśleć P; -li, -lą	think
porządny, -ego	fine, solid, decent

postanowić P; -wi, -wią	decide	schodzić I; -dzi, -dzą	go (X) down, step down
prawo	right (adv.)	—się	come (X) together, gather
prosto	straight, directly	skręcać I; -a, -ają	turn
przebić P;-bije,-ą	puncture, pierce	skręcić P; -ci, -cą	turn
		stoisko, -a n.	stand
przechodzić I; -dzi, -dzą	go (X) across, go through; go away (of a sensation)	strumyk, -a i.	brook
		strzyc I; -yże, -ygą; -ygł	cut hair
przechodzień, -dnia; -e, -ów v.	passer-by	—się	have one's hair cut
przedmieście, -a; -a, -i n.	suburb	szosa, -y f.	highway
		szynka, -i; -nek f.	ham
przejechać P; -jedzie, -jadą	go (o=o) across, go through	ściąć P; zetnie, -ną; ściął, ścięła	cut
—się	go for a ride		
przejście, -a n.	crossing	ścinać I; -a, -ają	cut
przejść P; -jdzie, -jdą; -szedł, -szła	go (X) across, go through; go away (of a sensation)	Śląsk, -a i.	Silesia
		ślub, -u i.	marriage, wedding
—się	go for a stroll	świadek, -dka; -owie v.	witness
przepływać I; -a, -ają	flow through, go across (by water)	tylny, -ego	rear, back
		tył, -u i.	rear, back
przód, przodu i.	front	ujechać P; ujedzie, ujadą	cover a (certain) distance (o=o)
przyjazd, -u, -jeździe (loc.) i.	arrival		
przykrość, -ci; -ci f.	annoyance, unpleasant- ness	ujść P; ujdzie, ujdą; uszedł, uszła	cover a (certain) distance (X)
Raba, -y f.	the Raba (River)	usiąść P; usiądzie, usiądą, usiadł, usiedli	sit down
rozejść się P; -jdzie, -jdą; rozszedł, rozeszła	go (X) in different directions, dis- perse		
		wejść P; wejdzie, wejdą; wszedł, weszła	go (X) in, enter; go up
rozjechać się P; -jedzie, -jadą	go (o=o) in dif- ferent direc- tions, disperse	winda, -y f.	elevator
		wjechać P; wjedzie, wjadą	drive in, enter (o=o), ride up
schody, -ów pl.	stairs	wkrótce	soon, shortly

wniosek, -sku i.	conclusion	zajechać P; -jedzie, -jadą	come (o=o) round, drop in
wschód, -odu i.	sunrise		
wsiadać I; -a, -ają	get on (a conveyance which presupposes travel in a sitting position)	zajść P; -jdzie, jdą; szedł, -szła	come (X) round, drop in; set (of the sun, moon)
wsiąść P; -wsiądzie, -dą; -wsiadł, wsiedli	get on (a conveyance which presupposes travel in a sitting position)	zatrzymywać się I; -muje, -mują	stop (intr.)
		zdecydować się P; -duje, -dują	decide, make up one's mind
		zderzyć się P; -y, -ą	collide
wybrać się P; -bierze, biorą	set out	zejść P; zejdzie, -dą; zszedł, zeszła	go (X) down, step down
wybór, -boru i.	choice, selection		
wychodzić za mąż I; -dzi, -dzą	marry (of a woman)	—się	come (X) together, gather
wydawniczy, -ego	pert. to publications, publishing	zetnie see ściąć	
		zjazd, -u, zjeździe (loc.) i.	congress
wyjazd, -u, wyjeździe (loc.) i.	leaving (o=o), departure	zjechać P; zjedzie, zjadą	go (o=o) down, ride down
wyjście, -a n.	leaving (X), way out, exit	—się	come (o=o) together, gather
wyjść za mąż P; -jdzie, -jdą; -szła	marry (of a woman)	zjeżdżać I; -a, -ają	go (o=o) down, ride down
wysiadać I; -a, -ają	get out (of a conveyance which presupposes travel in a sitting position)	—się	come (o=o) together, gather
wysiąść P; -siądzie, -siądą; -siadł, -siedli	get out (of a conveyance which presupposes travel in a sitting position)	zsiadać I; -a, -ają	get off (a conveyance which presupposes travel in a sitting position)
wyskoczyć P; -y, -ą	jump out	zsiąść P; zsiądzie, -dą; zsiadł, zsiedli	get off (a conveyance which presupposes travel in a sitting position)
zachodzić I; -dzi, -dzą	come (X) round, drop in; set (of the sun, moon)	żenić się I; -ni, -nią	marry (of a man)

ZDANIA

SENTENCES

1. Proszę o ciszę.
       pomoc.
       spokój.

Silence, please.
Help,
Quiet,

2. Czy pan czyta po polsku?

Do you read Polish?

   Czy pan czytuje „Kulturę"?

Do you read "Kultura?"

3. Pisałem do niego kilka razy,
   ale mi nie odpisał.

I wrote to him several times,
  but he didn't answer.

   Kiedy byłem młody, pisywałem
   wiersze.

When I was young I used to write
  poetry.

4. Jestem teraz bardzo zajęty.

I'm very busy now.

   Wieczorami bywam zajęty.

Evenings I'm often busy.

5. Czy widzi pan tę dziewczynę
   w niebieskiej sukience?

Do you see that girl in the blue
  dress?

   Czy widuje się pan z panią Wandą?

Are you seeing Wanda?

6. Chętnie gram w tenisa.

I like to play tennis.

   Ostatnio rzadko grywam w golfa.

Lately I haven't played much golf.

7. Już nie śpię.

I'm not asleep.

   Bardzo źle sypiam.

I sleep very badly.

8. Nie jem grzybów.

I don't eat mushrooms.

   Śniadanie zwykle jadam w domu.

I usually have breakfast at home.

9. Mam katar.

I have a head cold.

   Często miewam bóle głowy.

I often have headaches.

10. Jak się pan miewa?

How are you?

11. Skąd pan idzie?
    Dokąd

Where are you coming from?
Where are you going?

12. Odkąd pan tu jest?
    Dokąd pan tu będzie?

How long have you been here?
How long will you be here?

13. Stąd dotąd jest osiem cali.

From here to there it's eight inches

14. Stąd do Kalifornii jest trzy
    tysiące mil, a stamtąd do
    Kanady jest sześćset mil.

From here to California it's three
  thousand miles and from there to
  Canada it's six hundred miles.

15. Odtąd żyliśmy ze sobą szczę-
    śliwie.

Since that time we have lived
  together happily.

16. Znikąd nie mam wiadomości.   I've had no news from anywhere.

17. Zewsząd schodzili się ludzie.   People were coming from all di-
                                          rections.

18. Skądś znam tego człowieka,   I know this man from somewhere
    ale nie pamiętam skąd.   but I don't remember from where.

19. Czy pan tu też mieszkał,   Did you also live here when I
    kiedy ja tu mieszkałem?   lived here?

20. Wtedy tu nie mieszkałem.   At that time I didn't live here.
    Nigdy   I've never lived here.
    Zawsze tu mieszkałem.   I've always lived here.
    Kiedyś   At one time I lived here.

21. Przyjdź kiedykolwiek,   Come any time, you'll
    zawsze mnie zastaniesz.   always find me in.

22. Gdzieś tego człowieka   I saw this man somewhere but I
    widziałem, ale nie mogę sobie   can't remember where.
    przypomnieć gdzie.

23. Gdziekolwiek nocuję, zawsze   No matter where I spend the night
    doskonale śpię.   I always sleep well.

24. Wszędzie mam przyjaciół.   I have friends everywhere.

25. Przynieś mi coś do jedzenia.   Bring me something to eat.

26. Co ci przynieść?   What should I bring you?

27. Co bądź. Cokolwiek przy-   Anything. Whatever you bring I'll
    niesiesz będę ci wdzięczny.   be grateful for.

28. Chciałbym z kimś o tym   I would like to speak to someone
    pomówić.   about it.

29. Z byle kim nie będę o tym   I wouldn't speak about it to just
    mówił.   anyone.

30. Z kimkolwiek o tym mówię,   No matter whom I speak to about it,
    nikt mi nie wierzy.   nobody believes me.

31. Kup mi lody.   Buy me some ice cream.

32. Jakie? Śmietankowe, kawowe,   What kind? Vanilla, coffee,
    czekoladowe, truskawkowe?   chocolate, strawberry?

33. Jakie bądź. Jakiekolwiek mają.   Any kind. Whatever they have.

34. Proszę wytrzeć ręce i siąść   Please wipe your hands and come
    do stołu.   to the table.

    Niech pan wytrze ręce i siądzie   Wipe your hands and come to
    do stołu.   the table.

    Wytrzyj ręce i siądź do stołu.   Wipe your hands and come to the
                                          table.

35. Zaraz wytrę ręce i siądę do   I'll wipe my hands right away and
    stołu.   come to the table.

36. Janek wytarł ręce i siadł do
    stołu.

Jack wiped his hands and came to
the table.

37. Skończcie rozmawiać i
    zacznijcie jeść.

Stop talking and start eating.

38. Zjedzmy szybko i chodźmy
    do kina.

Let's eat quickly and go to the
movies.

39. Bądź tak dobry i podaj mi
    serwetkę.
    musztardę.
    ' sól.
    pieprz.
    cukier.

Please (be so kind as to) pass me
a napkin.
the mustard.
salt.
pepper.
sugar.

40. Weźcie państwo jeszcze trochę
    zupy.
    ryby.
    jarzyny.
    sałaty.
    kompotu.
    mięsa.
    ziemniaków.
    owoców.

Won't you have more
soup?
fish?
vegetables?
salad?
fruit salad?
meat?
potatoes?
fruit?

41. Daj mi, z łaski swojej,
    gruszkę.
    mandarynkę.
    pomarańczę.
    banana.
    kawałek tortu.
    ciastko.
    jabłko.
    orzechy.

Won't you please give me
a pear?
a tangerine?
an orange?
a banana?
a piece of cake?
a piece of pastry?
an apple?
some nuts?

42. Napijmy się kawy.
    herbaty.
    wody.
    wódki.
    soku pomarańczowego.
        pomidorowego.
    piwa.
    wina.
    mleka.

Let's have some coffee.
                        tea.
                        water.
                        vodka.
                        orange juice.
                        tomato juice.
                        beer.
                        wine.
                        milk.

    czegoś ciepłego.
        gorącego.
        zimnego.

something warm (to drink).
                        hot
                        cold

43. Siedź spokojnie i nie
    wstawaj od stołu.

Sit quietly and don't get up
from the table.

44. Nie gwiżdż przy stole.

Don't whistle at the table.

45. Nie rozmawiaj z pełnymi
    ustami.

Don't talk with your mouth
full.

46. Nie kładź łyżki na obrusie;

        łyżeczki
        widelca
        noża
   połóz ją na talerzu.
       go

Don't put the spoon on the table-cloth;

       teaspoon
       fork
       knife
  put it on your plate.

47. Nie stawiaj karafki z wodą koło siebie; postaw ją na środku stołu.

Don't put the water pitcher next to you; put it in the middle of the table.

48. Wstań od stołu i idź na górę.

Get up from the table and go up-stairs.

49. Zdejm ten obraz ze ściany.

Take this picture down from the wall.

50. Pokaż mi jak to zrobić.

Show me how to do it.

51. Otwórzcie zeszyty i zamknijcie książki.

Open your notebooks and close your books.

52. Weźmy się do roboty.
   Bierzmy

Let's get down to work.

53. Nie dawaj mi głupich rad.

Don't give me stupid advice.

54. Nie miejcie mi tego za złe.

Don't take offense.

55. Nie róbcie mi na złość.

Don't do it to spite me.

56. Nie gniewaj się o byle co.

Don't get angry for nothing.

57. Chodź ze mną i pomóż mi napisać podanie o stypendium.

Come with me and help me write a scholarship application.

58. Powiedz, coś wczoraj robił.

Tell me what you did yesterday.

59. Nie kłam.

Don't lie.

60. Przypomnij mi, że mam dziś pójść do dentysty.

Remind me that I'm to see the dentist today.

61. Nie zapomnij o mnie.

Don't forget me.

62. Przyrzeknij mi, że mnie nie zapomnisz.

Promise me that you won't forget me.

63. Więcej mówcie, czytajcie i piszcie po polsku.

Do more speaking, reading, and writing in Polish.

64. Śpij dobrze.

Sleep well.

65. Miej się dobrze.

Keep well.

66. Bądź zdrów.

Good-by. (Farewell.)

GRAMATYKA   GRAMMAR

1. ACTUAL AND FREQUENTATIVE ASPECTS

Some simple verbs have two imperfective sets of forms: the forms which describe an action as sporadically recurrent are called frequentative in aspect; those which do not are called actual in aspect. Whereas frequentative verbs refer to an irregular repetition of an action, actual verbs refer to an action in progress or to its habitual, regular recurrence.

The subdivision of the imperfective aspect into actual and frequentative verbs differs from the subdivision into determined and nondetermined verbs, characteristic of the verbs of motion (see XVIII 2). The difference between these two aspect pairs is shown below:

Action in progress	Action habitually repeated	Action sporadically repeated
Imperfective palić 'smoke'		
Actual jeść 'eat'		Frequentative jadać 'eat'
Determined jechać 'drive'	Nondetermined jeździć 'drive'	

Action in progress:

Palę papierosa.	I'm smoking.
Jem kolację.	I'm having my supper.
Jadę do domu.	I'm on my way home.

Action habitually repeated:

Palę papierosy.	I smoke cigarettes.
Jem kolację o ósmej.	I have my supper at eight.
Jeżdżę do domu autobusem.	I go home by bus.

Action sporadically repeated:

Czasem palę cygara.	Occasionally I smoke cigars.
Czasem jadam w restauracji.	Occasionally I eat in a restaurant.
Czasem jeżdżę do domu rowerem.	Occasionally I go home on my bicycle.

Following is a list of actual and frequentative verbs occurring in this lesson:

Actual	Frequentative	
być	bywać	be
czytać	czytywać	read
grać	grywać	play
jeść	jadać	eat
mieć	miewać	have
pisać	pisywać	write
spać	sypiać	sleep
widzieć	widywać	see

The trisyllabic frequentative verbs follow Conjugation I; the dissyllabic ones follow Conjugation III:

Conj. I	pisywać, pisuję, -esz 'write'
Conj. III	grywać, grywam, -asz 'play'

Frequentative verbs do not have matching perfective verbs. Their stems coincide with the stems of compound imperfective verbs (see XVIII 4):

Simple Imperfective		Compound	
Actual	Frequentative	Perfective	Imperfective
pisać	pisywać	zapisać	zapisywać
grać	grywać	wygrać	wygrywać

2. VERBS IN R

Some verbs of Conjugation I are characterized by present-tense stems consisting of a consonant (C) followed by r. Their infinitive ending is -eć.

According to the general rule (see VIII 7 a), r is replaced by rz before oral vowels. Before consonantal endings (past tense) Cr is replaced by Car.

wy-tr-ę	I'll wipe off
wy-tr-ą	they'll wipe off
wy-trz-e	he'll wipe off
wy-trz-yj	wipe off!
wy-trz-eć	to wipe off
wy-tar-ł	he wiped off
wy-tar-ła	she wiped off

3. ADVERBS CONTAINING THE ROOTS K-, J-, T-, WSZ-

Some adverbs are formed from the roots:

k- (g-)	interrogative	(cf. kto, kogo; V 1)
j-	interrogative	(cf. jaki 'what sort of?')
t-	demonstrative	(cf. ten, tego; III 8)
wsz-	all	(cf. wszystko 'everything')

and the following adverb-forming suffixes:

-ędzie (-dzie)	location
-edy (-e, -dy)	time
-ąd	spatial or temporal origin or goal of motion
-ędy	path of motion
-ak	manner

The suffixes -u and -am in the demonstrative adverbs tu 'here' and tam 'over there' have the function of the suffix -(ę)dzie.

Some of these adverbs occur with prefixes which are either prepositions with their customary meanings or the prefixes ni- 'negative' (with interrogative adverbs) or tam- 'removed' (with demonstrative adverbs).

	k-	j-	t-	wsz-
-ędzie -dzie	gdzie nigdzie			wszędzie
-edy -dy -e	kiedy gdy nigdy		wtedy	 zawsze
-ąd	skąd odkąd dokąd znikąd		stąd odtąd dotąd stamtąd	zewsząd
-ędy			tędy tamtędy	
-ak		jak	tak	

4. INDEFINITE PARTICLES

The interrogative pronouns, adjectives, and adverbs are rendered indefinite by the addition of the postpositive particles -ś 'some' (see VI6), -kolwiek '(what)ever,' bądź 'any,' or the prepositive particle byle 'just any (with scorn).'

kto	who?	gen. kogo	instr. kim
ktoś	someone	kogoś	kimś
ktokolwiek	whoever	kogokolwiek	kimkolwiek
kto bądź	anyone	kogo bądź	kim bądź
byle kto	just anyone	byle kogo	byle kim
jaki	what sort of?	który	which? who?
jakiś	some sort of	któryś	some
jakikolwiek	whatever sort of	którykolwiek	whichever, whoever
jaki bądź	any sort of	który bądź	any
byle jaki	just any sort of		
gdzie	where?	kiedy	when?
gdzieś	somewhere	kiedyś	sometime, once
gdziekolwiek	wherever	kiedykolwiek	whenever
gdzie bądź	anywhere	kiedy bądź	anytime
byle gdzie	just anywhere	byle kiedy	just anytime

5. IMPERATIVE: FORMATION

In addition to polite commands (see VII 1) the Polish verb distinguishes three imperative forms: the singular and plural imperatives (sg. impv., pl. impv.) are commands, the inclusive imperative (incl. impv.) is an exhortation which includes the speaker.

The imperative is formed from the present-tense stem to which an imperative suffix -∅ or -ij is added; the imperative suffix is followed by the singular suffix -∅, plural -cie, or inclusive -my. The imperative suffix -yj/-ij occurs after the present-tense stems which contain no vowel (exclusive of preverbs) and after stems ending in a consonant (except r) followed by n:

Present Stem	3 Pl. Present	Sg. Impv.
wy-tr- 'wipe'	wytrą	wytrzyj
ś[p']- 'sleep'	śpią	śpij
za-czn- 'begin'	zaczną	zacznij
za-pomn- 'forget'	zapomną	zapomnij
przy-rzekn- 'promise'	przyrzekną	przyrzeknij

Elsewhere the suffix -$\emptyset$ is found:

	Present Stem	Present		Sg. Impv.
Conj. I	pisz- 'write' gwiżdż- 'whistle'	3 Pl.	piszą gwiżdżą	pisz gwiżdż
Conj. II	mó[w']- 'speak' siedź- 'sit'	3 Sg.	mówi siedzi	mów siedź
Conj. III	czytaj- 'read' siadaj- 'sit down'	3 Pl.	czytają siadają	czytaj siadaj

Notes:

a. Alternations $\underline{C} \sim \underline{C}_3$ and $\underline{o} \sim \underline{e}$ in Conjugation I

In Conjugation I, stems ending in an alternating consonant replace it before the imperative suffix according to the $\underline{C} \sim \underline{C}_3$ pattern of alternations (see S. & S. 24 c and cf. VIII 7 a).

The $\underline{C} \sim \underline{C}_3$ alternation is accompanied by the $\underline{o} \sim \underline{e}$ alternation of the stem vowel (see S. & S. 25 and VIII 7 b).

Present Stem	3 Pl. Present	Sg. Impv.
wstan- 'get up'	wstaną	wstań
zamkn- 'close'	zamkną	zamknij
bior- 'take'	biorą	bierz
kład- 'place'	kładą	kładź
nios- 'carry'	niosą	nieś
pomog- 'help'	pomogą	pomóż

b. $\underline{o} \sim \underline{ó}$ in Conjugation II

The root vowel $\underline{o}$ in verbs of Conjugation II is replaced by $\underline{ó}$ when it is followed by a voiced consonant, $\underline{l}$, or $\underline{j}$.

ro[b']- 'do'	robią	rób

Note: chodzić 'walk' has $\underline{o}$ in the imperative: chodź.

c. Palatalized labial consonants alternating with plain consonants.

In word-final position or before a consonant, palatalized labial consonants do not occur; they are replaced by corresponding plain consonants (see S. & S. 11 and cf. XI 1 d).

	Present Stem	Present		Sg. (Pl.) Impv.
Conj. I	kła[m']- 'lie'	3 Pl.	kłamią	kłam(cie)
Conj. II	ku[p']- 'buy' ro[b']- 'do'	3 Sg.	kupi robi	kup(cie) rób(cie)

d. Irregularities in the formation of the imperative

The following verbs, simple or compounded, have imperative forms based on the irregular stem of 3d person pl. (see VIII 10 and XVI 9):

	3 Pl. Present	Sg. Impv.
wiedzieć 'know' powiedzieć 'say'	wiedzą powiedzą	wiedz powiedz
jeść 'eat' zjeść 'eat up'	jedzą zjedzą	jedz zjedz

The following verbs, simple or compounded, add the imperative suffix -j to the past-tense stem:

	3 Pl. Vir. Past	Sg. Impv.
dawać 'give'	dawali	dawaj
dać 'give'	dali	daj
wstawać 'get up'	wstawali	wstawaj
mieć 'have'	mieli	miej

The imperatives of wziąć, wezmę 'take' and zdjąć, zdejmę 'take off' are weź and zdejm respectively.

6. IMPERATIVE: FUNCTIONS

In contradistinction to the respectful commands with the particle niech 'let' (see VII 1), the commands expressed by the singular and plural imperatives are used on the same level of familiarity as the corresponding 2d person singular and 2d person plural constructions (see VIII 1).

Siadaj!		fam., to one person
Siadajcie!		fam., to more than one; see VIII 1 a
Siadajcie panowie!	} Sit down!	informal but polite, to more
państwo!		than one person; see VIII 1 b
Siadajcie kolego!		special usage, see VIII 1 c

7. IMPERATIVE: ASPECT

a. Negated and nonnegated imperatives

Nonnegated imperatives are imperfective or perfective depending on the situation:

Imperf.	Jedz!	Eat!
Perf.	Zjedz to!	Eat this up!

Negated imperatives are very often imperfective.

Nie jedz!	Don't eat!
Nie jedz tego!	Don't eat that!

b. 'come!' and 'go!'

The English distinction between 'come' and 'go' (i.e. motion toward and away from) either is not made in Polish or is rendered by contrasting prepositions:

Idę.	I'm coming. (when called)
	I'm going. (i.e. leaving)
Idę z miasta.	I'm coming from downtown.
Idę do miasta.	I'm going downtown.

The imperatives of the verbs denoting motion on foot are an exception to this: the determined idź! means 'go!,' the nondetermined chodź!, in addition to its expected value, means 'come!.'

Idź sam!	Go alone.
Chodź ze mną!	Come with me.

The inclusive imperative chodźmy is used with the meaning 'let's go!'

8. PREPOSITION O + ACC. IN REQUESTS

Verbs expressing request (and nouns formed from them) are followed by the preposition o + acc. of the noun requested (cf. III 7).

Proszę o ciszę.	Silence, please.
pomoc.	Help, please.
Podanie o stypendium.	A scholarship application.

9. IRREGULAR PRESENTS: ZAPOMNĘ 'I'LL FORGET'

The verb zapomnieć 'forget' and other compounds of pomnieć have the 1 sg. and 3 pl. inflected according to Conjugation I; the other persons belong to Conjugation II.

	Sg.	Pl.
1	zapomnę	zapomnimy
2	zapomnisz	zapomnicie
3	zapomni	zapomną

ZADANIE   EXERCISES

1. Fill in the proper actual or frequentative form of the following actual infinitives:

>   (czytać) „Kulturę"
>
>   (pisać) do niego
>
>   (być) u nich
>
>   (widzieć się) z panią Wandą
>
>   (grać) w tenisa
>
>   (spać) po południu
>
>   (jeść) w restauracji
>
>   (mieć) bóle głowy

a. Codziennie ——— .

b. Od czasu do czasu ——— .

2. Replace the following polite commands by informal ones:

a. Niech pan siada i skończy to robić.

b. Niech pan weźmie gruszkę i poda mi jabłko.

c. Niech pan siedzi i zacznie pracować.

d. Niech się pan położy i nie wstaje przez cały dzień.

e. Niech pani więcej mówi i czyta po polsku.

f. Niech pani napisze podanie i da go mnie.

g. Niech pani nie daje mi rad i nie gniewa się na mnie.

h. Niech pani pamięta o tym i mnie przypomni.

3. Replace the following statements by commands:

a. Kupimy mu lody i napijemy się kawy.

b. Otworzymy książki i zamkniemy zeszyty.

c. Przyrzekniemy mu i na pewno nie zapomnimy.

d. Bierzemy się do roboty i więcej nie rozmawiamy.

4. Replace the following questions by informal commands according to the model:

Przyniosłeś książkę?

Przynieś książkę!

a. Spałeś dobrze?

b. Miałaś się dobrze?

c. Byliście zdrowi?

d. Pomogłeś mu to napisać?

e. Nie zapomniałaś o mnie?

f. Zdjęliście obraz?

g. Ostrzygłeś się?

h. Ścięłaś sobie włosy?

i. Siedliście do stołu?

j. Odszedłeś od stołu?

k. Powiedziałaś mu?

l. Pojechaliście do pracy?

m. Zjadłeś śniadanie?

n. Umyłaś ręce?

o. Wytarliście ręce?

SŁÓWKA   VOCABULARY

banan, -a a.	banana	ciepły, -ego	warm
bądź indef. pcle.	any, -ever	cisza, -y f.	stillness, silence
byle	just any (with scorn), trifling	cokolwiek, czegokolwiek	whatever, whatsoever, anything
bywać F; -a, -ają	be often at, frequent	czekoladowy, -ego	chocolate-
cal, -a; -e, -i i.	inch		

czytywać F; -tuje,   read
  -tują

dotąd   up to now, so
            far, to this
            point

dwudziesty, -ego   twentieth

gdziekolwiek   wherever

gdzieś   somewhere

głupi, -piego   silly, stupid

golf, -a a.   golf

gorący, -ego   hot

gruszka, -i;   pear
  -szek f.

grywać F; -a,   play
  -ają

grzyb, -a a.   mushroom

gwizdać I;   whistle
  gwiżdże, -ą

jadać F; -a, -ają   eat

jakikolwiek,   whatever sort
  jakiegokolwiek   of

jarzyna, -y f.   vegetable

jedzenie, -a n.   eating; food

karafka, -i;   carafe, de-
  -fek f.   canter

kawałek, -łka i.   bit, piece,
               portion

kawowy, -ego   pert. to coffee

kiedykolwiek   whenever, any
             time

kłamać I; -mie,   lie
  -ą

kłaść I; kładzie, lay down, put in
  kładą; kładł   a lying posi-
             tion

kompot, -u i.   compote, fruit
            salad

ktokolwiek,   whoever
  kogokolwiek

ktoś, kogoś   somebody,
            someone

kultura, -y f.   culture

lody, -ów pl.   ice cream

łaska, -i f.   favor, grace

  z łaski swojej   if you please

łyżeczka, -i;   teaspoon
  -czek f.

łyżka, -i; -żek   spoon

mandarynka, -i;   tangerine
  -nek f.

miewać F; -a,   have
  -ają

  —się   be, feel

mięso, -a n.   meat

mila, -i f.   mile

musztarda, -y f.   mustard

nocować I; -cuje, spend the night
  -cują

nóż, noża; -e,   knife
  -y i.

obrus, -a i.   tablecloth

odkąd   since when,
            how long

odpisać P; -sze,   write back,
  -szą   answer

odtąd   since, from
            then on

orzech, -a i.   nut

owoc, -a; -e,   fruit
  -ów i.

pełny/pełen,   full
  pełnego

pieprz, -u i.   pepper

pisywać F; -suje, write
  -sują

piwo, -a n.   beer

podać P; -a,　　　　pass, hand
　-adzą; -aj　　　　　over, serve

podanie, -a n.　　　application

pokazać P; -że,　　　show
　-żą

położyć P; -y, -ą;　lay down, put in
　połóż　　　　　　　a lying posi-
　　　　　　　　　　tion

pomarańczowy,　　　orange
　-ego

pomidorowy, -ego　pert. to toma-
　　　　　　　　　　toes

pomoc, -cy f.　　　 help, assis-
　　　　　　　　　　tance

pomówić P; -wi,　　have a talk,
　-wią　　　　　　　talk for a
　　　　　　　　　　while

postawić P; -wi,　　put (in a stand-
　-wią　　　　　　　ing position)

przypomnieć P;　　remind
　-ni, -ną

przyrzec P; -knę,　promise
　-knie; -kł

ryba, -y f.　　　　　fish

sałata, -y f.　　　　salad, lettuce

serwetka, -i;　　　 napkin
　-tek f.

sok, -u i.　　　　　juice

sól, soli f.　　　　　salt

spokojnie　　　　　quietly, calmly,
　　　　　　　　　　still

spokój, -koju i.　　quiet, calm

stamtąd　　　　　　from (over)
　　　　　　　　　　there

stawiać I; -a,　　　put (in a stand-
　-ają　　　　　　　ing position)

stypendium;　　　　scholarship,
　-dia, -diów n.　　fellowship

sypiać F; -a, -ają　sleep

szczęśliwie　　　　happily, fortu-
　　　　　　　　　　nately

śmietankowy,　　　creamy; vanil-
　-ego　　　　　　　la (ice cream)

talerz, -a; -e,　　　plate
　-y i.

tort, -u i.　　　　　cake

truskawkowy,　　　pert. to straw-
　-ego　　　　　　　berries

usta, ust pl.　　　　mouth

widelec, -lca;　　　fork
　-e, -ów i.

widywać F; -duje,　see
　-dują

wiersz, -a; -e,　　　verse, poem
　-y i.

wszędzie　　　　　everywhere,
　　　　　　　　　　anywhere

wtedy　　　　　　　then, at that
　　　　　　　　　　time

wytrzeć P; -trze,　 wipe
　-trą; -tarł

zastać P; -anie,　　find in
　-aną

zewsząd　　　　　 from all direc-
　　　　　　　　　　tions

ziemniak, -a a.　　 potato

zimny, -ego　　　　cold

złość, -ci f.　　　　anger, spite

znikąd　　　　　　from nowhere

zupa, -y f.　　　　 soup

ZDANIA

SENTENCES

1. To jest bardzo łatwe zadanie.
    trudne

This is a very easy exercise.
    difficult

2. Dla mnie język polski jest
    łatwiejszy
    trudniejszy
    od rosyjskiego.

Polish is easier for me

    harder
than Russian.

3. To jest chyba najłatwiejsza
        najtrudniejsza
    lekcja w książce.

I guess this is the easiest
        hardest
    lesson in the book.

4. Czy nauka polskiego
    łatwo panu przychodzi?
    trudno

Does studying Polish
    come easily to you?
    hard

5. Po polsku łatwiej mi mówić,
        trudniej
    niż pisać.

It's easier for me to speak
    harder
    than to write Polish.

6. Najłatwiej mi było
    Najtrudniej
    w ostatniej klasie liceum.

The last year of high school was
    the easiest for me.
    hardest

7. To jest bardzo droga restau-
    racja.
    tania

This is a very expensive restau-
    rant.
            inexpensive

8. Hotel Bristol jest droższy

        tańszy
    od Europejskiego.

The Hotel Bristol is more expen-
    sive
            less
    than the Europejski.

9. Wybraliśmy najdroższe wino.

    najtańsze

We selected the most expensive
    wine.
            cheapest

10. Teraz w Warszawie jest
    bardzo drogo.
    tanio.

Nowadays Warsaw is very
    expensive.
    cheap.

11. W zeszłym roku było jeszcze
    drożej.
    taniej.

Last year it was still
    more expensive.
    cheaper.

12. Na Ziemiach Zachodnich
    jest chyba najdrożej.

    najtaniej.

The Western Territories are
    probably the most expensive
    area.
            least

344

13. W Polsce jest dużo długich
    rzek.

In Poland there are many long
rivers.

14. Najdłuższą polską rzeką
    jest Wisła.

The Vistula is the longest Polish
river.

15. Od źródeł do ujścia Wisła
    ma przeszło tysiąc kilo-
    metrów.

From its source to its mouth the
Vistula is over a thousand
kilometers long.

16. Po Wiśle najważniejszą polską
    rzeką jest Odra, która
    płynie przez Ziemie
    Zachodnie.

After the Vistula the most important Polish river is the Oder
which flows through the Western
Territories.

17. Z krótszych rzek trzeba
    wymienić Wartę, która wpada
    do Odry oraz Bug, który
    wpada do Wisły.

Among the shorter rivers, one
should mention the Warta which
falls into the Oder and the Bug
which flows into the Vistula.

18. Warszawa, która liczy przeszło
    milion mieszkańców jest
    największym polskim miastem.

Warsaw which numbers over a million inhabitants is the largest
Polish city.

19. Wśród innych większych miast
    Łódź ma blisko milion,
    Kraków około pół miliona,
    a Katowice ponad ćwierć
    miliona mieszkańców.

Among other fairly large cities,
Lodz has almost a million inhabitants, Cracow about half a
million, and Katowice over a
quarter million.

20. Chociaż większa część kraju jest
    nizinna, wzdłuż południowej
    granicy ciągną się dwa
    wysokie pasma górskie—
    Karpaty i Sudety.

Though the larger part of the country consists of lowlands, along
the southern border stretch two
high mountain chains—the Car-
pathians and the Sudetes.

21. Sudety są niższe niż Karpaty.

The Sudetes are lower than the
Carpathian mountains.

22. Najwyższą częścią Karpat są
    Tatry.

The Tatras are the highest part of
the Carpathian mountains.

23. U stóp Tatr leży Zakopane,
    najpopularniejszy polski
    ośrodek sportów zimowych.

At the foot of the Tatras lies
Zakopane, the most popular Polish center of winter sports.

24. Morze Bałtyckie jest dość płytkie.
    niezbyt głębokie.

The Baltic Sea is rather shallow.
not too deep.

25. Jest ono znacznie płytsze
    od Oceanu Atlantyckiego,
    ale trochę głębsze od Morza
    Północnego.

It is considerably shallower than
the Atlantic Ocean but slightly
deeper than the North Sea.

26. W najgłębszych miejscach
    Bałtyk nie ma ośmiuset
    stóp głębokości.

At its deepest the Baltic does
not measure eight hundred
feet in depth.

27. W Warszawie na ogół ulice są
    szerokie, a w Krakowie—
    wąskie.

Generally speaking Warsaw's
streets are wide and Cracow's
narrow.

28. Im nowsza dzielnica, tym
    szersze ma ulice; i na
    odwrót, im starsze miasto,
    tym węższe ulice.

The newer the section, the wider
the streets; and vice versa,
the older the town, the narrower
the streets.

29. Pańska walizka jest bardzo lekka.
                              ciężka.

Your suitcase is very light.
                            heavy.

30. Czy pan zawsze zabiera ze
    sobą tak mało rzeczy?
    dużo

Do you always take so
few things with you?
many

31. Zwykle zabieram jeszcze mniej.
                              więcej.

I usually take even less.
                         more.

32. Moja walizka jest lżejsza
                      cięższa
    od pańskiej.

My suitcase is lighter
                    heavier
than yours.

33. Niech się pan postara przyjechać
    wcześnie.
    wcześniej.
    jak najwcześniej.

    wcześniejszym pociągiem.

    nie za późno.
    później.
    jak najpóźniej.

    późniejszym pociągiem.

Try to come (o=o)
early.
earlier.
as early as possible.

on an earlier train.

not too late.
later.
as late as possible.

on a later train.

34. Lepiej późno niż nigdy.

Better late than never.

35. Czuję się dobrze.
            lepiej.
            źle.
            gorzej.

I feel fine.
       better.
       bad.
       worse.

36. Wszędzie dobrze, ale w domu
    najlepiej.

East or west, home is best.

37. W dzień odbiór jest znacznie
    lepszy niż w nocy.
    gorszy

In daytime the reception is
considerably better than at night.
                    worse

38. Dni robią się coraz
    dłuższe.
    krótsze.
    cieplejsze.
    gorętsze.
    zimniejsze.

The days are getting
longer and longer.
shorter and shorter.
warmer and warmer.
hotter and hotter.
colder and colder.

Dni robią się coraz
   ładniejsze.
   brzydsze.
	The weather is getting
	   nicer and nicer.
	   worse and worse.

39. Dzisiaj jest zimniej
        cieplej
   niż wczoraj.

    Today it's colder
          warmer
    than yesterday.

40. To jest cienka książka.
    cieniutka
    gruba

    That's a slim book.
        very slim book.
        fat book.

41. Polskie gazety są
    cieńsze od amerykańskich.
    grubsze od rosyjskich.

    The Polish newspapers are
      less sizable than the American.
      more sizable than the Russian.

42. Proszę o arkusz jak
    najcieńszego papieru
          listowego.
    najgrubszego papieru
          pakunkowego.

    May I have a sheet of
      the thinnest possible letter
                    paper.
      the thickest possible wrapping
                    paper.

43. Jestem bardziej zmęczony,
    niż pan przypuszcza.

    I'm more tired than you think.

44. A ja jestem raczej śpiący.

    I'd rather say I'm sleepy.

45. Jestem dość śpiący.

    I'm rather sleepy.

46. Przepraszam panią, ale to jest
    dla mnie za słodkie.
           kwaśne.
           słone.
           gorzkie.

    I'm sorry but this is
      too sweet for me.
      sour
      salty
      bitter

47. To jest słodsze, niż sądziłem.
    kwaśniejsze
    bardziej słone
          gorzkie

    This is sweeter than I thought.
      more sour
      saltier
      more bitter

48. Muszę sobie kupić
    miękki materac.
    miększy
    twardy
    twardszy

    I have to buy a
      soft mattress.
      softer
      hard
      harder

49. Mam tu bliską rodzinę.
    bliższą
    dalekich krewnych.
    dalszych

    I have close family here.
      fairly close
      distant relatives here.
      fairly distant

50. Im dalej, tym gorzej.

    The further one goes, the worse it
    gets.

51. To jest prosty człowiek.
    miły
    wesoły
    mądry
    głupi

    He's a simple man.
      pleasant
      gay
      wise
      stupid

To są prości ludzie.
  mili
  weseli
  mądrzy
  głupi

They are simple people.
  pleasant
  gay
  wise
  stupid

52. On się robi coraz głupszy.
Oni się robią coraz głupsi.

He is getting more and more stupid.
They are

53. Prościej by było wcale o tym
Mądrzej
  nie mówić

It would have been simpler
              wiser
  not to talk about it at all.

54. W dwójkę będzie nam weselej.

When there are two of us, it'll be
  more fun.

55. Zielińscy mają dwoje
  małych dzieci.
  malutkich
  dużych
  dorosłych

The Zielinskis have two
  small children.
  very small
  big
  grown

56. Janek jest większy od Zosi.
  mniejszy
  wyższy
  niższy

Johnny is bigger than Sophy.
  smaller
  taller
  shorter

57. On jest starszy od niej o rok.
On jest młodszy od niej o
  kilka miesięcy.

He's a year older than she.
He's a few months younger than
  she.

58. To jest młoda dziewczyna —
  młodziutka

  ona tu jest najmłodsza ze
  wszystkich.

She's a young girl —
  very young

  here she's the youngest of all.

59. Mieszkam tu od dłuższego
  czasu.

I've lived here for a fairly long
  time.

60. To jest bliziutko stąd.

That's very close by.

61. To kosztuje więcej
         mniej
  niż mam przy sobie.

This costs more
         less
  than I have on me.

62. Mam mniej więcej sto dolarów.

  tylko
  zaledwie
  aż

I have a hundred dollars,
  more or less.
I have only a hundred dollars.
  as little as
  as much as

63. Nie mogę dłużej czekać.

I can't wait any longer.

64. Proszę krócej.
  wolniej.
  prędzej.

Please be brief.
Slower, please.
Faster, please.

65. Mniejsza z tym.
  o to.

It doesn't matter.

GRAMATYKA   GRAMMAR

1. COMPARATIVE AND SUPERLATIVE DEGREES OF ADJECTIVES AND ADVERBS

Most adjectives and adverbs which contain adjectival stems distinguish among three degrees of comparison: positive, comparative, and superlative. As a rule, the adjectives and adverbs which either contain no adjective-forming suffix or contain the suffixes -k-, -ok-, -ek- (see a below), or -n- form the comparative degree from the stem of the positive degree: to this stem, the adjectives add the suffix -sz- or -ejsz- and the adverbs add the suffix -ej. The superlative degree is formed by adding the prefix naj- to the form of the comparative degree.

Positive		Comparative (Superlative)
tani	cheap	tańszy (najtańszy)
tanio	cheaply	taniej (najtaniej)
ciężki	heavy	cięższy (najcięższy)
ciężko	heavily	ciężej (najciężej)
zimny	cold	zimniejszy (najzimniejszy)
zimno	coldly	zimniej (najzimniej)

Adjectives and adverbs which contain an adjective-forming suffix other than -k-, -ok-, -ek-, or -n- have compound forms of the comparative and superlative degrees in which the comparative bardziej 'more' and the superlative najbardziej 'most' precede the positive degree of the adjective or adverb.

Positive		Comparative (Superlative)
zielony	green	bardziej (najbardziej) zielony
miejski	urban	miejski
kolorowy	gay (of colors)	kolorowy
śpiący	sleepy	śpiący
zajęty	busy	zajęty
zmęczony	tired	zmęczony

Following are several exceptions to this rule:

Positive		Comparative (Superlative)
słony	salty	bardziej (najbardziej) słony
gorzki	bitter	gorzki
głodny	hungry	głodny
religijny	religious	religijny

In the nom. pl. virile the comparative -sz- is replaced by -ś- in accordance with the general rule (see VII 6).

lepszy student	a better student
lepsi studenci	better students

Notes:

a. Dropping of the suffixes -k-, -ok-, -ek-

Before the suffixes -sz- and -ej, the adjective-forming suffixes -k-, -ok-, -ek- are dropped.

ciężki, -o	heavy, -ily	cięższy	ciężej
głęboki, -o	deep, -ly	głębszy	głębiej
daleki, -o	distant, -ly	dalszy	dalej

b. Consonant alternations

Before the suffixes -ej and -ejsz-, alternations of the type C~C₃ occur:

b~[b']	grubo	thickly	grubiej
w~[w']	łatwy, -o	easy, -ily	łatwiejszy, łatwiej
n~ń	trudny, -o	hard, -ly	trudniejszy, trudniej
r~rz	ostry, -o	sharp, -ly	ostrzejszy, ostrzej
ł~l	ciepły, -o	warm, -ly	cieplejszy, cieplej
z~ź	wąsko	narrowly	węziej
st~šć	prosto	simply	prościej
d~dź	twardo	hard	twardziej
k~cz	dziko	wildly	dziczej
g~ż	długo	long	dłużej

Before the suffix -sz- the following C~C₃ type alternations occur:

n~ń	cienki	thin	cieńszy
ł~l	miły	pleasant	milszy
g~ż	długi	long	dłuższy

Other consonants remain without change:

gruby	thick	grubszy
ciekawy	curious	ciekawszy
stary	old	starszy
prosty	simple	prostszy
twardy	hard	twardszy
dziki	wild	dzikszy

c. Vowel alternations

In some adjectives and adverbs, before $\underline{C}_3$ of the $\underline{C} \sim \underline{C}_3$ alternation (see b above), the vowels $\underline{o}$ and $\underline{a}$ are replaced by $\underline{e}$ and the vowel $\underline{a}$ by $\underline{e}$ (cf. VII 6 a).

o ~ e	wesoły, -o	gay, -ly	weselszy, weselej
a ~ e	biały, -o	white	bielszy, bielej
ą ~ ę	wąski, -o	narrow, -ly	węższy, węziej

d. Distribution of the suffixes -sz- and -ejsz-

The suffix -ejsz- appears when the stem has no vowel or after stems in $\underline{w}, \underline{n}$, $\underline{r}$ or $\underline{ł}$ preceded by another consonant:

lekki	light	lżejszy
łatwy	easy	łatwiejszy
trudny	difficult	trudniejszy
mądry	wise	mądrzejszy
ciepły	warm	cieplejszy

Elsewhere the suffix -sz- appears:

głupi	stupid	głupszy
gruby	thick	grubszy
cienki	thin	cieńszy
stary	old	starszy
miły	pleasant	milszy
prosty	simple	prostszy
młody	young	młodszy
ciężki	heavy	cięższy
długi	long	dłuższy

e. Irregularities

The following spellings reflect the unvoicing of a voiced consonant before a voiceless one (see S. & S. 10 a (1)).

z spelled s	bliski	near	(cf. bliższy)
	niski	low	(cf. niższy)
	wąski	narrow	(cf. węższy)
g spelled k	lekki	light	(cf. lżejszy)

The following irregular consonant alternations occur:

t~c	krótko	shortly	krócej
d~dz	prędko	fast	prędzej
s~ż	wysoki, -o	high, -ly	wyższy, wyżej
z~ż	niski, -o	low	niższy, niżej
	bliski, -o	near	bliższy, bliżej
	wąski	narrow	węższy*
c~t	gorący	hot	gorętszy
dz~dź	bardzo	very	bardziej

The following adjectives and adverbs form their comparative stem from an entirely different root:

dobry, -rze	good, well	lepszy, lepiej
zły, źle	bad, badly	gorszy, gorzej
duży, -o	big, much ⎫	większy, więcej
wielki	great ⎰	
mały, -o	small	mniejszy, mniej

The suffix -k- does not drop and is replaced by ć in:

szybko	fast	szybciej

2. SUFFIX -UTK-

The suffix -utk- emphasizes the notion of small degree in adjectives and adverbs which contain it. Before -utk- the suffix -k- is omitted and the $C \sim C_3$ type of consonant alternations occurs.

---

*Note that the adverb has the regular alternation z~ź: wąsko, węziej.

cienki, -o	thin, -ly	cieniutki, -o	very thin, -ly
mały, -o	small, little	malutki, -o	very small, little
krótki, -o	short	króciutki, -o	very short
młody, -o	young	młodziutki, -o	very young
bliski, -o	near	bliziutki, -o	very near

3. COMPARISON OF ITEMS IN A SENTENCE

Two items which are being compared are set off from each other by the preposition od 'from' or the conjunction niż 'than.'

When the contrasted items include the actor, the preposition od + gen. is normally used.

Jestem wyższy od brata.	I'm taller than my brother.
Hotel Bristol jest droższy od Europejskiego.	The Hotel Bristol is more expensive than the Europejski.
Mam mniej czasu od pana.	I have less time than you do.
Mój brat pływa lepiej ode mnie.	My brother swims better than I.

In a somewhat bookish style, the conjunction niż + nom. is used in such sentences.

Jestem wyższy niż brat.	I'm taller than my brother.
Hotel Bristol jest droższy niż Europejski.	The Hotel Bristol is more expensive than the Europejski.
Mam mniej czasu niż pan.	I have less time than you do.
Mój brat pływa lepiej niż ja.	My brother swims better than I.

When the contrasted items do not include the actor, the conjunction niż is used.

To jest słodsze, niż sądziłem.	This is sweeter than I thought.
W dzień odbiór jest gorszy niż w nocy.	In the daytime the reception is worse than at night.
Bardziej się interesuję teatrem niż kinem.	I'm more interested in the theater than the movies.
Wolę czytać niż pisać.	I prefer to read than to write.
Dziś jest cieplej niż wczoraj.	Today it's warmer than yesterday.
Lepiej późno niż nigdy.	Better late than never.

4. COMPARATIVE USED WHEN NO COMPARISON IS INVOLVED

When not used in comparison, the comparative degree of adjectives attenuates the meaning of the positive degree and is rendered in English by 'fairly . . .'

Mam tu bliższą rodzinę.	I have fairly close family here.
Mieszkam tu od dłuższego czasu.	I've lived here for a fairly long time.

5. IM + COMPARATIVE, TYM + COMPARATIVE

In phrases of the type: im + comparative, tym + comparative, the second comparative depends upon the first.

Im starszy, tym głupszy.	The older, the stupider.
Im dalej, tym gorzej.	The further you go, the worse it gets.

6. CORAZ + COMPARATIVE

Phrases of the type coraz + comparative denote a gradual intensification of the quality expressed by the adjective or adverb.

Dni robią się coraz dłuższe.	The days are getting longer and longer.
Czuję się coraz gorzej.	I feel worse and worse.

7. SUPERLATIVE WITH Z + GEN.

The preposition z + gen. following the superlative corresponds to the English preposition 'of' in equivalent constructions or to the comparative followed by 'than.'

Ona jest najmłodsza ze wszystkich.	She's the youngest of all.
On pływa najlepiej z nas.	He swims better than any of us.

8. JAK WITH SUPERLATIVE

The expressions of the type jak + superlative correspond to the English expressions of the type 'superlative + possible' or 'as . . . as possible.'

Proszę o arkusz jak najcieńszego papieru listowego.	May I have a sheet of the thinnest possible letter paper?
Niech się pan postara przyjechać jak najwcześniej.	Try to come (o=o) as early as possible.

9. AŻ 'AS MUCH AS,' ZALEDWIE 'AS LITTLE AS'

Before numbers (or units of any calibrated scale), the adverb aż indicates that the estimate exceeds one's expectations (see XVIII 8), the adverb zaledwie that it falls short of them. Often these adverbs may be rendered in English by 'as much as' and 'as little as' respectively.

Mam aż sto dolarów.	I've got as much as $100.
Mam zaledwie sto dolarów.	I've got as little as $100.

ZADANIE   EXERCISES

1. Replace each of the following sentence pairs with sentences containing a comparative. Base your sentences on the model:

> Bristol jest drogi; Europejski jest tani.
>> Bristol jest droższy od Europejskiego.
>> Europejski jest tańszy od Bristolu.

a. To zdjęcie jest dobre; tamto zdjęcie jest złe.

b. Moja walizka jest ciężka; twoja walizka jest lekka.

c. Atlantyk jest głęboki; Bałtyk jest płytki.

d. Karol jest gruby; Paweł jest chudy.

e. Lekcja dwudziesta jest łatwa; lekcja dwudziesta pierwsza jest trudna.

f. Wtorek był ciepły; środa była zimna.

g. Ulica Kozia jest wąska; Krakowskie Przedmieście jest szerokie.

h. Ulica Szewska jest krótka; ulica Grodzka jest długa.

i. Ta książka jest cienka; ten słownik jest gruby.

j. On jest stary; ona jest młoda.

k. On jest wesoły; ona jest smutna.

l. Spodnie są ciemne; marynarka jest jasna.

m. Prawy but jest czysty; lewy but jest brudny.

n. Jestem mądry; on jest głupi.

o. Karol jest wysoki; Anna jest niska.

p. Sypialnia jest duża; łazienka jest mała.

2. Replace each of the following sentence pairs with sentences containing a comparative:

a. W Warszawie jest drogo; w Poznaniu jest tanio.

b. Karol ma się dobrze; Maria ma się źle.

c. Jemu jest ciężko; jej jest lekko.

d. Tu jest głęboko; tam jest płytko.

e. W tym roku mi jest łatwo; w tamtym roku mi było trudno.

f. Dzisiaj jej ciepło; wczoraj było zimno.

g. On był tu krótko; ona była tu długo.

h. On wygląda młodo; ona wygląda staro.

i. Jemu jest smutno; jej jest wesoło.

j. W tym pokoju jest jasno; w tamtym pokoju jest ciemno.

k. U Zielińskich jest czysto; u Wilczków jest brudno.

l. Tu jest wysoko; tam jest nisko.

m. Jan napisał dużo; Wanda napisała mało.

SŁÓWKA   VOCABULARY

arkusz, -a; -e,   sheet, leaf
  -y i.

atlantycki, -ego   Atlantic

bałtycki, -ego   Baltic

bardziej comp.
  of bardzo

blisko (bliżej)   near(ly)

bliziutko   very near

bliższy comp.
  of bliski

Bristol, -u i.   Bristol (hotel
                        in Warsaw)

brzydszy comp.
  of brzydki

Bug, -u i.   the Bug (river)

ciągnąć się I;   stretch
  -nie, -ną

cieniutki, -ego   very thin,
                        very slim

cienki, -ego   thin, slim
  (cieńszy)

cieńszy comp.
  of cienki

cieplej comp.
  of ciepło

cieplejszy comp.
  of ciepły

ciężki, -ego   heavy, difficult
  (cięższy)

cięższy comp.
  of ciężki

coraz   ever

część, -ci; -ci   part, share
  f.

ćwierć, -ci;   one-fourth,
  -ci f.   quarter

dalszy comp.   more distant,
  of daleki   farther

dłużej comp.
  of długo

dłuższy comp.
  of długi

dorosły, -ego   grown up, adult

drogi, -ego   dear, expensive
  (droższy)

drogo (droższej)   dearly, ex-
                        pensively

drożej comp.
of drogo

droższy comp.
of drogi

dzielnica, -y f.   section, quarter
                      (of a city)

dziki, -ego   wild
(dzikszy)

dziko (dziczej)   wildly

europejski, -ego   European

głęboki, -ego   deep, profound
(głębszy)

głębokość, -ści f.   depth

głębszy comp.
of głęboki

głupszy comp.
of głupi

gorętszy comp.
of gorący

gorszy comp.
of zły

gorzej comp.
of źle

gorzki, -ego   bitter

górski, -ego   mountain-, hilly

grubszy comp.
of gruby

gruby, -ego   thick, fat
(grubszy)

inny, -ego   other, another,
                      different

język, -a i.   tongue, language

Karpaty, Karpat   Carpathian
pl.   mountains

klasa, -y f.   classroom;
                      grade

kraj, -u; -e,   country
-ów i.

krewny, -ego   relative

krócej comp.
of krótko

krótszy comp.
of krótki

kwaśniejszy
comp. of kwaśny

kwaśny, -ego   sour
(kwaśniejszy)

lekki, -ego   light, easy
(lżejszy)

lepszy comp.
of dobry

listowy, -ego   pert. to letters

lżejszy comp.
of lekki

ładniejszy comp.
of ładny

łatwiej comp.
of łatwo

łatwiejszy comp.
of łatwy

łatwo (łatwiej)   easily

łatwy, -ego   easy
(łatwiejszy)

malutki, -ego   tiny, very
                      small

mały, -ego   small, little
(mniejszy)

materac, -a i.   mattress

mądry, -ego   wise, clever
(mądrzejszy)

mądrze (mądrzej)   wisely

mądrzej comp.
of mądrze

mieszkaniec, -ńca;   inhabitant,
-y, -ów v.   resident

miękki, -ego   soft
(miększy)

miększy comp.
of miękki

milion, -a i.   million

młodszy comp.
of młody

młodziutki, -ego	very young
mniej więcej	more or less
mniejszy comp. of mały	
najcieńszy sup. of cienki	
najdłuższy sup. of długi	
najdrożej sup. of drogo	
najdroższy sup. of drogi	
najgłębszy sup. of głęboki	
najgrubszy sup. of gruby	
najłatwiej sup. of łatwo	
najłatwiejszy sup. of łatwy	
najmłodszy sup. of młody	
najpopularniejszy sup. of popularny	
najpóźniej sup. of późno	
najtaniej sup. of tanio	
najtańszy sup. of tani	
najtrudniej sup. of trudno	
najtrudniejszy sup. of trudny	
najważniejszy sup. of ważny	
najwcześniej sup. of wcześnie	
największy sup. of duży or wielki	

najwyższy sup. of wysoki	
nauka, -i f.	study, learning
niezbyt	not very (much)
niski, -ego (niższy)	low, short
nisko (niżej)	low (adv.)
nizinny, -ego	low, flat
niż	than
niżej comp. of nisko	
niższy comp. of niski	
nowszy comp. of nowy	
odbiór, -bioru i.	reception (radio)
Odra, -y f.	the Oder
odwrót, -otu i.	reverse
na odwrót	conversely, vice versa
ogół, -u i.	totality
na ogół	in general
około	about, approxi- mately
oraz	and, also, as well as
ośrodek, -dka i.	center
pakunkowy, -ego	wrapping
pasmo, -a n.	(mountain) chain, range
płytki, -ego (płytszy)	shallow
płytszy comp. of płytki	
południowy, -ego	southern
ponad prep. w. acc., instr.	over, above
postarać się P; -a, -ają	try one's best, endeavor
północny, -ego	northern

później comp.
  of późno

późniejszy comp.
  of późny

prędzej comp.
  of prędko

prosty, -ego   straight, direct;
  (prostszy)   simple, plain

prościej comp.   more directly,
  of prosto   simpler

przeszło   over, above

przypuszczać I;   suppose
  -a, -ają

rodzina, -y f.   family

sądzić I; -dzi,   think, judge,
  -dzą   believe

słodki, -ego   sweet
  (słodszy)

słodszy comp.
  of słodki

słony, -ego   salty

starszy comp.
  of stary

stopa, -y; stóp f. foot

Sudety, -ów pl.   Sudetes

szeroki, -ego   wide, broad
  (szerszy)

szerszy comp.
  of szeroki

tani, taniego   cheap
  (tańszy)

taniej comp.
  of tanio

tanio (taniej)   cheaply

tańszy comp.
  of tani

Tatry, Tatr pl.   the Tatras

trudniej comp.
  of trudno

trudniejszy comp.
  of trudny

twardo (twardziej) hard (adv.)

twardszy comp.
  of twardy

twardy, -ego   hard, tough
  (twardszy)

ujście, -a n.   mouth (of a riv-
                      er), estuary

walizka, -i; -zek f. suitcase

Warta, -y f.   the Warta (river)

wąski, -ego   narrow
  (węższy)

wcześniej comp.
  of wcześnie

wcześniejszy comp.
  of wczesny

weselej comp.
  of wesoło

węższy comp.
  of wąski

większy comp.
  of duży or wielki

wpadać I; -a, -ają fall in(to)

wybrać P;   select
  wybierze, wybiorą

wymienić P; -ni,   name, mention
  -nią

wysoki, -ego   high, tall
  (wyższy)

wyższy comp.
  of wysoki

wzdłuż prep.   along
  w. gen.

zabierać I; -a, -ają take away

zaledwie   barely, as little
                      as

ziemia, -mi;   earth, land,
  -mie, ziem f.   territory

zimniej comp.
  of zimno

zimniejszy comp.
  of zimny

zimowy, -ego   pert. to winter,
                      wintry

źródło, -a; -deł   spring, source
  n.

ZDANIA

SENTENCES

1. Idąc do biblioteki, spotkałem
   Wandę wracającą do domu.

   Going to the library I met
   Wanda returning home.

2. — Mówiono mi, że jesteś chora.

   "They tell me that you were sick."

3. — Byłam przeziębiona. Spałam
   przy otwartym oknie i
   dostałam kataru.

   "I had a cold. I slept with my
   window open and got a head cold.

4. Nie lubię spać przy zamkniętym
   oknie.

   I don't like to sleep with my
   window closed."

5. — Czy jesteś z kimś umówiona na
   wieczór?

   "Do you have a date tonight?"

6. — Wieczorem jestem zajęta.

   "In the evening I'm busy.

7. Jesteśmy z Jurkiem zaproszeni
   do Wilczków na kolację.

   George and I are invited to
   the Wilczeks' for dinner."

8. Mówiąc to, Wanda uśmiechnęła się
   i pożegnała się ze mną.

   Saying this, Wanda smiled and
   said good-by to me.

9. Przyszedłszy do biblioteki,
   zobaczyłem Janka siedzącego
   przy stole i piszącego zadanie.

   Having come to the library I saw
   Jack sitting at a table and
   doing his homework.

10. Zająwszy miejsce między Jankiem
    a jakąś panią czytającą gazetę,
    wyszedłem na korytarz.

    Having reserved a place between
    Jack and some lady reading a
    newspaper, I went out to the
    corridor.

11. Wkrótce wyszedł za mną Janek,
    który chciał zapalić papierosa.

    Jack, who wanted to have a
    cigarette, came out right after me.

12. Poczęstowawszy Janka papierosem,
    zapytałem go, czy ma coś
    zajmującego do czytania.

    Having offered Jack a cigarette,
    I asked him whether he had
    anything interesting to read.

13. - Mam zbiór opowiadań Sławomira
    Mrożka, ale nie wiem, czy dasz
    sobie z nimi radę, bo są
    dosyć trudne.

    "I have a collection of stories
    by Slawomir Mrozek, but I don't
    know whether you'll be able to
    manage them because they're
    quite difficult."

14. - Nie szkodzi. Mam ciągle
    jeszcze trudności z pisaniem
    i mówieniem po polsku, ale
    czytanie przychodzi mi z
    łatwością.

    "It doesn't matter. I'm still
    having difficulties with writing
    and speaking Polish, but reading
    comes easily to me."

15. - Czy możesz mi coś polecić
      dla brata na prezent
      urodzinowy?

"Could you recommend something
for a birthday present for my
brother?"

16. - Kup mu „Idzie skacząc po
      górach" Jerzego Andrzejew-
      skiego albo coś Tadeusza
      Konwickiego.

"Buy him 'He Cometh Leaping
Upon the Mountains' by George
Andrzejewski or something by
Thaddeus Konwicki.

17.   To bardzo obiecujący pisarz.

He is a very promising writer."

18. - Czy to ten sam Konwicki,
      który jest reżyserem
      filmowym?

"Is it the Konwicki who is a film
director?"

19. - Tak, to ten sam. Ostatnio
      napisał znakomitą rzecz
      pod tytułem „Sennik
      współczesny".

"Yes, that's the man. Recently
he wrote an excellent book
called 'The Modern Dream
Book.'"

20.   Wszystko, co widzisz na tych
      półkach zostało opublikowane
      w ciągu ostatnich dwóch lat.

Everything you see on these
shelves was published during
the last two years.

21.   Czy widzisz tu coś,
      Co tu widzisz,
        co mogłoby się bratu spodobać?

Do you see anything here
What do you see here
  that your brother might like?"

22. - Nic tu nie widzę, co mogłoby go
      zainteresować.

"I don't see anything here which
could interest him."

23. - Dokąd idziesz po zamknięciu
      biblioteki?

"Where are you going after the
library closes?"

24. - Do szewca.
        krawca.
      Mam zdarte obcasy.
        podartą marynarkę.
        wytarte łokcie
        w marynarce.

"To the shoemaker's.
      tailor's.
  My heels are run down.
    jacket is torn.
    sleeves are worn out
    at the elbow.

25.   Znasz jakiegoś szewca,
                krawca,
        który by to dobrze zrobił?

Do you know some shoemaker
                tailor
  who might do a good job?

26.   Czy znasz kogoś,
      Kogo znasz,
        kto by to dobrze zrobił?

Do you know someone
Whom do you know
  who might do a good job?"

27. - Nikogo nie znam, kto by to
      mógł dobrze zrobić.

"I don't know anybody who would
do a good job.

28.   Słuchaj, opowiadano mi, że
      Jurek i Wanda są zaręczeni i
      mają wkrótce wziąć ślub.
      Czy to prawda?

Listen, they tell me that George
and Wanda are engaged and are
about to get married. Is it
true?"

29. - Bardzo wątpię. Ci, którzy
      ich dobrze znają, nic o tym
      nie wiedzą.

"I doubt it very much. Those who
know them well don't know anything about it.

30. Zresztą każdy, kto zna Jurka,   Besides, anybody who knows
     wie, że przed pójściem do   George knows that he won't get
     wojska on się nie ożeni.   married before going into the
                                                  army.

31. Po prostu widziano ich razem   People simply saw them together
     kilka razy i zaczęto robić   several times and began to gos-
     plotki.   sip."

32. Wróciwszy do czytelni i popraco-   After returning to the reading
     wawszy przez godzinę, pożegnałem   room and working for an hour,
     się z Jankiem.   I said good-by to Jack.

33. - Przyjdź do mnie kiedyś. Wiesz,   "Come and see me sometime. You
     że zawsze jesteś mile widziany.   know you're always welcome."

34. - Owszem, chętnie wstąpię przy   "Sure. I'll be glad to stop by
     sposobności. Do zobaczenia   when I have a chance. See
     (się).   you.

35. Dziękuję za zaproszenie.   Thank you for the invitation."

36. Ci, którzy skończyli, mogą wyjść.   Those who have finished may go out.
       co

     (Ten,) kto skończył, może wyjść.   Whoever's finished may go out.

37. Robię (to), co mi się podoba.   I do as I please.
       to, czego inni nie robią.   what others don't do.
       to, czym nikt się nie   things that nobody's
         interesuje.   interested in.

38. Wy, którzy mnie znacie,   You who know me
       co
     powinniście wiedzieć, że ja   ought to know that I wouldn't
     bym tego nie zrobił.   do it.

39. Myślałem o tym, co mi pan mówił.   I thought about what you told me.
       o czym

40. Interesuję się tym,   I'm interested in
       co się dzieje na świecie.   what goes on in the world.
       czym pan się interesuje.   what you're interested in.

41. Nic nie mówiąc,   Without saying a thing
         powiedziawszy,   having said a thing
     wyszedł z pokoju.   he went out of the room.

42. Jedząc kolację,   While eating my dinner
     Zjadłszy   After having eaten my dinner
       przeczytałem gazetę.   I read the newspaper.

43. Jestem już rozebrany.   I'm already undressed.

44. Nie byłem odpowiednio ubrany.   I wasn't properly dressed.

45. Kiedy się pan urodził?   When were you born?

46. Urodziłem się dwudziestego   I was born on
     trzeciego września tysiąc   September 23, 1946.
     dziewięćset czterdziestego
     szóstego roku.

47. Którego się pani urodziła?   What day were you born?

48. Urodziłam się ósmego marca.   I was born on March 8.

49. Który jest dzisiaj?   What's today's date?
    Którego jest dzisiaj?
    Którego mamy dzisiaj?

50. Dzisiaj jest trzeci.   Today is the 3d.
          jest trzeciego (kwietnia).   3d (of April).
          mamy trzeciego (kwietnia).

51. Który był wczoraj?   What was the date yesterday?
    Którego było wczoraj?
    Którego mieliśmy wczoraj?

52. Wczoraj   Yesterday
       był drugi.   was the 2d.
       było drugiego (kwietnia).   2d (of April).
       mieliśmy drugiego (kwietnia).

53. Wiosna kalendarzowa zaczyna się   On the calendar spring begins
       dwudziestego pierwszego marca,   March 21st and ends June 21st.
       a kończy się dwudziestego
       pierwszego czerwca.

54. Od piętnastego lipca do dziesiątego   From July 15 to August 10 I'll
       sierpnia będę nad morzem.   be at the shore.

55. Dzisiaj bank jest zamknięty.   The bank is closed today.
    W sobotę bank był zamknięty.   was closed Saturday.
    Czwartego lipca bank będzie   will be closed on
       zamknięty.   July 4th.

56. Wystawa została otwarta przez   The exhibit was opened by the
       burmistrza miasta.   mayor of the city.

    Wystawa zostanie otwarta   The exhibit will be opened on
       trzydziestego listopada.   November 30.

57. Polska przyjęła chrzest za   Poland adopted Christianity
       panowania księcia Mieszka   during the reign of Prince
       Pierwszego w dziewięćset   Mieszko I in 966.
       sześćdziesiątym szóstym roku.

58. Od jedenastego do siedemnastego   Cracow was the capital of Poland
       wieku stolicą Polski był   from the 11th to the 17th
       Kraków.   century.

59. Uniwersytet Jagielloński   The Jagiellonian University in
       w Krakowie został założony   Cracow was founded in 1364 by
       w tysiąc trzysta sześćdzie-   King Casimir the Great.
       siątym czwartym roku przez
       króla Kazimierza Wielkiego.

60. Stanisław August Poniatowski   Stanislas Augustus Poniatowski
       był królem polskim od roku   was the Polish king from the
       tysiąc siedemset sześćdzie-   year 1764 to 1795, i.e. to the

siątego czwartego do roku   Third Partition of Poland.
tysiąc siedemset dziewięć-
dziesiątego piątego, tzn.
do trzeciego rozbioru Polski.

61. Jego bratanek, książę Józef   His nephew, Prince Joseph
    Poniatowski, został marszałkiem   Poniatowski, became Marshal
    Francji szesnastego paździer-   of France on October 16, 1813,
    nika tysiąc osiemset trzynastego   during the Battle of Leipzig.
    roku, podczas bitwy pod Lipskiem.

62. Tadeusz Kościuszko, znany Amery-   Thaddeus Kosciusko, familiar to
    kanom jako uczestnik wojny   Americans as a participant in
    o niepodległość Stanów Zjedno-   the War of Independence, was
    czonych, był przywódcą tzw.   the leader of the so-called
    powstania kościuszkowskiego   Kosciusko Insurrection in 1794.
    w tysiąc siedemset dziewięć-
    dziesiątym czwartym roku.

GRAMATYKA   GRAMMAR

1. RELATIVE CLAUSES

Polish relative clauses are introduced by the relative adjective który 'who,
which' or the relative pronouns kto 'who,' co 'what.'

The relative adjective który refers to a noun or personal pronoun in the main
clause and agrees with it in gender and number.

Jutro przyjedzie do mnie mój znajomy, który stale mieszka w Nowym Jorku.	A friend of mine who lives permanently in New York will come to see me tomorrow.
Jutro przyjdzie do mnie ta pani, o której ci opowiadałem.	That woman I told you about will come to see me tomorrow.
Jutro zobaczę się z tymi ludźmi, których poznałeś u mnie.	Tomorrow I'll see those people whom you met at my place.
Wy, którzy mnie znacie, wiecie, że ja bym tego nie zrobił.	You who are acquainted with me know that I wouldn't have done it.
On, który pojęcia o tym nie ma, powinien siedzieć cicho.	He, who has no idea about it, should keep still.

In unambiguous contexts the noun modified by the demonstrative adjective ten
'this, that' is omitted.

To jest ten, o którym ci mówiłem.	That's (the man) I told you about.
Ci, którzy skończyli, mogą wyjść.	Those who have finished may leave.

In colloquial Polish the relative adjective in the nominative case is sometimes replaced by the relative pronoun co 'what.'

Ci, co skończyli, mogą wyjść.	Those who have finished may leave.
Wy, co mnie znacie, wiecie, że ja bym tego nie zrobił.	You who are acquainted with me know that I wouldn't have done it.

The relative pronouns kto 'who,' co 'what' refer to:

	kto	co
Pronominal adjectives	każdy	wszystko
Interrogative pronouns	kto?	co?
Indefinite pronouns	ktoś	coś
Negative pronouns	nikt	nic
Demonstrative pronoun	ten	to

Każdy, kto zna Karola, wie, że on się nigdy nie ożeni.	Everybody who knows Charles knows that he will never get married.
Kogo znasz, kto by to dobrze zrobił?	Whom do you know who might do it well?
Czy znasz kogoś, kto by to dobrze zrobił?	Do you know someone who might do it well?
Nikogo nie znam, kto by to mógł dobrze zrobić.	I don't know anyone who would do it well.
Ten, kto skończył, może wyjść.	Whoever is finished may leave.
Ten, komu się nie chce iść, może zostać w domu.	He who doesn't feel like going may stay at home.
Wszystko, co tu widzisz, należy do mnie.	Everything that you see here belongs to me.
Co tu widzisz, co mogłoby go zainteresować?	What do you see here that might interest him?
Czy widzisz tu coś, co mogłoby go zainteresować?	Do you see anything here that might interest him?
Nic tu nie widzę, co mogłoby go zainteresować.	I don't see anything here that might interest him.
Robię to, co mi się podoba.	I do as I please.
Robię to, czego inni nie robią.	I do things other people don't do.

Note:

The demonstrative pronouns <u>ten</u>, <u>to</u> are frequently omitted before <u>kto</u> and <u>co</u>:

Kto skończył, może wyjść.	Whoever's finished may go.
Robię, co mi się podoba.	I do as I please.

2. NONFINITE FORMS OF THE POLISH VERB

In addition to the finite forms, i.e. forms distinguishing person and number (present and past tenses, conditional, imperative), the Polish verb system includes six nonfinite categories: the infinitive (see X 5), the present gerund, the present participle, the past gerund, the passive participle, and the verbal noun. The gerunds are adverbial forms and are not inflected; the participles are adjectival forms and are inflected like adjectives.

3. PRESENT GERUND AND PRESENT PARTICIPLE

The present gerund modifies verbs; the present participle modifies nouns or pronouns. Both denote actions which are contemporaneous with the action of the main verb regardless of its tense and are often rendered in English by the -<u>ing</u> form. Since the gerund is an adverbial form, its equivalent in English is an adverbial clause 'while (when) doing so-and-so' or 'as (while, when) he (she) is (was, will be) doing so-and-so.' The participle is an adjectival form and therefore its English equivalent is a relative clause 'who (which, that) is (was, will be) doing so-and-so.'

The present gerund and participle are formed from imperfective verbs; they contain the present-tense stem and the suffix -ąc- to which the participles add adjectival endings. The shape of the present-tense stem before the suffix -ąc- is that of the 3d person plural (see VIII 7).

Conj.	Pres. Stem	Pres. Ger.	Pres. Pple.
I	pisz- 'write'	pisząc	piszący
II	mó[w']- 'speak	mówiąc	mówiący
III	czytaj- 'read'	czytając	czytający

Pisząc do domu, nie wspomniałem o wizycie brata.	When writing home I didn't mention my brother's visit.
Mówiąc to, pani Wanda uśmiechnęła się.	Wanda smiled as she was saying that.
Janek siedział przy stole czytając gazetę.	Jack was sitting at the table reading a newspaper.
Obok mnie siedział jakiś pan piszący list.	A man who was writing a letter was sitting next to me.
Czy nie ma tu nikogo mówiącego po polsku?	Isn't there anybody here who speaks Polish?
Usiadłem obok jakiejś pani czytającej książkę.	I sat down next to a woman who was reading a book.

The present participles are literary forms. In colloquial Polish they are replaced by relative clauses (see 1 above).

Obok mnie siedział jakiś pan, który pisał list.	A man who was writing a letter was sitting next to me.
Czy nie ma tu nikogo, kto mówi po polsku?	Isn't there anybody here who speaks Polish?
Usiadłem obok jakiejś pani, która czytała książkę.	I sat down next to a woman who was reading a book.

4. PAST GERUND

The past gerund modifies the main verb and is therefore considered a verbal adverb. It denotes an action which is anterior to the action of the main verb and is frequently rendered in English by the participal clause 'having done so-and-so' or 'after doing so-and-so.'

The past gerund is formed from the past-tense stem of perfective verbs. When the stem ends in a vowel, the past gerund suffix is -wszy; when it ends in a consonant, the suffix is -łszy (the ł is silent). The shape of the stem before the past gerund suffix is that of the masculine singular past-tense forms (see the alternations o~ó, X 6 c; e~a, X 6 d; ę~ą, X 6 e; szd-~szed-, XIII 13).

	Past-tense Stem	Past Gerund
Stem in a vowel	na-pisa- 'write'	napisawszy
	z-robi- 'do'	zrobiwszy
	po-wiedzie- 'say'	powiedziawszy
	za-mknę- 'close'	zamknąwszy
Stem in a consonant	przy-nios- 'bring' (X)'	przyniósłszy
	po-mog- 'help'	pomógłszy
	z-jad- 'eat'	zjadłszy
	przy-szd- 'arrive' (X)'	przyszedłszy

Napisawszy list, poszedłem na pocztę.	Having written the letter I went (X) to the post office.
Nic nie powiedziawszy, wyszedł z pokoju.	Without saying anything he left the room.
Pomógłszy koledze napisać zadanie, poszedłem spać.	Having helped my friend write his homework I went to bed.
Zjadłszy kolację, przeczytałem gazetę.	After I had my dinner (supper) I read the newspaper.
Przyszedłszy do domu, otworzyliśmy radio.	After coming home we turned the radio on.

The past gerund is avoided in the colloquial language and is habitually replaced by a past-tense form.

Napisałem list i poszedłem na pocztę.	I wrote a letter and went (X) to the post office.
Nic nie powiedział i wyszedł z pokoju.	He didn't say anything and walked out of the room.
Pomogłem koledze napisać zadanie i poszedłem spać.	I helped a friend write his home-work and went to bed.
Zjadłem kolację i przeczytałem gazetę.	I had dinner and read the newspaper.
Kiedyśmy przyszli do domu, otworzyliśmy radio.	When we came home, we turned on the radio.

5. PASSIVE PARTICIPLE AND VERBAL NOUN

The passive participle is a verbal adjective corresponding to the English past
participle (written, done, etc.). The verbal noun corresponds to the English -ing
form preceded by the definite article (the writing, the doing, etc.). Both the
passive participle and the verbal noun are formed from the past-tense stem of
verbs regardless of their aspect; the passive participle, however, occurs main-
ly with transitive verbs.

Passive participles contain a participial suffix to which adjectival endings
are added. Verbal nouns are neuter in gender and follow the inflection of zdanie
'sentence' or zdjęcie 'snapshot' (Declension IV); the noun-forming suffixes of
verbal nouns are related to the participial suffixes:

Pass. Pple.	Verbal Noun
C	C_1
-n-	-ń-
-n-	-eń-
-on-	-eń-
-ęt-	-ęć-
-t-	-ć-

(for $o \sim e$ see
VII 6 a)

These suffixes are distributed in the following way:*

a. Participial -n-, nominal -ń-.

Stems in a add the suffixes -n- and -ń-:

---

*Empty preverbs are written within parentheses.

Past-tense Stem	Pass. Pple.	Verbal Noun
(na)-pisa- 'write'	(na)pisany	(na)pisanie
(prze)-czyta- 'read'	(prze)czytany	(prze)czytanie

b. Participial -n-, nominal -eń-

Stems in e add the suffixes -n- and -eń-. Before the suffix -n-, the stem-final vowel e is replaced by a (cf. X6 d). Before the suffix -eń- the stem-final vowel is dropped and the last consonant of the stem is replaced according to the C₃~C₅ pattern of alternations (cf. VIII7 c):

—	(u)-słysze- 'hear'	(u)słyszany	(u)słyszenie
ć~c	lecie- 'fly'	—	lecenie
dź~dz	widzie- 'see'	widziany	widzenie
ś~sz	wisie- 'hang'	—	wiszenie

c. Participial -on-, nominal -eń-

Polysyllabic stems in y/i and stems in a consonant add the suffixes -on- and -eń-; in the nom. pl. vir. the suffix -on- is replaced by -eń- (see VII 6 and VII 6 a).

In stems in y/i the stem-final vowel is dropped and the last consonant of the stem is replaced according to the C₃~C₅ pattern of alternations (cf. VIII7 c):

—	(s)-kończy- 'end'	(s)kończony, -czeni	(s)kończenie
—	(z)-robi- 'do'	(z)robiony, -bieni	(z)robienie
ć~c	(za)-płaci- 'pay'	(za)płacony, -ceni	(za)płacenie
śc~szcz	(wy)-czyści- 'clean'	(wy)czyszczony, -czeni	(wy)czyszczenie
dź~dz	(u)-rodzi- 'give birth'	(u)rodzony, -dzeni	(u)rodzenie
ś~sz	za-prosi- 'invite'	zaproszony, -szeni	zaproszenie
ź~ż	(wy)-wozi- 'deport'	(wy)wożony, -żeni	(wy)wożenie

In stems ending in a consonant, the stem-final consonant before the suffix -on- is replaced according to the C~C₃ pattern of alternations (cf. VIII 7 a); before the suffix -eń- (nom. pl. vir. or verbal noun), the consonants ć and dź (Stage C₃) are replaced by c and dz respectively (Stage C₅). Before C₃ or C₅ the root vowel o is replaced after nonalternating consonants by e (cf. VIII.7.b).

	Past-tense Stem	Pass. Pple.	Verbal Noun
t~ć~c	(s)-plot- 'twine'	(s)pleciony, -ceni	(s)plecenie
d~dź~dz	roz-wiod- 'divorce'	rozwiedziony, -dzeni	rozwiedzenie
s~ś	prze-nios- 'transfer'	przeniesiony, -sieni	przeniesienie
z~ź	wy-wioz- 'deport'	wywieziony, -zieni	wywiezienie
k~cz	(u)-piek- 'bake'	(u)pieczony, -czeni	(u)pieczenie
g~ż	(o)-strzyg- 'cut hair'	(o)strzyżony, -żeni	(o)strzyżenie

d. Participial -ęt-, nominal -ęć-

Stems in nę add the suffixes -ęt- and -ęć- before which the stem-final vowel is dropped and the n replaced by ń.

za-mknę- 'close'	zamknięty, -nięci	zamknięcie
(po)-ciągnę- 'pull'	(po)ciągnięty, -nięci	(po)ciągnięcie

e. Participial -t-, nominal -ć-

Monosyllabic stems in y/i, u, ę, and r add the suffixes -t- and -ć-.

(u)-my- 'wash'	(u)myty, (u)myci	(u)mycie
za-bi- 'kill'	zabity, zabici	zabicie
(ze)-psu- 'spoil'	(ze)psuty, (ze)psuci	(ze)psucie
wzię- 'take'	wzięty, wzięci	wzięcie
za-ję- 'occupy'	zajęty, zajęci	zajęcie
o-par- 'lean'	oparty, oparci	oparcie

f. Irregular

ot-worzy- 'open'	otwarty, otwarci	otwarcie
przy-jd- 'come (X)'	—	przyjście

Jestem zaproszony do Wilczków.	I'm invited to the Wilczeks'.
Jesteśmy zaproszeni na kolację.	We're invited for dinner.
Dziękuję za zaproszenie.	Thanks for the invitation.

Zawsze jesteś mile widziany.	You're always welcome.
Widziano ich razem.	They were seen together.
Do widzenia.	Good-by.
Bank jest zamknięty.	The bank is closed.
Po zamknięciu biblioteki pójdę do miasta.	I'll go downtown after the library closes.

Verbal nouns distinguish between perfective and imperfective aspects and reflexive and nonreflexive forms. The direct object appears in the genitive case.

	Imperfective	Perfective	
Nonrefl. Refl.	podpisywać czek podpisywać się	podpisać czek podpisać się	to sign a check to sign one's name
Nonrefl. Refl.	podpisywanie czeku podpisywanie się	podpisanie czeku podpisanie się	the signing of a check the signing of one's name
Nonrefl. Refl.	myć dziecko myć się	umyć dziecko umyć się	to wash a child to wash
Nonrefl. Refl.	mycie dziecka mycie się	umycie dziecka umycie się	the washing of a child the washing

6. PASSIVE PARTICIPLES IN PASSIVE CONSTRUCTIONS

Passive constructions contain an auxiliary verb followed by a form of the passive participle; the agent is expressed by the preposition przez + acc. With imperfective participles or in the present tense, the auxiliary is a form of the verb 'to be' (być, jestem, będę).

Byłem u nich zawsze mile widziany.	I was always welcome at their place.
Jestem już rozebrany.	I am already undressed.

With the perfective participles in the past or future tense the auxiliary is either a form of the verb 'to be' or of the perfective verb zostać, zostanę 'become.' The former describes a state, the latter denotes an action.

Kiedy przyszedłem, wystawa już była otwarta.	When I came the exhibition was already open.
Wystawa została otwarta przez burmistrza miasta.	The exhibition was opened by the mayor of the city.
Bank będzie cały dzień zamknięty.	The bank will be closed all day.
Bank został zamknięty o trzeciej.	The bank was closed at 3:00.

7. PASSIVE PARTICIPLES USED ADVERBIALLY IN SUBJECTLESS CONSTRUCTIONS

The passive participle in the adverbial suffix -o is used as the predicate in subjectless constructions (see XI 6).

Mówiono, że pan był chory.	They said you were sick.
Co panu o mnie opowiadano?	What did they tell you about me?
Widziano ich razem.	They were seen together.
Zaczęto robić plotki.	They started gossiping.

8. DATES

The days of the month are given in ordinals. Years are given in ordinals for the decades and under and in cardinal numbers for the centuries and upward; the former are inflected, the latter are uninflected and are generally omitted when the context makes the century unambiguous. The months and years occurring after the days of the month are given in the gen. sg. nonfem.

In "time when" questions and answers, the day of the month is in the gen. sg. nonfem.:

Którego się pan urodził?	What day were you born?
Urodziłem się dwudziestego grudnia (tysiąc dziewięćset) czterdziestego czwartego roku.	I was born December 20, 1944.
Pierwsza wojna światowa skończyła się jedenastego listopada (tysiąc dziewięćset) osiemnastego roku.	World War I ended on November 11, 1918.

When the day of the month is not included, the month is given in the w + loc. phrase. Similarly, when the month is not included, the year is given in the w + loc. phrase.

W którym miesiącu się pan urodził?	What month were you born in?
Urodziłem się w lipcu (tysiąc dziewięćset) czterdziestego roku.	I was born in July 1940.
W którym roku zaczęła się pierwsza wojna światowa?	In what year did World War I begin?
Pierwsza wojna światowa zaczęła się w (tysiąc dziewięćset) czternastym roku.	World War I began in 1914.

In asking for and naming a date, three constructions occur: (a) the day of the month is in the nominative (this construction is frequent when the month is not mentioned); (b) the construction is subjectless and the day of the month is in the genitive sing. nonfem.; (c) the predicate contains the 1st pl. of the verb mieć 'have' and the day of the month is in the genitive sing. nonfem.

Który jest dzisiaj? Którego jest dzisiaj? Którego mamy dzisiaj?	What's the date today?
Dzisiaj jest ósmy. Dzisiaj jest ósmego (lipca). Dzisiaj mamy ósmego (lipca).	Today is the 8th. Today is the 8th (of July).
Który był wczoraj? Którego było wczoraj? Któregośmy mieli wczoraj?	What was the date yesterday?
Wczoraj był dwudziesty pierwszy. Wczoraj było dwudziestego pierwszego Wczorajśmy mieli (lutego).	Yesterday was the 21st. Yesterday was the 21st (of February).

9. IRREGULARITIES IN THE SHAPE OF NOUN STEMS

a. The noun książę 'prince'

książę 'prince' is the only virile noun in -ę (cf. XIII 7). The sequence ąż is dropped in all singular oblique cases.

	Sg.	Pl.
Nom.	książę	książęta
Acc. Gen.	księcia	książąt
Dat. Loc.	księciu	książętom książętach
Instr.	księciem	książętami

b. The noun chrzest 'baptism'

The masculine noun chrzest 'baptism' drops the s along with the inserted vowel in all oblique cases: gen. sg. chrztu, loc. sg. chrzcie, etc.

10. POLISH FAMILY NAMES IN -O

Polish family names in -o are inflected in the singular according to Declension I. In the plural they follow the pattern of Declension III with the nom. pl. ending -owie characteristic of nonadjectival personal names.

	Sg.	Pl.
Nom.	Kościuszko	Kościuszkowie
Acc.	Kościuszkę	Kościuszków
Gen.	Kościuszki	Kościuszków
Dat.	Kościuszce	Kościuszkom
Loc.	Kościuszce	Kościuszkach
Instr.	Kościuszką	Kościuszkami

ZADANIE   EXERCISES

1. Supply the proper gerund for the parenthesized infinitive:

(czytać)
a.   „Kulturę", zasnąłem
(przeczytać)

(pisać)
b.   list, zapaliłem papierosa.
(napisać)

(wracać)
c.   do domu, zjadłem lody.
(wrócić)

(jeść)
d.   lody, wypiłem szklankę wody.
(zjeść)

(mówić)
e.   to, wyszedłem z pokoju.
(powiedzieć)

(widzieć)
f.   Karola, przeszedłem na drugą stronę ulicy.
(zobaczyć)

(wchodzić)
g.   do domu, zdjąłem kapelusz.
(wejść)

(wycierać)
h.   ręce, siadł do stołu.
(wytrzeć)

(pomagać)
i.   bratu, zrobiłem się śpiący.
(pomóc)

(zamykać)
j.   książkę, Jan się uśmiechnął.
(zamknąć)

2. Replace the reflexive verbs in the following sentences by passive participles:

a. Karol przeziębił się.

b. Karol zmęczył się.

c. Karol umówił się.

d. Maria rozebrała się.

e. Maria umyła się.

f. Maria ubrała się.

3. Replace the following active constructions by passive ones:

a. Jan napisał list.

b. Wanda przeczytała gazetę.

c. Kolega zepsuł samochód.

d. On zapłacił rachunek.

e. Niemcy zajęli Warszawę.

f. Olek zdjął lustro ze ściany.

4. Replace the following past tenses by passive participles used adverbially:

a. Zaczęli pisać.

b. Skończyli czytać.

c. Zrobili mu na złość.

d. Zaprosili nas na kolację.

e. Wzięli go między siebie.

f. Otworzyli bank o dziewiątej.

g. Zamknęli bank o trzeciej.

h. Dzieciom umyli uszy.

i. Widzieli ich razem.

j. Opowiadali mi, że tak było.

k. Zabili jakiegoś człowieka.

l. Przenieśli mnie do Warszawy.

5. Write out the following dates:

a. Mikołaj Rej urodził się w 1505, a umarł w 1569 roku.

b. Jan Kochanowski urodził się w 1530, a umarł w 1584 roku.

c. Adam Mickiewicz urodził się w 1798, a umarł w 1855 roku.

d. Juliusz Słowacki urodził się 23 września 1809 roku, a umarł 3 kwietnia 1849 roku.

e. Cyprian Norwid urodził się 24 września 1824 roku, a umarł w maju 1883 roku.

f. Henryk Sienkiewicz urodził się 5 maja 1846 roku, a umarł 15 listopada 1916 roku.

6. Write out the current date using alternate constructions:

a. Dzisiaj ——— ——— .

——— ——— .

——— ——— .

b. Wczoraj ——— ——— .

——— ——— .

——— ——— .

SŁÓWKA

VOCABULARY

bitwa, -y; -tew f.	battle	filmowy, -ego	film-
bratanek, -nka; -owie v.	nephew (brother's son)	jagielloński, -ego	Jagiellonian, pertaining to Władysław Jagiello (Polish king 1386–1434) or the Jagiellonian dynasty
burmistrz, -a; -owie, -ów v.	mayor		
chrzest, chrztu i.	baptism		
cicho (ciszej)	still	Uniwersytet Jagielloński	Jagiellonian University (in Cracow)
czterdziesty, -ego	fortieth		
dziewięćdziesiąty, -ego	ninetieth		
dziewięćset, -ęciuset	nine hundred	kalendarzowy, -ego	calendar
		korytarz, -a; -e, -y i.	corridor

kościuszkowski, -ego	pert. to Kosciusko	popracować P; -uje, -ują	work for a while
krawiec, -wca; -y, -ów v.	tailor	powstanie, -a n.	uprising, insurrection
król, -a; -owie, -i v.	king	półka, -i; -łek f.	shelf
książę, księcia, -u (dat.); książęta, -żąt v.	prince	przyjąć P; -jmie, -jmą; -jął, -jęła; -jm/-jmij; -jęty	receive, adopt
łatwość, -ci f.	easiness, facility, ease	przywódca, -y; -y, -ów v.	leader, chief
łokieć, -kcia; -e, -i i.	elbow	rada, -y f.	advice
		dawać sobie radę	manage
marszałek, -łka; -owie v.	marshal	reżyser, -a v.	(theater or film) director
mile widziany	welcome	rozbiór, -bioru i.	partition (of a country, specifically Poland)
niepodległość, -ci f.	independence		
obcas, -a i.	heel (of a shoe)	sennik, -a i.	dream book
obiecujący, -ego	promising	siedemset, -dmiuset	seven hundred
odpowiednio	suitably, adequately	skakać I; -acze, -aczą	jump, leap
opowiadanie, -a n.	story, tale	spodobać się P; -a, -ają	please, be pleasing, likable
opublikować P; -kuje, -kują	publish		
osiemset, ośmiuset	eight hundred	sposobność, -ci f.	occasion, chance
otwarty, -ego	open	stolica, -y f.	capital
panowanie, -a n.	reign	sześćdziesiąty, -ego	sixtieth
pisarz, -a; -e, -y/-ów v.	author, writer	szkodzić I; -dzi, -dzą	injure, hurt
po prostu	simply	nie szkodzi	it doesn't matter
poczęstować P; -uje, -ują	treat (to something)	trudność, -ci; -ci f.	difficulty
podarty see podrzeć		ślub, -u i.	wedding
podeszwa, -y; -szew f.	sole (of a shoe)	wziąć ślub	get married
podrzeć P; podrze, podrą; podarł; podarty	tear	trzydziesty, -ego	thirtieth
		tytuł, -u i.	title
polecić P; -ci, -cą	recommend	tzn. (to znaczy)	i.e.

zajmujący, -ego — interesting

tzw. (tak zwany) — so-called

założyć P; -y, -ą; załóż — establish, found

uczestnik, -a v. — participant

zamknięcie, -a n. — closing

urodzinowy, -ego — pert. to a birthday

zapalić P; -i, -ą — have a smoke, light up

uśmiechnąć się P; -nie, -ną; -nął, -nęła — smile

zaproszenie, -a n. — invitation

zaręczyć się P; -y, -ą — become engaged, affianced

wiek, -u i. — age, century

wielki, -ego (większy) — large, great

zbiór, zbioru i. — collection

zdarty see zedrzeć

współczesny, -ego — contemporary, modern

zedrzeć P; zedrze, zedrą; zdarł; zedrzyj; zdarty — tear down, run down

wytarty see wytrzeć

wytrzeć się P; -trze, -trą; -tarł, -tarty — be worn threadbare

znakomity, -ego — excellent, splendid

za prep. w. gen. — during

zobaczenie, -a n. — seeing

zainteresować P; -suje, -sują — interest, be of interest

do zobaczenia (się) — see you

zająć P; -jmie, -jmą; -jął, -jęła; -jęty — occupy, reserve

zostać P; -anie, -aną — become

ZDANIA

SENTENCES

1. Krysiu, czy jesteś dzisiaj zajęta?
   Wandziu, czy byłaś wczoraj
   Aniu, czy będziesz jutro

   Chris, are you busy today?
   Wanda, were you busy yesterday?
   Ann, will you be busy tomorrow?

2. Tak,
   dzisiaj uczę się do egzaminu.
   wczoraj uczyłam się
   jutro będę się uczyć

   Yes,
   today I'm studying for an exam.
   yesterday I was
   tomorrow I'll be

3. Już mię się raz pytałeś,
   czy jestem dzisiaj zajęta.
   byłam wczoraj
   będę jutro

   You've already asked me once before
   whether I am busy today.
        was   yesterday.
        will be   tomorrow.

4. Powiedziałam ci już, że
   dzisiaj uczę się do egzaminu.
   wczoraj uczyłam się
   jutro będę się uczyć

   I've already told you that
   today I'm studying for an exam.
   yesterday I was
   tomorrow I'll be

5. Niech pan pozdrowi Wandę.
       państwo pozdrowią Anię.

   Pozdrów Olka.
   Pozdrówcie Zdzicha.

   Say hello to Wanda.
            Ann.

            Alex.
            Zdzislaw.

6. Właśnie mówię,
   żeby pan pozdrowił Wandę.
   żeby państwo pozdrowili Anię.

   żebyś pozdrowił Olka.
   żebyście pozdrowili Zdzicha.

   I just said
   that you should say hello to Wanda.
            Ann.

            Alex.
            Zdzislaw.

7. Nie ma po co się spieszyć.

   There's no reason to hurry.

8. Spieszę się, żeby zdążyć na
   pociąg.

   I'm in a hurry to make the
   train.

9. Spieszę się, żebyś nie mówił,
   że jestem niepunktualny.

   I'm hurrying so that you wouldn't
   say that I'm not punctual.

10. Spieszę się, żeby mi w domu
    nie robiono wymówek.

    I'm hurrying so that they won't
    reproach me at home.

11. Przyjdę jutro
    , żeby się z panem pożegnać.
    pożegnać się z panem.

    I'll come tomorrow
    in order to say good-by to you.
    to say good-by to you.

12. Staram się
    o tym zapomnieć.
    , żeby wszyscy o tym zapomnieli.

    I try
    to forget it.
    to have everybody forget about it.

379

13. Wolę tego nie pamiętać.   I prefer not to remember it.
    , żeby tego nie pamiętano.   that it should not be
                                                   remembered.

14. Tatusiu, proszę   Daddy, please help me.
    mi pomóc.
    , żebyś mi pomógł.

15. Dlaczegoś mnie nie ostrzegł,   Why didn't you warn me that
    żebym nie jechał sam?   I shouldn't go by myself?

16. Namawiałem cię przecież,   But I've been trying to tell you
    żebyś nie jechał sam.   that you shouldn't go by yourself.

17. Błagałem cię, żebyś poczekał   I begged you to wait for me.
    na mnie.

18. Nie mogę żądać, żeby mi   I can't demand that they pay me
    zapłacono, dopóki robota nie   until the job is finished.
    będzie skończona.

19. Myślę, że to się panu nie uda.   I guess it won't work out for you.
    Sądzę,   I think
    Uważam,   My opinion is that
    Przypuszczam,   I suppose

20. Nie sądzę,   I don't think
    przypuszczam,   suppose
    wierzę,   believe
    wyobrażam sobie,   imagine
    żeby to się panu udało.   that you'll succeed with it.

21. Nie myślałem już,   I didn't think
    sądziłem   think
    przypuszczałem   suppose
    wierzyłem   believe
    że pan przyjdzie.   you'd come.

22. Wątpię, czy go pani pozna.   I doubt whether you'll recognize him.
    że   that
    czyby   poznała.   whether you'd
    żeby   that

23. Boję się,   I'm afraid
    Obawiam się,   I'm afraid
    że on panią pozna.   that he will recognize you.
    że on pani nie pozna.   won't

24. Boję się,   I'm afraid
    Obawiam się,   I'm afraid
    żeby on pani nie poznał.   that he might recognize you.

25. Żona kazała   My wife
    mi pójść na zakupy.   told me to go shopping.
    (mi), żebym poszedł na zakupy.   that I should go shopping.

26. Mąż nie pozwolił   My husband didn't allow
    mi o tym mówić.   me to speak about it.
    (mi), żebym o tym mówiła.

27. Ojciec zabronił
    nam to czytać.
    (nam), żebyśmy to czytali.

Father forbade
    us to read it.

28. Nie ma co czekać.
    o czym mówić.
    co się sprzeczać.

There is no point in waiting.
    nothing to talk about.*
    no point in arguing.

29. Tam nie ma co robić.
    było
    będzie

There is nothing to do there.
    was
    will be

30. Tu nie ma gdzie usiąść.

There is no place to sit around here.

31. Tam nie było z kim porozmawiać.

There was nobody to talk to there.

32. Cóż to za grubasy!
    łobuzy!
    śpiochy!

What fatsos!
    rascals!
    sleepyheads!

33. Założę się,
    że to jest warszawiak.
    są warszawiacy.
    warszawiaki.

I'll bet
    that's a Varsovian.
    those are Varsovians.
    those are Varsovians (jocular).

34. Kiedy wracałem wczoraj do domu,
    podsłuchałem przypadkowo
    rozmowę kilku studentów.

When I was returning home yesterday,
    I accidentally overheard a conver-
    sation among several students.

35. Siedzieli obok mnie w trolej-
    busie i dość głośno
    rozmawiali o swoich sprawach.

They were sitting next to me on
    the trolley bus and rather loudly
    discussing their affairs.

36. Wszyscy trzej skarżyli się
    na ilość pracy i na brak
    czasu.

All three were complaining about
    the amount of work and lack
    of time.

37. Polonista powiedział, że
    mieszka w akademiku,
    w jednym pokoju z dwoma
    innymi studentami.

The Polonist said that he
    lived in the dormitory
    in one room with two
    other students.

38. Narzekał, że pokój jest
    nieduży i że koledzy
    przeszkadzają mu w pracy.

He was complaining that the room
    was small and his roommates
    disturbed him when he worked.

39. Żałował, że nie mieszka przy
    rodzinie, w osobnym pokoju,
    z prawem używania kuchni.

He was sorry that he wasn't living
    with a family in a separate room
    with kitchen privileges.

40. Z tego, co mówił prawnik,
    wynikało, że mieszka
    z rodziną.

From what the law student said, it
    appeared that he lived with
    his family.

---

*Also: Don't mention it.

41. Dowiedziałem się, że dom, w którym mieszka jest na przedmieściu i że musi codziennie dojeżdżać na uniwersytet autobusem.

I found out that the house he lives in is in the suburbs and that he has to commute to the university every day by bus.

42. Twierdził, że czekanie na przystankach i jazda tam i z powrotem zajmują mu przynajmniej dwie godziny dziennie.

He claimed that waiting at the bus stops and the round trip take at least two hours each day.

43. Dodał, że nie może wykorzystać jazdy na naukę, bo w autobusie jest ścisk.

He added that he cannot use the traveling time for studying because the bus is crowded.

44. Młody medyk miał inne problemy.

The young medical student had other problems.

45. Jak się domyśliłem z tego, co mówił, był żonaty i miał dwoje dzieci.

As I gathered from what he was saying, he was married and had two children.

46. Mieszkał co prawda niedaleko szpitala, ale miał bardzo małe i niewygodne mieszkanie.

He lived, to be sure, not far from the hospital, but he had a very small and uncomfortable apartment.

47. Skarżył się też, że ma bardzo hałaśliwych sąsiadów, którzy nie dają mu pracować w domu.

He was also complaining that he has very noisy neighbors who don't let him work at home.

48. Powiedział, że jest członkiem spółdzielni mieszkaniowej i że ma nadzieję, że wkrótce dostanie lepsze mieszkanie.

He said that he was a member of a housing co-op and that he hoped to get a better apartment.

49. Kiedy ci trzej studenci wysiedli, zacząłem się przysłuchiwać następującej rozmowie prowadzonej przez dwóch młodych chłopców.

When these three students got off, I began to listen to the following conversation carried on by two boys.

50. — Słuchaj, Zdzichu, czy powtórzyłeś Zosi to, o czym ci wczoraj mówiłem?

"Listen, Zdzislaw, did you repeat to Sophy what I told you yesterday?"

51. — Powtórzyłem, ale w największej tajemnicy.

"I did, but I said it was strictly confidential."

52. — Prosiłem cię przecież, żebyś nic jej nie mówił.

"But I asked you not to tell her anything."

53. — Nie przypuszczałem, że aż tak ci zależy na tajemnicy.

"I didn't think you cared that much about secrecy."

54. — Mówiłem ci, że chodzi mi o to, żeby nikt o tym nie wiedział.

"I told you that I'm concerned that nobody should know about it."

55. — Jestem przekonany, że Zosia nikomu o tym nie powie.

"I'm convinced that Sophy is not going to tell anybody about it."

56. — Za dobrze ją znam, żeby w to uwierzyć.

"I know her too well to believe that."

57. — Na wszelki wypadek poproszę ją jeszcze raz, żeby nic nikomu o tym nie mówiła.

"At any rate, I'll ask her again not to tell anybody about it."

58. — Bądź tak dobry, ale nie zapomnij.

"Please do, and don't forget it."

59. — Nic się nie bój, wszystko zrobię, żeby się nikt o tym nie dowiedział.

"Don't be afraid. I'll see to it that nobody finds out about it."

60. — Dziękuję ci bardzo.

"Thank you very much."

61. — Drobnostka, nie ma o czym mówić.

"That's nothing; it's not worth talking about."

62. — Trzymaj się.

"Take it easy."

GRAMATYKA   GRAMMAR

1. SUBORDINATE CLAUSES INTRODUCED BY ŻEBY 'IN ORDER, SO THAT'

Subordinate clauses indicating purpose are introduced by the conjunction żeby 'in order to, so that' (cf. III 11).

a. When the subordinate clause has no actor, żeby is followed by the passive participle in -o (see XXII 7).

Spieszę się, żeby mi nie robiono wymówek.	I'm hurrying so that they don't reproach me.

b. When the subject of the subordinate clause differs from the subject of the main clause, żeby is followed by a past-tense form (cf. XVII 1).

Spieszę się, żebyś zdążył na pociąg.	I'm hurrying so that you can catch the train.
Pośpiesz się, żebym zdążył na pociąg.	Hurry up so that I can catch the train.
Pożyczę mu trochę pieniędzy, żeby miał na podróż.	I'll lend him some money so that he can travel.

c. When the subject of the main and subordinate clauses is the same, żeby is followed by the infinitive; in the 1st and 2d persons the past tense also occurs.

Spieszę się,	I'm in a hurry
żeby zdążyć na pociąg.	in order to make the train.
żebym zdążył na pociąg.	so that I can make the train.
Pożyczcie sobie trochę pieniędzy,	Borrow some money
żeby mieć na podróż.	for traveling.
żebyście mieli na podróż.	so that you can travel.
Spieszy się, żeby zdążyć na pociąg.	He's hurrying in order to make the train.

Note:

After verbs of motion before the infinitive, żeby is often omitted:

Przyjdę się z panem pożegnać.	I'll come to say good-by to you.
Przyjdę, żeby się z panem pożegnać.	
On przyjedzie mi pomóc.	He'll come in order to help me.
On przyjedzie, żeby mi pomóc.	

2. DIRECT VS. REPORTED SPEECH

A reported statement is introduced by że 'that'; a reported question by a question word or, in its absence, by czy 'whether, if'; a reported command by żeby 'so that' with the verb appearing in the past tense. A reported statement or question retains the tense of the direct quote regardless of the tense of the main verb: compare the English usage, where the form of the verb in reported speech depends on the tense of the main verb.

Direct statement:

Wanda się uczy.	Wanda is studying.
uczyła.	was
będzie uczyć.	will be

Reported Statement:

Mówi pan,	Do you mean to say
że Wanda się uczy?	Wanda is studying?
uczyła?	was
będzie uczyć?	will be
Jan powiedział,	John said
że Wanda się uczy.	that Wanda was studying.
uczyła.	had been
będzie uczyć.	would be

Direct question:

Ma pani czas?	Do you have time?
Miała pani czas?	Did
Będzie pani miała czas?	Will

Reported question:

Pytam się, czy pani ma czas.	I'm asking whether you have time.
miała	had
będzie miała	will have
Spytałem się, czy ona ma czas.	I asked whether she had time.
miała	had had
będzie miała	would have

Direct command:

Niech pan napisze do niego.	
Napisz do niego.	Write to him.
Napiszcie do niego.	

Reported command:

Mówię, żeby pan napisał do niego.	I say that you should write to him.
żebyś napisał	
żebyście napisali	
Powiedziałem,	I said
żeby pan napisał do niego.	that you should write to him.
żebyś napisał	
żebyście napisali	

3. VERBS GOVERNING AN INFINITIVE OR A SUBORDINATE CLAUSE

a. Constructions with verbs of wishing

When the actor of the verbs

chcieć	want
pragnąć	desire, wish
woleć	prefer
starać się	seek, try

coincides with the actor of a dependent verb, the latter is in the infinitive.

Chcę już wrócić.	I want to go back.
Pragnąłem pojechać nad morze.	I wished to go to the seashore.
Wolę tego nie pamiętać.	I prefer not to remember it.
Staraj się o tym zapomnieć.	Try to forget about it.

When the actor of these verbs differs from the actor of a dependent verb, the latter is introduced by żeby and is in the past tense when its actor is specified and in the -o form of the passive participle when its actor is not specified.

Chcę, żebyś już wrócił.	I'd like you to come back.
Pragnąłem, żebyś pojechała nad morze.	I wanted you to go to the seashore.
Wolę, żeby tego nie pamiętano.	I prefer that it not be remembered.
Staram się, żeby wszyscy o tym zapomnieli.	I try to have everybody forget about it.

With the verbs

prosić	ask
błagać	beg
żądać	demand
namawiać	persuade, keep telling
ostrzegać	warn

the dependent verb is introduced by żeby.

Prosił, żeby mu pomóc.	He asked to be helped.
Błagała go, żeby wrócił.	She begged him to come back.
Żądałem, żeby mi zapłacono.	I demanded to be paid.
Namawiałem go, żeby dzisiaj pojechał.	I kept telling him to go today.
Ostrzegałem go, żeby jutro nie jechał.	I warned him not to go tomorrow.

After proszę used in the sense of 'please,' the infinitive occurs:

Proszę mi pomóc.	Please help me.

but

Proszę, żeby mi pan pomógł.	I'm asking you to help me.

With the verbs

kazać	order
pozwalać	allow
zabraniać	forbid

when the dative object is absent, the dependent verb is in the infinitive when its actor is unspecified or is introduced by <u>żeby</u> when its actor is specified.

Kazał tak to napisać.	He ordered [someone] to write it this way.
Pozwolił mówić o tym.	He allowed talking about it.
Zabronił to czytać.	He forbade reading it.
Kazał, żebym tak to napisał.	He ordered me to write it this way.
Pozwolił, żebyśmy o tym mówili.	He allowed us to talk about it.
Zabronił, żeby pan to czytał.	He forbade you to read it.

When the dative object of these verbs is present, the dependent verb is usually in the infinitive.

Kazał mi to tak napisać.	He ordered me to write it this way.
Pozwolił nam o tym mówić.	He allowed us to talk about it.
Zabronił panu to czytać.	He forbade you to read it.

b. Constructions with negated verbs of thinking

With the verbs

nie myśleć	not to think
nie sądzić	not to think
nie przypuszczać	not to suppose
nie wierzyć	not to believe
nie wyobrażać sobie	not to imagine

when these verbs are in the past tense, the dependent verb is introduced by <u>że</u>; when they are not, the dependent verb is introduced by <u>że</u> (greater certitude) or <u>żeby</u> (lesser certitude).

Nie myślałem,	I didn't think
że to się panu uda.	that you would succeed with it.
Nie myślę,	I don't think
że to się panu uda.	that you'll succeed with it.
żeby to się panu udało.	that you would succeed with it.
Nie przypuszczałem,	I didn't suppose
że pan to potrafi zrobić.	that you would manage to do it.
Nie przypuszczam,	I don't suppose
że pan to potrafi zrobić.	that you'll manage to do it.
żeby pan to potrafił zrobić.	that you would manage to do it.

With the verb

wątpić	doubt

the dependent verb is introduced by czy (greater certitude) or czyby (lesser certitude). Occasionally że and żeby occur in these functions.

| Wątpię, czy to pomoże. | I doubt that it will help. |
| czyby to pomogło. | would |

c. Constructions with verbs of fearing

With the verbs

bać się	fear
obawiać się	be apprehensive

the dependent verb expressing a positive idea is introduced by że (greater certitude) or żeby . . . nie + past tense (lesser certitude); the dependent verb expressing a negative idea is introduced by że.

Boję się, że on przyjdzie.	I'm afraid that he'll come.
Bałem się,	I was afraid that he would come.
Boję się, że on nie przyjdzie.	I'm afraid that he won't come.
Bałem się,	I was afraid that he wouldn't come.
Boję się, żeby on nie przyszedł.	I'm afraid that he might come.
Bałem się,	I was afraid that he might come.

4. SUBJECTLESS EXPRESSIONS OF THE TYPE NIE MA CO ROBIĆ

Expressions of the type nie ma (było, będzie) + interrogative adverb or pronoun + infinitive are subjectless and signal the absence of whatever is denoted by the question word and the infinitive.

Nie ma co robić.	There's nothing to do.
Nie ma gdzie usiąść.	There's no place to sit.
Nie było czym się zająć.	There was nothing to occupy oneself with.
Nie było z kim porozmawiać.	There was nobody to talk to.
Nie będzie czemu się dziwić.	There'll be nothing amazing about it.
Nie będzie kiedy skończyć.	There'll be no time to finish.

The expressions nie ma (było, będzie) + po co + infinitive correspond to the English 'there's (was, will be) no point in [do]ing'; in colloquial Polish, po is often omitted.

Nie ma (po) co się spieszyć.	There's no point in hurrying.
Nie było (po) co się denerwować.	There was no point in getting excited.
Nie będzie (po) co tam iść.	There'll be no point in going there.

5. VOCATIVE

The vocative (see II 10) occurs with some singular nouns of Declensions I and III; it is found with first names (not with family names), names of occupations, terms of kinship, and in general with nouns denoting persons.

The vocative suffixes are as follows:

Decl. I	Decl. III
-o, -u	-e, -u

Notes:

a. Distribution of suffixes in Declension I

The suffix -u occurs with affectionate formations in ś, ź, ć, dź, ń, l; -o occurs elsewhere.

	Nom.	Voc.	
-o	Zofia	Zofio	Sophia
	Olga	Olgo	Olga
	Wanda	Wando	Wanda
	Anna	Anno	Anna
	Helena	Heleno	Helen
-u	Zosia	Zosiu	Sophy
	ciocia	ciociu	auntie
	Wandzia	Wandziu	Wanda
	Ania	Aniu	Annie
	Hela	Helu	Nelly

b. Distribution of suffixes in Declension III

The suffix -e occurs after alternating consonants except the velars (k, g, ch/ h); -u occurs after nonalternating consonants and the velars (cf. XI 1 c). Before -e the stem final consonant is replaced according to the $C \sim C_2$ pattern of alternations (cf. XI 1 a).

	Nom.	Voc.	
-e	Józef	Józefie	Joseph
	Zdzisław	Zdzisławie	Zdzislaw
	pan	panie	mister
	Paweł	Pawle	Paul
	profesor	profesorze	professor
	Zygmunt	Zygmuncie	Sigismund
	Alfred	Alfredzie	Alfred
-u	człowiek	człowieku	man
	Zdzich	Zdzichu	Zdzislaw
	towarzysz	towarzyszu	comrade
	tatuś	tatusiu	daddy
	mistrz	mistrzu	maitre
	wuj	wuju	uncle
	obywatel	obywatelu	citizen

c. Irregularities

The following irregularities occur:

Feminine nouns in -i have the vocative in -i.

pani	pani	Mrs.

-e occurs for -u in

Bóg	Boże	God

-u occurs for -e in

syn	synu	son

6. NOM. PL. OF VIRILE NOUNS IN ALTERNATING CONSONANTS

Some virile nouns which end in alternating consonants and are inherently pejorative or jocular, have the nom. pl. forms of nonvirile masculine nouns, i.e. show no alternations before the ending -y/-i (see VI 4 e). Adjectives accompanying such nouns also have the form of the nom. pl. nonvir.

Compare   with

Nom. Sg.	grubas	fatso
Nom. Pl.	grubasy	
Acc. Pl.	grubasów	

	Anglosas	Anglo-Saxon
	Anglosasi	
	Anglosasów	

Nom. Sg.	łobuz	rascal
Nom. Pl.	łobuzy	
Acc. Pl.	łobuzów	

	Francuz	Frenchman
	Francuzi	
	Francuzów	

Nom. Sg.	śpioch	sleepyhead
Nom. Pl.	śpiochy	
Acc. Pl.	śpiochów	

	Włoch	Italian
	Włosi	
	Włochów	

Nom. Sg.	cham	boor
Nom. Pl.	chamy	
Acc. Pl.	chamów	

	pielgrzym	pilgrim
	pielgrzymi	
	pielgrzymów	

Cóż to za grubasy!	What fatsos!
Gdzie są te łobuzy?	Where are those rascals?
Wstawajcie, śpiochy!	Get up, you sleepyheads!
Ależ to chamy!	My, what boors!

In expressive speech, as a mark of a scornful or ironic attitude of the speaker, any virile noun ending in an alternating consonant may have, beside its regular nom. pl. form, a form in -y/-i without alternation of the stem-final consonant.

To jest warszawiak.	That's a Varsovian.
To są warszawiacy.	Those are Varsovians.
warszawiaki.	Those are Varsovians (with scorn or irony).

ZADANIE   EXERCISES

1. Fill in the proper form of the direct statements below, changing them into reported statements:

> Ona przychodzi o ósmej.
>
> Ona przyjdzie o dziewiątej.
>
> Oni przyszli późno.
>
> Nie mam czasu.
>
> Nie będę miał czasu.
>
> Nie miałem czasu.

Karol jest zajęty.

Maria jest zajęta.

Wilczkowie są zajęci.

Czekam na Wandę.

Poczekam na Wandę.

Czekałem na Wandę.

a. On myśli ——— .
b. On myślał ——— .

2. Fill in the proper forms of the direct questions below, changing them into reported questions:

Ona przyjdzie?

Kiedy ona przyjdzie?

Kto przyjdzie?

Ona przyszła?

Kiedy ona przyszła?

Kto przyszedł?

Ona przychodzi?

Kiedy ona przychodzi?

Kto przychodzi?

a. On pyta ——— .
b. On spytał ——— .

3. Combine the following pairs of clauses into sentences. Example:

mówię; nie słyszę

Mówię, że nie słyszę.

a. mówię; nie wiem

b. powiedziałem; wiem

c. mówię; napisz

d. powiedziałem; niech pan napisze

e. pytam; przyjdziesz?

f. spytałem; pan ma czas?

g. boję się; on nie przyjdzie

h. obawiam się; on nie będzie pamiętał

i. chcę; wrócę

   j. chcę; pan wróci

  k. pragnę; pojadę nad morze

  l. pragnę; pan pojedzie z nami

 m. wolę; nie czekam

  n. wolę; pan nie czeka

  o. staram się; zrozumiem

  p. staram się; pan mnie zrozumie

  q. błagam; pomóż mi

  r. żądam; niech pan mi odda pieniądze

  s. ostrzegam; niech pan tam nie jedzie

  t. spieszę się; zdążysz na pociąg

4. Combine the following pairs of clauses into sentences giving alternate patterns. Example:

spieszę się; zdążę na pociąg

Spieszę się, żeby zdążyć na pociąg.

Spieszę się, żebym zdążył na pociąg.

  a. przyjdę; zobaczę się z panem.

  b. pojadę; kupię bilety

  c. profesor kazał; tak to napiszę

  d. matka pozwoliła; dzisiaj zostanę w domu.

  e. ojciec zabronił; pójdę na wycieczkę

  f. nie myślę; spóźnię się

  g. nie sądzę; zdążę

  h. nie przypuszczam; pan to potrafi zrobić

  i. nie wierzę; ona wróci

  j. nie wyobrażam sobie; on ma rację

  k. wątpię; to pomoże

  l. boję się; on przyjdzie

 m. obawiam się; on zapomni

SŁÓWKA

SŁÓWKA		VOCABULARY	
akademik, -a i.	dormitory	cóż	what (a)
Ania, -i f.	Nancy	członek, -nka; -owie v.	member
błagać I; -a, -ają	beg, implore		
brak, -u i.	lack	dodać P; -da, -dadzą; -daj	add

domyślić się P;   guess, gather
-li, -lą

dostanie, -a n.   getting, obtain-
                          ing

drobnostka,-i;   trifle, nonsense
-tek f.

głośno   loudly, loud,
(głośniej)   aloud

grubas, -a; -y,   fatso
-ów v.

hałaśliwy, -ego   noisy

ilość, -ci f.   quantity, amount

kazać I; każe, -ą   order

Krysia, -i f.   Chris

kuchnia, -ni;   kitchen
-nie, -ni f.

łobuz, -a; -y,   rascal, scamp
-ów v.

medyk, -a v.   medical student

mieszkaniowy,   housing
-ego

nadzieja, -ei f.   hope

namawiać I; -a,   persuade, coax
-ają

narzekać I; -a,   complain
-ają

następujący, -ego   following

niedaleko   not far

nieduży, -ego   pretty small

niepunktualny,   not punctual
-ego

niewygodny, -ego   uncomfortable

obawiać się I; -a,   be apprehensive,
-ają   be afraid

Olek, Olka v.   Alex

osobny, -ego   separate

ostrzegać I; -a,   warn
-ają

podsłuchać P;   overhear
-a, -ają

polonista, -y;   Polonist
-ów v.

poprosić P; -si,   ask, beg
-szą

powrót, -rotu i.   return

pozdrowić P; -wi,   greet, give
-wią   regards

prawnik, -a v.   law student,
                          lawyer

problem, -u i.   problem

prowadzić I; -dzi,   lead, conduct,
-dzą   carry on

przekonać P; -a,   persuade, con-
-ają   vince

przypadkowo   accidentally

przysłuchiwać się   listen to, at-
I; -chuje,   tend
-chują

pytać się I; -a,   ask, inquire
-ają

rozmowa, -y;   conversation,
-mów f.   talk

skarżyć się I;   complain
-y, -ą

spółdzielnia, -ni;   cooperative
-nie, -ni f.

sprzeczać się I;   argue
-a, -ają

ścisk, -u i.   crush (of people)

śpioch, -a; -y,   sleepyhead
-ów v.

tajemnica, -y f.   secret, secrecy

tatuś, -sia v.   daddy

trolejbus, -u i.   trolley bus

trzymać się I;   hold oneself
-a, -ają

trzymaj się   take it easy

twierdzić I; -dzi,   affirm, claim
-dzą

udać się P;   succeed
uda, udadzą

uwierzyć P; -y,   believe
-ą

używanie, -a n.   use

warszawiak, -a v.   Varsovian

wykorzystać P;   use, exploit
  -a, -ają

wymówka, -i;   reproach
  -wek f.

wynikać I; -a,   result, appear
  -ają

wyobrażać I; -a,   represent
  -ają

  — sobie   imagine

zabronić P;   forbid
  -ni, -nią

zakupy, -ów   purchases,
  pl.   shopping

założyć się P;   bet, wager
  -y, -ą; załóż

Zdzich, -cha   v.   affect. of
                         Zdzisław

żądać I; -a,   demand
  -ają

ZDANIA   SENTENCES

1. Kilka dni temu ja i kilku   Several days ago I and some of
   moich kolegów skorzystało   my friends took advantage of
   z pięknej pogody i wybrało   the beautiful weather and set
   się na wycieczkę.   out for an excursion.

2. Wyszliśmy z miasta w świetnym   We walked out of town in an
   nastroju.   excellent mood.

3. Droga wiodła przez stary las,   The road went through an old
   w którym rosły jagody i   forest where berries grew
   kwitły leśne kwiaty.   and wild flowers were blooming.

4. Od czasu do czasu znajdowaliśmy   From time to time we'd find
   grzyby, ale nie wiedzieliśmy,   mushrooms, but we didn't
   czy są jadalne.   know whether they were edible.

5. Janek miał przy sobie aparat   Jack took a camera along and
   i cały czas fotografował   took pictures of our group
   naszą grupę.   all the time.

6. Nagle jednak zerwał się wiatr   But suddenly the wind started up
   i niebo pokryło się chmurami.   and the sky became cloudy.

7. Zanim znaleźliśmy jakieś   Before we found shelter
   schronienie, lunął deszcz.   it began to pour.

8. Stanęliśmy pod dużym drzewem,   We stood under a large tree
   ale nic nam to nie pomogło.   but it didn't help us at all.

9. Zmokliśmy i zmarzliśmy do tego   We got so wet and cold that
   stopnia, że chociaż przestało   although it stopped raining and
   padać i pokazało się słońce,   the sun came out we decided not
   postanowiliśmy dalej nie iść.   to go any further.

10. W pobliżu płynęła rzeka, więc   There was a stream nearby, so
    jeden z nas zaproponował,   one of us suggested that we
    żebyśmy się poszli wykąpać.   go and take a dip.

11. Byliśmy i tak mokrzy, więc   We were wet anyway, so we
    przyjęliśmy ten pomysł   accepted this idea with
    z entuzjazmem.   enthusiasm.

12. Zdjęliśmy mokre ubrania,   We took off our wet clothing,
    rozłożyliśmy je na kamieniach,   spread it out on the stones
    żeby wyschły i weszliśmy do   to dry, and went in the water.
    wody.

13. Musieliśmy jednak mieć pecha   But we must have had bad luck
    w ten dzień, bo Karol Morgan,   that day, because Charles

396

który na ogół dobrze pływa, dostał skurczu w nodze i o mało nie utonął.	Morgan, who is generally a good swimmer, got a cramp in his leg and almost drowned.
14. Z trudem wyciągnęliśmy go na brzeg.	We pulled him onto the shore with difficulty.
15. Ale na tym nie koniec.	But that wasn't the end.
16. Kiedyśmy się kąpali, ktoś ukradł Janowi marynarkę.	When we were bathing, somebody stole Jack's jacket.
17. Tomaszowi zginął scyzoryk.	Thomas lost his penknife.
18. Marta potknęła się, upadła i rozbiła sobie kolano.	Martha stumbled, fell down, and bruised her knee.
19. Chociaż mogliśmy wrócić autobusem, Janek uparł się, że chce wracać pieszo.	Although we could have returned by bus, Jack insisted that he wanted to walk back.
20. Prosiliśmy go, żeby się nie upierał, ale wszystko na nic.	We asked him not to be stubborn, but all to no avail.
21. Kiedy Janek się uprze, nie można go przekonać, że nie ma racji.	When Jack gets stubborn it is impossible to convince him that he's wrong.
22. Nawet nie warto go przekonywać.	It doesn't even pay to try to convince him.
23. Droga z powrotem zajęła nam dwie godziny.	The road back took us two hours.
24. W końcu zmęczeni i źli dowlekliśmy się do domu.	Finally, tired and angry, we dragged ourselves home.
25. Przyrzekliśmy sobie więcej na takie wycieczki nie chodzić.	We vowed not to go again on such excursions.
26. Po powrocie do domu Barbara przeczytała mi list, który właśnie otrzymała od Wandy.	After returning home Barbara read me the letter she had just received from Wanda.
27. „Droga Basiu! Wybacz, że długo nie pisałam, ale najpierw chorowałam, a potem musiałam na gwałt nadrabiać zaległości w pracy.	"Dear Babs, Forgive me for not having written in a long time, but first I was sick and then I had to catch up with my work in a hurry.
28. Ponieważ nasze listy minęły się w drodze, dopiero teraz mogę Ci podziękować za załatwienie mi tego, o co Cię prosiłam.	Since our letters crossed it's only now that I can thank you for doing for me what I asked you to do.
29. W pierwszym rzędzie chciałabym podzielić się z Tobą wrażeniami z imienin Zofii.	First of all I'd like to tell you about my impressions from Sophia's name-day party.

30. Z początku nie chciałam pójść, ale w końcu Witek przekonał mnie, że nie wypada nie iść.

In the beginning I didn't want to go but Witek finally convinced me that it wouldn't be polite to refuse.

31. Przeczuwałam jednak, że będzie heca, bo wiesz przecież jaki jest Janek, kiedy za dużo wypije.

However I had a feeling that it would turn into a circus since you know what Jack is like when he has one too many.

32. Jak było do przewidzenia, Janek kompletnie się upił i zachowywał się niemożliwie.

As could be foreseen Jack got completely drunk and behaved impossibly.

33. Krzyczał na cały głos i wymachiwał rękami.

He shouted at the top of his lungs and waved his hands.

34. Niechcący wylał kieliszek wina na stół i poplamił Marcie suknię.

Inadvertently he spilled a glass of wine on the table, staining Martha's dress.

35. Pokłócił się ze wszystkimi.

He quarreled with everyone.

36. Oczywiście nikogo nie prze- straszył, bo za dobrze go znamy.

Naturally he didn't scare anybody because we know him too well.

37. Patrzyłam (się) na to i nie wiedziałam, czy płakać, czy się śmiać.

I looked at all this and I didn't know whether to laugh or cry.

38. Żal mi tylko było Zofii, która musiała udawać, że nic nie widzi.

I only felt sorry for Sophia, who had to pretend that she didn't see anything.

39. On nie zasługuje na taką żonę.

He doesn't deserve such a wife.

40. Ona to wszystko bardzo przeżywa.

She takes it all very much to heart.

41. Nie poznałabyś jej, tak się zestarzała.

She looks so much older, you wouldn't recognize her.

42. Przysięgłabym, że to nie ta sama dziewczyna, którą znałyśmy w szkole.

I'd swear that she isn't the same girl we used to know at school.

43. To jest w ogóle dziwne małżeństwo.

In general they're an odd couple.

44. Podobno mieli się rozwieść, ale nie sądzę, żeby do tego doszło.

I heard they were going to get divorced, but I don't think it'll come to that.

45. Zresztą Janek wkrótce się uspokoił i pozostała część wieczoru była bardzo przyjemna.

However Jack soon quieted down and the rest of the evening was very pleasant.

46. Dużo się tańczyło, śpiewało
    i żartowało.

There was a lot of dancing, singing, and joking.

47. Stefan opowiadał najnowsze
    dowcipy i pękaliśmy ze
    śmiechu.

Steven was telling the latest jokes and we were in stitches.

48. Nie zauważyłam nawet, że już
    było po północy i trzeba
    było wracać.

I didn't even notice that it was past midnight and it was necessary to go back.

49. Witek mnie odprowadzał do domu.

Witek saw me home.

50. Wyszliśmy rozgrzani i
    zaczęliśmy biec na
    przystanek w nadziei,
    że złapiemy ostatni trolejbus.

Flushed, we walked out and began running to the bus stop, hoping to catch the last trolley bus.

51. Niestety uciekł nam sprzed nosa.

Unfortunately we just missed it.

52. Witek chciał zawołać taksówkę,
    ale taksówek też nie było,
    musieliśmy więc iść duży
    kawał drogi pieszo.

Witek wanted to call a taxi but there were no taxis either and so we had to walk a large part of the way.

53. Wtedy pewnie się zaziębiłam.

That's probably when I caught my cold.

54. Przez dwa tygodnie kichałam,
    kaszlałam, miałam dreszcze
    i gorączkę.

I sneezed, coughed, and had chills and fever for two weeks.

55. Musiano mi wezwać lekarza,
    chociaż wiesz, że nie
    lubię się leczyć.

A doctor had to be called in, though as you know, I dislike being treated.

56. Zbladłam podobno i schudłam,
    ale twierdzą, że jest mi
    z tym do twarzy.

I hear that I look pale and have lost weight but people claim that it's becoming.

57. Dużo odpoczywam, żeby
    z powrotem nabrać sił—
    nawet nie sprzątam mieszkania.

I rest a lot to get back my strength—I don't even clean up the apartment.

58. Podczas choroby dostałam
    mnóstwo kwiatów, ale
    już prawie wszystkie zwiędły.

While I was sick I received a lot of flowers, but they're almost all dead by now.

59. Musiałam na chwilę przerwać,
    bo zadzwonił telefon, ale
    i tak już wypada kończyć.

I had to break off for a moment because the phone rang; but anyway it's about time to stop.

60. Serdeczne pozdrowienia dla całej
    Rodziny, a szczególnie dla
    Jurka.

Best regards to the whole family and especially to George.

61. Odpisz szybko. Ściskam Cię
    mocno i całuję
        Twoja Wanda.

Write soon. A big hug and kiss from
    Wanda

62. P.S. Obawiam się, że nie będziesz mogła odczytać mojego pisma."

P.S. I'm afraid that you won't be able to read my handwriting."

GRAMATYKA					GRAMMAR

1. SOME RULES OF CAPITALIZATION

a. Terms denoting people are capitalized when they refer to continents, countries, regions, nations, or races. They are not capitalized when they refer to cities or religions.

Europejczyk	European
Amerykanin	American
Polak	Pole
Ślązak	inhabitant of Silesia
Krakowiak	inhabitant of the Cracow region
Słowianin	Slav
Murzyn	Negro
Żyd	Jew (as a nationality)

but:

londyńczyk	Londoner
warszawianin	inhabitant of Warsaw
krakowianin	inhabitant of Cracow
chrześcijanin	Christian
żyd	Jew (as a religion)

b. Adjectives referring to localities are not capitalized except in geographical names.

| język polski | Polish language |
| ser szwajcarski | Swiss cheese |

but:

| Morze Bałtyckie | Baltic Sea |
| Kanał Sueski | Suez Canal |

c. Names of institutions, offices, and businesses are capitalized throughout.

Hotel Europejski	Europejski Hotel
Ambasada Amerykańska	American Embassy
Uniwersytet Jagielloński	Jagiellonian University
Muzeum Narodowe	National Museum
Organizacja Narodów Zjednoczonych	United Nations Organization

d. Names of holidays are capitalized.

Boże Narodzenie	Christmas
Wielkanoc	Easter
Nowy Rok	New Year
Dzień Matki	Mother's Day

e. Names of the days of the week and months are not capitalized.

poniedziałek	Monday
styczeń	January

f. Titles of periodicals whose first word is inflected for case are capitalized throughout; when not inflected for case, the first word is capitalized but the successive ones are not.

Trybuna Ludu
Nowa Kultura
Kobieta i Życie

but:

Po prostu

g. In book titles only the first word is capitalized.

Popiół i diament	Ashes and Diamonds
Idzie skacząc po górach	He Cometh Leaping Upon the Mountains
Komu bije dzwon	For Whom the Bell Tolls

h. In letters, words referring to the addressee are capitalized.

ściskam Cię	I hug you
całuję Was	I kiss you
dziękuję Panu	thank you
list Pański otrzymałem	I received your letter

2. CLASSIFICATION OF VERB STEMS AND REVIEW OF VERB STEM ALTERNATIONS

Polish verbs distinguish between two stems: the present-tense stem and the past-tense stem. The inflectional forms of most verbs can be derived from the larger of the two stems, and this is therefore considered basic.

In the exposition below, the two stems are listed side by side; the basic stem is underlined. The Notes following each table account for stem alternations other than those between the present- and past-tense stems.

The conjugational patterns which serve as models for new verbs entering the language are called productive. The patterns which apply to a limited number of verbs are called unproductive. Statements about unproductive verbs are applicable to all the compounds of these verbs.

Unless otherwise noted, the forms quoted are those of the infinitive and 3 pl. pres. The letter C stands for any consonant, V stands for any vowel.*

a. Basic stems in Vwa

Past	Present (Conj. I)
-owa-	-uj-
-ywa-/-iwa-	
awa	aj

Notes:

(1) All Vwa verbs are imperfective.

(2) -owa- verbs are productive and are very common especially among new formations based on nouns.

pracowa-ć	work	pracuj-ą
kupowa-ć	buy	kupuj-ą
fotografowa-ć	photograph	fotografuj-ą
telefonowa-ć	telephone	telefonuj-ą

---

*Some verbs which appear in the Grammar of this and the following lesson do not occur in the Sentences; such verbs are listed in the Glossary but not in the Vocabularies of individual lessons.

(3) -<u>ywa</u>/-<u>iwa</u>- verbs are productive but occur only in iterative and compound imperfective verbs.

<u>czytywa</u>-ć	read	czytuj-ą
pod-<u>pisywa</u>-ć	sign	pod-pisuj-ą
za-<u>kochiwa</u>-ć się	fall in love	za-kochuj-ą się

(4) There are three <u>awa</u>-verbs.

<u>dawa</u>-ć	give	daj-ą
w-<u>stawa</u>-ć	get up	w-staj-ą
po-<u>znawa</u>-ć	recognize	po-znaj-ą

b. Basic stems in <u>Ca</u>

Past	Present (Conj. I)
<u>Ca</u>	C_4
<u>Cwa</u>	Cw

Notes:

(1) All <u>Ca</u>-verbs, in their uncompounded form, are imperfective.

(2) Except for the onomatopoeic verbs in <u>ota</u>, all <u>Ca</u>-verbs are unproductive.

(3) There are two <u>Cwa</u>-verbs; they do not show the $C \sim C_4$ alternations characteristic of other <u>Ca</u>-verbs:

<u>zwa</u>-ć	call	zw-ą
<u>rwa</u>-ć	tear	rw-ą

(4) Examples of the regular $C \sim C_4$ alternations:

p~[p']	<u>kąpa</u>-ć	bathe	kąpi-ą
m~[m']	<u>kłama</u>-ć	lie	kłami-ą
r~rz	<u>kara</u>-ć	punish	karz-ą
ł~l	po-<u>sła</u>-ć	send	po-śl-ą
t~cz	<u>szepta</u>-ć	whisper	szepcz-ą
zd~żdż	<u>gwizda</u>-ć	whistle	gwiżdż-ą
s~sz	<u>pisa</u>-ć	write	pisz-ą
z~ż	<u>kaza</u>-ć	order	każ-ą
k~cz	<u>płaka</u>-ć	cry	płacz-ą

c. Basic stems in y/i and e

Past	Present (Conj. II)
$\underline{C_3y}/\underline{C_3i}$	$\underline{C_3}$
$\underline{C_3e}$	

Notes:

(1) The imperfective y/i verbs form a very large productive class.

uczy-ć	teach	ucz-ą
robi-ć	do	robi-ą

(2) The perfective y/i verbs are few and unproductive.

ruszy-ć	touch	rusz-ą
kupi-ć	buy	kupi-ą

(3) e-verbs are unproductive. The vowel e is replaced by a before alternating consonants (cf. X 6 d, XXII 4, XXII 5 b).

widzie-ć	see (inf.)	widzia-ł	(3 sg. m. past)
widzie-li	(3 pl. vir. past)	widzia-wszy	(past ger.)
		widzia-ny	(pass. pple.)

(4) In many stems the vowel o, when followed by a voiced consonant or consonant cluster in a closed syllable, is replaced by ó (cf. II 6 e, XX 5 b).

robi-ć	do	rób(cie)	(impv.)
modli-ć się	pray	módl(cie) się	
po-zdrowi-ć	greet	po-zdrów(cie)	

(5) The $\underline{C_3}$ consonants are replaced by $\underline{C_5}$ consonants before mid vowels (e, o, ę, ą; see VIII 7 c, XXII 3, XXII 5 b–c).

ć				c	
<u>płaci</u>-ć	pay	(inf.)		płac-ę	(1 sg. pres.)
płaci-ła		(3 sg. f. past)		płac-ą	(3 pl. pres.)
płac-i		(3 sg. pres.)		płac-ąc	(pres. ger.)
płać		(impv.)		za-płac-ony	(pass. pple.)
				płac-enie	(verbal noun)
<u>lecie</u>-ć	fly	(inf.)		lec-ę	(1 sg. pres.)
lecia-ła		(3 sg. f. past)		lec-ą	(3 pl. pres.)
prze-lecia-ny		(pass. pple.)		lec-ąc	(pres. ger.)
lec-i		(3 sg. pres.)		lec-enie	(verbal noun)
leć		(impv.)			

dź			dz	
<u>rodzi</u>-ć	give birth		rodz-ę	
rodzi-ła			rodz-ą	
rodz-i			rodz-ąc	
ródź			rodz-ony	
			rodz-enie	
<u>siedzie</u>-ć	sit		siedz-ę	
siedzia-ła			siedz-ą	
od-siedzia-ny			siedz-ąc	
siedz-i			siedz-enie	
siedź				

ś			sz	
<u>prosi</u>-ć	ask		prosz-ę	
prosi-ła			prosz-ą	
pros-i			prosz-ąc	
proś			prosz-ony	
			prosz-enie	

ź			ż	
<u>wozi</u>-ć	transport		woż-ę	
wozi-ła			woż-ą	
woz-i			woż-ąc	
woź			za-woż-ony	
			woż-enie	

ść			szcz	
<u>czyści</u>-ć	clean		czyszcz-ę	
czyści-ła			czyszcz-ą	
czyśc-i			czyszcz-ąc	
czyść			czyszcz-ony	
			czyszcz-enie	

źdz	żdż
jeździ-ć ride	jeżdż-ę
jeździ-ła	jeżdż-ą
jeżdz-i	jeżdż-ąc
jeźdź	u-jeżdż-ony broken in
	jeżdż-enie

d. Basic stems in j

Past	Present	
-e-	-ej-	
a	ej	
u	uj	Conj. I
y	yj	
i	ij	
a	oj	Conj. II
a	aj	Conj. III

Notes:

(1) All uncompounded j verbs are imperfective.

(2) Before consonantal endings the stem-final j is dropped.

(3) -ej- verbs are productive; they are derived from adjectives by means of the suffix -ej- and indicate an action in its development. The vowel e is replaced by a before alternating consonants (cf. c (3) above).

istni-e-ć	exist (inf.)	istni-ej-ą (3 pl. pres.)
istni-e-li	(3 pl. vir. past)	
istni-a-ł	(3 sg. m. past)	
za-istni-a-wszy	(past ger.)	
starz-e-ć się	grow old	starz-ej-ą się
starz-e-li się		
starz-a-ł się		
po-starz-a-wszy się		

(4) ej verbs are unproductive and monosyllabic. The sequence ej belongs to the root. Before consonantal endings ej is replaced by a (see (2) above).

la-ć	pour	lej-ą
śmia-ć się	laugh	śmiej-ą się

(5) u̱j̱, y̱j̱, and i̱j̱ verbs are unproductive and monosyllabic.

czu-ć	feel	c̲z̲u̲j̲-ą
psu-ć	ruin	p̲s̲u̲j̲-ą
ży-ć	live	ż̲y̲j̲-ą
my-ć	wash	m̲y̲j̲-ą
pi-ć	drink	p̲i̲j̲-ą
bi-ć	beat	b̲i̲j̲-ą

(6) There are two o̱j̱ verbs. In closed syllables o̱j̱ is replaced by ó̱j̱; before consonantal endings it is replaced by a̱ (cf. (4) above).

sta-ć	stand	s̲t̲o̲j̲-ą stój(cie) (impv.)
ba-ć się	fear	b̲o̲j̲-ą się bój(cie) się

(7) a̱j̱ verbs are productive. The sequence a̱j̱ is dropped before all endings beginning with a̱ (see VIII 7 d).

zna-ć	know (inf.)	z̲n̲a̲j̲-ą	(3 pl. pres.)
zna-ł	(3 sg. m. past)	z̲n̲a̲j̲-ąc	(pres. ger.)
po-zna-wszy	(past ger.)	z̲n̲a̲j̲(cie)	(impv.)
zna-ny	(pass. pple.)	zn-am	(1 sg. pres.)
		zn-a	(3 sg. pres.)
czyta-ć	read	c̲z̲y̲t̲a̲j̲-ą	
czyta-ł		c̲z̲y̲t̲a̲j̲-ąc	
prze-czyta-wszy		c̲z̲y̲t̲a̲j̲(cie)	
czyta-ny		czyt-am	
		czyt-a	

e. Basic stems in -n̲ę̲-, -n̲ą̲- or in a nasal, dental, or velar consonant

Past	Present (Conj. I)
C_1ę̲	C̲m̲, C̲n̲
V̲-nę-	V-n-
C̲-nę-	C-n-
C̲-ną̲-	C-n-
C	C̲-n̲-
C̲	

Notes:

(1) The C-nę- class is productive; all other classes are unproductive.

(2) The nasal element in Cm and Cn verbs belongs to the root; in all other verbs it belongs to a suffix (-nę-/-ną-/-n-).

(3) The stem-final vowel ę is replaced by ą in closed syllables and before the masculine singular endings of the past tense (see X 6 e). In accordance with the general rule (see S. & S. 18 c), before l and ł nasal vowels lose their nasality.

za-czą-ć	begin (inf.)	za-czn-ą	(3 pl. pres.)
za-czą-łem	(1 sg. m. past)		
za-czę-ła	(3 sg. f. past)		
za-czę-li	(3 pl. vir. past)		
za-ją-ć	occupy	za-jm-ą	
za-ją-łem			
za-ję-ła			
za-ję-li			
płyną-ć	swim	płyn-ą	
płyną-łem			
płynę-ła			
płynę-li			
za-mkną-ć	close	za-mkn-ą	
za-mkną-łem			
za-mknę-ła			
za-mknę-li			

(4) Verbs in -nę-, -ną- or -n- take the passive participle suffix -ęt- and verbal noun suffix -ęć-. Before these suffixes the stem-final vowel is dropped and n is replaced by ń (cf. VIII 7 a).

za-mkną-ć	close	za-mkn-ą
za-mknę-ła		za-mkni-ęty (pass. pple.)
		za-mkni-ęcie (verbal noun)
z-więdną-ć	wilt	z-więdn-ą
z-więd-ła		z-więdni-ęty
		z-więdni-ęcie
wy-róś-ć*	grow up	wy-rosn-ą
wy-ros-ła		wy-rośni-ęty
		wy-rośni-ęcie

(5) In C-n- and C verbs the infinitive ending -ć is added directly to C. This is accompanied by the following alternations of C:

---

*Also wy-rosną-ć.

s, z are replaced by ś, ź (see VII 6 b)

t, d are replaced by ś (see X 6 b)

k, g are replaced by c and the resulting cluster cć is simplified
   to c (see X 6 a).

s ~ ś	rós-ć nieś-ć	grow carry	ros-n-ą nios-ą
z ~ ź	gryź-ć	bite	gryz-ą
t ~ ś	pleś-ć	weave	plot-ą
d ~ ś	kraś-ć kłaś-ć	steal put	krad-n-ą kład-ą
k ~ c	u-ciec piec	run away bake	u-ciek-n-ą piek-ą
g ~ c	biec strzyc	run cut hair	bieg-n-ą strzyg-ą

(6) The root vowel o is replaced by e after a nonalternating consonant and before a nonalternating consonant or C-l- (see VIII 7 b).

nieś-ć	carry (inf.)	nios-ą	(3 pl. pres.)
niesi-e	(3 sg. pres.)	nios-ę	(1 sg. pres.)
nieś(cie)	(impv.)	nios-ąc	(pres. ger.)
nieś-li	(3 pl. vir. past)	nios-ła	(3 sg. f. past)
przy-niesi-ony	(pass. pple.)		
wieź-ć	transport	wioz-ą	
wiezi-e		wioz-ę	
wieź(cie)		wioz-ąc	
wieź-li		wioz-ła	
przy-wiezi-ony			

(7) The root vowels o, ę are replaced by ó, ą respectively before the follow ing endings:

-ł	(3 sg. m. past)
-łszy	(past ger.)
-ć	(inf.)

when these endings are added directly to C in C-ną-, C-n-, and C verbs (see X 6 c). The o ~ ó alternation in C verbs occurs when the conditions for the o ~ e alternation (see (6) above) are absent.

z-<u>mok</u>-na-ć get wet (inf.)		z-mok-n-ą	(3 pl. pres.)
z-<u>mok</u>-ła	(3 sg. f. past)	z-mók-ł	(3 sg. m. past)
z-<u>mok</u>-łem	(1 sg. m. past)	z-mók-łszy	(past ger.)
z-<u>wię</u>d-na-ć wilt		z-więd-n-ą	
z-<u>wię</u>d-ła		z-wiąd-ł	
z-<u>wię</u>d-łem		z-wiąd-łszy	
wy-rós-ć grow up		wy-<u>ros</u>-n-ą	
wy-ros-ła		wy-rós-ł	
wy-ros-łem		wy-rós-łszy	
przy-siąc swear		przy-<u>sięg</u>-n-ą	
przy-sięg-ła		przy-siąg-ł	
przy-sięg-łem		przy-siąg-łszy	
po-móc help		po-<u>mog</u>-ą	
po-mog-ła		po-móg-ł	
po-mog-łem		po-móg-łszy	
przy-nieś-ć bring		przy-<u>nios</u>-ą	
przy-nios-ła		przy-niós-ł	
przy-nios-łem		przy-niós-łszy	
trzą<u>ś</u>-ć się tremble		trz<u>ęs</u>-ą się	
trz<u>ęs</u>-ła się		trząs-ł się	
trz<u>ęs</u>-łem się		za-trząs-łszy się	

(8) The uncompounded <u>Cm</u>, <u>Cn</u> verbs are imperfective. Before a nasal vowel, an alternating consonant in <u>Cn</u> verbs is replaced according to the $C \sim C_1$ pattern of alternations (see XIX 5).

cią-ć	cut	<u>tn</u>-ą
cię-ła		tn-ij(cie)

Exception ($\underline{g} \sim [\text{g}']$ instead of $\underline{g} \sim \underline{\dot{z}}$):

gią-ć	bend	<u>gn</u>-ą
gię-ła		za-gn-ij(cie)

(9) The uncompounded <u>C</u> verbs are imperfective. The <u>C</u> is a dental (<u>t</u>, <u>d</u>, <u>s</u>, <u>z</u>) or a velar (<u>k</u>, <u>g</u>) consonant.

gnieś-ć gniot-ła	press	<u>gniot</u>-ą gnieć(cie)
kłaś-ć kład-ła	put	<u>kład</u>-ą kładź(cie)
nieś-ć nios-ła	carry	<u>nios</u>-ą nieś(cie)
wieź-ć wioz-ła	transport	<u>wioz</u>-ą wieź(cie)
piec piek-ła	bake	<u>piek</u>-ą piecz(cie)
strzyc strzyg-ła	cut hair	<u>strzyg</u>-ą strzyż(cie)

(10) The uncompounded <u>V-nę</u>- verbs are perfective or imperfective.

Perfective		
sta-ną-ć <u>sta-nę</u>-ła	stop	sta-n-ą sta-ń(cie)
mi-ną-ć <u>mi-nę</u>-ła	bypass	mi-n-ą mi-ń(cie)

Imperfective		
pły-ną-ć <u>pły-nę</u>-ła	swim	pły-n-ą pły-ń(cie)
to-ną-ć <u>to-nę</u>-ła	drown	to-n-ą to-ń(cie)

(11) The productive <u>C-nę</u>- pattern differs from the unproductive <u>C-ną</u>- pattern in the form of the past tense: the former retains the nasal suffix, the latter drops it. The difference between the <u>C-ną</u>- and <u>C-n</u>- verbs is in the form of the infinitive: the former retain the nasal suffix, the latter drop it. The uncompounded <u>C-nę</u>- verbs are mostly perfective; the <u>C-ną</u>- and <u>C-n</u>- verbs are mostly imperfective. They are perfective when the nasal suffix denotes a momentary action and imperfective when they denote an action in its development.

	Perfective (momentariness)		
C-nę-	krzyk-ną-ć krzyk-nę-ła	cry out	krzyk-n-ą krzyk-n-ij(cie)
	kich-ną-ć kich-nę-ła	sneeze	kich-n-ą kich-n-ij(cie)
C-ną-	pęk-ną-ć pęk-ła	crack	pęk-n-ą pęk-n-ij(cie)
C-n-	paś-ć pad-ła	fall	pad-n-ą pad-n-ij(cie)

	Imperfective (development)		
C-nę-	ciąg-ną-ć ciąg-nę-ła	pull	ciąg-n-ą ciąg-n-ij(cie)
C-ną-	mok-ną-ć mok-ła	get wet	mok-n-ą mok-n-ij(cie)
	bled-ną-ć blad-ła	pale	bled-n-ą bled-n-ij(cie)
C-n-	kraś-ć krad-ła	steal	krad-n-ą krad-n-ij(cie)
	biec bieg-ła	run	bieg-n-ą bieg-n-ij(cie)

(12) Some verbs hesitate between the forms of the C-nę- and C-ną- or C-ną- and C-n- patterns.

C-nę-	C-ną-	
mok-ną-ć		get wet
mok-nę-ła	mok-ła	

C-ną-	C-n-	
ros-ną-ć	rós-ć	grow
ros-ła		

f. Basic stems in r (see XX 2)

Past	Present (Conj. I)
Car	Cr

Notes:

(1) r verbs are unproductive.

(2) Uncompounded r verbs are imperfective.

(3) The infinitive ending is -eć.

(4) Before oral vowels r is replaced by rz.

trz-eć tar-ła	rub	tr-ą trz-yj(cie)
u-mrz-eć u-mar-ła	die	u-mr-ą u-mrz-yj(cie)

g. Anomalous verbs

For most of the following verbs two or three basic stems have to be posited:

Conj. I Present			
jecha-ć jecha-ł jecha-ła	ride (inf.) (3 sg. m. past) (3 sg. f. past)	jad-ą jad-ę jedzi-e jedź(cie)	(3 pl. pres.) (1 sg. pres.) (3 sg. pres.) (impv.)
bra-ć bra-ł bra-ła	take	bior-ą bior-ę bierz-e bierz(cie)	
w-sta-ć w-sta-ł w-sta-ła	get up	w-stan-ą w-stan-ę w-stani-e w-stań(cie)	
chcie-ć chcia-ł chcia-ła	want	chc-ą chc-ę chc-e chciej(cie)	
wzią-ć wzią-ł wzię-ła	take	wezm-ą wezm-ę weźmi-e weź(cie)	

<u>siąś</u>-ć <u>siad</u>-ł siad-ła	sit down	<u>siąd</u>-ą <u>siąd</u>-ę siądzi-e siądź(cie)
<u>iś</u>-ć <u>szed</u>-ł sz-ła	go	<u>id</u>-ą <u>id</u>-ę idzi-e idź(cie)
z-na-<u>leź</u>-ć z-na-<u>laz</u>-ł z-na-laz-ła	find	z-na-<u>jd</u>-ą z-na-<u>jd</u>-ę z-na-jdzi-e z-na-jdź(cie)
<u>by</u>-ć <u>by</u>-ł by-ła	be	<u>bę</u>d-ą <u>bę</u>d-ę będzi-e bądź(cie)

Conj. II Present		
<u>spa</u>-ć <u>spa</u>-ł spa-ła	sleep	<u>śpi</u>-ą <u>śpi</u>-ę śp-i śp-ij(cie)

Conj. III Present		
<u>mie</u>-ć <u>mia</u>-ł mia-ła	have	<u>maj</u>-ą m-am m-a <u>miej</u>(cie)

Other		
<u>da</u>-ć <u>da</u>-ł da-ła	give	<u>dadz</u>-ą d-am d-a <u>daj</u>(cie)
<u>kaszle</u>-ć <u>kaszla</u>-ł kaszla-ła	cough	<u>kaszl</u>-ą <u>kaszl</u>-ę kaszl-e kaszl*

*There also occur two variant forms based on <u>kaszlaj</u>-: kaszla-ć (inf.) and kaszlaj (impv.).

wiedzie-ć wiedzia-ł wiedzia-ła	know	wiedz-ą wi-em wi-e wiedz(cie)	
jeś-ć jad-ł jad-ła	eat	jedz-ą j-em j-e jedz(cie)	
umie-ć umia-ł umia-ła	know how	umiej-ą umi-em umi-e z-roz-um(cie)	understand!
by-ć by-ł by-ła	be	s-ą jest-em jest	

ZADANIE   EXERCISES

1. Fill in the proper present- and past-tense forms of the following infinitives:

stanąć	zmoknąć	uciec
płynąć	zmarznąć	przyrzec
utonąć	zblednąć	biec
zginąć	schudnąć	upaść
minąć	zwiędnąć	ukraść
wyciągnąć	rosnąć	zacząć
przysięgnąć	kwitnąć	zająć
potknąć się		zdjąć
wyschnąć		wziąć

a. (Ja) ——— .   e. (My) ——— .
b. (Ty) ——— .   f. (Wy) ——— .
c. On ——— .   g. Oni ——— .
d. Ona ——— .   h. One ——— .

2. Fill in the proper present- and past-tense forms of the following infinitives:

rozwieść się	nieść	dowlec się
śmiać się	znaleźć	przestać

a. On ——— .   c. Oni ——— .
b. Ona ——— .   d. One ——— .

SŁÓWKA   VOCABULARY

aparat, -u i.	appliance; camera	kamień, -nia; -e, -i i.	stone, rock
Basia, -si f.	Babs	kaszleć/kaszlać I; -e, -ą; -lał, -leli; kaszl/kaszlaj	cough
biec/biegnąć I; biegnie, -ną; biegł	run		
brzeg, -u i.	shore, bank	kichać I; -a, -ają	sneeze
całować I; -łuje, -łują	kiss	kolano, -a n.	knee
		kompletnie	completely
chmura, -y f.	cloud	krzyczeć I; -y, -ą	shout
choroba,-y; -rób f.	illness		
chorować I; -ruje, -rują	be ill, be sick	kwiat, -u i.	flower
		kwitnąć I; -nie, -ną; kwitł/kwitnął, kwitła/kwitnęła	bloom, blossom
dowcip, -u i.	joke		
dowlec się P; -wlecze, -wloką; -wlókł, -wlokła, -wlekli	drag oneself up to	leczyć się I; -y, -ą	be treated (medically)
		leśny, -ego	pert. to woods, sylvan; wild (of flowers)
dreszcz, -u; -e, -y/-ów i.	chill, shiver		
entuzjazm, -u i.	enthusiasm	lunąć P; -nie, -ną; -nął, -nęła	pour, rain in torrents
fotografować I; -fuje, -ą	photograph	małżeństwo, -a n.	(married) couple
głos, -u i.	voice		
na cały —	very loud, at the top of one's lungs	miasteczko, -a; -czek n.	small town
		minąć się P; -nie, -ną; -nął, -nęła	cross, miss
grupa, -y f.	group		
gwałt, -u i.	violence	mocno	firmly, fast
na —	in a great hurry	mokry, -ego	wet
heca, -y f.	fun; amusing event	nabrać P; -bierze, -biorą	acquire, gather
imieniny, -in pl.	name-day	nadrabiać I; -a, -ają	make up (deficiency)
jadalny, -ego	edible		
jagoda, -y; -ód f.	berry	najnowszy sup. to nowy	
Janek, -nka v.	Johnny, Jack	nastrój, -roju; -e, -ów i.	mood

niebo, -a n. — sky

niechcący — inadvertently, unintentionally

niemożliwie — impossibly

odczytać P; -a, -ają — read off, decipher

otrzymać P; -a, -ają — receive

patrzyć/patrzeć (się) I; -y, -ą — look

pech, -a a. — bad luck

pękać I; -a, -ają — burst, split

pismo, -a n. — handwriting

płakać I; -cze, -czą — cry, weep

pobliże, -a n. — neighborhood

w pobliżu — nearby

początek, -tku i. — beginning

podzielić się P; -i, -ą — share

pokazać się P; -że, -żą — appear, show up

pokłócić się P; -ci, -cą — quarrel

pokryć się P; -yje, -yją — become covered

pomysł, -u i. — idea, thought

poplamić P; -mi, -mią — stain

potknąć się P; -nie, -ną; -nął, -nęła — stumble

powrót, -u i. — return

z powrotem — back, again

pozdrowienie, -a n. — greeting, regards

pozostały, -ego — remaining, left (over)

przeczuwać I; -a, -ają — sense, have a feeling, have a presentiment

przekonywać I; -nuje, -nują — persuade, convince

przerwać P; -rwie, -rwą — cut off, interrupt

przestać P; -nie, -ną — stop, cease

przestraszyć P; -y, -ą — scare, frighten

przewidzenie, -a n. — foreseeing

do przewidzenia — to be expected, to be foreseen

przeżywać I; -a, -ają — live through; take to heart

przyrzekać I; -a, -ają — promise

przysiąc/ przysięgnąć P; -sięgnie, -ną; -siągł, -sięgła — swear, vow

rosnąć see róść

rozbić P; -bije, -ą — break, bruise

rozgrzać P; -grzeje, -ą — warm up, flush

rozłożyć P; -ży, -żą; -łóż — spread out

rozwieść się P; -wiedzie, -wiodą; -wiódł, -wiodła, -wiedli — divorce, get divorced

róść/rosnąć I; rośnie, rosną; rósł, rosła — grow

rząd, rzędu i. — row

w pierwszym rzędzie — in the first place

schronienie, -a n. — shelter

schudnąć P; -dnie, -dną; -dł — grow lean, lose weight

scyzoryk, -a i. — penknife

serdeczny, -ego	cordial
siła, -y f.	strength, force
skorzystać P; -a, -ają	enjoy, make use of, take advantage of
skurcz, -u; -e, -ów i.	cramp
sprzątać I; -a, -ają	clean up (room), tidy up
sprzed/sprzede prep. w. gen.	from before
stanąć P; -nie, -ną; -nął, -nęła	assume a standing position, stand up; stop
Stefan, -a v.	Steven
stopień, -pnia i. szczególnie	degree, extent especially, particularly
ściskać I; -a, -ają	squeeze, embrace
śmiać się I; śmieje, -ą; śmiał, śmiali/ śmieli	laugh
śmiech, -u i.	laughter
śpiewać I; -a, -ają	sing
świetny, -ego	excellent, splendid
telefon, -u i.	telephone
trud, -u i.	trouble, difficulty
twarz, -y f.	face
jest mi do twarzy	it's becoming to me
uciec P; -knie, -kną; -kł	run away, flee
udawać I; udaje, udają; udawaj	pretend
upaść P; -dnie, -dną; -dł	fall down
upić się P; -ije, -iją	get drunk

upierać się I; -a, -ają	insist, persist stubbornly
uprzeć się P; uprze, uprą; uparł; uparty	insist, be stubborn
uspokoić się P; -oi, -oją; -ój	quiet down, grow calm
utonąć P; -nie, -ną; -nął, -nęła	drown
wezwać P; -zwie, -zwą	call, call in
wieść D; wiedzie, wiodą; wiódł, wiodła, wiedli	lead, conduct
Witek, -tka v.	affect. of Witold
wybaczyć P; -y, -ą	forgive
wyciągnąć P; -nie, -ną; -nął, -nęła	pull out
wykąpać się P; -pie, -pią	bathe, take a dip
wylać P; -leje, -ą	spill, pour out
wymachiwać I; -chuje, -chują	wave
wypadać I; -a, -ają	fall out
wypada impers.	becomes, befits, is proper
wyschnąć P; -nie, -ną; -nął, -nęła/ wysechł, wyschła	dry up
zachowywać się I; -wuje, wują	behave
zaległość, -ci; -ci f.	backlog, deficiency
załatwienie, -a n.	arranging, settling, taking care of
zaproponować P; -nuje, -nują	propose, suggest
zasługiwać I; -uje, -ują	deserve

zauważyć P; -y,   notice
 -ą

zawołać P; -a,   call
 -ają

zaziębić się P;   catch cold
 -bi, -bią

zblednąć/   pale
 zbladnąć P;
 zblednie/zbladnie,
 zblednął/zbladną;
 zbladł, zbledli

zerwać się P;   start, rise
 -rwie, -rwą

zestarzeć się P;   get old
 -eje, -eją

zginąć P; -nie,   be lost
 -ną; -nął, -nęła

złapać P; -pie,   catch
 -pią

zmarznąć P;   get cold,
 -znie, -zną;   freeze
 -zł/-znął,
 -zła/-znęła;
 -znięty

zmoknąć P; -knie,   get wet
 -kną;
 zmókł/zmoknął,
 zmokła/
 zmoknęła;
 zmoknięty

znajdować I;   find
 -duje, -dują

zwiędnąć P; -dnie,   wither, die
 -dną; zwiądł,
 zwiędła

żartować I; -tuje,   joke
 -tują

Dwadzieścia Pięć
Lekcja Dwudziesta Piąta

Twenty-Five
Twenty-Fifth Lesson

ZDANIA

SENTENCES

1. Wczoraj wieczorem nie miałem
co robić, więc postanowiłem
pójść do kina.

Last night I had nothing to do
and so I decided to go to the
movies.

2. Przejrzałem repertuar kin
w „Trybunie Ludu" i zobaczyłem, że w kinie „Bajka"
idzie „Popiół i diament".

I looked through the movie
listings in Trybuna Ludu and
noticed that "Ashes and Diamonds"
is playing at the Bajka.

3. Dawno już chciałem się wybrać
na ten film, ale ciągle mi
coś stawało na przeszkodzie.

I've been meaning to go to this
movie for a long time, but
there was always something
that prevented me.

4. Ucieszyłem się więc, że nareszcie
będę miał okazję zobaczyć go.

So I was happy that finally
I'd have a chance to see it.

5. Ponieważ „Popiół i diament"
od dawna jest grany, byłem
pewien, że nie będę miał
trudności z dostaniem biletów.

Since "Ashes and Diamonds" has
been running for a long time,
I was sure I'd have no
difficulty getting tickets.

6. Nie chciało mi się iść samemu,
więc przedzwoniłem do Aliny
i zapytałem się, czy nie
chciałaby pójść ze mną.

I didn't feel like going alone
so I called up Alina and asked
whether she wouldn't want
to come along.

7. Odpowiedziała, że owszem,
chętnie pójdzie, ale dopiero
na ostatni seans.

She said yes, she would gladly
go, but only for the last
showing.

8. Umówiliśmy się więc na ósmą
koło kasy.

We agreed therefore to meet at 8
near the box office.

9. Przyszedłem trochę wcześniej
i nie czekając na Alinę
stanąłem w ogonku (kolejce)
po bilety.

I came a bit early and without
waiting for Alina, I stood in
the line for tickets.

10. Kiedy odszedłem od kasy z
biletami w ręku, była właśnie
ósma.

When I walked away from the box
office, tickets in hand, it
was just 8 o'clock.

11. Alina spóźniła się jak zwykle,
więc weszliśmy do sali już
podczas kroniki filmowej.

Alina was late as usual and so
we entered the theater during
the newsreel.

12. Po ciemku nie mogliśmy znaleźć
naszych miejsc, więc siedliśmy
na chybił-trafił gdzieś z boku.

We couldn't find our seats in
the dark, so we sat where we
could on the side.

13. Podczas przerwy, kiedy zapalono światło, przenieśliśmy się na nasze miejsca.

During the intermission, when the lights went on, we moved to our own seats.

14. „Popiół i diament" jest oparty na powieści Jerzego Andrzejewskiego pod tym samym tytułem.

"Ashes and Diamonds" is based on a novel of the same title by George Andrzejewski.

15. Rzecz dzieje się w Ostrowcu, małym miasteczku, w maju tysiąc dziewięćset czterdziestego piątego roku, tuż przed końcem drugiej wojny światowej.

The action takes place in Ostrowiec, a small town, in May 1945, just before the end of World War II.

16. Akcja toczy się w atmosferze chaosu politycznego spowodowanego okupacją i nagłą zmianą ustroju.

The action goes on in the atmosphere of political chaos caused by the occupation and the sudden change of the (political) system.

17. Był to okres, kiedy oprócz nowego rządu w Warszawie, uznawanego przez Związek Radziecki, istniał jeszcze rząd londyński, uznawany przez państwa zachodnie.

It was the time when, in addition to the new government in Warsaw recognized by the Soviet Union, there also existed the London government recognized by the Western powers.

18. Administracja kraju była już w rękach nowego rządu.

The country's administration was already in the hands of the new government.

19. Tym nie mniej, w lasach kryły się jeszcze oddziały Armii Krajowej (AK) podlegające rządowi londyńskiemu i zwalczające rząd warszawski.

Nonetheless, units of the Home Army, subordinated to the London government and fighting against the Warsaw government, were still hiding in the forests.

20. Bohaterami powieści i filmu są:

The heroes of the novel and the film are:

21. Szczuka, stary komunista, obecnie działacz Polskiej Partii Robotniczej (PPR);

Szczuka, an old Communist, now active in the Polish Workers' Party;

22. Maciek Chełmicki, były żołnierz AK i uczestnik powstania warszawskiego, którego przysłano do Ostrowca, żeby zabił Szczukę;

Mat Chelmicki, a former AK soldier and participant of the Warsaw uprising, who had been sent to Ostrowiec to kill Szczuka;

23. Krysia Rozbicka, w której zakochuje się Chełmicki.

Christine Rozbicki, whom Chelmicki falls in love with.

24. Wśród postaci powieści niewykorzystanych w filmie warto wymienić sędziego Antoniego Kosseckiego.

Among the characters of the novel who are not used in the film one should mention the judge Anthony Kossecki.

25. Sędzia Kossecki i Szczuka znają się z obozu koncentracyjnego w Niemczech, do którego byli wywiezieni podczas okupacji.

Judge Kossecki and Szczuka know each other from a concentration camp in Germany to which they had been deported during the occupation.

26. Film zrobił na nas bardzo silne wrażenie.

The film produced a very strong impression upon us.

27. Po drodze do domu długo jeszcze porównywaliśmy film z książką i omawialiśmy grę aktorów.

On the way home we kept comparing the film with the book and discussed the acting.

28. Poza „Popiołem i diamentem" Andrzejewski jest autorem kilku innych powieści i wielu opowiadań.

Besides Ashes and Diamonds Andrzejewski is the author of several other novels and many short stories.

29. Jego pierwsza książka „Ład serca", wydana w trzydziestym ósmym roku, jest ciekawą powieścią psychologiczną opisującą życie wiejskiego księdza.

His first book, Pattern of the Heart, published in 1938, is an interesting psychological novel describing the life of a country priest.

30. Tak w „Ładzie serca", jak i w „Popiele i diamencie" Andrzejewski porusza problemy moralne.

In both Pattern of the Heart and Ashes and Diamonds Andrzejewski touches upon moral problems.

31. Interesują go zagadnienia zbrodni i kary, winy i przebaczenia, sprawiedliwości i wyboru moralnego.

He is interested in the question of crime and punishment, guilt and forgiveness, justice and moral choice.

32. Jeszcze jednym przykładem powieści, która posłużyła za scenariusz doskonałego filmu jest utwór „Matka Joanna od Aniołów" Jarosława Iwaszkiewicza.

Another example of a novel which served as a scenario of an excellent film is the work Mother Joan of the Angels by Jaroslaw Iwaszkiewicz.

33. Iwaszkiewicz jest jednym z najbardziej utalentowanych i wielostronnych pisarzy polskich.

Iwaszkiewicz is one of the most talented and versatile Polish writers.

34. Wśród jego dzieł znajdują się przykłady różnych gatunków literackich: powieści, noweli, eseju, dramatu, poezji i pamiętników z podróży.

Among his works are examples of many literary genres: novel, short story, essay, drama, poetry, and travelogue.

35. „Matka Joanna", której akcja toczy się w siedemnastym wieku w klasztorze sióstr urszulanek, jest jedną z jego najciekawszych powieści.

Mother Joan, whose action takes place in the 17th century in a convent of the Ursuline Sisters, is one of his most interesting novels.

36. Przed pożegnaniem się z Aliną
    zaproponowałem jej, żebyśmy
    nazajutrz poszli razem do
    „Stodoły," klubu studentów
    Politechniki Warszawskiej,
    i potańczyli sobie.

Before saying good-by to Alina
I suggested to her that the
following day we go together
to the Barn, a Warsaw Poly-
technic students' club, to
dance.

37. Oto co pisze o „Stodole"
    Olgierd Budrewicz w swoim
    zabawnym „Baedekerze
    Warszawskim", wydanym
    w Warszawie w tysiąc
    dziewięćset pięćdziesiątym
    ósmym roku:

Here is what Olgierd Budrewicz
writes about the Barn in his
amusing Warsaw Baedeker,
published in Warsaw in 1958:

38. „W długiej, osobliwie stodolej
    budzie, wśród gołych ścian,
    ubogich krzeseł i stołów,
    gromadzi się pod wieczór
    kilka setek młodych ludzi,

"In a long, strangely barn-like
shack, surrounded by bare walls,
plain chairs, and tables, several
hundred young people gather
around evening-time

39. którzy—jak inni młodzi—
    lubią się bawić, tańczyć,
    i którzy—jak nie wszyscy
    inni—czynią to w dobrym
    stylu, bez wódki, krzyku,
    w czystych na ogół koszulach
    i z obciętymi paznokciami.

who, as other young people, like
to have fun and dance, but who,
unlike some others, do it in
good taste, without vodka and
shouting, their shirts as a rule
clean and their fingernails
clipped short.

40. W każdą sobotę i niedzielę
    w „Stodole" gra siedmio-
    osobowy zespół jazzowy
    Janusza Zabieglińskiego;

Every Saturday and Sunday
Janusz Zabieglinski's seven-
man jazz group plays in the
Barn;

41. dyrygent mieszka i pracuje
    w Łodzi, a dojeżdża co
    tydzień do Warszawy

the band leader lives and works
in Lodz and commutes every
week to Warsaw

42. (cały personel klubu, nie
    wyłączając jego kierownika,
    p. Dolindowskiego, pracuje
    bezinteresownie).

(all the club's personnel,
including its director Mr.
Dolindowski, work without
pay).

43. Na parkiecie tańczy ponad
    sto par.

More than a hundred couples are
dancing on the dance floor.

44. Jest to ów taniec, w obliczu
    którego czterdziestoletni, męż-
    czyzna czuje się pradziadkiem
    i wtula się w ciemny kąt, by nie
    straszyć otoczenia siwymi
    skroniami.

A forty-year old man when con-
fronted with that particular dance
feels like a great-grandfather
and tucks himself away in a dark
corner in order not to haunt the
company with his gray temples.

45. Taniec z charakterystycznym
    chodzeniem i zaznaczaniem
    taktu, z obrotami, wodzeniem
    się na wyprostowanej ręce.

It is a dance with its own
characteristic walk and rhythm
marking, with turns and straight-
hand leading.

46. Dziewczyny gubią pantofle,
    które przez moment jeszcze
    same poruszają się w rytm
    mambo.

Girls lose their slippers, which
still move for a moment to
the rhythm of the
mambo.

47. Chłopcy mają usta półotwarte,
    oczy w słup, a tylko nogi
    bardzo na swoim miejscu.

Boys have their mouths half-
opened, eyes fixed; only their
legs know exactly what they are
doing.

48. Drugie dwieście osób siedzi
    po bokach sali przy stolikach,
    popija kawę i oranżadę i w
    niemej aprobacie obserwuje
    przebieg wydarzeń na parkiecie.

The other two hundred persons sit
at their tables along the side of
the hall, drink coffee and
orangeade, and with silent
approval observe the course of
events on the dance floor.

49. „Stodołę" otwiera się przed szóstą.

The Barn opens before six.

50. Już przed piątą pod wzruszająco
    obskurnym barakiem—oblepionym
    dla niepoznaki kolorowymi
    plakatami—stoi spory tłum
    studentów.

But a fair crowd of students stands
before five already in front of
the touchingly shabby barrack
pasted over with multicolored
posters for camouflage.

51. W środku starczy miejsca dla
    czterystu osób, kandydatów
    na zabawę przyszłoby trzy
    lub cztery razy więcej.

Inside there is enough room for
four hundred people; were it not
for this, there would be three or
four times as many candidates
for the entertainment.

52. Do klubu wpuszczani są tylko
    posiadacze legitymacji studen-
    ckich oraz ich partnerki.

Only the holders of student
identification cards and their
partners are admitted to the club.

53. Niekiedy nie podoba się
    to młodzieńcom bez
    legitymacji, którzy
    zachowują się wówczas
    jak pod prawdziwą stodołą.

Now and then this is not to the
liking of the young gentlemen
without identification cards and
they behave on such occasions
as if in front of a real barn.

54. . . . Klub emanuje świetną
    atmosferę i dlatego pewnie
    ma magiczną moc przyciągania
    cudzoziemców.

. . . The club emanates an excellent atmosphere and that is probably why it has a magic power to
attract foreigners.

55. Świetnie się tutaj czuła
    fotoreporterka „Life'u",
    p. Lisa Larsen.

Miss Lisa Larsen, a photographer-
reporter for Life, felt
comfortable here.

56. Tu spędzał niemal cały swój
    wolny czas szwajcarski
    dziennikarz Kurt Degen

Kurt Degen, a Swiss journalist,
spent almost all of his leisure
time here

57. (jeździł nawet z kabaretem
    na gościnne występy do
    Wrocławia).

(he even accompanied the cabaret
to a guest performance in
Wroclaw).

58. Tu się bawią Czesi i Węgrzy.

The Czechs and Hungarians enjoy
themselves here.

59. Godzinami siedzą przy stolikach
—wpuszczani bez legitymacji—
dziennikarze z Anglii i
Niemiec Zachodnich . . ."

The newspapermen from England
and West Germany, admitted
without identification cards, sit
at their tables for hours . . ."

60. Alina i ja też lubimy
się tam zabawić.
A więc do zobaczenia
(się) w „Stodole".

Alina and I also like to have
a good time there. Well, see
you in the Barn.

GRAMATYKA   GRAMMAR

1. IRREGULARITIES IN THE SHAPE OF NOUNS: KSIĄDZ 'PRIEST'

The virile noun ksiądz 'priest' has the stem księż- in the plural (cf. VII 7)
and the endings -u in dat. sg., -a in nom. pl., and -mi in instr. pl.

	Sg.	Pl.
Nom.	ksiądz	księża
Acc.	księdza	księży
Gen.		
Dat.	księdzu	księżom
Loc.		księżach
Instr.	księdzem	księżmi

2. IRREGULARITIES IN THE SELECTION OF DECLENSIONAL ENDINGS

a. sędzia 'judge'

The virile noun sędzia 'judge' has adjectival endings in the acc. = gen. and
dat. sg. The noun hrabia 'count' is also inflected according to this model (cf.
VII 4).

	Sg.	Pl.
Nom.	sędzia	sędziowie
Acc.	sędziego	sędziów
Gen.		
Dat.	sędziemu	sędziom
Loc.	sędzi*	sędziach
Instr.	sędzią	sędziami

---

* Also sędzim.

b. The loc. sg. ręku 'hand'

Next to the regular w ręce 'in the hand' and na ręce 'on the hand' there occur the literary forms w ręku and na ręku referring specifically to the hand(s)
as a means of holding or supporting something.

c. The nom. pl. -e in stems in ons and ans

The noun stems ending in ons or ans take the nom. pl. ending -e (rather than
the expected -y).

seans	seance, show	seanse
kwadrans	quarter hour	kwadranse
szansa	opportunity	szanse
anons	notice, ad	anonse

3. REVIEW OF COMPOUND PERFECTIVE—COMPOUND IMPERFECTIVE ASPECT PAIRS

Nearly all simple verbs are imperfective; a few are perfective (see XV 3 a–b).
Compounds of a simple verb (whether imperfective or perfective) with a preverb
are perfective (see XV 3 c). Many compound perfectives have a matching compound imperfective containing the same preverb but belonging to a different
verb-stem class (see XV 5). Following are examples of the most usual patterns
of transfer from a compound perfective to a derived compound imperfective. It
is to be understood that the pattern (or exception) exemplified applies to all the
compound verbs containing the same stem. For each verb, the forms of the infinitive and of 3 pl. pres. or 3 sg. f. past are listed. Basic stems are underlined.

	Compound Perf.	Compound Imperf.	
a.	owa	owywa	
	przy-gotowa-ć przy-gotuj-ą	przy-gotowywa-ć przy-gotowuj-ą	prepare
	wy-prostowa-ć wy-prostuj-ą	wy-prostowywa-ć wy-prostowuj-ą	straighten
b.	Ca	Cywa/iwa	
	po-kaza-ć po-każ-ą	po-kazywa-ć po-kazuj-ą	show
	za-pisa-ć za-pisz-ą	za-pisywa-ć za-pisuj-ą	note down
	o-płaka-ć o-płacz-ą	o-płakiwa-ć o-płakuj-ą	lament

Exceptions:

| po-<u>sła</u>-ć
po-<u>śl</u>-ą | po-<u>syła</u>-ć
po-<u>syłaj</u>-ą | send |
| za-<u>bra</u>-ć
za-<u>bior</u>-ą | za-<u>biera</u>-ć
za-<u>bieraj</u>-ą | take away |

c.

<u>Cwa</u>	<u>Cywaj</u>	
na-<u>zwa</u>-ć na-<u>zw</u>-ą	na-<u>zywa</u>-ć na-<u>zywaj</u>-ą	call, name
prze-<u>rwa</u>-ć prze-<u>rw</u>-ą	prze-<u>rywa</u>-ć prze-<u>rywaj</u>-ą	cut off

d.

C_3y/i	C_5aj	
wy-<u>starczy</u>-ć wy-<u>starcz</u>-ą	wy-<u>starcza</u>-ć wy-<u>starczaj</u>-ą	be sufficient
wy-<u>rzuci</u>-ć wy-<u>rzuc</u>-ą	wy-<u>rzuca</u>-ć wy-<u>rzucaj</u>-ą	throw out
przy-<u>puści</u>-ć przy-<u>puszcz</u>-ą	przy-<u>puszcza</u>-ć przy-<u>puszczaj</u>-ą	conjecture

The root vowels <u>o</u> and <u>ó</u> of the compound perfective stem are regularly replaced by <u>a</u> in the compound imperfective stem.

za-<u>robi</u>-ć za-<u>robi</u>-ą	za-<u>rabia</u>-ć za-<u>rabiaj</u>-ą	earn
prze-<u>prosi</u>-ć prze-<u>prosz</u>-ą	prze-<u>prasza</u>-ć prze-<u>praszaj</u>-ą	excuse oneself
na-<u>mówi</u>-ć na-<u>mówi</u>-ą	na-<u>mawia</u>-ć na-<u>mawiaj</u>-ą	coax

Exceptions:

| prze-<u>kupi</u>-ć
prze-kupi-ą | prze-<u>kupywa</u>-ć
prze-kupuj-ą | bribe |
| za-<u>służy</u>-ć
za-służ-ą | za-<u>ługiwa</u>-ć
za-ługuj-ą | deserve |

e.

C₃e	Cywa/iwa	
przy-<u>lecie</u>-ć przy-lec-ą	przy-<u>latywa</u>-ć przy-latuj-ą	fly in
prze-<u>widzie</u>-ć prze-widz-ą	prze-<u>widywa</u>-ć prze-widuj-ą	foresee

Exceptions:

od-<u>po</u>-<u>wiedzie</u>-ć od-po-wiedz-ą	od-po-wiada-ć od-<u>po</u>-<u>wiadaj</u>-ą	answer
za-<u>pomnie</u>-ć za-pomn-ą	za-pomina-ć za-<u>pominaj</u>-ą	forget

f.

ej	ewaj	
wy-la-ć wy-<u>lej</u>-ą	wy-lewa-ć wy-<u>lewaj</u>-ą	pour out
roz-grza-ć roz-<u>grzej</u>-ą	roz-grzewa-ć roz-<u>grzewaj</u>-ą	warm up

g.

uj	uwaj	
prze-czu-ć prze-<u>czuj</u>-ą	prze-czuwa-ć prze-<u>czuwaj</u>-ą	sense
wy-plu-ć wy-<u>pluj</u>-ą	wy-pluwa-ć wy-<u>pluwaj</u>-ą	spit out

h.

yj	ywaj	
za-kry-ć za-<u>kryj</u>-ą	za-krywa-ć za-<u>krywaj</u>-ą	cover
prze-ży-ć prze-<u>żyj</u>-ą	prze-żywa-ć prze-<u>żywaj</u>-ą	live through

i.

ij	ijaj	
za-bi-ć za-<u>bij</u>-ą	za-bija-ć za-<u>bijaj</u>-ą	kill
u-pi-ć u-<u>pij</u>-ą	u-pija-ć u-<u>pijaj</u>-ą	get drunk

j.

Caj	Cywa/iwa	
od-czyta-ć od-<u>czytaj</u>-ą	od-<u>czytywa</u>-ć od-<u>czytuj</u>-ą	read off
za-kocha-ć się za-<u>kochaj</u>-ą się	za-<u>kochiwa</u>-ć się za-<u>kochuj</u>-ą się	fall in love

Exceptions:

wy-gra-ć wy-<u>graj</u>-ą	wy-<u>grywa</u>-ć wy-<u>grywaj</u>-ą	win
po-zna-ć po-<u>znaj</u>-ą	po-<u>znawa</u>-ć po-<u>znaj</u>-ą	recognize

k.

Cn	Cynaj/inaj	
za-czą-ć za-<u>czn</u>-ą	za-<u>czyna</u>-ć za-<u>czynaj</u>-ą	begin
ś-cią-ć ze-<u>tn</u>-ą	ś-<u>cina</u>-ć ś-<u>cinaj</u>-ą	cut off

l.

V-nę-	V-waj-	
od-płyną-ć od-<u>płynę</u>-ła	od-<u>pływa</u>-ć od-<u>pływaj</u>-ą	swim away

m.

C-nę-, C-ną-, C-n-	Caj	
wy-ciąg-ną-ć wy-<u>ciąg-nę</u>-ła	wy-<u>ciąga</u>-ć wy-<u>ciągaj</u>-ą	pull out
prze-<u>kwit-ną</u>-ć prze-kwit-ła	prze-kwita-ć prze-<u>kwitaj</u>-ą	finish flowering
u-paś-ć u-<u>pad-n</u>-ą	u-<u>pada</u>-ć u-<u>padaj</u>-ą	fall

The root vowel <u>o</u> of the compound perfective stem is often replaced by <u>a</u> in the compound imperfective stem.

prze-<u>mok-ną</u>-ć prze-<u>mok</u>-ła	prze-<u>maka</u>-ć prze-<u>makaj</u>-ą	be soaked

The <u>C</u> of the compound perfective is often replaced by <u>CC</u> in the compound imperfective.

ś-cis-ną-ć ś-<u>cis-nę</u>-ła	ś-ciska-ć ś-<u>ciskaj</u>-ą	hug
wy-<u>ros</u>-ną-ć wy-<u>ros</u>-ła	wy-rasta-ć wy-<u>rastaj</u>-ą	grow up

When the root of the compound perfective contains no vowel, the vowel <u>y</u> is inserted in the compound imperfective.

za-mk-ną-ć za-<u>mk-nę</u>-ła	za-myka-ć za-<u>mykaj</u>-ą	close
wy-<u>sch</u>-ną-ć wy-sch-ła	wy-sycha-ć wy-<u>sychaj</u>-ą	dry up

n.

<u>C</u>	Caj or C$_3$i	

The usual imperfective counterpart of <u>C</u> verbs is the <u>Caj</u> class in which the root vowel <u>o</u> of the compound perfective stem is regularly replaced by <u>a</u>. However those <u>C</u> verbs which have a nondetermined form (see XVIII 1), use it as the stem of the compound imperfectives. The latter belong to the <u>y</u>/<u>i</u> class and replace the stem initial nonalternating consonant of the <u>C</u> verbs by its alternating counterpart.

roz-gryź-ć roz-<u>gryz</u>-ą	roz-gryza-ć roz-<u>gryzaj</u>-ą	bite through
za-mieś-ć za-<u>miot</u>-ą	za-miata-ć za-<u>miataj</u>-ą	sweep
po-móc po-<u>mog</u>-ą	po-maga-ć po-<u>magaj</u>-ą	help
w-siąś-ć w-<u>siad</u>-ła	w-siada-ć w-<u>siadaj</u>-ą	get on (into)

but:

przy-nieś-ć przy-<u>nios</u>-ą	przy-<u>nosi</u>-ć przy-nosz-ą	bring (X)
przy-wieź-ć przy-<u>wioz</u>-ą	przy-<u>wozi</u>-ć przy-woż-ą	bring (o=o)
roz-wieś-ć się roz-<u>wiod</u>-ą się	roz-<u>wodzi</u>-ć się roz-wodz-ą się	divorce

also:

przy-jś-ć przy-<u>jd</u>-ą	przy-<u>chodzi</u>-ć przy-chodz-ą	arrive (X)

o.

<u>Cr</u>	C$_1$eraj	
u-prz-eć się u-<u>pr</u>-ą się	u-piera-ć się u-<u>pieraj</u>-ą się	be stubborn
u-mrz-eć u-<u>mr</u>-ą	u-<u>miera</u>-ć u-<u>mieraj</u>-ą	die

p.   Other

za-ją-ć za-<u>jm</u>-ą	za-<u>jmowa</u>-ć za-jmuj-ą	occupy
od-da-ć od-<u>dadz</u>-ą	od-<u>dawa</u>-ć od-<u>daj</u>-ą	give back
w-<u>sta</u>-ć w-<u>stan</u>-ą	w-<u>stawa</u>-ć w-<u>staj</u>-ą	get up
przy-<u>jecha</u>-ć przy-<u>jad</u>-ą	przy-<u>jeżdża</u>-ć przy-<u>jeżdżaj</u>-ą	arrive (o=o)
w-<u>łoży</u>-ć w-<u>łoż</u>-ą	w-<u>kłada</u>-ć w-<u>kładaj</u>-ą	put in
z-na-<u>leź</u>-ć z-na-<u>jd</u>-ą	z-na-<u>jdowa</u>-ć z-na-jduj-ą	find

ZADANIE   EXERCISES

1. Replace the perfective presents in the sentences below by matching imper-
    fectives:

a. Wybiorę się na ten film.

b. Umówią się z nią na ósmą.

c. Stanę w kolejce po bilety.

d. Znajdę swoje miejsce.

e. Przeniesiemy się na swoje miejsca.

f. Przyślę ci paczkę.

g. On się w niej zakocha.

   h. Porównam film z książką.

   i. On omówi grę aktorów.

   j. Wyprostuję gwóźdź.

   k. Wpuszczą tylko posiadaczy legitymacji.

   l. Klub przyciągnie cudzoziemców.

  m. Oni się rozwiodą.

2. Replace the imperfective past in the sentences below by matching perfectives:

   a. Przygotowywałem się do egzaminów.

   b. Posyłałem jej kwiaty.

   c. Nie wystarczało pieniędzy.

   d. Mało zarabiałem.

   e. Ona nie zasługiwała na takiego męża.

   f. Przewidywałem, że tak będzie.

   g. Pan bardzo dobrze odpowiadał.

   h. On bardzo to przeżywał.

   i. Zaczynałem pracować.

   j. Upadał i wstawał.

   k. Karol się upierał.

   l. Wkładała korale do pudełka.

  m. Nie zajmowała się dziećmi.

SŁÓWKA   VOCABULARY

administracja, -ji f.	administration	atmosfera, -y f.	atmosphere
		autor, -a v.	author
akcja, -ji; -je, -ji f.	action	baedeker, -a a.	Baedeker, guide book
aktor, -a v.	actor	barak, -u i.	barrack
anioł, -a, aniele (loc.); -owie/ -y, -ów v.	angel	bawić się I; -wi, -wią	amuse oneself, have a good time
Antoni, -niego v.	Anthony	bezinteresownie	without self-interest, without pay
aprobata, -y f.	approval		
armia, -ii; -ie, -ii f.	army		

bohater, -a; -rzy/   hero
  -rowie, -rów v.

bok, -u i.   side

buda, -y f.   shack

by   in order to

były, -ego   former

chaos, -u i.   chaos

charakterystyczny,   characteristic
  -ego

chodzenie, -a   walk(ing)

chybić P; -bi,   miss, be off
  -bią   the mark

  chybił-trafił   hit or miss,
                          at random

ciemku

  po ciemku   in the dark

cudzoziemiec,   foreigner
  -mca; -y, -ów
  v.   •

Czech, -a v.   Czech

czterdziestoletni,   forty-year old
  -iego

czynić I; -ni, -nią   do, act

diament, -u i.   diamond

doskonały, -ego   perfect, excel-
                          lent

dramat, -u i.   drama

dyrygent, -a v.   conductor,
                          band leader

działacz, -a; -e,   worker, activist
  -y/-ów v.

dzieło, -a n.   work, opus

emanować I;   emanate
  -nuje, -nują

esej, -u i.   essay

fotoreporterka,   (woman) photo-
  -i; -rek f.   grapher-
                          reporter

gatunek, -nku i.   kind, genre

goły, -ego   naked, bare

gościnny, -ego   pert. to guests,
                          hospitable

gra, -y f.   playing, acting

gromadzić się I;   gather, congre-
  -dzi, -dzą   gate

interesować I;   interest, be of
  -suje, -sują   interest

istnieć I; -eje,   exist
  -eją

Janusz, -a v.   Janusz

Jarosław, -a v.   Jaroslaw

jazzowy, -ego   pert. to jazz

Joanna, -y f.   Joan

kabaret, -u i.   cabaret

kandydat, -a v.   candidate

kasa, -y f.   box office,
                          ticket window

kierownik, -a v.   manager, direc-
                          tor

klasztor, -u i.   monastery, con-
                          vent

kolejka, -i; -jek   line, queue
  f.

komunista, -y;   communist
  -ów v.

koncentracyjny,   concentration
  -ego

koniec, -ńca; -e,   end
  -ów i.

krajowy, -ego   native, domes-
                          tic

  Armia Krajowa   Home Army
  (AK)   (name of the
                          Polish under-
                          ground army
                          during World
                          War II)

kronika, -i f.   chronicle
  - filmowa   newsreel

kryć się I;   hide
  kryje, -ą

krzyk, -u i.   shout(ing), cry

ksiądz, księdza,   priest, clergy-
  -u (dat.);   man
  księża, -ży,
  -żmi v.

literacki, -ego   literary

londyński, -ego   pert. to London

lub   or

lud, -u i.   people, folk

ład, -u i.   order, pattern

magiczny, -ego   magic

mambo n.   mambo
  indecl.

miejsce, -a n.   place

  na miejscu   quite as it
      should be

młodzieniec,   youth, young
  -ńca; -y, -ów   gentleman
  v.

moc, -y f.   power

moment, -u i.   moment

moralny, -ego   moral

nagły, -ego   sudden

najbardziej sup.
  of bardzo

najciekawszy
  sup. of ciekawy

nareszcie   at (long) last

nazajutrz   the next day

niekiedy   now and then,
      sometimes

niemal   nearly, almost

niemy, -ego   mute, silent,
      dumb

niepoznaki

  dla niepoznaki   for camouflage,
      to avoid re-
      cognition

niewykorzystany,   unexploited
  -ego

nowela, -i f.   short story

obciąć P; obetnie,   cut, clip
  -ną; obciął,
  -cięła; obetnij;
  obcięty

obcięty see
  obciąć

obecnie   now, at present

oblepić P; -pi,   paste over
  -pią

oblicze, -a; -y   face, counte-
  (gen.) n.   nance

obóz, obozu i.   camp

obrót, -rotu i.   turn, revolution

obserwować I;   observe, watch
  -wuje, -wują

obskurny, -ego   shabby, paltry

oddział, -u i.   unit, detach-
      ment

ogonek, -nka i.   line, queue

okres, -u i.   period

okupacja, -ji f.   occupation

omawiać I; -a,   talk over, dis-
  -ają   cuss

oparty see
  oprzeć

opisywać I; -suje,   describe
  -sują

oprzeć się P;   be based (on)
  oprze, oprą;
  oparł; oparty

oranżada, -y f.   orangeade

osobliwie   strangely, in a
      peculiar way

Ostrowiec, -wca   Ostrowiec
  i.

oto	here, there (indicating something or someone)	postać, -ci f.	figure, character, personage
otoczenie, -a n.	environment, company	potańczyć P; -y, -ą	dance (a little)
ów, owego	that (particular)	półotwarty, -ego	half-opened
p. (pan, pani, panna)	Mr., Mrs., Miss	pradziadek, -dka; -owie, -ów v.	great-grand-father
pamiętnik, -a i.	memoir, diary	prawdziwy, -ego	real, genuine
pantofel, -fla; -e, -i i.	slipper, woman's shoe	przebaczenie, -a n.	forgiveness
państwo, -a n.	state	przebieg, -u i.	course, run
parkiet, -u i.	(dance) floor	przedzwonić P; -ni, -nią	make a phone call
partia, -ii; -ie, -ii f.	party	przejrzeć P; -y, -ą	look through
partnerka, -i; -rek f.	(female) partner	przenieść się P; -niesie, -niosą; -niósł, -niosła, -nieśli	move (intr.), transfer
paznokieć, -kcia; -e, -i i.	(finger)nail		
personel, -u i.	personnel	przerwa, -y f.	intermission
plakat, -u i.	poster	przeszkoda, -y; -ód f.	obstacle
podlegać I; -a, -ają	be subject (to), be subordinate (to)	przyciąganie, -a n.	attraction
poezja, -ji f.	poetry	przykład, -u i.	example
politechnika, -i f.	polytechnic institute	przysłać P; -śle, -ą	send (in)
popijać I; -a, -ają	drink, sip away at	psychologiczny, -ego	psychological
popiół, -piołu, -piele (loc.) i.	ash(es)	repertuar, -u i.	repertory, listings
porównywać I; -nuje, -nują	compare	robotniczy, -ego	pert. to workers
poruszać I; -a, -ają	touch upon, bring up	Polska Partia Robotnicza (PPR)	Polish Workers' Party (name of the Polish Communist Party, 1942–48)
—się	move		
posiadacz, -a; -e, -y/-ów v.	owner, holder	rytm, -u i.	rhythm
posłużyć P; -y, -ą	serve	rząd, -u i.	government

scenariusz, -a; -e, -y i.	scenario, script	takt, -u i.	beat, time, cadence
seans, -u; -e, -ów i.	(movie) show, program	tłum, -u i.	crowd
serce, -a n.	heart	toczyć się I; -y, -ą	take place, be under way
setka, -i; -tek f.	(group of a) hundred, anything characterized by the number one hundred	trafić P; -fi, -fią	hit, score a hit, find
		trybuna, -y f.	tribune, platform
sędzia, -ego, -emu, -i/-im, -ą; -owie, -ów v.	judge	„Trybuna Ludu"	a Warsaw newspaper
		tuż	just next to, close by
siedmioosobowy, -ego	seven-man (strong)	tym nie mniej	nonetheless
		ubogi, -ego (uboższy)	poor, plain
silny, -ego (silniejszy)	strong, forceful	ucieszyć się P; -y, -ą	be glad, rejoice
siwy, -ego	gray(-haired)	urszulanka, -i; -nek f.	Ursuline (sister)
skroń, -ni f.	temple		
słup, -a i.	post, pole	ustrój, -roju; -e, -ów i.	form of government, regime
oczy w —	eyes fixed		
spory, -ego	considerable, fair	utalentowany, -ego	talented
spowodować P; -duje, -dują	cause	utwór, -woru i.	piece of work, composition
sprawiedliwość, -ci f.	justice	uznawać I; uznaje, -ają; -awaj	recognize
starczyć P impers.; -y	suffice, be enough	warszawski, -ego	pert. to Warsaw, Varsovian
stawać I; staje, -ą; stawaj	assume a standing position, stand up; stop	Węgier, -gra v.	Hungarian
		wiejski, -ego	pert. to a village, rural
stodoli, -ego	barn-like		
stodoła, -y; -ół f.	barn	wielostronny, -ego	many-sided, versatile
straszyć I; -y, -ą	frighten, haunt	wodzenie się, -a n.	leading (each other)
styl, -u i.	style, taste	wojna, -y; -jen f.	war
szwajcarski, -ego	Swiss	wówczas	then, on that occasion
światowy, -ego	pert. to the world	wpuszczać I; -a, -ają	let in, admit

wtulać się I; -a, -ają	tuck oneself in(to)	zabawny, -ego	amusing
wydarzenie, -a n.	event	zabić P; -bije, -ą	kill
wyłączać I; -a, -ają	exclude, bar	zagadnienie, -a n.	question, problem
wyprostować P; -tuje, -tują	straighten	zakochiwać się I; -chuje, -chują	fall in love
występ, -u i.	appearance, performance	zaznaczanie, -a n.	marking
wywieźć P; -wiezie, -wiozą; -wiózł, -wiozła, -wieźli	take (o=o) out; deport	zbrodnia, -ni; -nie, -ni f.	crime
		zespół, -połu i.	ensemble, group
		zmiana, -y f.	change
wzruszająco	touchingly	zwalczać I; -a, -ają	combat, fight against
zabawić się P; -wi, -wią	amuse oneself, have a good time	życie, -a n.	life

The Glossary lists all the words appearing in the Sentences and Grammar sections of each lesson and identifies with a Roman numeral the lesson in which they occur for the first time. The words which appear only in the Grammar are further identified by a capital G. In addition, for all verbs, the opposite member of the aspect pair is given. If such a verb does not occur in the Sentences or Grammar, the slot for the lesson identification remains empty.

Words inflected for case (nouns, adjectives, pronouns, numerals) are quoted in the nom. (sg. masc.) followed by the gen. and, if necessary, other case-forms. The singular is separated from the plural by a semicolon. The gender of nouns is identified by f. (feminine), n. (neuter), i. (inanimate), a. (animal) or v. (virile). Nouns which occur only in the plural are identified by pl. (nonvirile) or by pl.v. (virile). For many adjectives the comparative form is given within parentheses.

Verbs are quoted in the infinitive form, their aspect identified by I (imperfective), P (perfective), D (determined), ND (nondetermined), F (frequentative) or A (actual). Also, 3d sg. and 3d pl. forms are given, followed if necessary by other forms. Tenses and moods are separated by semicolons. The infinitive of the opposite aspect is quoted in parentheses.

The following additional abbreviations are used:

acc.	accusative
adv.	adverb
affect.	affectionate
cf.	compare
coll.	colloquial
collect.	collective
comp.	comparative
dat.	dative
emph.	emphatic
fam.	familiar
gen.	genitive
impers.	impersonal
indecl.	indeclinable
indef. pcle.	indefinite particle
instr.	instrumental
intr.	intransitive
loc.	locative
nom.	nominative
o/s	oneself
pert.	pertaining
pl.	plural
prep.	preposition
s/o	someone
s/th	something
sup.	superlative
trans.	transitive
w.	with
w/o	without
X	motion on foot
o=o	motion by conveyance

439

A

a	and, but	I
Adam, -a v.	Adam	II
adapter, -a i.	record player	XV
Adela, -i f.	Adele	IIG
administracja, -ji f.	administration	XXV
adres, -u i.	address	XV
adwokat, -a v.	lawyer, attorney	XII
akademik, -a i.	dormitory	XXIII
akcja, -ji; -je, -ji f.	action	XXV
aktor, -a v.	actor	XXV
Ala, -i f.	affect. of Alicja or Alina	IIG
albo	or	III
ale	but	I
aleja, alei; aleje, alei f.	boulevard, avenue	XIII
Aleksander, -dra v.	Alexander	II
ależ	but (emph.)	III
Alfred, -a v.	Alfred	IIG
Alicja, -cji f.	Alice	XI
Alina, -y f.	Alina	II
ambasada, -y f.	embassy	XII
Ameryka, -i f.	America	XI
Amerykanin, -a; -kanie, -nów v.	American	VII
Amerykanka, -i; -nek f.	American (woman)	VII
amerykański, -ego	American	VII
Andrzej, -a v.	Andrew	II
Angielka, -i; -lek f.	Englishwoman	VII
angielski, -ego	English	VII
Anglia, -ii f.	England	XI
Anglik, -a v.	Englishman	VII
ani . . . ani	neither . . . nor	I
Ania, -i f.	Nancy	XXIII
anioł, -a, aniele (loc.); -owie/ -y, -ów v.	angel	XXV
Anna, -y f.	Anna, Anne	II
anons, -u; -e, ów i.	notice, ad	XXVG
Antoni, -niego v.	Anthony	XXV
aparat, -u i.	appliance; camera	XXIV
aprobata, -y f.	approval	XXV
arkusz, -a; -e, -y i.	sheet, leaf	XXI
armia, -ii; -ie, ii f.	army	XXV

Ateny, Aten	Athens	XI
atlantycki, -ego	Atlantic	XXI
atmosfera, -y f.	atmosphere	XXV
atrament, -u i.	ink	IX
Austria, -ii f.	Austria	XI
auto, -a n.	car, automobile	XVIII
autobus, -u i.	bus	XI
autobusowy, -ego	pert. to a bus	XVIII
autor, -a v.	author	XXV
aż	until, as much as	XVIII

B

babka, -i; babek f.	grandmother, dame (coll.)	XII
bać się I; boi się, boją się; bój się	be afraid of	VIII
baedeker, -a a.	Baedeker, guide book	XXV
bajka, -i; bajek f.	fable, fairy tale	XVIII
bal, -u; -ów i.	ball (party)	XIII
balet, -u i.	ballet	XII
bałtycki, -ego	Baltic	XXI
Bałtyk, -u i.	the Baltic (Sea)	XI
banan, -a a.	banana	XX
bank, -u i.	bank	XI
barak, -u i.	barrack	XXV
Barbara, -y f.	Barbara	IX
bardziej comp. of bardzo		XXI
bardzo (bardziej)	very (much)	I
basen, -u i.	swimming pool	XVI
Basia, -si f.	Babs	XXIV
bawić się I; -wi, -wią (zabawić się P)	amuse o/s, have a good time	XXV
bądź indef. pcle.	any, -ever	XX
Belgia, -ii f.	Belgium	XI
Berlin, -a i.	Berlin	XVIII
bez/beze prep. w. gen.	without	X
beze. See bez		
bezinteresow- nie	w/o self-interest, w/o pay	XXV
będą. See być		XIII
będzie. See być		X

biały, -ego	white	IV
(bielszy)		
biblioteka, -i f.	library	XI
bibliotekarka,	librarian (fem.)	XII
-i; -rek f.		
bić I; biję, -ą	beat, hit, strike	XXIVG
biec/biegnąć I;	run	XXIV
biegnie, -ną;		
biegł		
(pobiec/		
pobiegnąć P)		
biegnąć. See		
biec		
bilet, -u i.	ticket	XVII
bitwa, -y; -tew	battle	XXII
f.		
biuro, -a n.	office	XII
biurko, -a;	desk	I
biurek n.		
bladnąć. See		
blednąć		
blady, -ego	pale	VII
(bledszy)		
blednąć/bladnąć	pale	XXIVG
I; blednie/		
bladnie,		
blednią/bladną;		
bladł, bledli		
(zblednąć/		
zbladnąć P)		
bliski, -ego	near, close	XI
(bliższy)		
blisko	near, nearly	XXI
(bliżej)		
bliziutko	very near	XXI
bliższy comp.		XXI
of bliski		
blondynka, -i;	blonde	XIV
-nek f.		
bluzka, -i; -zek	blouse	IV
f.		
błagać I; błaga,	beg, implore	XXIII
błagają		
(ubłagać P)		
błąd, błędu i.	mistake, error	VIII
błyskać (się) I	there is lightning	X
impers.; -a		
(błysnąć (się) P)		
błysnąć (się) P	there is lightning	
impers.;		
-yśnie		
(błyskać (się) I)		
bo	because, as, since, for	VII
bohater, -a;	hero	XXV
-rzy/-rowie,		
-rów v.		
bok, -u i.	side	XXV
boleć I	hurt, ache, be sore	IV
impers.; -i,		
-ą		
(zaboleć P)		
Bolek, -lka v.	affect. of Bolesław	IIG
Bolesław, -a	Bolesław	IIG
v.		
Bóg, Boga, -u	God	IX
(dat.); -owie		
v.		
ból, -u; -e,	ache, pain	XIX
ów/-i i.		
brać I; bierze,	take	VIII
biorą		
(wziąć P)		
brak, -u i.	lack	XXIII
brama, -y f.	gate	XII
bransoletka,	bracelet	IX
-i; -tek f.		
brat, -a, -u	brother	VII
(dat.);		
bracia, -ci,		
-ćmi v.		
bratanek,	nephew (brother's son)	XXII
-nka; -owie		
v.		
brązowy, -ego	brown	IV
Bristol, -u i.	Bristol (hotel in Warsaw)	XXI
broszka, -i;	pin, brooch	IX
-szek f.		
brudny, -ego	dirty	XV
(brudniejszy)		
Bruksela, -i f.	Brussels	XI
brunet, -a v.	dark-haired man	XIV
brydż, -a a.	bridge (game)	X
brzeg, -u i.	shore, bank	XXIV
brzuch, -a i.	stomach	IV
brzydki, -ego	ugly, bad (about weather)	X
(brzydszy)		
brzydszy		XXI
comp. of		
brzydki		
buda, -y f.	shack	XXV
budynek, -ku	building	XII
i.		
budzić się I;	wake up, awaken (intr.)	XVI
budzi, budzą		
(obudzić się P)		
Bug, -u i.	Bug (River)	XXI
buldog, -a a.	bulldog	VI
burmistrz, -a;	mayor	XXII
-owie, -ów v.		
burza, -y f.	storm	X
butelka, -i;	bottle	XVIII
-lek f.		

but, -a i.   shoe   IV
by conditional   XVII
   particle
—   in order to   XXV
być A; jestem,   be   X
   -eś, jest,
   -eśmy, -eście,
   są (pres.);
   będzie, będą
   (fut.); bądź;
   będąc
   (bywać F)
Bydgoszcz, -y   Bydgoszcz (town)   XI
   f.
były, -ego   former   XXV
bywać F; -a,   be often at,   XX
   -ają   frequent
   (być A)

                     C

cal, -a; -e,   inch   XX
   -i i.
całkiem   quite, completely   VII
całować I;   kiss   XXIV
   -łuje, -łują
   (pocałować P)
cały, -ego   whole, entire,   III
                        complete
cent, -a a.   cent   XIV
centrum;   center   XIII
   centra, -ów
   n.
cham, -a; -y,   boor   XXIIIG
   ów v.
chaos, -u i.   chaos   XXV
charakterysty-   characteristic   XXV
   czny, -ego
chcieć I; chce,   want, wish   VIII
   -ą; chciej
   (zechcieć P)
— się impers.   feel like   IX
chętnie   willingly, gladly   XVII
chiński, -ego   Chinese   XI
chłopiec, -pca,   boy, fellow   VII
   -u (dat.); -y,
   -ów v.
chmura, -y f.   cloud   XXIV
chociaż   although   XVI
chodnik, -a i.   sidewalk   XIX
chodzenie, -a   walk(ing)   XXV
chodzić ND;   go (X), walk   XVIII
   chodzi, -dzą
   (iść D)
choroba,-y; -ób f.   illness   XXIV
chorować I;   be ill, be sick   XXIV
   -ruje, -rują
   (zachorować P)
chory, -ego   sick, ill   VII

chrzest, chrztu   baptism   XXII
   i.
chrześcijanin,   Christian   XXIVG
   -a; -janie,
   -jan v.
chudnąć I;   grow lean, lose
   -dnie, -dną;   weight
   -dł
   (schudnąć P)
chustka, -i;   handkerchief   VIII
   -tek f.
chwała, -y f.   glory
— Bogu   thank God   IX
chwila, -i f.   moment, while   VIII
chwileczka,   moment   XII
   -i f.
chyba   probably, I guess   VI
chybiać I; -a,   miss, be off the
   ają   mark
   (chybić P)
chybić P; -bi,   miss, be off the
   -bią   mark
   (chybiać I)
chybił-trafił   hit or miss, at   XXV
                        random
ci. See ten   V
ciastko, -a;   pastry   XVI
   -tek n.
ciąć I; tnie,   cut   XXIVG
   tną; ciął,
   cięła; cięty
   (pociąć P)
ciąg, -u i.   sequence
w ciągu   in the course of,   XVI
                        during
ciągle   continually, still   VII
ciągnąć I;   pull   XXIVG
   -nie, -ną
   (pociągnąć P)
— się   stretch   XXI
   impers.
cicho (ciszej)   still   XXII
ciebie. See   VIII
   ty
ciekawy, -ego   interesting, curious XII
   (ciekawszy)
ciemku
po ciemku   in the dark   XXV
ciemno   darkly, dark   IX
   (ciemniej)
ciemnobrą-   dark brown   IV
   zowy, -ego
ciemny, -ego   dark   IV
   (ciemniej-
   szy)
cieniutki, -ego   very thin, very   XXI
                        slim
cienki, -ego   thin, slim   XXI
   (cieńszy)

cień, -nia; -nie, -ni i.	shade, shadow	XIII
cieńszy comp. of cienki		XXI
cieplej comp. of ciepło		XXI
cieplejszy comp. of ciepły		XXI
ciepło (cieplej)	warmly, warm	IX
ciepły, -ego (cieplejszy)	warm	XX
cieszyć się I; -y, -ą (ucieszyć się P)	be glad, rejoice	VIII
cię. See ty		VIII
ciężki, -ego (cięższy)	heavy, difficult	XXI
cięższy comp. of ciężki		XXI
ciotka, -i; -tek f.	aunt	XIII
cisza, -y f.	stillness, silence	XX
ciszej comp. of cicho		
cmentarz, -a; -e, -y i.	cemetery	XIII
co, czego	what?	I
codziennie	every day, daily	XIX
cokolwiek, czegokolwiek	whatever, whatsoever, anything	XX
coraz	ever	XXI
coś, czegoś	something	IX
córka, -i; córek f.	daughter	IX
cudzoziemiec, -mca; -y, -ów v.	foreigner	XXV
cudzy, -ego	somebody else's, not one's own	IV
cukier, cukru i.	sugar	XII
cukiernia, -ni; -nie, -ni f.	pastry shop, café	XVI
cygaro, -a n.	cigar	III
cytryna, -y f.	lemon	XII
czapka, -i; -pek f.	cap	IV
czarny, -ego	black	IV
czas, -u i.	time	V
czasem	sometimes	VII
czasopismo, -a n.	periodical	VI
Czech, -a v.	Czech	XXV
Czechosłowacja, -ji f.	Czechoslovakia	XI
czego. See co		VIII
czek, -u i.	check	XV
czekać I; -a, -ają (poczekać P)	wait	XII

czekoladowy, -ego	chocolate	XX
czemu. See co		IX
czemu	why?	IX
czerwiec, -wca i.	June	XIII
czerwony, -ego	red	IV
czesać się I; -sze, -szą (uczesać się P)	comb one's hair	XVI
cześć	so long	VIII
często (częściej)	often, frequently	VII
częstować I; -uje, -ują (poczęstować P)	treat (to something)	
część, -ci; -ci (nom. gen.) f.	part, share	XXI
członek, -nka; -owie v.	member	XXIII
człowiek, -a; ludzie, -dzi, -dźmi v.	man, human being; people	VII
czterdziesto- letni, -iego	forty-year old	XXV
czterdziesty, -ego	fortieth	XXII
czterdzieści, -estu	forty	XIV
czternasty, -ego	fourteenth	XIV
czternaście, -astu	fourteen	XIV
cztery, -ej; -ech, -em, -ema	four	IV
czterysta, -u	four hundred	XIV
czuć się I; czuje, -ą (poczuć się P)	feel (intr.)	IX
czwarty, -ego	fourth	IV
czwartek, -tku i.	Thursday	XIII
czworo, -rga	four (collect.)	XIV
czwórka, -i; -rek f.	four(some), anything characterized by the number four	XIV
czy	particle introducing a question; whether, if	I
czyj, -ego	whose	II
czyjś, -jegoś	somebody's	XII
czym. See co		XI
czynić I; -ni, -nią (uczynić P)	do, act	XXV
czyścić I; czyści, czyszczą (wyczyścić P)	clean	XV
czysty, -ego (czystszy)	clean	XV

czytać A; -a, -ają (przeczytać P; czytywać F)	read	I
czytanie, -a n.	reading	XV
czytelnia, -ni; -nie, -ni f.	reading room	XVI
czytywać F; -tuje, -tują (czytać A)	read	XX

Ć

| ćwiczenie, -a n. | exercise, drill | VIII |
| ćwierć, -ci; -ci (nom. gen.) f. | one fourth, quarter | XXI |

D

dać P; da, dadzą; daj (dawać I)	give	IX
dalej comp. of daleko	further, farther	I
daleki, -ego (dalszy)	distant, far	XI
daleko (dalej)	far	
dalszy comp. of daleki	more distant, farther	XXI
Danka, -i f.	affect. of Danuta	IIG
dansing, -u i.	dancing party	XIII
Danuta, -y f.	Danuta	IIG
dawać I; daje, -ą; dawaj (dać P)	give	XV
dawniej comp. of dawno	formerly, before	XV
dawno (dawniej)	long ago	V
od dawna	for a long time	XXV
decydować się I; -duje, -dują (zdecydować się P)	decide, make up one's mind	
demokratyczny, -ego	democratic	XI
denerwować się I; -wuje, -wują (zdenerwować się P)	get upset	XI
dentysta, -y; -ów v.	dentist	XII
deszcz, -u; -e, -y/-ów i.	rain	X
deszczowy, -ego	rainy	X

dętka, -i; -tek f.	(inner) tube	XIX
diament, -u i.	diamond	XXV
dla prep. w. gen.	for	XIV
dlaczego	why?	VII
dlatego	for this reason, because	VII
dług, -u i.	debt	XV
długi, -ego (dłuższy)	long	XI
długo (dłużej)	long, for a long time	XIII
długopis, -u i.	ball-point pen	I
dłużej comp. of długo		XXI
dłuższy comp. of długi		XXI
do prep. w. gen.	to, up to, until, for	I
dobranoc	good-night	II
dobry, -ego (lepszy)	good, kind	I
dobrze (lepiej)	well	I
dochodzić I; -dzi, -dzą (dojść P)	reach (X)	XIX
dodać P; -da, -dadzą; -daj (dodawać I)	add	XXIII
dodawać I; -daje, -dają; -dawaj (dodać P)	add	
dojechać P; -jedzie, -jadą; (dojeżdżać I)	reach (o=o)	XIX
dojeżdżać I; -a, -ają (dojechać P)	reach (o=o); commute	XIX
dojść P; -jdzie, -jdą; -szedł, -szła (dochodzić I)	reach (X)	XIX
dokąd	where to?; till when?	XIII
doktor, -a v.	doctor	XIII
dokument, -u i.	document	XI
dolar, -a a.	dollar	XIV
dom, -u (gen. loc.) i.	house, home	XI
dominikański, -ego	Dominican	XIII
domyślać się I; -a, -ają (domyślić się P)	guess, gather	

domyślić się P; -li, -lą (domyślać się I)	guess, gather	XXIII
dopiero	not until, as late as, only just	XVI
dopóki	while, as long as	XVIII
— nie	until	XVIII
dorosły, -ego	grownup, adult	XXI
doskonale	splendid, excellent	I
doskonały, -ego	perfect, excellent	XXV
dostać P; -anie, -aną (dostawać I)	get, receive	XVII
dostanie, -a n.	getting, obtaining	XXIII
dostatecznie	sufficiently, adequately, Pass (grade)	XIV
dostawać I; -staje, -stają (dostać P)	get, receive	
dosyć	enough; rather	I
dość	enough; rather	VIII
doświadczenie, -a n.	experience, experiment	XV
dotąd	up to now, so far; to this point	XX
dowcip, -u i.	joke	XXIV
dowiadywać się I; -duje, -dują (dowiedzieć się P)	learn, find out	
dowiedzieć się P; -wiem, -wie, -wiedzą; -wiedz (dowiadywać się I)	learn, find out	XIV
dowlec się P; -wlecze, -wloką; -wlókł, -wlokła, -wlekli	drag oneself up to	XXIV
dół, dołu i.	hole, down, downstairs	XVI
dramat, -u i.	drama	XXV
dreszcz, -u; -e, -y/-ów i.	chill, shiver	XXIV
drobnostka, -i; -tek f.	trifle, nonsense	XXIII
droga, -i; dróg f.	road, way	XVI
drogi, -ego (droższy)	dear, expensive	XXI
drogo (drożej)	dearly, expensively	XXI
drożej comp. of drogo		XXI

droższy comp. of drogi		XXI
drugi, -ego	second, other	II
drzeć I; drze, drą; darł (podrzeć P)	tear	
drzewo, -a n.	tree, wood	VI
drzwi, -i pl.	door	I
duszno	sultry, stifling	IX
(duszniej)		
dużo (więcej)	much, many	III
duży, -ego; duzi (większy)	large, big	XIX
dwa, dwaj, dwie; dwóch; dwóm; dwoma, dwiema	two	II
dwadzieścia, dwudziestu	twenty	XIV
dwanaście, dwunastu	twelve	XII
dwieście, dwustu	two hundred	XIV
dwoje, -jga	two (collect.)	XIV
dworzec, -rca; -e, -ów i.	railroad station	XI
dwójka, -i; -jek f.	two(some), anything characterized by the number two	XIV
dwudziesty, -ego	twentieth	XX
dwunasty, -ego	twelfth	XII
dyrektor, -a v.	director	XVIII
dyrygent, -a v.	conductor, band leader	XXV
dziać się I; dzieje, -ją	happen	XII
dziadek, -dka; -dkowie v.	grandfather	XII
działać I; -a, -ają	work, function	XIX
działacz, -a; -e, -y/-ów v.	worker, activist	XXV
dziecko, -a; dzieci, -i, -mi (instr.) n.	child	IX
dzielić I; -i, -ą (podzielić P)	divide, apportion	
— się	share	
dzielnica, -y f.	section, quarter (of a city)	XXI
dzieło, -a n.	work, opus	XXV
dziennie	daily	XIV
dziennikarz, -a; -e, -y v.	journalist, newspaperman	XII
dzień, dnia; dni/ dnie, dni i.	day	I

dziesiąty, -ego   tenth   X

dziesięć, -ciu   ten   X

dziewczyna, -y   girl   VII
f.

dziewiąty, -ego ninth   IX

dziewięć, -ciu   nine   IX

dziewięćdziesiąt, ninety   XIV
-ęciu

dziewięćdzie-   ninetieth   XXII
siąty, -ego

dziewięćset,   nine hundred XXII
-ęciuset

dziewiętnasty,   nineteenth   XIX
-ego

dziewiętnaście, nineteen   XIV
-astu

dzięki Bogu   Thank God   IX

dziękować I;   thank   IX
-kuje, -kują
(podziękować P)

dziękuję   thank you   I

dziki, -ego   wild   XXIG
(dzikszy)

dziko (dziczej) wildly   XXIG

dzisiaj   today   II

dziś   today   II

dziwić się I;   wonder, be sur- IX
-i, -ią   prised
(zdziwić się P)

dziwny, -ego   strange, odd   X

dzwon, -u i.   bell   XXIVG

dzwonić I; -i,   ring, call up   XVI
-ią
(zadzwonić P)

E

Edek, Edka v. Ed   IIG

Edward, -a v.   Edward   IIG

egzamin, -u i.   examination   X

ekspedientka,   saleslady   XIX
-i; -tek f.

Elżbieta, -y f. Elizabeth   IIG

emanować I;   emanate   XXV
-nuje, -nują

entuzjazm, -u   enthusiasm   XXIV
i.

esej, -u i.   essay   XXV

Eskimos, -a   Eskimo   XXIIIG
v.

Eugeniusz, -a   Eugene   IIG
v.

Europa, -y f.   Europe   XI

Europejczyk,   European   XXIVG
-a v.

europejski, -ego European   XXI

Ewa, -y f.   Eve   IIG

F

fajka, -i;   pipe   III
fajek f.

federalny, -ego federal   XI

Felicja, -ji f. Felicia   II

Filadelfia, -ii Philadelphia   XI
f.

filiżanka, -i;   cup   XVI
-nek

film, -u i.   film   XII

filmowy, -ego   film-   XXII

filologia, -ii   philology   X
f.

filozofia, -ii   philosophy   X
f.

fotel, -a; -e,   armchair   VI
-i i.

fotografia, -ii; photograph   VI
-e, -ii f.

fotografować I; photograph   XXIV
-fuje, -ą
(sfotografować P)

fotoreporterka, (woman) pho- XXV
-i; -rek f.   tographer-
reporter

Franciszek,   Francis   II
-szka v.

Francja, -ji f. France   XI

francuski, -ego French   VIII

Francuz, -a v. Frenchman   VII

Francuzka, -i; Frenchwoman VII
-zek f.

Franek, -nka   Frank   II
v.

frank, -a a.   franc   XIV

frontowy, -ego front-   XIX

fryzjer, -a v.   barber, hairdresser XIII

funt, a i.   pound   XIV

futro, -a; futer fur coat   IV
n.

G

garaż, -u; -e,   garage   XIII
-y i.

gardło, -a n.   throat   IV

gasić I; -si,   turn off (light), XVI
-szą   extinguish
(zgasić P)

gatunek, -nku   kind, genre   XXV
i.

gazeta, -y f.   newspaper   I

Gdańsk, -a i.   Gdansk   XI

gdyby   if   XVII

Gdynia, -ni f. Gdynia   XI

gdzie   where   II

gdziekolwiek	wherever	XX
gdzieś	somewhere	XX
giąć I; gnie,	bend	XXIVG
gną; giął,		
gięła; gięty		
(pogiąć P)		
Gienek, -nka v.	Gene	IIG
ginąć I; -nie,	be lost	
-ną; -nął,		
-nęła		
(zginąć P)		
głęboki, -ego	deep, profound	XXI
(głębszy)		
głębokość, -ści	depth	XXI
f.		
głębszy comp.		XXI
of głęboki		
głodny, -ego	hungry	IX
głos, -u i.	voice	XXIV
głośniej comp.		I
of głośno		
głośno (głośniej)	loudly, loud,	XXIII
	aloud	
głowa, -y; głów	head	IV
f.		
główny, -ego	main, principal	XII
głupi, -piego	silly, stupid	XX
(głupszy)		
głupszy comp.		XXI
of głupi		
gnieść I; gniecie,	press	XXIVG
gniotą; gniótł,		
gniotła,		
gnietli		
(pognieść P)		
gniewać się I;	be angry	XII
-a, -ają		
(rozgniewać		
się P)		
Gniezno, -a n.	Gniezno	XI
go. See on		V
godzina, -y f.	hour, o'clock	XII
golf, -a a.	golf	XX
golić się I; -i,	shave (intr.)	XVI
-ą		
(ogolić się P)		
goły, -ego	naked, bare	XXV
gorąco (gorącej)	hot, hotly	IX
gorący, -ego	hot	XX
(gorętszy)		
gorączka, -i f.	fever	XVII
gorętszy comp.		XXI
of gorący		
gorszy comp. of		XXI
zły		
gorzej comp. of		XXI
źle		
gorzki, -ego	bitter	XXI

gospodarstwo,	household, farm	XII
-a n.		
gospodarz, -a;	host	XII
-e, -y v.		
gospodyni, -i f.	hostess, house-	XII
	keeper	
gościnny, -ego	pert. to guests,	XXV
	hospitable	
gość, -cia; -cie	guest, customer	XII
-ci, -ćmi v.		
gotować I; -uje,	cook, prepare	XV
ują		
(ugotować P)		
gotowy/-tów,	ready	XIV
-ego		
gotówka, -i f.	cash	XV
góra, -y f.	mountain	XIII
górski, -ego	mountain-, hilly	XXI
gra, -y f.	playing, acting	XXV
grać A; gra,	play	X
-ają		
(grywać F,		
zagrać P)		
gramatyka, -i f.	grammar	I
granatowy, -ego	dark blue, navy	IV
	blue	
granica, -y f.	frontier, border	XIII
za granicę	(to) abroad	
za granicą	(at) abroad	
Grecja, -ji f.	Greece	XI
grodzki, -ego	pert. to a castle	XIII
	or town	
gromadzić się	gather, congregate	XXV
I; -dzi, -dzą		
(zgromadzić		
się P)		
grosz, -a; -y	grosz (1/100 of	XIV
a.	a zloty), penny	
grubas, -a; -y,	fatso	XXIII
-ów v.		
grubszy comp.		XXI
of gruby		
gruby, -ego	thick, fat	XXI
(grubszy)		
grudzień, -dnia i.	December	XIII
grupa, -y f.	group	XXIV
gruszka, -i;	pear	XX
-szek f.		
grypa, -y f.	flu	IX
grywać F; -a,	play	XX
-ają		
(grać A)		
gryźć I; gryzie,	bite	XXIVG
-zą; gryzł		
(pogryźć P)		
grzmieć I; -mi,	thunder	X
-mią		
(zagrzmieć P)		

grzyb, -a a.	mushroom	XX	iść D; idzie,	go (X), move; work	XII
gubić I; -bi,	lose	VIII	idą; szedł,	(of a mechanism)	
-bią			szła		
(zgubić P)			(chodzić ND,		
gwałt, -u i.	violence		pójść P)		
na—	in a great hurry	XXIV	idzie o + acc.	the thing is	XVIIIG
gwizdać I;	whistle	XX			
gwiżdże, -ą				**J**	
(zagwizdać P)					
gwóźdź,	nail	XIX	ja, mnie/mię	I	I
gwoździa; -e,			(gen. acc.),		
-i i.			mnie/mi		
			(dat.), mnie		
	H		(loc.), mną		
			(instr.)		
Halina, -y f.	Halina	IIG	jabłko, -a; -łek	apple	VI
hałaśliwy, -ego	noisy	XXIII	n.		
Hamburg, -a i.	Hamburg	XI	Jacek, -cka v.	Hyacinth	IIG
Hanka, -i f.	Nancy	IIG	jadalnia, -ni;	dining room	XVI
heca, -y f.	fun; amusing event	XXIV	-nie, -ni f.		
Hela, -i f.	Nelly	XXIIIG	jadać F; -a,	eat	XX
Helena, -y f.	Helen	IIG	-ają		
Henryk, -a v.	Henry	XI	(jeść A)		
herbata, -y f.	tea	XII	jadalny, -ego	edible	XXIV
historia, -rii;	history, story	XV	Jadwiga, -i f.	Hedwig	IIG
-rie, -rii f.			Jadzia, -i f.	affect. of Jadwiga	IIG
hotel, -u; -e,	hotel	XIII	jagielloński,	Jagiellonian,	XXII
-i i.			-ego	pertaining to	
				Wladyslaw	
				Jagiello (Polish	
	I			king 1386–1434)	
				or the Jagiello-	
i	and	II		nian dynasty	
ich. See on		V			
ile, -u	how much? how	XIV	jagoda, -y; -ód	berry	XXIV
	many?		f.		
ilość, -ci f.	quantity, amount	XXIII	jak	how? like, if	I
im. See on		IX	jaki, -ego	what sort of? what?	IV
imieniny, -in	name day	XXIV	jakikolwiek,	whatever sort of	XX
pl.			jakiegokolwiek		
imię, imienia;	name	IX	jakiś, -egoś	a, a certain, some	VI
imiona,				sort of	
imion n.			jako	as, in the capacity	XV
inaczej	otherwise, dif-	XVIII		of	
	ferently		Jakub, -a v.	James, Jacob	IIG
inny, -ego	other, another,	XXI	Jan, -a v.	John	II
	different		Janek, -nka v.	Johnny, Jack	XXIV
interesować I;	interest, be of	XXV	Janina, -y f.	Jane	IIG
-suje, -sują	interest		Janka, -i f.	Janie	IIG
(zainteresować			Janusz, -a v.	Janusz	XXV
P)			Jarosław, -a v.	Jaroslaw	XXV
— się	be interested in	XII	jarzyna, -y f.	vegetable	XX
inżynier, -a;	engineer	XII	jasno (jaśniej)	bright(ly), clear(ly)	IX
-owie v.			jasnobrązowy,	light brown	IV
Irena, -y f.	Irene	IIG	-ego		
istnieć I; -eje,	exist	XXV	jasny, -ego	clear, bright, light	IV
-eją			(jaśniejszy)		

jazda, -y,	ride, drive,	XI	Kanada, -y f.	Canada	XI
jeździe (loc.)f.	driving		Kanadyjczyk,	Canadian	VII
jazzowy, -ego	pert. to jazz	XXV	-a v.		
ją. See on		V	Kanadyjka, -i;	Canadian woman	VII
je. See on		V	-jek f.		
jechać D; jedzie,	go (o=o), ride	XII	kanadyjski, -ego	Canadian	VII
jadą			kanał, -u i.	canal, sewer	XXIVG
(jeździć ND,			kanapka, -i;	canapé, sand-	XIX
pojechać P)			-pek f.	wich	
jeden, jedno,	one, a	I	kandydat, -a v.	candidate	XXV
jednego			kapelusz, -a;	hat	IV
jedenasty, -ego	eleventh	XI	-e, -y i.		
jedenaście,-astu	eleven	XI	kara, -y f.	punishment, fine	XV
jednak	however	XVII	karać I; karze,	punish	XXIVG
jedzenie, -a n.	eating; food	XX	-ą		
jego. See on		IV	(ukarać P)		
jej. See on		IV	karafka, -i; -fek	carafe, decanter	XX
jemu. See on		IX	f.		
jerozolimski,	pert. to Jerusalem	XIII	Karol, -a v.	Charles	II
-ego			Karpaty, Karpat	Carpathian Moun-	XXI
Jerzy, -ego	George	II	pl.	tains	
jesień, -ni f.	autumn, fall	XI	karta, -y f.	card, menu	XV
jest. See być		I	kasa, -y f.	box office, ticket	XXV
jestem. See być		VI		window	
jeszcze	still, yet	I	Kasia, -i f.	Cathy	IIG
jeść A; jem, je,	eat	X	kaszel, -szlu i.	cough	III
jedzą; jadł,			kaszlać. See		
jedli; jedz			kaszleć		
(jadać F, zjeść P)			kaszleć/kaszlać	cough	XXIV
jeśli	if	XVI	I; -e, -ą;		
jezioro, -a n.	lake	XIII	-lał, -leli;		
jeździć ND; -i,	go (o=o), ride,	XVIII	kaszl/kaszlaj		
jeżdżą	drive		(kaszlnąć P)		
(jechać D)			kaszlnąć P;	cough	
jeżeli	if, supposing	XVII	-nie, -ną;		
język, -a i.	tongue, language	XXI	-nął, -nęła		
Joanna, -y f.	Joan	XXV	(kaszleć/		
Józef, -a v.	Joseph	IIG	kaszlać I)		
Józek, -zka v.	Joe	IIG	katar, -u i.	head cold	VIII
Julek, -lka v.	Julie	IIG	Katarzyna, -y f.	Catherine	IIG
Julia, -ii f.	Julia	II	Katowice,	Katowice	XI
Juliusz, -a v.	Julius	IIG	Katowic pl.		
Jurek, -rka v.	Jerry	IX	kawa, -y f.	coffee	XVI
jutro, -a n.	tomorrow	VIII	kawaler, -a;	bachelor	XII
już	already, yet	II	-owie v.		
			kawał, -u i.	portion, piece;	XVI
K				joke	
kabaret, -u i.	cabaret	XXV	kawałek, -łka	bit, piece, portion	XX
kalendarz, -a;	calendar	VI	i.		
-e, -y i.			kawiarnia, -ni;	coffee shop, café	XIII
kalendarzowy,	calendar-	XXII	-nie, -ni f.		
-ego			kawowy, -ego	pert. to coffee	XX
Kalifornia, -ii f.	California	XI	kazać I; każe,	order	XXIII
kalosz, -a; -e,	overshoe(s),	X	-ą		
-y i.	rubber(s)		Kazimierz, -a	Casimir	IIG
kamień, -nia; -e,	stone, rock	XXIV	v.		
-i i.			każdy, -ego	each; every, everyone	XI

kąpać się I; -pie, -pią (wykąpać się P)	bathe, take a dip	XXIVG	kolacja, -ji f.	supper, dinner	XI
			kolano, -a n.	knee	XXIV
kąpielowy, -ego	pert. to bathing	XI	kolega, -i; -ów v.	colleague, mate, fellow, friend	VII
kąt, -a i.	corner, angle	XI	kolej, -ei; -je, -ei f.	railroad; turn	XII
kelner, -a v.	waiter	XII			
kichać I; -a, -ają (kichnąć P)	sneeze	XXIV	po kolei	in turn	IV
			kolejka, -i; -jek f.	line, queue	XXV
kichnąć P; -nie, -ną; -nął, -nęła (kichać I)	sneeze		kolejowy, -ego	pert. to railroad	XII
			koleżanka, -i; -nek f.	female colleague, companion, girl friend	VII
kiedy	when, as	VIII	kolor, -u i.	color	IV
kiedykolwiek	whenever, any time	XX	kolorowy, -ego	colored, gay (of colors)	IV
kiedyś	sometime, one day	XI			
kieliszek, -szka i.	(liquor) glass	XVIII	koło prep. w. gen.	around, near, by	VIII
kierownik, -a v.	manager, director	XXV	komedia, -ii; -ie, -ii f.	comedy	XVII
kierunek, -nku i.	direction, trend	XIX			
			kompletnie	completely	XXIV
kieszeń, -ni; -nie, -ni f.	pocket	XI	kompot, -u i.	compote, fruit salad	XX
kilka, -u	several	XIV	komu. See kto		IX
kilkadziesiąt, kilkudziesię- ciu	several score, tens	XIV	komunista, -y; -ów v.	communist	XXV
			koncentracyjny, -ego	concentration-	XXV
kilkanaście, kilkunastu	a dozen or so, teens	XIV	koncert, -u i.	concert	X
kilkaset, kilkuset	several hundred, hundreds	XIX	koniec, -ńca; -e, -ów i.	end	XXV
kilo indecl.	kilogram	XIV	konserwatorium; -ria, -riów n.	conservatory, music school	XIX
kilometr, -a i.	kilometer	XIX			
kim. See kto		XI	konsulat, -u i.	consulate	XII
kino, -a n.	movie house	XI	koń, konia; konie, koni, końmi a.	horse	XII
klasa, -y f.	classroom; grade	XXI			
klasztor, -u i.	monastery, convent	XXV			
klub, -u i.	club(house)	XI	kończyć I; -y, -ą (skończyć P)	finish, end	XV
klucz, -a; -e, -y i.	key	VI			
kłamać I; -mie, -ą (skłamać P)	lie	XX	koperta, -y f.	envelope	VI
			korale, -i pl.	beads	IX
			kort, -u i.	(tennis) court	XIII
kłaść I; kładzie, kładą; kładł (położyć P)	lay down, put in a lying position	XX	korytarz, -a; -e, -y	corridor	XXII
			korzystać I; -a, -ają (skorzystać P)	enjoy, make use of, take ad- vantage of	XVIII
— się	lie down, assume a lying position	XVI			
kłopot, -u i.	trouble, headache	XVI	korzyść, -ci; -ci (nom. gen.) f.	advantage, profit	XII
kłócić się I; -ci, -cą (pokłócić się P)	quarrel				
			kostium, -u i.	costume, dress	XI
kobieta, -y f.	woman	VII	kosz, -a; -e, -y i.	basket	I
kochać I; -a, -ają	love	VIII			
— się	be in love	XI	koszary, koszar pl.	barracks	XII
kogo. See kto		V			

kosztować I;	cost	XIV
-uje, -ują		
koszula, -i f.	shirt	IV
kościół, -cioła,	church	XI
-ciele (loc.)		
i.		
kościuszkowski,	pert. to Kosciusko	XXII
-ego		
kot, -a, -u	cat	VI
(dat.) a.		
kraj, -u; -e,	country	XXI
-ów i.		
krajowy, -ego	native, domestic	XXV
Armia	Home Army (name	
Krajowa	of the Polish	
(AK)	underground	
	army during	
	World War II)	
Krakowiak, -a	inhabitant of the	XXIVG
v.	Cracow region	
krakowianin,	Cracovian	XXIVG
-a; -wianie,		
-wian v.		
krakowski, -ego	pert. to Cracow,	XIX
	Cracovian	
Kraków, -owa i.	Cracow	XI
kraść I; -dnie,	steal	XXIVG
-dną; -dł		
(ukraść P)		
krawat, -u/-a	(neck)tie	IV
i.		
krawiec, -wca;	tailor	XXII
-y, -ów v.		
krewny, -ego	relative	XXI
krok, -u i.	step	XIX
kronika, -i f.	chronicle	XXV
krócej comp.		XXI
of krótko		
król, -a; -owie,	king	XXII
-i v.		
krótko (krócej)	shortly, briefly	
krótki, -ego	short, brief	XI
(krótszy)		
krótszy comp.		XXI
of krótki		
kryć się I;	hide; be covered	XXV
kryje, -ą		
(pokryć się		
'be covered'		
or skryć		
się 'hide'		
P)		
Krysia, -i f.	Chris	XXIII
Krystyna, -y f.	Christine	II
krzesło, -a;	chair	I
-seł n.		
krzyczeć I; -y,	shout	XXIV
-ą		
(krzyknąć P)		

krzyk, -u i.	shout(ing), cry	XXV
krzyknąć P;	shout, cry out	XXIVG
-nie, -ną;		
-nął, -nęła		
(krzyczeć I)		
krzyż, -a; -e,	cross	XIX
-y/-ów i.		
krzyże, -ów pl.	(small of the)	IV
	back	
ksiądz, księdza,	priest, clergyman	XXV
-u (dat.);		
księża, -ży,		
-żmi v.		
książę, księcia,	prince	XXII
-u (dat.);		
książęta,		
-żąt v.		
książka, -i;	book	III
-żek f.		
księgarnia, -ni;	bookshop, book-	XIX
-nie, -ni f.	store	
kto, kogo, komu,	who?	II
kim		
ktokolwiek,	whoever	XX
kogokolwiek		
ktoś, kogoś	somebody, some-	XX
	one	
którędy	which way	XVIII
który, -ego	which? that, who?	XII
kuchnia, -ni;	kitchen	XXIII
-nie, ni f.		
kultura, -y	culture	XX
f.		
kundel, -dla;	mongrel	VI
-e, -i/-ów		
a.		
kupić P; -i,	buy	XV
-ią		
(kupować I)		
kupować I;	buy	XV
-uje, -ują		
(kupić P)		
kurtka,-i;-tek f.	(pea) jacket	XVIII
kwadrans, -u/	quarter of an	XVI
-a; -e, -ów	hour	
i.		
kwaśniejszy		XXI
comp. of		
kwaśny		
kwaśny, -ego	sour	XXI
(kwaśniejszy)		
kwiat, -u i.	flower	XXIV
kwiecień, -tnia	April	XIII
i.		
kwitnąć I; -nie,	bloom, blossom	XXIV
ną; kwitł/		
kwitnął,		
kwitła/		
kwitnęła		

L

laboratorium; -ria, -riów n.	laboratory	XIV
lać I; leje, -ą; lał, lali/leli	pour	X
lampa, -y f.	lamp	I
las, -u, lesie (loc.) i.	forest, wood	XIX
lata. See rok		XIV
latać ND; -a, -ają (lecieć D)	fly, dart	XVIII
lato, -a, lecie (loc.) n.	summer	XI
lecieć D; leci, lecą, (latać ND, polecieć P)	fly, move fast	XI
leczyć I; -y, -ą (wyleczyć P)	treat (medically)	
— się	be treated (medically)	XXIV
ledwie	hardly, barely	XIX
legitymacja, -ji; -je, -ji f.	identity card, identification	VI
lekarstwo, -a n.	medicine, drug	III
lekarz, -a; -e, -y v.	physician	XII
lekcja, -ji; -je, -ji f.	lesson	I
lekki, -ego (lżejszy)	light, easy	XXI
Leon, -a v.	Leon	IIG
lepiej comp. of dobrze		I
lepszy comp. of dobry		XXI
leśny, -ego	pert. to woods, sylvan, wild (of flowers)	XXIV
lewo	left (adv.)	XIX
lewy, -ego	left	IV
leżeć I; -y, -ą (poleżeć P)	lie, be in a lying position	XI
liceum; -ea, -eów n.	high school, lycée	XIII
liczyć I; -y, -ą (policzyć P)	count, reckon, number	XII
lipiec, lipca i.	July	XIII
Lipsk, -a i.	Leipzig	XI
list, -u i.	letter	VI
listopad, -a i.	November	XIII
listowy, -ego	pert. to letters	XXI

literacki, -ego	literary	XXV
lodówka, -i; -wek f.	refrigerator, ice box	XV
lody, -ów pl.	ice cream	XVI
Londyn, -u i.	London	XI
londyńczyk, -a v.	Londoner	XXIVG
londyński, -ego	pert. to London	XXV
lotnik, -a v.	flier, airman	VII
lotnisko, -a n.	airport	XI
lub	or	XXV
lubić I; -bi, -bią (polubić P)	like, be fond of	VI
Lublin, -a i.	Lublin	XI
lud, -u i.	people, folk	XXV
Ludwik, -a v.	Louis	IIG
ludzie. See człowiek		VII
lunąć P; -nie, -ną; -nął, -nęła (lać I)	pour, rain in torrents	XXIV
lusterko, -a; -rek n.	mirror	I
luty, -ego i.	February	XIII
lżejszy comp. of lekki		XXI

Ł

ład, -u i.	order, pattern	XXV
ładnie (ładniej)	nicely, prettily	X
ładniejszy comp. of ładniej		XXI
ładny, -ego	pretty, nice	VII
łapać I; -pie, -pią (złapać P)	catch	
łaska, -i; f.	favor, grace	
z łaski swojej	if you please	XX
łatwiej comp. of łatwo		XXI
łatwiejszy comp. of łatwy		XXI
łatwo (łatwiej)	easily	XXI
łatwość, -ci f.	easiness, facility	XXII
łatwy, -ego (łatwiejszy)	easy	XXI
łazienka, -i; -nek f.	bathroom	XVI
łobuz, -a; -y, -ów v.	rascal, scamp	XXIII
łokieć, -kcia; -e, -i i.	elbow	XXII
Łódź, Łodzi f.	Lodz	XI

Polish	English	Ref
łóżko, -a; -żek n.	bed	XVI
łyżeczka, -i; -czek f.	teaspoon	XX
łyżka, -i; -żek f.	spoon	XX
łyżwa, -y; -żew f.	skate	XVIII

M

Polish	English	Ref
magiczny, -ego	magic	XXV
magnetofon, -u i.	tape recorder	XV
maj, -a i.	May	XIII
malarstwo, -a n.	painting	XII
malutki, -ego	tiny, very small	XXI
mało (mniej)	little, to a small degree	III
mały, -ego (mniejszy)	small, little	XXI
małżeństwo, -a n.	(married) couple	XXIV
mambo n. indecl.	mambo	XXV
mandarynka, -i; -nek f.	tangerine	XX
mańkut, -a v.	left-handed person	XII
mapa, -y f.	map	I
Maria, -ii f.	Mary	II
Marian, -a v.	Marian (male name)	IIG
marka, -i; -rek f.	mark, stamp	XIV
Marsylia, -ii f.	Marseilles	XI
marszałek, -łka; -owie v.	marshal	XXII
marszałkowski, -ego	pert. to a marshal	XIII
Marta, -y f.	Martha	II
martwić się I; -wi, -wią (zmartwić się P)	worry, be upset	XIV
marynarka, -i; -rek f.	coat, jacket	IV
marynarz, a; -e, -y v.	sailor, seaman	VII
Marysia, -si f.	affect. of Maria	IIG
marzec, marca i.	March	XIII
marznąć I; -znie, -zną; -zł/-znął, -zła/-znęła (zmarznąć P)	get cold, freeze	
masa, -y f.	mass, large number	VII

Polish	English	Ref
maszyna, -y f.	machine	
— do pisania	typewriter	XV
maszynistka, -i; -tek f.	typist	XII
materac, -a i.	mattress	XXI
matka, -i; -tek f.	mother	VII
mądry, -ego (mądrzejszy)	wise, clever	XXI
mądrze (mądrzej)	wisely	XXI
mądrzej comp. of mądrze		XXI
mąż, męża; -owie, -ów v.	husband	XI
mebel, -bla; -e, -i i.	furniture	XV
mecz, -u; -e, -ów/-y i.	game, sports contest	XIII
medycyna, -y f.	medicine	X
medyk, -a v.	medical student	XXIII
męczyć się I; -y, -ą (zmęczyć się P)	tire, get tired	
mężatka,-i;-tek f.	married woman	XII
mężczyzna, -y; -źni, -zn v.	man	VII
mgła, -y; mgieł f.	fog, mist	X
mi. See ja		II
miasteczko, -a; -czek n.	small town	XXIV
miasto, -a, mieście (loc.) n.	town, city	XI
Michał, -a v.	Michael	II
mieć A; ma, mają; miej (miewać F)	have	III
nie ma impers.	there isn't	II
— się	be, feel	I
Mieczysław, -a v.	Mieczyslaw	IIG
miejsce, -a n.	place, seat	XIV
na miejscu	quite as it should be	XXV
miejski, -ego	urban, municipal	XVI
miesiąc, -a; -e, -ęcy i.	month	XIII
miesięczny, -ego	monthly	XV
mieszkać I; -a, -ają	live, reside	XI
mieszkanie, -a n.	apartment	XV

mieszkaniec, -ńca; -y, -ów v.	inhabitant, resident	XXI
mieszkaniowy, -ego	housing	XXIII
Mietek, -tka v.	affect. of Mieczy- sław	IIG
miewać F; -a, -ają (mieć A)	have	XX
— się	be, feel	XX
między prep. w. acc., instr.	between, among	XIII
miękki, -ego (miększy)	soft	XXI
miększy comp. of miękki		XXI
mięso, -a n.	meat	XX
mijać I; -a, -ają (minąć P)	pass by	
— się	cross, miss	
mila, -i f.	mile	XX
mile	agreeably	
mile widziany	welcome	XXII
milicjant, -a v.	militiaman	XIX
milicja, -ji f.	militia	XI
milion, -a i.	million	XXI
miły, -ego (milszy)	pleasant, nice	VII
miło (milej)	pleasantly, nicely	II
mimo prep. w. acc. or gen.	in spite of, notwith- standing	VIII
mina, -y f.	looks, face	XI
minąć P; -nie -ną; -nął, -nęła (mijać I)	pass by	
— się	cross, miss	XXIV
minuta, -y f.	minute	XIV
mistrz, -a; -owie, -ów v.	master, maître	XXIIIG
mleko, -a n.	milk	XII
młodszy comp. of młody		XXI
młody, -ego (młodszy)	young	VII
młodzieniec, -ńca; -y, -ów v.	youth, young gentleman	XXV
młodziutki, -ego	very young	XXI
mną. See ja		XII
mnie. See ja		IV
mniej comp. of mało		XV
— więcej	more or less	XXI

mniejszy comp. of mały		XXI
mnóstwo, -a n.	lots, multitude	XVIII
moc, -y f.	power	XXV
mocno	firmly, fast	XXIV
modlić się I; -i, -ą; módl (pomodlić się P)	pray	XXIVG
moknąć I; -knie, -kną; mókł/ moknął, mokła/ moknęła (zmoknąć P)	get wet	
mokry, -ego	wet	XXIV
moment, -u i.	moment	XXV
Montreal, -u i.	Montreal	XI
moralny, -ego	moral	XXV
morze, -a; mórz n.	sea	XIII
Moskwa, -y f.	Moscow	XI
most, -u i.	bridge	XIX
motor, -u i.	motorcycle (coll.)	XV
mowa, -y; mów f.	speech, talking	XI
może	perhaps, maybe	III
można	it is possible, per- mitted	VIII
móc I; może, mogą; mógł, mogła (potrafić P)	be able, can, may	VIII
mój, mojego	my	II
mówić I; -wi, -wią (powiedzieć 'tell, say' or pomówić 'speak, talk' P)	tell, say; speak, talk	III
mróz, mrozu i.	frost, bitter cold	X
mu. See on		IX
mundur, -u i.	uniform	VII
Murzyn, -a v.	Negro	XXIVG
musieć I; -si, -szą	must, have to	X
musztarda, -y f.	mustard	XX
muzeum; -ea, -eów n	museum	XIII
muzyka, -i f.	music	VIII
my; nas (acc. gen. loc.), nam (dat.) nami (instr.)	we	V
myć I; myje, -ą (umyć P)	wash (tr.)	XVI
— się	wash (intr.)	XVI

mylić się I; -i,   err, be wrong,   XII
-ą   make mistakes
(pomylić się P)

myśleć I; -li,   think   V
-lą
(pomyśleć P)

N

na prep. w.   for, on(to), to   III
acc.
— w. loc.   on, at   XI
— ogół   in general, generally XXI
— pewno   surely, certainly II
nabierać I; -a,   acquire, gather
-ają
(nabrać P)
nabrać P;   acquire, gather   XXIV
-bierze,
-biorą
(nabierać I)
nad/nade prep.   over, above   XIII
w. acc.,
instr.
nadać P; -da,   broadcast, be on
-dadzą; -daj   (the radio)
(nadawać I)
nadawać I;   broadcast, be on   X
-daje, -ą;   (the radio)
-dawaj
(nadać P)
nadchodzić I;   come, arrive
-dzi, -dzą;
(nadejść P)
nade. See nad
nadejść P;   come, arrive   XIX
-jdzie, -jdą;
nadszedł,
nadeszła
(nadchodzić I)
nadrabiać I; -a,   make up   XXIV
-ają   (deficiency)
(nadrobić P)
nadrobić P, -bi,   make up
-bią   (deficiency)
(nadrabiać I)
nadzieja, -ei f.   hope   XXIII
nagle   suddenly   XIX
nagły, -ego   sudden   XXV
najbardziej   XXV
sup. of
bardzo
najciekawszy   XXV
sup. of
ciekawy
najcieńszy   XXI
sup. of
cienki

najdłuższy   XXI
sup. of
długi
najdrożej   XXI
sup. of
drogo
najdroższy   XXI
sup. of drogi
najechać P;   run into, run   XIX
-jedzie,   over
-jadą
(najeżdżać I)
najeżdżać I;   run into, run
-a, -ają   over
(najechać P)
najgłębszy   XXI
sup. of
głęboki
najgrubszy   XXI
sup. of
gruby
najlepiej sup.   XI
of dobrze
najłatwiej sup.   XXI
of łatwo
najłatwiejszy   XXI
sup. of
łatwy
najmłodszy   XXI
sup. of
młody
najmniej sup.   XVI
of mało
najnowszy sup.   XXIV
of nowy
najpierw   first, in the first I
place
najpopularniejszy   XXI
sup. of
popularny
najpóźniej   XXI
sup. of
późno
najtaniej sup.   XXI
of tanio
najtańszy sup.   XXI
of tani
najtrudniej sup.   XXI
of trudno
najtrudniejszy   XXI
sup. of
trudny
najważniejszy   XXI
sup. of
ważny
najwcześniej   XXI
sup. of
wcześnie

największy		XXI
sup. of		
duży or wielki		
najwyższy sup.		XXI
of wysoki		
należeć I; -y,	belong	VI
-ą		
nam. See my		IX
namawiać I;	persuade, coax	XXIII
-a, -ają		
(namówić P)		
namówić P;	persuade, coax	
-wi, -wią		
(namawiać I)		
naokoło	all around	XVIII
napić się P;	have (something	XIX
-ije, -iją	to drink), drink	
napisać P;	write	XV
-isze, -iszą		
(pisać I)		
naprawdę	really, indeed	II
naprawiać I;	fix, repair	XVII
-a, -ają		
(naprawić P)		
naprawić P;	fix, repair	XIX
-wi, -wią		
(naprawiać I)		
nareszcie	at (long) last	XXV
narodowość,	nationality	VII
-ci; -ci f.		
narodowy, -ego	national	XXIVG
naród, -rodu i.	nation	XXIVG
narta, -y f.	ski	XVIII
narzeczona,	fiancée	XIX
-ej f.		
narzeczony,	fiancé; engaged	XIX
-ego; -czeni	couple	
v.		
narzekać I; -a,	complain	XXIII
-ają		
nas. See my		V
nasenny, -ego	soporific	XVI
następny, -ego	next	I
następujący,	following	XXIII
-ego		
nastrój, -roju;	mood	XXIV
-e, -ów i.		
nasz, -ego	our, ours	VI
natomiast	but, on the other	XVIII
	hand	
naturalnie	of course, natur-	I
(naturalniej)	ally	
natychmiast	at once, instantly,	XVI
	immediately	
nauczyciel, -a;	teacher	VI
-e, -i v.		
nauczycielka,	woman teacher	VI
-i; -lek f.		

nauczyć się P;	learn	VII
-y, -ą		
(uczyć się I)		
nauka, -i f.	study, learning	XXI
nawet	even, actually	XIII
nawzajem	mutually, same	IX
	to you	
nazajutrz	the next day	XXV
nazywać się I;	be called, have	II
-a, -ają	a name	
(nazwać się P)		
nazwać się P;	be called, have	
-zwie, -zwą	a name	
(nazywać się I)		
nią. See on		XII
nic, -czego	nothing	III
nich. See on		VIII
niczego. See		
nic		
niczemu. See		
nic		
niczym. See		XI
nic		
nie	no, not	I
niebieski, -ego	blue	IV
niebo, -a n.	sky	XXIV
niech	let	VII
niechcący	inadvertently,	XXIV
	unintention-	
	ally	
niedaleko	not far	XXIII
niedawno	recently, lately	XII
niedługo	shortly, not a	XVI
	long time	
niedobrze	not well, fairly	I
	badly	
nieduży, -ego	pretty small	XXIII
niedziela, -i f.	Sunday	XIII
niego. See on		VIII
niej. See on		VIII
niekiedy	now and then,	XXV
	sometimes	
niektóry, -ego	some	VII
niemal	nearly, almost	XXV
Niemcy, -miec,	Germany	XI
-mczech		
(loc.) pl.		
Niemiec, -mca;	German	VII
-y, -ów v.		
niemiecki, -ego	German	XI
Niemiecka	German Federal	XI
Republika	Republic, West	
Federalna	Germany	
(NRF)		
Niemiecka	German Demo-	XI
Republika	cratic Republic,	
Demokra-	East Germany	
tyczna (NRD)		

Niemka, -i; -mek f.	German woman	VII
niemożliwie	impossibly	XXIV
niemu. See on		IX
niemy, -ego	mute, silent, dumb	XXV
niepodległość, -i f.	independence	XXII
niepoznaki dla —	for camouflage, to avoid recognition	XXV
niepunktualny, -ego	not punctual	XXIII
nieraz	sometimes	IX
niestety	unfortunately	III
nieść D; niesie, niosą; niósł, niosła, nieśli (nosić ND)	carry (X), bear	XVIII
niewygodny, -ego	uncomfortable	XXIII
niewykorzystany, -ego	unexploited	XXV
niezbyt	not very (much)	XXI
niezupełnie	not quite	I
nigdy	never	VIII
nigdzie	nowhere	II
nikogo. See nikt		V
nikomu. See nikt		XV
nikim. See nikt		
nikt, -kogo, -komu, -kim	nobody	V
nim. See on		IX
nimi. See on		XII
niski, -ego (niższy)	low, short	XXIG
nisko (niżej)	low (adv.)	XXIG
nizinny, -ego	low, flat	XXI
niż	than	XXI
niżej comp. of nisko		XXIG
niższy comp. of niski		XXI
no	well, and	I
noc, -y f.	night	XVI
nocować I; -cuje, -cują (przenocować P)	spend the night	XX
noga, -i; nóg f.	leg, foot	IV
Norymberga, -i f.	Nuremberg	XI
nos, -a i.	nose	IV
nosić ND; -si, -szą (nieść D)	carry (X), bear, wear	XVIII

notes, -u i.	memo book	III
nowela, -i f.	short story	XXV
nowość,-ci;-ci f.	novelty, news	XIX
nowszy comp. of nowy		XXI
nowy, -ego	new, recent	V
Nowy Jork, Nowego Jorku i.	New York	XI
nożyczki, -czek pl.	scissors	I
nóż, noża; -e, -y i.	knife	XX
nudzić się I; -dzi, -dzą	be bored, feel dull	IX

O

o prep. w. acc.	for, against	III
— w. loc.	about, on, at	XI
oba, obaj, obie; obu; oboma, obiema	both	XIV
obawiać się I; -a, -ają	be apprehensive, be afraid	XXIII
obcas, -a i.	heel (of a shoe)	XXII
obchodzić I; -dzi, -dzą (obejść P)	go (X) around; concern	
— się	handle, treat, have an attitude	XIX
obciąć P; obetnie, -ną; obciął, -cięła; obetnij; obcięty (obcinać I)	cut, clip	XXV
obcięty. See obciąć		XXV
obcinać I; -a,-ają (obciąć P)	cut, clip	
obecnie	now, at present	XXV
obejrzeć P; -y, -ą; obejrz/-yj (oglądać I)	look over, examine	XIX
obejść P; -jdzie, -jdą; obszedł, obeszła (obchodzić I)	go (X) around	XIX
— się	handle, treat, have an attitude	
obiad, -u, obiedzie (loc.) i.	dinner, lunch	XI
obiecujący, -ego	promising	XXII
objechać P; -jedzie,-jadą (objeżdżać I)	go (o=o) around, make a detour	XIX

objeżdżać I; -a, -ają (objechać P)	go (o=o) around, make a detour	
oblepiać I; -a, -ają (oblcpić P)	paste over	
oblepić P; -pi, -pią (oblepiać I)	paste over	XXV
oblicze, -a; -y (gen.) n.	face, countenance	XXV
obok prep. w. gen.	beside, next to	VIII
obóz, obozu i.	camp	XXV
obrót, -rotu i.	turn, revolution	XXV
obrus, -a i.	tablecloth	XX
obserwować I; -wuje, -wują (zaobserwować P)	observe, watch	XXV
obskurny, -ego	shabby, paltry	XXV
obudzić się P; -dzi, -dzą (budzić się I)	wake up, awaken (intr.)	XVI
obywatel, -a; -e, -i v.	citizen	XII
obywatelka, -i; -lek f.	citizen (fem.)	XII
ocean, -u i.	ocean	XIII
ocena, -y f.	evaluation, grade	XIV
ochota, -y f.	eagerness, desire	
mieć ochotę	feel like	XVII
oczy. See oko		IV
oczywiście	of course, evidently	III
od/ode prep. w. gen.	from, off, of, since	VIII
odbiór, -bioru i.	reception (radio)	XXI
odbyć się P; -będzie, -będą (odbywać się I)	take place	XIX
odbywać się I; -a, -ają (odbyć się P)	take place	
odchodzić I; -dzi, -dzą (odejść P)	go (X) away, leave, depart	XVIII
odczytać P; -a, -ają (odczytywać I)	read off, decipher	XXIV
odczytywać I; -tuje, -tują (odczytać P)	read off, decipher	
oddać P; -da, -dadzą; -daj (oddawać I)	give back, hand over, render	XV

oddawać I; -daje, -dają; -dawaj (oddać P)	give back, hand over, render	XV
oddział, -u i.	unit, detachment	XXV
odc. See od		
odejść P; -jdzie, -jdą; odszedł, odeszła (odchodzić I)	go (X) away, leave, depart	XVIII
odezwać się P; -zwie, -zwą (odzywać się I)	answer, speak up	
odjechać P; -jedzie, -jadą (odjeżdżać I)	go away (o=o), leave, depart	XVIII
odjazd, -u, -jeździe (loc.) i.	departure	XIX
odjeżdżać I; -a, -ają (odjechać P)	go away (o=o), leave, depart	XVIII
odkąd	since when? how long?	XX
odlatywać I; -tuje, -tują (odlecieć P)	go away (flying), fly away	XVIII
odlecieć P; -ci, -cą (odlatywać I)	go away (flying), fly away	XVIII
odpisać P; -sze, -szą (odpisywać I)	write back, answer	XX
odpisywać I; -suje, -sują (odpisać P)	write back, answer	
odpłynąć P; -nie, -ną; -nął, -nęła (odpływać I)	swim away, sail off	XVIII
odpływać I; -a, -ają (odpłynąć P)	swim away, sail off	XVIII
odpocząć P; -cznie, -czną; -czął, -częła (odpoczywać I)	rest	XIX
odpoczynek, -nku i.	rest	XIV
odpoczywać I; -a, -ają (odpocząć P)	rest	XIX
odpowiadać I; -a, -ają (odpowiedzieć P)	answer	IV

odpowiednio	suitably, adequate-ly	XXII
odpowiedzieć P; -wiem, -wie, -wiedzą; -wiedz (odpowiadać I)	answer	IV
odpowiedź, -dzi; -dzi f.	answer, reply	III
odprowadzać I; -a, -ają (odprowadzić P)	see off, see home	XVI
odprowadzić P; -dzi, -dzą (odprowadzać I)	see off, see home	XVI
Odra, -y f.	the Oder	XXI
odtąd	since, from then on	XX
odwiedzać I; -a, -ają (odwiedzić P)	visit	
odwiedzić P; -dzi, -dzą (odwiedzać I)	visit	XIX
odwrót, -otu i.	reverse	
na —	conversely, vice versa	XXI
odzywać się I; -a, -ają (odezwać się P)	answer, speak up	X
oglądać I; -a, -ają (obejrzeć or oglądnąć P)	look over, examine	X
oglądnąć P; -nie, -ną; -nął, -nęła (oglądać I)	look over, examine	
ogolić się P; -i, -ą (golić się I)	shave (intr.)	XVI
ogonek, -nka i.	line, queue	XXV
ogół, -u i.	totality	
na —	in general	XXI
w ogóle	altogether	XV
ojciec, ojca, -u (dat.); -owie, -ów v.	father	VII
okazać się P; -aże, -ażą (okazywać się I)	turn out, appear	XIX
okazywać się I; -zuje, -zują (okazać się P)	turn out, appear	

okazja, -ji; -je, -ji f.	opportunity, bargain	XIX
okno, -a; okien n.	window	I
oko, -a; oczy, -u, -ami/ -yma n.	eye	IV
około	about	XXI
okres, -u i.	period	XXV
okropnie	terribly	VIII
okulary,-ów pl.	(eye)glasses	I
okupacja, -ji f.	occupation	XXV
Olek, Olka v.	Alex	XXIII
Olga, -i f.	Olga	IX
ołówek, -wka i.	pencil	I
omawiać I; -a, -ają (omówić P)	talk over, discuss	XXV
omówić P; -wi, -wią (omawiać I)	talk over, discuss	
on, -a, -o; -i, -e; jego/ niego/go, je/nie, jemu/ niemu/mu, nim; ją/nią, jej/niej; ich/ nich, je/nie, im/nim, nimi	he, she, it	III
opalony, -ego	tanned, sunburnt	VII
oparty. See oprzeć		XXV
opera, -y f.	opera, opera house	XVII
operacja, -ji; -je, ji f.	operation	XVIII
opierać się I; -a, -ają (oprzeć się P)	be based (on)	
opisać P; opisze, -ą (opisywać I)	describe	
opisywać I; -suje, -sują (opisać P)	describe	XXV
opłakać P; opłacze, -ą (opłakiwać I)	bewail	XXVG
opłakiwać I; -kuje, -kują (opłakać P)	bewail	XXVG
Opole, -a n.	Opole (town in Silesia)	XI
opona, -y f.	tire	XIX
opowiadać I; -a, -ają (opowiedzieć P)	tell (a story), recount	XVI

opowiadanie, -a n.	story, tale	XXII		ostrzej comp. of ostro		XXIG
opowiedzieć P; -wiem, -wie, wiedzą; -wiedz (opowiadać I)	tell (a story), recount	IX		ostrzejszy comp. of ostry		XXIG
oprócz prep. w. gen.	besides, in addition to	VIII		ostrzyc P; -yże, -ygą; -ygł (strzyc I)	cut hair	XIX
oprzeć się P; oprze, oprą; oparł; oparty (opierać się I)	be based (on)	XXV		— się	have one's hair cut	XIX
opublikować P; -kuje, -kują (publikować I)	publish	XXII		ośrodek, -dka i. oto	center here, there (in- dicating s/th or s/one)	XXI XXV
oranżada, -y f.	orangeade	XXV		otoczenie, -a n.	environment, company	XXV
oraz	and, also, as well as	XXI		otrzymać P; -a, -ają (otrzymywać I)	receive	XXIV
organizacja, -ji; -je, -ji f.	organization	XXIVG		otrzymywać I; -muje, -mują (otrzymać P)	receive	
orientować się I; -tuje, -tują (zorientować się P)	be familiar with, know one's way in	XI		Ottawa, -y f. otwarty. See otworzyć	Ottawa	XI XXII
orzech, -a i.	nut	XX		otwierać I; -a, -ają (otworzyć P)	open	IV
osiem, ośmiu	eight	VIII				
osiemdziesiąt, -sięciu	eighty	XIV		otworzyć P; -rzy, -rzą; otwórz; otwarty (otwierać I)	open	IV
osiemnasty, -ego	eighteenth	XVIII				
osiemnaście, -astu	eighteen	XVIII				
osiemset, ośmiuset	eight hundred	XXII		owoc, -u; -e, -ów i.	fruit	XX
osoba, -y; osób f.	person	XIV		owszem	quite; why, yes; willingly, no (rejecting a negation)	II
osobiście	personally	V				
osobliwie	strangely, in a peculiar way	XXV		ożenić się P; -ni, -nią (żenić się I)	get married (of a man)	XIX
osobny, -ego	separate	XXIII				
osobowy, -ego	slow, local (passenger train)	XVIII			Ó	
ostatni, -ego	last, final	VIII				
ostatnio	lately	VIII		ósmy, -ego	eighth	VIII
ostro (ostrzej)	sharply			ów, owego	that (particular)	XXV
Ostrowiec, -wca i.	(city of) Ostrowiec	XXV			P	
ostry, -ego (ostrzejszy)	sharp	XXIG		p. (pan, pani, panna)	Mr., Mrs., Miss	XXV
ostrzec P; -eże/-egnie, -egą/-egną; -egł (ostrzegać I)	warn			paczka, -i; -czek f.	parcel, package	XVIII
				padać I;-a, -ają (paść P)	fall, rain	X
ostrzegać I; -a, -ają (ostrzec P)	warn	XXIII		pakunkowy, -ego palec, -lca; -e, -ów i.	wrapping finger, toe	XXI IV

palić I; -i, ą (zapalić P)	smoke	III
palto, -a n.	overcoat	XI
pamięć, -ci f.	memory	
na —	by heart	VII
pamiętać I; -a, -ają (zapamiętać P)	remember	IX
pamiętnik, -a i.	memoir, diary	XXV
pan, -a, -u (dat. loc.); -owie v.	mister, gentleman sir	I
pani, -i, -ią (acc.); panie, pań f.	Mrs., lady, ma'am	I
panna, -y; -nien f.	unmarried woman, girl	VII
panowanie, -a n.	reign	XXII
pantofel, -fla; -e, -i i.	slipper, woman's shoe	XXV
pański, -ego	your(s) (to a man)	II
państwo, -a, -u (loc.) pl. v.	mixed group of people, ladies and gentlemen, Mr. and Mrs.	V
państwo, -a n.	state	XXV
papier, -u i.	paper	III
papieros, -a a.	cigarette	III
para, -y f.	pair, couple	XIV
parasol, -a; -e, -i i.	umbrella	X
parę, -u	several	XVIII
park, -u i.	park	XII
parkiet, -u i.	(dance) floor	XXV
parno	humid, sultry (adv.)	X
parter, -u i.	ground floor	XIX
partia, -ii; -ie, -ii f.	party; game	XV
partnerka, -i; -rek f.	(female) partner	XXV
Paryż, -a i.	Paris	XI
paskudnie	awfully, nastily	X
paskudny, -ego	awful, foul, nasty	X
pasmo, -a n.	(mountain) chain, range	XXI
paszport, -u i.	passport	XI
paść P; padnie, -dną; padł (padać I)	fall	XXIVG
patrzeć (się). See patrzyć		
patrzyć/patrzeć (się) I; -y, -ą (popatrzyć/ popatrzeć (się) P)	look	XXIV

Paweł, -wła v.	Paul	IX
paznokieć, -kcia; -e, -i i.	(finger)nail	XXV
październik, -a i.	October	XIII
pech, -a a.	bad luck	XXIV
pełny/pełen, pełnego	full	XX
personel, u i.	personnel	XXV
pewnie	probably, surely	III
pewno	probably, surely	
na —	certainly, for sure	II
pewny/pewien, pewnego	certain, sure	VI
pękać I; -a, -ają (pęknąć P)	burst, split	XXIV
pęknąć P; -knie, -kną; -kł (pękać I)	burst, split	XXIVG
piątek, -tku i.	Friday	XIII
piątka, -i; -tek f.	(group of) five, anything characterized by the number five	XIV
piąty, -ego	fifth	V
pić I; pije, -ą (wypić P)	drink	XII
piec I; piecze, pieką; piekł (upiec P)	bake	XXIIG
pielęgniarka, -i; -rek f.	nurse	XII
pielgrzym, -a v.	pilgrim	XXIIIG
pieniądz, -a; -e, -niędzy, -niędzmi	coin; money	I
pieprz, -u i.	pepper	XX
pierścionek, -nka i.	ring	IX
pierwszy, -ego	first	I
pies, psa, psu (dat.) a.	dog	VI
pieszo	on foot	XVIII
pięcioro, -rga	five (collect.)	XIV
pięć, -ciu	five	V
pięćdziesiąt, -sięciu	fifty	XIV
pięćset, pięciuset	five hundred	XIV
pięknie	beautifully	X
piękny, -ego	beautiful	X
piętnasty, -ego	fifteenth	XV
piętnaście, -astu	fifteen	XIV
piętro, -a; -ter n.	floor, story	XIX
Piotr, -a v.	Peter	IX
pióro, -a n.	pen	I

pisać A; pisze,	write	VIII	pobiec/	run	
-ą			pobiegnąć P;		
(pisywać F,			-egnie,		
napisać P)			-egną; pobiegł		
pisarz, -a; -e,	author, writer	XXII	(biec/biegnąć I)		
-y/-ów v.			pobiegnąć. See		
pismo, -a n.	handwriting;	XXIV	pobiec		
	periodical		pobliski, -ego	near, neighboring	XVI
pisownia, -i f.	spelling	I	pobliże, -a n.	neighborhood	
pisywać F;	write	XX	w pobliżu	nearby	XXIV
-suje, -sują			pobyt, -u i.	stay	XIV
(pisać A)			pocałować P;	kiss	
piwny, -ego	brown (of eyes)	IV	-łuje, -łują		
piwo, -a n.	beer	XX	(całować I)		
piżama/pidżama,	pajamas	XVI	pochodzić I;	originate	XIX
-y f.			-dzi, -dzą		
plac, -u i.	square	XIII	pociąg, -u i.	train	XI
plakat, -u i.	poster	XXV	pociągnąć P;	pull	XXIIG
plamić I; -mi,	stain		-nie, -ną;		
-mią			-nął, -nęła		
(poplamić P)			(ciągnąć I)		
plaża, -y; -e,	beach	XI	początek, -tku	beginning	XXIV
-y f.			i.		
plecy, -ów pl.	back, shoulders	IV	poczekać P; -a,	wait	XIV
pleść I; plecie,	weave	XXIVG	-ają		
plotą; plótł,			(czekać I)		
plotła, pletli			poczęstować P;	treat (to some-	XXII
plotka, -i; -tek	gossip, tale	XVI	-uje, -ują	thing)	
f.			(częstować I)		
płacić I; -ci,	pay	XV	poczta, -y f.	post office, mail	XI
-cą			poczuć się P;	feel (intr.)	XVIII
(zapłacić P)			-uje, -ują		
płakać I; -cze,	cry, weep	XXIV	(czuć się I)		
-czą			pod/pode prep.	under, by, near	XII
(zapłakać P)			w. acc.,		
płaszcz, -a; -e,	(over)coat	IV	instr.		
-y i.			podać P; -a,	pass, hand over,	XX
płynąć D; -nie,	float, swim, go by	XVIII	-adzą; -aj	serve	
-ną; -nął,	water		(podawać I)		
-nęła			podanie, -a n.	application	XX
(pływać ND,			podarty. See		XXII
popłynąć P)			podrzeć		
płyta, -y f.	(phonograph)	X	podawać I;	pass, hand over,	
	record		-daje, -dają;	serve	
płytki, -ego	shallow	XXI	-dawaj		
(płytszy)			(podać P)		
płytszy comp.		XXI	podczas prep.	during, in the	XVI
of płytki			w. gen.	course of	
pływać ND;	float, swim	VIII	pode. See pod		
-a, -ają			podeszwa, -y;	sole (of a shoe)	XXII
(płynąć D)			-szew f.		
pływalnia, -i;	(public) swimming	XI	podlegać I; -a,	be subject (to),	XXV
-e, -i f.	pool		-ają	be subordi-	
po prep. w. acc.	for	XIII		nate (to)	
— w. dat. or	in a manner, way	III	podłoga, -i;	floor	I
-u form of			-łóg f.		
adj.			podobać się I;	please, be pleasing,	IX
— w. loc.	after, past, about,	XI	-a, -ają	likable	
	along		(spodobać się P)		

podobno	they say that, apparently	IX
podobny, -ego	similar, resembling	IX
podpisać P; -isze, -iszą (podpisywać I)	sign	XV
podpisywać I; -uje, -ują (podpisać P)	sign	XV
podręcznik, -a i.	textbook	VI
podróż, -y f.	trip, journey	IX
podróżować I; -uje, -ują	travel	XI
podrzeć P; podrze, podrą; podarł; podarty (drzeć I)	tear	XXII
podsłuchać P; -a, -ają (podsłuchiwać I)	overhear	XXIII
podsłuchiwać I; -uje, -ują (podsłuchać P)	eavesdrop	
podzielić P; -i, -ą (dzielić I)	divide, apportion	
— się	share	XXIV
podziękować P; -uje, -ują (dziękować I)	thank	XIII
poezja, -ji f.	poetry	XXV
pogoda, -y f.	weather, fine weather	X
pogrzeb, -u i.	funeral	XIII
pojechać P; -jedzie, -jadą (jechać D)	go (o=o), start	XVII
pojęcie, -a n.	notion, idea	VI
pojutrze	the day after to-morrow	XVI
pokazać P; -że, -żą (pokazywać I)	show	XX
— się	appear, show up	XXIV
pokłócić się P; -ci, -cą (kłócić się I)	quarrel	XXIV
pokój, -koju; -koje, -koi/ -kojów i.	room	XIV
pokryć się P; -yje, -yją (kryć się I)	become covered	XXIV
Polak, -a v.	Pole	VII
polanka, -i; -nek f.	clearing, meadow	XIX
polecać I; -a, -ają (polecić P)	recommend	
polecić P; -ci, -cą (polecać I)	recommend	XXII
poleżeć P; -y, -ą (leżeć I)	lie for a while	
policja, -ji f.	police	XI
policzyć P; -y, -ą (liczyć I)	count	
politechnika, -i f.	polytechnic institute	XXV
polityczny, -ego	political	XI
polityka, -i f.	politics	XII
Polka, -i; -lek f.	Polish woman	VII
polonista, -y; -ów v.	Polonist	XXIII
Polska, -i f.	Poland	XI
polski, -ego	Polish	III
polubić P; -bi, -bią (lubić I)	come to like, come to be fond of	
położyć P; -y, -ą; połóż (kłaść I)	lay down, put in a lying position	XX
— się	lie down, assume a lying position	XVI
południe, -a, -owi (dat.) n.	noon; south	XI
południowy, -ego	southern	XXI
pomagać I; -a, -ają (pomóc P)	help, assist	IX
pomarańcza, -y; -cze, -czy/-cz f.	orange	VI
pomarańczowy, -ego	orange	XX
pomidorowy, -ego	pert. to tomatoes	XX
pomnik, -a i.	monument	XII
pomoc, -cy f.	help, assistance	XX
pomocnik, -a v.	assistant, helper	XVI
Pomorze, -a n.	Pomerania	XIX
pomóc P; -może, -mogą; -mógł, -mogła; (pomagać I)	help, assist	XI

pomówić P;	have a talk, talk	XX
-wi, -wią	for a while	
(mówić I)		
pomylić się P;	err, make a mistake	
-i, -ą		
(mylić się I)		
pomysł, -u i.	idea, thought	XXIV
pomyśleć P;	think	XIX
-li, -lą		
(myśleć I)		
ponad prep.	over, above	XXI
w. acc.,		
instr.		
poniedziałek,	Monday	XIII
-łku i.		
ponieważ	because, since, as	XVI
popatrzeć (się).		
See popatrzyć		
popatrzyć/	take a look	
popatrzeć		
(się) P; -y, -ą		
(patrzyć/		
patrzeć		
(się) I)		
popielaty, -ego	gray, ash-colored	IV
popielniczka,	ashtray	III
-i; -czek f.		
popijać I; -a,	drink, sip away at	XXV
-ają		
popiół, -piołu,	ash(es)	XXV
-piele (loc.) i.		
poplamić P;	stain	XXIV
-mi, -mią		
(plamić I)		
popołudnie,-a n.	afternoon	XVI
popołudniowy,	afternoon-	XVI
-ego		
popracować P;	work for a while	XXII
-uje, -ują		
(pracować I)		
poprosić P;	ask, beg	XXIII
-si, -szą		
(prosić I)		
poprowadzić P;	lead, conduct	
-dzi, dzą		
(prowadzić I)		
popularny, -ego	popular	
poranny, -ego	morning-	XVI
poradzić P;	advise	XVII
-dzi, -dzą		
(radzić I)		
porozmawiać P;	have a talk, con-	XVI
-a, -ają	verse for a	
(rozmawiać I)	while	
porównać P;	compare	
-a, -ają		
(porównywać I)		

porównywać I;	compare	XXV
-nuje, -nują		
(porównać P)		
portfel, -u; -e,	wallet, pocket-	XI
-i i.	book	
portmonetka,	wallet, purse	I
-i; -tek f.		
poruszać I; -a,	touch upon, bring	XXV
-ają	up	
(poruszyć P)		
— się	move	
poruszyć P;	touch upon, bring	XXV
-y, -ą	up	
(poruszać I)		
— się	move	XXV
porządek, -dku	order; pl. house-	V
i.	work	
porzadny, -ego	fine, solid,	XIX
	decent	
posiadacz, -a;	owner, holder	XXV
-e, -y/-ów		
v.		
posiedzieć P;	sit for a while	XVI
-dzi, -dzą		
(siedzieć I)		
posłać P; pośle,	send	XV
-ą; poślij		
(posyłać I)		
posłuchać P;	listen for a while	XVI
-a, -ają		
(słuchać I)		
posłużyć P;	serve	XXV
-y, -ą		
(służyć I)		
posprzątać P;	clean up (room),	
-a, -ają	tidy up	
(sprzątać I)		
postać, -ci f.	figure, character,	XXV
	personage	
postać P;	stand for a while	
-stoi, -stoją;		
-stój		
(stać I)		
postanawiać I;	decide	
-a, -ają		
(postanowić P)		
postanowić P;	decide	XIX
-wi, -wia;		
-nów		
(postanawiać I)		
postarać się	try one's best,	XXI
P; -a, -ają	endeavor	
(starać się I)		
postawić P;	put (in a stand-	XX
-wi, -wią	ing position)	
(stawiać I)		

postraszyć P;   frighten
-y, -ą
(straszyć I)

posyłać I; -a,   send   XV
-ają
(posłać P)

poszukać P;   seek, look for
-a, -ają
(szukać I)

pośpieszny,   fast, express   XVIII
-ego   (train)

pośpieszyć się   hurry up, hasten   XVIII
P; -y, -ą
(śpieszyć się I)

potańczyć P;   dance (a little)   XXV
-y, -ą
(tańczyć I)

potem   after(wards),   X
        then

potknąć się P;   stumble   XXIV
-nie, -ną;
-nął, -nęła
(potykać się I)

potoczyć się P;   take place, be
-y, -ą   under way
(toczyć się I)

potrafić P; -fi,   be able, know how   XVIII
-fią
(móc 'be able'
or umieć
'know how' I)

potrzebować I;   need, have need   XVII
-buje, -bują   of

potykać się I;   stumble
-a, -ają
(potknąć się P)

powiedzieć P;   say, tell   VII
-wiem, -wie,
-wiedzą;
-wiedz
(mówić I)

powieść, -ci;   novel   VI
-ci f.

powieść P;   lead, conduct
-wiedzie,
-wiodą;
-wiódł,
-wiodła,
-wiedli
(wieść D)

powieźć P;   transport, take
-wiezie,   (o=o)
-wiozą;
-wiózł,
-wiozła,
-wieźli
(wieźć D)

powinien, -nna,   ought to, should   XVII
-nno; -nni,
-nny

powodować I;   cause
-duje, -dują
(spowodować P)

powodzenie, -a n.   success   XV

powodzić się I   prosper, get   IX
impers.; -i   along well

powoli   slowly   XVIIIG

powrót, -rotu i.   return   XXIII

z powrotem   back, again   XXIV

powstanie, -a   uprising, in-   XXII
n.   surrection

powtarzać I;   repeat
-a, -ają
(powtórzyć P)

powtórzyć P,   repeat   I
-y, -ą
(powtarzać I)

poza prep. w.   outside of, in   XII
instr.   addition to; behind

pozdrawiać I;   greet, give regards
-a, -ają
(pozdrowić P)

pozdrowić P;   greet, give re-   XXIII
-wi, -wia   gards
(pozdrawiać I)

pozdrowienie,   greeting, regards   XXIV
-a n.

poznać P; -a,   recognize; get   XII
-ają   acquainted
(poznawać I)

Poznań, -nia i.   Poznan   XI

poznawać I;   recognize; get   XXIVG
-naje, -ą;   acquainted
-nawaj
(poznać P)

pozostały, -ego   remaining, left   XXIV
       (over)

pozwalać I; -a,   allow, permit   XV
-ają
(pozwolić P)

pozwolić P;   allow, permit   XV
-i, -ą; -wól
(pozwalać I)

pożałować P;   regret, be sorry
-łuje, -łują
(żałować I)

pożegnać się P;   say good-by, take   XII
-a, -ają   one's leave
(żegnać się I)

pożyczać I; -a,   loan, lend, borrow   XV
-ają
(pożyczyć P)

pożyczyć P; -y, -ą   loan, lend, borrow   XII
(pożyczać I)

pójść P; -jdzie,	go (X), start	XVI
-jdą;		
poszedł,		
-szła		
(iść D)		
półka, -i; -łek · shelf		XXII
f.		
północ, -y f.	midnight; north	XI
północny, -ego	northern	XXI
półotwarty, -ego	half-opened	XXV
później comp.		XXI
of późno		
późniejszy comp.		XXI
of późny		
późno (później)	late (adv.)	IX
późny, -ego	late	
praca, -y f.	work, job	VII
pracować I;	work	VIII
-cuje, -cują		
(popracować P)		
pradziadek,	great-grandfather	XXV
-dka; -owie,		
-ów v.		
Praga, -i f.	Prague	XVIII
pragnąć I;	desire	XXIIIG
-nie, -ną,		
-nął, -nęła		
(zapragnąć P)		
pragnienie, -a n.	thirst	XVI
pralka, -i;	washing machine	XV
-lek f.		
pralnia, -ni;	laundry	XIII
-nie, -ni f.		
prawda, -y f.	truth	IX
prawdziwy, -ego	real, genuine	XXV
prawie	almost, nearly	V
prawnik, -a v.	law student, lawyer	XXIII
prawo	right (adv.)	XIX
prawo, -a n.	law	X
prawy, -ego	right	IV
prezent, -u i.	present, gift	XIII
prędko (prędzej)	quickly, fast	XVI
prędzej comp.		XXI
of prędko		
problem, -u i.	problem	XXIII
profesor, -a;	professor	II
-owie, -ów		
v.		
proponować I;	propose, suggest	
-nuje, -nują		
(zaproponować		
P)		
prosić I, -si,	ask, beg	III
-szą		
(poprosić P)		
proszę	please	I
prosto (prościej)	straight, directly	XIX

prosty, -ego	straight, direct,	XXI
(prostszy)	simple, plain	
po prostu	simply	XXII
prościej. See		XXI
prosto		
proszę. See		
prosić		
prowadzić I;	lead, conduct,	XXIII
-dzi, -dzą		
(poprowadzić		
P)		
próbować I;	try, attempt	XVIII
-buje, -bują		
(spróbować P)		
prysznic, -a i.	shower	XVI
przebaczenie,	forgiveness	XXV
-a n.		
przebić P;	puncture, pierce	XIX
-bije, -ą		
(przebijać I)		
przebieg, -u i.	course, run	XXV
przebierać się	change (clothes)	
I; -a, -ają		
(przebrać się		
P)		
przebijać I; -a,	puncture, pierce	
-ają		
(przebić P)		
przebrać się	change (clothes)	XVI
P; -bierze,		
-biorą		
(przebierać		
się I)		
przechodzić I;	go (X) across;	XIX
-dzi, -dzą	go through;	
(przejść P)	go away (of a	
	sensation)	
przechodzień,	passerby	XIX
-dnia; -e,		
-ów v.		
przecież	after all, but	I
	(emphatically)	
przeciw prep.	against	IX
w. dat.		
przeciwko	against	IX
prep. w. dat.		
przeciwnie .	on the contrary,	IX
	the opposite	
przeczuć P;	sense, have a feel-	
-uje, -ują	ing, have a	
(przeczuwać I)	presentiment	
przeczuwać I;	sense, have a feel-	XXIV
-a, -ają	ing, have a	
(przeczuć P)	presentiment	
przeczytać P;	read (through)	XV
-a, -ają		
(czytać I)		

przed/przede   before, in front of   XII
  prep. w. acc.,
  instr.
przede. See
  przed
przedmieście,   suburb   XIX
  -a; -a, -i n.
przedstawiać I;   present, introduce
  -a, -ają
  (przedstawić P)
przedstawić P;   present, introduce   IX
  -wi, -wią
  (przedstawiać I)
przedwczoraj   the day before   X
          yesterday
przedzwaniać   make a phone call
  I; -a, -ają
  (przedzwonić P)
przedzwonić P;   make a phone call   XXV
  -ni, -nią
  (przedzwaniać I)
przeglądać I;   look through
  -a, -ają
  (przejrzeć
  or prze-
  glądnąć P)
przegrać P;   lose   XV
  -a, -ają
  (przegrywać I)
przegrywać I;   lose   XV
  -a, -ają
  (przegrać P)
przejechać P;   go (o=o) across,   XIX
  . -jedzie,   go through
  -jadą
  (przejeżdżać I)
— się   go for a ride   XIX
przejeżdżać I;   go (o=o) across,
  -a, -ają   go through
  (przejechać P)
przejrzeć P;   look through   XXV
  -y, -ą
  (przeglądać I)
przejście, -a n.   crossing   XIX
przejść P;   go (X) across,   XIX
  -jdzie, -jdą;   go through,
  -szedł, -szła   go away (of a
  (przechodzić I)   sensation)
— się   go for a stroll   XIX
przekonać P;   persuade, con-   XXIII
  -a, -ają   vince
  (przekonywać I)
przekonywać I;   persuade, con-   XXIV
  -nuje, -nują   vince
  (przekonać P)
przekupić P;   bribe   XXVG
  -pi, -pią
  (przekupywać I)

przekupywać I;   bribe   XXVG
  -puje, -pują
  (przekupić P)
przekwitać I;   finish flowering   XXVG
  -a, -ają
  (przekwitnąć P)
przekwitnąć P   finish flowering   XXVG
  -tnie, -tną;
  -tł/-tnął;
  -tła/-tnęła;
  -tnięty
  (przekwitać I)
przemakać I;   be soaked   XXVG
  -a; -ają
  (przemoknąć P)
przemoknąć P;   be soaked   XXVG
  -knie, -kną;
  -mókł/-moknął, ,
  -mokła/-moknęła;
  -moknięty
  (przemakać I)
przenieść się P;   move (intr.),   XXV
  -niesie,   transfer
  -niosą;
  -niósł,
  -niosła,
  -nieśli
  (przenosić się I)
przenocować P;   pass the night
  -cuje, -cują
  (nocować I)
przenosić się I;   move (intr.),
  -si, -szą   transfer
  (przenieść się P)
przepisać P;   copy, rewrite   XV
  -sze, -szą
  (przepisywać I)
przepisywać I;   copy, rewrite   XV
  -suje, -sują
  (przepisać P)
przepłynąć P;   flow through, go
  -nie, -ną;   across (by
  -nął, -nęła   water)
  (przepływać I)
przepływać I;   flow through, go   XIX
  -a, -ają   across (by
  (przepłynąć P)   water)
przepraszać I;   beg pardon   I
  -a, -ają
  (przeprosić P)
przepraszam   sorry, excuse me   I
przeprosić P;   beg pardon
  -si, -szą
  (przepraszać I)
przerwa, -y f.   intermission   XXV
przerwać P;   cut off, interrupt   XXIV
  -rwie, -rwą
  (przerywać I)

przerywać I;   cut off, interrupt
-a, -ają
(przerwać P)
przesadzać I;   exaggerate   IX
-a, -ają
(przesadzić P)
przesadzić P;   exaggerate
-dzi, -dzą
(przesadzać I)
przestać P;   stop, cease   XXIV
-nie, -ną
(przestawać I)
przestawać I;   stop, cease
-taje, -tają;
-tawaj
(przestać P)
przestraszać I;   scare, frighten
-a, -ają
(przestraszyć P)
przestraszyć P;   scare, frighten   XXIV
-y, -ą
(przestraszać I)
przeszkadzać I;   disturb, hinder   IX
-a, -ają
(przeszkodzić P)
przeszkoda, -y;   obstacle   XXV
-ód f.
przeszkodzić P;   disturb, hinder
-dzi, -dzą
(przeszkadzać I)
przeszło   over, above   XXI
przetłumaczyć   translate, interpret   IX
P; -y, -ą
(tłumaczyć I)
przewidywać I;   foresee   XXVG
-duje, -dują
(przewidzieć P)
przewidzenie,   foreseeing
-a n.
do przewi-   to be expected,   XXIV
dzenia   to be foreseen
przewidzieć P;   foresee   XXVG
-dzi, -dzą
(przewidywać I)
przez/przeze   across, over,   XIII
prep. w. acc.   through, for,
                   by
przeze. See
przez
przeziębiony,   sick with a cold   VII
-ego; -bieni
przeżyć P; -yje,   live through, take   XXVG
-yją   to heart
(przeżywać I)
przeżywać I;   live through; take   XXIV
-a, -ają   to heart
(przeżyć P)
przód, przodu i.   front
z przodu   in front   XIX

przy prep. w.   near, beside, at,   XI
loc.   in front of
przychodzić I;   come (X), arrive   XVIII
-dzi, -dzą
(przyjść P)
przyciąganie,   attraction   XXV
-a n.
przygotować   prepare oneself,   XV
się P; -tuje,   make ready
-tują
(przygotowywać
się I)
przygotowywać   prepare oneself,   XV
się I; -wuje,
-wują
(przygotować
się P)
przyjaciel, -a;   friend   VII
-ciele, -ciół,
-ciołom,
-ciołach,
-ciółmi v.
przyjaciółka,   (girl) friend   VII
-i; -łek f.
przyjazd, -u,   arrival   XIX
-jeździe
(loc.) i.
przyjąć P;   receive, adopt   XXII
-jmie, -jmą;
-jął, -jęła;
-jm/-jmij
(przyjmować I)
przyjechać P;   come (o=o),   XVIII
-jedzie,   arrive
-jadą
(przyjeżdżać I)
przyjemnie   pleasantly, agree-   II
                   ably
przyjemność,   pleasure   XII
-ci; -ci f.
przyjemny, -ego   pleasant, agree-   IX
                   able
przyjeżdżać I;   come (o=o),   XVII
-a, -ają   arrive
(przyjechać P)
przyjęcie, -a n.   reception, party   XIII
przyjmować I;   receive, adopt
-muje, -mują
(przyjąć P)
przyjść P;   come (X), arrive   XVIII
-jdzie,
-jdą; -szedł,
-szła
(przychodzić I)
przykład, -u i.   example   XXV
przykro   unpleasantly
— mi   I'm sorry   XII
przykrość,   annoyance, un-   XIX
-ci; -ci f.   pleasantness

przylatywać I;   fly in, come,   XVIII
  -tuje, -tują   arrive (by
  (przylecieć P)   air)
przylecieć P;   fly in, come,   XVIII
  -ci, -cą   arrive (by
  (przylatywać I)   air)
przynajmniej   at least   XV
przynieść P;   bring (X)   XVIII
  -niesie,
  -niosą;
  -niósł,
  -niosła,
  -nieśli
  (przynosić I)
przynosić I;   bring (X)   XVIII
  -si, -szą
  (przynieść P)
przypadek,   accident, chance   III
  -dku i.
przypadkowo   accidentally   XXIII
przypominać I;   remind
  -a, -ają
  (przypomnieć P)
— sobie   remember
przypomnieć P;   remind   XX
  -mni, -mną
  (przypominać I)
— sobie   remember   XI
przypuszczać   suppose   XXI
  I; -a, -ają
  (przypuścić P)
przypuścić P;   suppose
  -ści, -szczą
  (przypuszczać I)
przyrzec P;   promise   XX
  -knę, -knie;
  -kł
  (przyrzekać I)
przyrzekać I;   promise   XXIV
  -a, -ają
  (przyrzec P)
przysiąc/   swear, vow   XXIV
  przysięgnąć
  P; -sięgnie,
  -ną; -siągł,
  -sięgła
  (przysięgać I)
przysięgać I;   swear, vow
  -a, -ają
  (przysiąc/
  przysię-
  gnąć P)
przysięgnąć.
  See przysiąc
przysłać P;   send (in)   XXV
  -śle, -ą
  (przysyłać I)
przysłuchiwać   listen to, attend   XXIII
  się I; -chuje,
  -chują

przystanek,   (public convey-   XVIII
  -nku i.   ance) stop
przystojny,   handsome   VII
  -ego
przysyłać I;   send (in)
  -a, -ają
  (przysłać P)
przyszły, -ego   next, future   XIII
przywieźć P;   bring (o=o)   XVIII
  -wiezie,
  -wiozą;
  -wiózł,
  -wiozła,
  -wieźli
  (przywozić I)
przywitać się   greet, say hello   XII
  P; -a, -ają
  (witać się I)
przywozić I;   bring (o=o)   XVIII
  -zi, -żą
  (przywieźć P)
przywódca, -y;   leader, chief   XXII
  -y, -ów v.
psuć I; psuje,   spoil   XXIIG
  -ą
  (zepsuć P)
psychologiczny, psychological   XXV
  -ego
publikować I;   publish
  -kuje, -kują
  (opublikować P)
pudel, -dla; -e, poodle   VI
  -i/-ów a.
pudełko, -a;   box   III
  -łek n.
puderniczka,   compact   I
  -i; -czek f.
punkt   sharp (of time   XVI
          by the clock)
punktualnie   punctually, ex-   XVI
          actly
pytać (się) I   ask, inquire   XXIII
  -a, -ają
  (spytać (się)P)
pytanie, -a n.   question   III

R

Raba, -y f.   the Raba (River)   XIX
rachunek, -nku   calculation, account, XII
  i.   check
racja, -ji f.   reason
  mieć rację   be right   VI
raczej   rather, in fact,   XVII
          would rather
          say
rada, -y f.   advice, counsel,   XVII
          council
  dawać sobie   manage   XXII
  radę

radio, -dia;   radio   VIII
-diów n.
radziecki, -ego   Soviet   XI
rano, -a n.   morning   VIII
rasowy, -ego   pedigreed, thorough-   VI
                      bred
rata, -y f.   installment   XV
raz, -u; -y   once, one occurrence   I
(nom. gen.)
i.
na razie   for the time being
od razu   at once   XVI
razem   together   I
w każdym   in any case   XI
razie
religijny, -ego   religious   XXIG
repertuar, -u i.   repertory, list-   XXV
                      ings
republika, -i f.   republic   XI
restauracja,   restaurant   XI
-ji; -je, -ji
f.
reszta, -y f.   rest, remainder   XVI
reżyser, -a v.   (theater or film)   XXII
                      director
ręka, -i; ręce/   hand, arm   IV
ręku (loc.);
ręce, rąk,
rękami/
rękoma f.
rękawiczka, -i;   glove   IV
-czek f.
Robert, -a v.   Robert   II
robić I; -bi,   make, do   VIII
-bią; rób
(zrobić P)
—się, impers.   grow, get   IX
robotnik, -a v.   worker   XII
robota, -y;   work   VIII
-bót f.
robotniczy,-ego   pert. to workers   XXV
Polska Partia   Polish Workers'
Robotnicza   Party (name of
(PPR)   the Polish Com-
                      munist Party,
                      1942-48)
rodzice, -ów   parents   VII
pl. v.
rodzić się I;   be born   XXIIG
-dzi, -dzą
(urodzić się P)
rodzina, -y f.   family   XXI
rok, -u; lata,   year   IX
lat i.
Roman, -a v.   Roman   IIG
Romek, -mka v.   affect. of Roman   IIG
Rosja, -ji f.   Russia   XI
Rosjanin, -a;   Russian   VII
-janie, -jan v.

Rosjanka, -i;   Russian woman   VII
-nek f.
rosnąć. See   XXIV
róść
rosyjski, -ego   Russian   VIII
rower, -u i.   bicycle   XV
rozbić P; -bije,   break, bruise   XXIV
-ą
(rozbijać I)
rozbierać się I;   undress (intr.)   XVI
-a, -ają
(rozebrać się P)
rozbijać I; -a,   break, bruise
-ają
(rozbić P)
rozbiór, -bioru   partition (of a   XXII
i.   country,
                      specifically
                      Poland)
rozchodzić się   go (X) in different
I; -dzi, -dzą   directions, dis-
(rozejść się P)   perse
rozebrać się I;   undress (intr.)   XVI
rozbierze,
-biorą;
rozebrał
(rozbierać się P)
rozejść się P;   go (X) in different   XIX
-jdzie, -jdą;   directions, dis-
rozszedł,   perse
rozeszła
(rozchodzić się I)
rozgniewać się   get angry
P; -a, -ają
(gniewać się I)
rozgryzać I;   bite through   XXVG
-a, -ają
(rozgryźć P)
rozgryźć P;   bite through   XXVG
-yzie, -yzą;
-yzł
(rozgryzać I)
rozgrzać P;   warm up, flush   XXIV
-grzeje, -ą
(rozgrzewać I)
rozgrzewać I;   warm up, flush
-a, -ają
(rozgrzać P)
rozjechać się   go (o≐o) in dif-   XIX
P; -jedzie,   ferent direc-
-jadą   tions, disperse
(rozjeżdżać
się I)
rozjeżdżać się   go (o≐o) in dif-
I, -a, -ają   ferent direc-
(rozjechać się   tions, disperse
P)
rozkład, -u i.   schedule, time-   XVIII
                      table

rozkładać I;	spread out	
-a, -ają		
(rozłożyć P)		
rozłożyć P;	spread out	XXIV
-ży, -żą;		
-łóż		
(rozkładać I)		
rozmawiać I;	talk, have a con-	XVI
-a, -ają	versation	
(porozmawiać P)		
rozmowa, -y;	conversation,	XXIII
-mów f.	talk	
rozumieć I;	understand	III
-em, -e,		
-eją		
(zrozumieć P)		
rozwieść się P;	divorce, get	XXIV
-wiedzie,	divorced	
-wiodą;		
-wiódł,		
-wiodła,		
-wiedli		
(rozwodzić się		
I)		
rozwodzić się I;	divorce, get	
-dzi, -dzą	divorced	
(rozwieść się P)		
róg, rogu i.	corner	XIII
róść/rosnąć I;	grow	XXIV
rośnie,		
rosną;		
rósł/rosnął,		
rosła/		
rosnęła		
(wyróść/		
wyrosnąć P)		
różnie	differently,	IX
	variously	
różny, -ego	different, various	XVI
różowy, -ego	pink, rosy	IV
rubel, -bla;	ruble	XIV
-e, -i a.		
ruch, -u i.	motion, activity,	XVI
	traffic	
ruszać się I;	move, budge	
-a, -ają		
(ruszyć się P)		
ruszyć się P;	move, budge	IX
-szy, -szą		
(ruszać się I)		
rwać I; rwie,	tear	XXIVG
rwą		
ryba, -y f.	fish	XX
rynek, -nku i.	market square	XIV
Rysiek, -śka v.	Dick	II
Ryszard, -a v.	Richard	II
rytm, -u i.	rhythm	XXV
rzadko	seldom, rarely	VII
(rzadziej)		

rząd, -u i.	government	XXV
rząd, rzędu i.	row, line	
w pierwszym	in the first place	XXIV
rzędzie		
rzecz, -y; -y	thing; action	IV
(nom. gen.)		
rzeczywiście	really, indeed	XVII
rzeka, -i f.	river	XIII
rzeźba, -y f.	sculpture	XII
Rzym, -u i.	Rome	XI

S

sala, -i f.	room, hall	XVIII
sałata, -y f.	salad, lettuce	XX
sam, -ego	alone, oneself	VIII
samochód,	automobile, car	XII
-chodu i.		
samolot, -u i.	(air)plane	XII
sandał, -a i.	sandal	IV
są. See być		I
sądzić I; -dzi,	think, judge, believe	XXI
-dzą		
sąsiad, -a;	neighbor	VII
-siedzi,		
-siadów v.		
sąsiadka, -i;	(female) neighbor	VII
-dek f.		
scenariusz, -a;	scenario, script	XXV
-e, -y i.		
schody, -ów pl.	stairs	XIX
schodzić I;	go (X) down,	XIX
-dzi, -dzą	step down	
(zejść P)		
— się	come (X) to-	XIX
	gether, gather	
schronienie,	shelter	XXIV
-a n.		
schudnąć P;	grow lean, lose	XXIV
-dnie, -dną;	weight	
-dł		
(chudnąć I)		
scyzoryk, -a i.	penknife	XXIV
seans, -u; -e,	(movie) show,	XXV
-ów i.	program	
seminaryjny,	pert. to a seminar	
-ego		
praca semi-	(term) paper	XV
naryjna		
senacki, -ego	pert. to the senate	XIII
sennik, -a i.	dream book	XXII
sens, -u i.	sense	VI
ser, -a i.	cheese	XXIVG
serce, -a n.	heart	XXV
serdeczny,	cordial	XXIV
-ego		
serwetka, -i	napkin	XX
serwus	hi!; so long	VIII
seter, -a a.	setter (dog)	VI

setka, -i; -tek f. (group of a) hun-   XXV
                  dred, anything
                  characterized
                  by the number
                  hundred
sędzia, -ego,   judge   XXV
  -emu, -i/-im,
  -ą; -owie,
  -ów v.
sfotografować   photograph
  P; -fuje,
  -fują
  (fotografować I)
siadać I; -a,   sit down, take a   XVI
  -ają   seat
  (siąść P)
siąść P;   sit down, take a   XVI
  siądzie,   seat
  siądą; siadł,
  siedli
  (siadać I)
siebie/się   reflexive pron.;   VIII
  (gen. acc.),   oneself
  sobie (dat.
  loc.), sobą
  (instr.)
siedem, -dmiu   seven   VII
siedemdziesiąt,   seventy   XIV
  -sięciu
siedemnasty,   seventeenth   XVII
  -ego
siedemnaście,   seventeen   XVII
  -astu
siedemset,   seven hundred   XXII
  -dmiuset
siedmioosobowy,   seven-man (strong)   XXV
  -ego
siedzieć I;   sit, be seated   VIII
  -dzi, -dzą
  (posiedzieć I)
sierpień, -pnia   August   XIII
  i.
się. See siebie   I
silny, -ego   strong, forceful   XXV
  (silniejszy)
siła, -y f.   strength, force   XXIV
siostra, -y;   sister   VII
  sióstr f.
siódmy, -ego   seventh   VII
siwy, -ego   gray(-haired)   XXV
skakać I;   jump, leap   XXII
  -acze, -aczą
  (skoczyć P)
skarżyć się I;   complain   XXIII
  -y, -ą
skąd   from where?;   I
                  of course not
skądś   from somewhere   IX
skądże   but of course not   IX

sklep, -u i.   shop, store   XIII
skłamać P;   lie
  -mie, -mią
  (kłamać I)
skoczyć P;   jump, leap
  -y, -ą
  (skakać I)
skończyć P;   finish, end   XII
  -y, -ą
  (kończyć I)
skorzystać P;   enjoy, make use   XXIV
  -a, -ają   of, take ad-
  (korzystać I)   vantage of
skręcać I; -a,   turn   XIX
  -ają
  (skręcić P)
skręcić P;   turn   XIX
  -ci, -cą
  (skręcać I)
skroń, -ni f.   temple   XXV
skryć się P;   hide
  skryje, -ą
  (kryć się I)
skurcz, -u; -e,   cramp   XXIV
  -ów i.
słabo (słabiej)   weakly, feebly   IX
słodki, -ego   sweet   XXI
  (słodszy)
słodszy comp.   XXI
  of słodki
słodycze, -y pl. candy   XVIII
słony, -ego   salty   XXI
słońce, -a n.   sun   VIII
Słowianin, -a;   Slav   XXIVG
  -wianie,
  -wian v.
słownik, -a i.   dictionary,   VI
                  vocabulary
słowo, -a; słów n. word   V
słówko, -a;   word, vocabulary   I
  -wek n.   entry
słuchać I; -a,   listen   III
  -ają
  (posłuchać P)
słup, -a i.   post, pole
  oczy w —   eyes fixed   XXV
służyć I; -y, -ą serve
  (posłużyć P)
słychać   is (are) heard   V
słyszeć I; -y, -ą hear   VIII
  (usłyszeć P)
smutny, -ego   sad   VII
sobą. See   XII
  siebie
sobie. See   IX
  siebie
tak —   so-so   I
sobota, -y;   Saturday   XIII
  -bót f.

sok, -u i.	juice	XX
sowiecki, -ego	Soviet	XI
sól, soli f.	salt	XX
spacer, -u i.	stroll, walk	XIII
spać A; śpi, śpią (sypiać F)	sleep	XVI
specjalny, -ego	special	V
spędzać I; -a, -ają (spędzić P)	spend, pass (time)	XIV
spędzić P; -dzi, -dzą (spędzać I)	spend, pass (time)	X
śpieszyć się I; -y, -ą (pośpieszyć się P)	hurry up, be in a hurry	XII
spłacać I; -a, -ają (spłacić P)	pay off, repay	XV
spłacić P; -ci, -cą (spłacać I)	pay off, repay	XV
spod/spode prep. w. gen.	from under	XIII
spode. See spod		
spodenki, -nek pl.	trunks, shorts	XI
spodnie, -ni pl.	trousers, pants	IV
spodobać się P; -a, -ają (podobać się I)	please, be pleasing, likable	XXII
spokojnie	quietly, calmly, still	XX
spokój, -koju i.	quiet, calm	XX
sport, -u i.	sport	XII
spory, -ego	considerable, fair	XXV
sposobność, -ci f.	occasion, chance	XXII
sposób, -sobu i.	manner, means, way	XV
spotkać P; -a, -ają (spotykać I)	meet, come across	XIII
— się	meet (each other)	XVI
spotykać I; -a, -ają (spotkać P)	meet, come across	
— się	meet (each other)	XVI
spowodować P; -duje, -dują (powodować I)	cause	XXV
spódnica, -y f.	skirt	XVIII
spódniczka, -i; -czek f.	skirt	IV

spółdzielnia, -ni; -nie, -ni f.	cooperative	XXIII
spóźniać się I; -a, -ają (spóźnić się P)	be late, miss	
spóźnić się P; -ni, -nią (spóźniać się I)	be late, miss	XII
sprawa, -y f.	affair, matter	XVI
sprawiedliwość, -ci f.	justice	XXV
spróbować P; buje, -bują (próbować I)	try, attempt	XVIII
sprzątać I; -a, -ają (posprzątać P)	clean up (room), tidy up	XXIV
sprzeczać się I; -a, -ają	argue	XXIII
sprzed/sprzede prep. w. gen.	from before	XXIV
sprzede. See sprzed		
spytać (się) P; -a, -ają (pytać (się) I)	ask, inquire	XXIIIG
stacja, -ji; -je, -ji f.	station	XIII
stać I; stoi, stoją; stój (postać P)	stand, be in a standing position	XI
stać się P; stanie, -ną (stawać się I)	become, get; happen	X
stale	constantly, regularly	XV
stamtąd	from (over) there	XX
stan, -u i.	state	
Stany Zjednoczone	United States	XI
stanąć P; -nie, -ną; -nął, -nęła (stawać I)	assume a standing position, stand up; stop	XXIV
Stanisław, -a v.	Stanislas	IIG
stanowczo	decidedly, most certainly	XV
starać się I; -a, -ają (postarać się P)	try one's best, endeavor	XI
starczyć P impers.; -y	suffice, be enough	XXV
starszy comp. of stary		XXI
stary, -ego (starszy)	old	V

starzeć się I;	grow old	XXIVG		Sudety, -ów pl.	Sudetes	XXI
-eje, -eją				sueski, -ego	pert. to Suez	XXIVG
(zestarzeć				sufit, -u i.	ceiling	I
się P)				sukienka, -i;	dress	IV
Staszek, -szka v.	affect. of Stanisław	IIG		-nek f.		
statek, -tku i.	boat, ship	XII		suknia, -ni;	dress, gown	XI
stawać I; staje,	assume a standing	XXV		-nie, sukni/		
-ą; stawaj	position, stand			sukien f.		
(stanąć P)	up; stop			sweter, -tra i.	sweater	IV
stawać się I;	become, get			swój, swojego	one's own	IV
staje, -ą;				sympatyczny,	likable, pleasant	VII
stawaj				-ego		
(stać się P)				syn, -a, -u	son	IX
stawiać I; -a,	put (in a stand-	XX		(loc.); -owie		
-ają	ing position)			v.		
(postawić P)				sypialnia, -ni;	bedroom	XVI
stąd	from here	IX		-nie, -ni f.		
Stefan, -a v.	Steven	XXIV		sypiać F; -a,	sleep	XX
sto, -u	hundred	XIV		-ają		
stodoli, -ego	barn-like	XXV		(spać A)		
stodoła, -y;	barn	XXV		sytuacja, -ji f.	situation	XI
-ół f.				szachy, -ów pl.	chess	XV
stoisko, -a n.	stand	XIX		szalik, -a i.	scarf	IV
stolica, -y f.	capital	XXII		szansa, -y; -e	opportunity	XXVG
stolik, -a i.	(small) table	XVI		f.		
stołówka, -i;	dining hall	XI		szary, -ego	gray	IV
-wek f.				szczególnie	especially,	XXIV
stopa, -y; stóp	foot	XXI			particularly	
stopień, -pnia i.	degree, extent	XXIV		szczęście, -a	happiness, luck	IX
stosunkowo	relatively	XVI		n.		
stół, stołu i.	table	I		szczęśliwie	happily, fortu-	XX
strasznie	frightfully, awfully	VII			nately	
straszny, -ego	terrible	XVI		szczęśliwy,	happy, lucky	IX
straszyć I; -y,	frighten, haunt	XXV		-ego		
-ą				szeptać I;	whisper	XXIVG
(postraszyć P)				-pcze, -pczą		
strona, -y f.	side	IV		(zaszeptać P)		
strumyk, -a i.	brook	XIX		szeroki, -ego	wide, broad	XXI
stryj, -a; -owie,	(paternal) uncle	XIII		(szerszy)		
-ów v.				szerszy comp.		XXI
strzyc I; -yże,	cut hair	XIX		of szeroki		
-ygą; -ygł				szesnasty, -ego	sixteenth	XVI
(ostrzyc P)				szesnaście,	sixteen	XVI
— się	have one's hair	XIX		-astu		
	cut			sześć, -ściu	six	VI
studencki, -ego	pert. to students	XI		sześćdziesiąt,	sixty	XIV
student, -a v.	student	VI		-sięciu		
studentka, -i;	(female) student	VI		sześćdziesiąty,	sixtieth	XXII
-tek				-ego		
studia, -iów pl.	studies	XII		sześćset,	six hundred	XV
studiować I;	study	X		-ściuset		
-diuje, -diują				szewc, -a; -y,	shoemaker	XIII
styczeń, -cznia	January	XIII		-ów v.		
i.				szewski, -ego	pert. to shoe-	XIII
styl, -u i.	style, taste	XXV			makers	
stypendium;	scholarship,	XX		szklanka, -i;	glass	XVI
-dia, -diów n.	fellowship			-nek f.		

szkoda, -y;	harm; (nom. only)	V
szkód f.	too bad, a pity	
szkodzić I;	injure, hurt	
-dzi, -dzą		
(zaszkodzić P)		
nie szkodzi	it doesn't matter	XXII
szkolny, -ego	pert. to school	XVIII
szkoła, -y;	school	XIII
szkół		
Szkot, a v.	Scotsman	VII
Szkotka, -i;	Scotswoman	VII
-tek f.		
szorty, -ów pl.	shorts	IV
szosa, -y f.	highway	XIX
szóstka, -i; -tek	(group of) six,	XIV
f.	anything charac-	
	terized by six	
szósty, -ego	sixth	VI
szpital, -a; -e,	hospital	XI
-i i.		
sztuka, -i f.	art, trick, play	XII
szukać I; -a,	seek, look for	VIII
-ają		
(poszukać P)		
szwajcarski,	Swiss	XXV
-ego		
Szwed, -a v.	Swede	VII
Szwedka, -i;	Swedish woman	VII
-dek f.		
szybko	quickly, fast	XVI
(szybciej)		
szynka, i;	ham	XIX
-nek f.		

Ś

ściana, -y f.	wall	I
ściąć P; zetnie,	cut	XIX
-ną; ściął,		
ścięła; zetnij;		
ścięty		
(ścinać I)		
ścinać I; -a,	cut	XIX
-ają		
(ściąć P)		
ścisk, -u i.	crush (of people)	XXIII
ściskać I;	squeeze, embrace	XXIV
-a, -ają		
(ścisnąć P)		
ścisnąć P; -nie,	squeeze, embrace	XXVG
-ną; -nął,		
-nęła		
(ściskać I)		
Śląsk, -a i.	Silesia	XIX
Ślązak, -a v.	Silesian	XXIVG
ślicznie	lovely (adv.)	X
śliczny, -ego	lovely	X
ślub, -u i.	marriage, wedding	XIX

śmiać się I;	laugh	XXIV
śmieje, -ą;		
śmiał,		
śmiali/		
śmieli		
(zaśmiać się P)		
śmiech, -u i.	laughter	XXIV
śmiecie, -ci	litter, trash	I
pl.		
śmietankowy,	creamy; vanilla	XX
-ego	(ice cream)	
śniadanie,-a n.	breakfast	XI
śnieg, -u i.	snow	X
śpiący, -ego	sleepy	IX
śpieszyć się.		
See spieszyć		
się		
śpiewać I; -a,	sing	XXIV
-ają		
(zaśpiewać P)		
śpioch, -a; -y,'	sleepyhead	XXIII
-ów v.		
środa, -y f.	Wednesday	XIII
środek, -dka i.	middle; means,	XVI
	remedy	
świadek, -dka;	witness	XIX
-owie v.		
świat, -a, -u	world	XVII
(dat.),		
świecie (loc.) i.		
światło, -a n.	light	XVI
światowy, -ego	pert. to the world	XXV
świetnie	splendidly	I
świetny, -ego	excellent, splendid	XXIV
święto, -a;	holiday	XIII
świąt n.		
Wesołych	Merry Christmas	IX
Świąt		
świętokrzyski,	pert. to the Holy	XIII
-ego	Cross	

T

ta. See ten		III
tablica, -y f.	blackboard	I
Tadek, -dka v.	affect. of Tadeusz	IIG
Tadeusz, -a v.	Thaddeus	IIG
tajemnica, -y f.	secret, secrecy	XXIII
tak	yes; so	I
taki, -ego	such	VII
taksówka, -i;	taxi(cab)	XII
-wek f.		
takt, -u i.	beat, time,	XXV
	cadence	
także	also, too	V
talerz, -a; -e,	plate	XX
-y i.		
tam	there, over there	II

tamten, -ta, -to; -ci, -te; -tego	that, that over there	III
tamtędy	that way over there	XVIII
tani, taniego (tańszy)	cheap	XXI
taniec, -ńca; -ów i.	dance	VIII
taniej comp. of tanio		XXI
tanio (taniej)	cheaply	XXI
tańczyć I; -y,-ą (zatańczyć or potańczyć P)	dance	VIII
tańszy comp. of tani		XXI
Tatry, Tatr	the Tatras	XXI
tatuś, -sia v.	daddy	XXIII
teatr, -u i.	theater	XI
teczka, -i; -czek f.	briefcase	IV
tekst, -u i.	text	III
telefon, -u i.	telephone	XXIV
telefonować I; -nuje, -nują (zatelefonować P)	phone, call up	X
telewizja, -ji f.	television	X
ten, ta, to; ci, te; tego	this, that	III
rok temu	a year ago	XIV
tenis, -a a.	tennis	XIII
tenisowy, -ego	pert. to tennis	XIII
teraz	now	I
Teresa, -y f.	Theresa	IIG
teściowa, -ej f.	mother-in-law	XII
teść, -cia; -ciowie, -ciów v.	father-in-law; parents-in-law	XII
też	also, too	I
tędy	this way	XVIII
tłum, -u i.	crowd	XXV
tłumaczyć I; -y, -ą (wytłumaczyć P)	explain	
— (przetłuma- czyć P)	translate	
to	this, that, it	I
tobą. See ty		XII
tobie. See ty		IX
toczyć się I; -y, -ą (potoczyć się P)	take place, be under way	XXV
Tomasz, -a v.	Thomas	II
Tomek, -mka v.	Tom	II
tonąć I; -nie, -ną; -nął, -nęła (utonąć P)	drown	XXIVG

torebka, -i; -bek f.	(hand)bag	IV
tort, -u i.	cake	XX
towarowy, -ego	pert. to merchan- dise	
dom towarowy	department store	XI
towarzysz, -a; -e, -y/-ów v.	comrade	VIIIG
trafiać I; -a, -ają (trafić P)	hit, score a hit	
trafić P; -fi, -fią (trafiać I)	hit, score a hit	XXV
tramwaj, -u; -e, -ów i.	street car	XI
trochę	a little, a bit	V
troje, -jga	three (collect.)	XIV
trolejbus, -u i.	trolley bus	XXIII
trójka, -i; -jek f.	three(some), any- thing charac- terized by the number three	XIV
trud, -u i.	trouble, difficulty	XXIV
trudniej comp. of trudno		XXI
trudniejszy comp. of trudny		XXI
trudno (trudniej)	(it is) hard, dif- ficult	XIV
trudność, -ci; -ci f.	difficulty	XXII
trudny, -ego (trudniejszy)	difficult, hard	XIII
truskawkowy, -ego	pert. to straw- berries	XX
trwać I; -a, -ają	last, continue	XVIII
trybuna, -y f.	tribune, platform	
„Trybuna Ludu"	a Warsaw news- paper	XXV
trząść się I; trzęsie, -są trząsł, trzęsła (zatrząść się P)	tremble	XXIVG
trzeba	it is necessary, one needs	XVII
trzeci, -ciego	third	III
trzeć I; trze, trą; tarł; tarty	rub	XXIVG
trzy, trzej; -ech, -em, -ema	three	III
trzydziesty, -ego	thirtieth	XXII
trzydzieści, -estu	thirty	XIV

trzymać się I; -a, -ają	hold oneself	
trzymaj się	take it easy	XXIII
trzynasty, -ego	thirteenth	XIII
trzynaście,-astu	thirteen	XIII
trzysta, -u	three hundred	XIV
tu	here	II
tutaj	here	V
tuż	just next to, close by	XXV
twardo (twardziej)	hard (adv.)	XXIG
twardszy comp. of twardy		XXI
twardy, -ego (twardszy)	hard, tough	XXI
twardziej comp. of twardo		XXIG
twarz, -y f.	face	
jest mi do twarzy	it's becoming to me	XXIV
twierdzić I; -dzi, -dzą	affirm, claim	XXIII
ty, ciebie/cię (gen. acc.), tobie/ci (dat.), tobie (loc.), tobą (instr.)	you (fam.)	VIII
tydzień, tygodnia; -e, -i i.	week	XIII
tyle, -u	so many, so much	XVII
tylko	only, just, but	I
tylny, -ego	rear, back	XIX
tył, -u i.	rear, back	
z tyłu	in the back	XIX
tym nie mniej	nonetheless	XXV
tysiąc, -a; -e, tysięcy i.	thousand	XIV
tytoń, -niu i.	tobacco	III
tytuł, -u i.	title	XXII
tzn. (to znaczy)	i.e.	XXII
tzw. (tak zwany)	so-called	XXII

U

u prep. w. gen.	at, by, in	V
ubierać się I; -a, -ają (ubrać się P)	dress (intr.)	XVI
ubogi, -ego (uboższy)	poor, plain	XXV
ubrać się P; ubierze, ubiorą (ubierać się I)	dress (intr.)	XVI

ubranie, -a n.	suit (of clothes)	IV
ucho, -a; uszy, -u, -ami/ -yma n.	ear	IV
uciec P; -knie, -kną; -kł (uciekać I)	run away, flee	XXIV
uciekać I;-a,-ają (uciec P)	run away, flee	
ucieszyć się P; -y, -ą (cieszyć się I)	be glad, rejoice	XXV
uczennica, -y f.	(female) pupil, schoolgirl	VI
uczeń, ucznia; -niowie, -niów v.	pupil, schoolboy	VI
uczesać się P; -sze, -szą (czesać się I)	comb one's hair	XVI
uczestnik, -a v.	participant	XXII
uczyć się I; -y, -ą (nauczyć się P)	study, learn	VIII
uczynić P; -ni, -nią (czynić I)	do, cause to happen	
udać P; uda, udadzą; udaj (udawać I)	pretend	
— się	succeed, manage	XXIII
udawać I; udaje, udają; udawaj (udać P)	pretend	XXIV
ugotować P; -tuje, -tują (gotować I)	cook, prepare	XV
ujechać P; ujedzie, ujadą	cover a (certain) distance (o=o)	XIX
ujście, -a n.	mouth (of a river), estuary	XXI
ujść P; ujdzie, ujdą; uszedł, uszła	cover a (certain) distance (X)	XIX
ukraść P; -dnie, -dną; -dł (kraść I)	steal	XI
ulewa, -y f.	downpour	X
ulica, -y f.	street	XIII
umarł. See umrzeć		
umawiać się I; -a, -ają (umówić się P)	arrange to meet, make a date	XVI
umieć I; -em, -e, -eją; -ej (potrafić P)	know how	VIII

umierać I; -a,   die
-ają
(umrzeć P)
umówić się P;   arrange to meet,   XII
-wi, -wią   make a date
(umawiać się I)
umrzeć P;   die   XII
umrze,
umrą; umarł
(umierać I)
umyć P; -umyje,   wash (tr.)   XVI
-ą
(myć I)
— się   wash (intr.)   XVI
uniwersytecki,   pert. to university   XI
-ego
uniwersytet, -u i. university   XII
Uniwersytet   Jagiellonian   XXII
Jagielloński   University
(in Cracow)
upadać I; -a,   fall down
-ają
(upaść P)
upał, -u i.   heat   X
uparł się. See
uprzeć się
upaść P; -dnie,   fall down   XXIV
-dną; -dł
(upadać I)
upić się P;   get drunk   XXIV
-ije, -iją
(upijać się I)
upiec P; -ecze,   bake   XXIIG
-eką; -ekł
(piec I)
upierać się I;   insist, persist   XXIV
-a, -ają   stubbornly
(uprzeć się P)
upijać się I;   get drunk
-a, -ają
(upić się P)
uprzeć się P;   insist, be stubborn   XXIV
uprze, uprą;
uparł; uparty
(upierać się I)
urlop, -u i.   leave, furlough   XIII
urodzić P;   give birth   XXIIG
-dzi, -dzą
(rodzić I)
— się   be born   XI
urodzinowy,   pert. to a birthday   XXII
-ego
urodziny, -in   birthday   XV
pl.
urszulanka, -i;   Ursuline (sister)   XXV
-nek f.
urządzać I; -a,   arrange, plan   XIII
-ają
(urządzić P)

urządzić P;   arrange, plan
-dzi, -dzą
(urządzać I)
urzędnik, -a v.   clerk   XII
usiąść P;   sit down   XIX
usiądzie,
usiądą;
usiadł,
usiedli
usłyszeć P;   hear   XXIIG
-y, -ą
(słyszeć I)
uspakajać się I;   quiet down,
-a, -ają   grow calm
(uspokoić się P)
uspokoić się P;   quiet down,   XXIV
-oi, -oją;   grow calm
-ój
(uspakajać się I)
usta, ust pl.   mouth   XX
ustrój, -roju;   form of govern-   XXV
-e, -ów i.   ment, regime
uśmiechać się   smile
I; -a, -ają
(uśmiechnąć
się P)
uśmiechnąć się   smile   XXII
P; -nie, -ą
(uśmiechać
się I)
utalentowany,   talented   XXV
-ego
utonąć P; -nie,   drown   XXIV
-ną; -nął,
-nęła
(tonąć I)
utwór, -woru i.   piece of work,   XXV
composition
uważać I; -a,   consider, think   XVII
-ają
uwierzyć P;   believe   XXIII
-y, -ą
(wierzyć I)
uznać P; -a,   recognize
-ają
(uznawać I)
uznawać I;   recognize   XXV
uznaje, -ają;
-awaj
(uznać P)
używać I; -a,   use, make use of   VIII
-ają
używanie, -a   use   XXIII
n.

W

w/we prep.   in, at   V
w. acc. loc.

Wacek, -cka v.	affect. of Wacław	IIG	wesele, -a n.	wedding	XIII
Wacław, -a v.	Venceslas	IIG	weselej comp.		XXI
wakacje, -ji pl.	vacation	XIII	of wesoło		
walizka, -i;	suitcase	XXI	wesoło (weselej)	gaily, cheerfully	
-zek f.			wesoły, -ego;	gay, cheerful	VII
wam. See wy		IX	weseli		
wami. See wy		XII	(weselszy)		
Wanda, -y f.	Wanda	II	wezwać P;	call, call in	XXIV
Wandzia, -dzi f.	affect. of Wanda	IIG	-zwie, zwą		
Warszawa, -y f.	Warsaw	XI	(wzywać I)		
warszawiak, -a	Varsovian	XXIII	Węgier, -gra v.	Hungarian	XXV
v.			węższy comp.		XXI
warszawianin,	Varsovian	XXIVG	of wąski		
-a; -wianie,			wiadomość, -ci;	news, informa-	VIII
-wian v.			-ci f.	tion	
warszawski,	pert. to Warsaw,	XXV	wiatr, -u,	wind	X
-ego	Varsovian		wietrze		
Warta, -y f.	the Warta (River)	XXI	(loc.) i.		
warto	it is worth(while)	XI	widelec, -lca;	fork	XX
was. See wy		VIII	-e, -ów i.		
Waszyngton, -u	Washington (D.C.)	XI	widokówka, -i;	picture postcard	VI
i.			-wek f.		
ważny, -ego	important	XVIII	widywać F;	see	XX
(ważniejszy)			-duje, -dują		
ważyć I; -y, -ą	weigh	XIV	(widzieć A)		
(zważyć P)			widzenie, -a n.	sight, seeing	
wąski, -ego	narrow	XXI	do widzenia	good-by	I
(węższy)			widzieć A;	see	VI
wątpić I; -pi,	doubt	VI	-dzi, -dzą		
-pią			(widywać F,		
(zwątpić P)			zobaczyć P)		
wcale nie	not at all	V	wieczny, -ego	eternal, perpetual	
wchodzić I;	go (X) in, enter,		wieczne pióro	fountain pen	XII
-dzi, -dzą	go up		wieczorowy,	pert. to evening	XI
(wejść P)			-ego		
wciąż	continually, still	VII	wieczór, -oru i.	evening	II
wczesny, -ego	early		Wiedeń, -dnia i.	Vienna	XI
(wcześniejszy)			wiedzieć I;	know, be aware	III
wcześnie	early	IX	wiem, wie,		
(wcześniej)			wiedzą;		
wcześniej		XXI	wiedz		
comp. of			wiejski, -ego	pert. to a village,	XXV
wcześnie				rural	
wcześniejszy		XXI	wiek, -u i.	age, century	XXII
comp. of			wiele, -u	many, much	XIV
wczesny			Wielkanoc, -y	Easter	XXIVG
wczoraj	yesterday	X	f.		
wczorajszy,	pert. to yesterday	X	wielki, -ego	large, great	XXII
-ego			(większy)		
wdzięczny,-ego	grateful	XVII	wielostronny,	many-sided	XXV
we. See w			-ego		
weekend, -u i.	weekend	IX	wiersz, -a;	verse, poem	XX
wejście, -a n.	entrance	XII	-e, -y i.		
wejść P;	go (X) in, enter,	XIX	wierzyć I;	believe	IX
wejdzie,	go up		-y, -ą		
wejdą;			(uwierzyć P)		
wszedł,			wieszak, -a i.	hanger, rack	XI
weszła			wieś, wsi; wsie,	village, country-	XI
(wchodzić I)			wsi f.	side	

wieść D;	lead, conduct	XXIV
wiedzie,		
wiodą; wiódł,		
wiodła, wiedli		
(wodzić ND,		
powieść P)		
wieźć D; wiezie,	transport, take	XVIII
wiozą; wiózł,	(o=o)	
wiozła,		
wieźli		
(wozić ND,		
powieźć P)		
więc	so, then	XI
więcej comp.	more	VIII
of dużo		
więdnąć I;	wither, die	
-dnie, -dną;		
wiądł,		
więdła		
(zwiędnąć P)		
większy comp.		XXI
of duży		
Wiktor, -a v.	Victor	II
wina, -y f.	guilt	XII
winda, -y f.	elevator	XIX
winny/winien,	guilty; indebted,	XIV
winnego	owing	
wino, -a n.	wine	XVIII
wiosna, -y;	spring	XI
-sen f.		
wisieć I; -si,	hang	XI
-szą		
Wisła, -y f.	the Vistula	XI
witać się I;	greet, say hello	
-a, -ają		
(przywitać		
się P)		
Witek, -tka v.	affect. of Witold	XXIV
	or Wiktor	
Witold, -a v.	Witold	IIG
wizyta, -y f.	visit	XII
wjechać P;	drive in, enter	XIX
wjedzie,	(o=o), ride up	
wjadą		
(wjeżdżać I)		
wjeżdżać I; -a,	drive in, enter	
-ają	(o=o), ride up	
(wjechać P)		
wkładać I; -a,	put in, put on	XVIII
-ają		
(włożyć P)		
wkrótce	soon, shortly	XIX
Władek, -dka v.	affect. of Władysław	IIG
Władysław, -a	Ladislas	IIG
v.		
własny, -ego	one's own	IV
właśnie	just	XV
Włoch, -a v.	Italian	VII

Włochy, -ów,	Italy	XI
Włoszech		
(loc.) pl.		
Włodzimierz,	Wlodzimierz	XIII
-a v.		
włos, -a i.	hair	IV
włoski, -ego	Italian	IX
Włoszka, -i;	Italian woman	VII
-szek f.		
włożyć P; -y,	put in, put on	XVIII
-ą; włóż		
(wkładać I)		
wniosek, -sku i.	conclusion	XIXG
woda, -y f.	water	VIII
wodzenie się,	· leading	XXV
-a n.		
wodzić ND;	lead, conduct	
-dzi, -dzą;		
wódź		
(wieść D)		
wojna, -y;	war	XXV
-jen f.		
wojsko, -a n.	army, troops	XII
wojskowy, -ego	militaryman,	XII
v.	serviceman	
woleć I; -i, -ą	like better, prefer	XI
wolniej comp.	slower	I
of wolno		
wolno	it is allowed	XVIII
wolno (wolniej	freely, slowly	
wolny, -ego	free; slow	XII
(wolniejszy)		
wołać I; -a,	call	
-ają		
(zawołać P)		
wozić ND; -zi,	transport, take	XVIII
-żą	(o=o)	
(wieźć D)		
wódka, -i;	vodka	XVIII
-dek f.		
wówczas	then, on that	XXV
	occasion	
wóz, wozu i.	cart, (motor)car	XVII
wózek, -zka i.	handcart; (baby)	XVIII
	carriage	
wpadać I; -a,	fall in(to)	XXI
-ają		
(wpaść P)		
wpaść P; -dnie,	fall in(to)	
-dną; -dł		
(wpadać I)		
wpół	half (in telling time)	XVI
wprost	quite, directly	IX
wpuszczać I;	let in, admit	XXV
-a, -ają		
(wpuścić P)		
wpuścić P; -ści,	let in, admit	
-szczą		
(wpuszczać I)		

wracać I; -a,   come back, return   XIII
-ają
(wrócić P)
wrażenie, -a n.   impression   VI
Wrocław, -wia i.   Wroclaw   XI
wrócić P; -ci,   come back, return   XIV
-cą
(wracać I)
wrzesień,   September   XIII
-śnia i.
wschodni, -ego   eastern, east   XI
wschód, -odu i.   east   XI
— słońca   sunrise   XIX
wsiadać I; -a,   get on (a convey-   XIX
-ają   ance which pre-
(wsiąść P)   supposes travel
                   in a sitting
                   position)
wsiąść P;   get on (a convey-   XIX
wsiądzie,   ance which pre-
-dą; wsiadł,   supposes travel
wsiedli   in a sitting
(wsiadać I)   position)
wspominać I;   mention   XI
-a, -ają
(wspomnieć P)
wspomnieć P;   mention   XXIIG
-ni, -ną
(wspominać I)
współczesny,   contemporary,   XXII
-ego   modern
wstać P; -anie,   stand up, get up   XVI
-aną
(wstawać I)
wstawać I; -aje,   stand up, get up   XVI
-ają; wstawaj
(wstać P)
wstąpić P; -pi,   stop at, drop by   XVI
-pią
(wstępować I)
wstępować I;   stop at, drop by   XVI
-puje, -pują
(wstąpić P)
wstrętnie   disgustingly, awfully X
wstrętny, -ego   disgusting, awful   X
wstyd, -u i.   shame
— mi   I'm ashamed   XI
wszelki, -ego   all, any   XVI
wszędzie   everywhere, any-   XX
                   where
wszystek, -stka,   all, everything,   IV
-stko; -scy,   anything
-stkie;
-stkiego
wściekły, -ego   mad, furious   XI
wśród prep.   among   XIII
w. gen.
wtedy   then, at that time   XX

wtorek, -rku i.   Tuesday   XIII
wtulać się I;   tuck o/s in(to)   XXV
-a, -ają
(wtulić się P)
wtulić się P;   tuck o/s in(to)
-i, -ą
(wtulać się I)
wuj, -a; -owie,   (maternal) uncle   XIII
-ów v.
wujostwo, -a   uncle and aunt   XIII
pl. v.
wy; was (gen.,   you (pl.)   VIII
acc., loc.),
wam (dat.),
wami (instr.)
wybaczać I; -a,   forgive
-ają
(wybaczyć P)
wybaczyć P;   forgive   XXIV
-y, -ą
(wybaczać I)
wybierać I; -a,   select   XXI
-ają
(wybrać P)
— się   set out
wybór, -boru i.   choice, selection   XIX
wybrać P;   select   XXI
-bierze,
-biorą
(wybierać I)
— się   set out   XIX
wychodzić I;   go (X) out, leave   XVIII
-dzi, -dzą
(wyjść P)
— za mąż   marry (of a woman)   XIX
wyciągać I; -a,   pull out
-ają
(wyciągnąć P)
wyciągnąć P;   pull out   XXIV
-nie, -ną;
-nął, -nęła
(wyciągać I)
wycieczka, -i;   excursion   XIII
-czek f.
wycierać I; -a,   wipe
-ają
(wytrzeć P)
— się   be worn thread-
                   bare
wyczyścić P;   clean   XV
-ści, -szczą
(czyścić I)
wydać P; -a,   give out, spend,   XV
-adzą; -aj   publish
(wydawać I)
wydarzenie,   event   XXV
-a n.
wydatek, -tku i.   expense   VII

wydawać I;
  wydaje, -ają;
  -awaj
  (wydać P)
	give out, spend,
	  publish
		XV

wydawniczy,
  -ego
	pert. to publica-
	  tions, publishing
		XIX

wygodnie	comfortably	IX

wygrać P; -a,
  -ają
  (wygrywać I)
	win	XV

wygrywać I; -a,
  -ają
  (wygrać P)
	win	XV

wyjazd, -u,
  wyjeździe
  (loc.) i.
	leaving (o=o),
	  departure
		XIX

wyjechać P;
  -jedzie,
  -jadą
  (wyjeżdżać I)
	go (o=o) out,
	  leave
		XVIII

wyjeżdżać I; -a,
  -ają
  (wyjechać P)
	go (o=o) out,
	  leave
		XVIII

wyjście, -a n.	leaving (X), way out, exit	XIX

wyjść P; -jdzie,
  -jdą; -szedł,
  -szła; -jdź
  (wychodzić I)
	go (X) out, leave	XVIII

— za mąż	marry (of a woman)	XIX

wykąpać się P;
  -pie, -pią
  (kąpać się I)
	bathe, take a dip	XXIV

wykład, -u i.	lecture	XIII
wykładowy, -ego	pert. to lectures	XVIII

wykorzystać P;
  -a, -ają
  (wykorzysty-
  wać I)
	use, exploit	XXIII

wykorzystywać
  I; -tuje,
  tują
  (wykorzystać P)
	use, exploit	

wylać P; -leje,
  -ą; -lali/-leli
  (wylewać I)
	spill, pour out	XXIV

wylatywać I;
  -tuje, -tują
  (wylecieć P)
	leave by air,
	  fly out
		XVIII

wylecieć P; -ci,
  -cą
  (wylatywać I)
	leave by air,
	  fly out
		XVIII

wyleczyć P; -y,
  -ą
  (leczyć I)
	cure	

— się	be cured	

wylewać I;
  -a, -ają
  (wylać P)
	spill, pour out	

wyłączać I; -a,
  -ają
  (wyłączyć P)
	exclude, bar	XXV

wyłączyć P;
  -y, -ą
  (wyłączać I)
	exclude, bar	

wymachiwać I;
  -chuje,
  -chują
	wave	XXIV

wymieniać I;
  -a, -ają
  (wymienić P)
	name, mention	

wymienić P;
  -ni, -nią
  (wymieniać I)
	name, mention	XXI

wymowa, -y f.	pronunciation	I
wymówka, -i; -wek f.	reproach	XXIII

wynikać I; -a,
  -ają
  (wyniknąć P)
	result, appear	XXIII

wyniknąć P;
  -nie, -ną;
  -nął, -nęła
  (wynikać I)
	result, appear	

wyobrazić P;
  -zi, -żą
  (wyobrażać I)
	represent	

— sobie	imagine	

wyobrażać I;
  -a, -ają
  (wyobrazić P)
	represent	

— sobie	imagine	XXIII

wypadać I; -a,
  -ają
  (wypaść P)
	fall out	

wypada im-
  pers.
	becomes, befits,
	  is proper
		XXIV

wypadek, -dku i.	case, accident	XVI

wypaść P;
  -adnie,
  -adną; -adł
  (wypadać I)
	fall out	

wypić P;-ije,-iją
  (pić or wypi-
  jać I)
	drink, drink up	XVI

wypluć P; -uje,
  -ują; -uty
  (wypluwać I)
	spit out	XXVG

wypluwać I; -a,
  -ają
  (wypluć P)
	spit out	XXVG

wypoczynek, -nku i.	rest	XVII

wyprostować P;
  -tuje, -tują
  (wyprostowy-
  wać I)
	straighten	XXV

wyprostowywać straighten
I; -wuje,
-wują
(wyprostować P)

wyróść/ grow XXIVG
wyrosnąć P;
-rośnie,
-rosną;
-rósł/-rosnął,
-rosła/
-rosnęła
(róść/rosnąć I)

wyrzucać I; -a, throw out XXVG
-ają
(wyrzucić P)

wyrzucić P; throw out XXVG
-ci, -cą
(wyrzucać I)

wyschnąć P; dry up XXIV
-nie, -ną;
-nął, -nęła/
wysechł, wyschła
(wysychać I)

wysiadać I; -a, get out (of a con- XIX
-ają veyance which
(wysiąść P) presupposes
travel in a sit-
ting position)

wysiąść P; get out (of a con- XXIII
-siądzie, veyance which
-siądą; presupposes
-siadł, travel in a sit-
-siedli ting position)
(wysiadać I)

wyskakiwać I; jump out
-kuje, -kują
(wyskoczyć P)

wyskoczyć P; jump out XIX
-y, -ą
(wyskakiwać
I)

wysoki, -ego high, tall XXIG
(wyższy)

wysoko (wyżej) high (adv.) XXIG

wystarczać I; be enough, suffice
-a, -ają
(wystarczyć P)

wystarczyć P; be enough, suffice IX
-y, -ą
(wystarczać I)

wystawa, -y f. exhibit(ion) XVI

występ, -u i. appearance, per- XXV
formance

wysychać I; dry up
-a, -ają
(wyschnąć P)

wytarty. See XXII
wytrzeć

wytłumaczyć P; explain IX
-y, -ą
(tłumaczyć I)

wytrzeć P; wipe XX
-trze, -trą;
-tarł; -tarty
(wycierać I)

— się be worn thread- XXII
bare

wywieźć P; take (o=o) out; XXV
-wiezie, deport
-wiozą;
-wiózł,
-wiozła,
-wieźli
(wywozić I)

wywozić I; -zi, take (o=o) out, XXIIG
-żą deport
(wywieźć P)

wyżej comp. of XXIG
wysoko

wyższy comp. XXI
of wysoki

wzdłuż prep. along XXI
w. gen.

wziąć P; take X
weźmie, -zmą
wziął, wzięła;
weź
(brać I)

— ślub get married XXII

wzruszająco touchingly XXV

wzywać I; -a, call, call in
-ają
(wezwać P)

Z

z/ze prep. w. of, from VII
gen.

— w. instr. with XII

za too, excessively III

co to za + what . . . is that? VI
nom. ?

za prep. w. for V
acc. in (w. time expres- XIV
sions)

— w. gen. during XXII

— w. acc., behind, beyond XIII
instr.

zabawa, -y f. fun IX
party, ball XIII

zabawić się P; amuse o/s, have a XXV
-wi, -wią good time
(bawić się I)

zabawka, -i; toy XVIII
-wek f.

zabawny, -ego amusing XXV

zabić P; -bije,   kill   XXV
  -ą
  (zabijać I)
zabierać I; -a,   take away   XXI
  -ają
  (zabrać P)
zabijać I; -a,   kill
  -ają
  (zabić P)
zaboleć P; -i,   start hurting, ach-
  -ą (impers.)   ing, being sore
  (boleć I)
zabrać P;   take away   XXIVG
  -bierze,
  -biorą
  (zabierać I)
zabraniać I; -a,   forbid   XXIIIG
  -ają
  (zabronić P)
zabronić P;   forbid   XXIII
  -ni, -nią
  (zabraniać I)
zachodni,-iego   western, west   XI
zachodzić I;   come (X) round,   XIX
  -dzi, -dzą   drop in; set
  (zajść P)   (of the sun, moon)
zachorować P;   fall ill
  -ruje, -rują
  (chorować I)
zachować się P;   behave
  -a, -ają
  (zachowywać
   się I)
zachowywać   behave   XXIV
  się I; -wuje,
  -wują
  (zachować się
   P)
zachód, -odu i.   west   XI
  — słońca   sunset
zacząć P;   begin, start   IV
  -cznie,
  -czną; -czął,
  -częła
  (zaczynać I)
zaczynać I; -a,   begin, start   XV
  -ają
  (zacząć P)
zadanie, -a; n.   assignment   VIII
zadzwonić P;   ring, call up   XVI
  -ni, -nią
  (dzwonić I)
zagadnienie, -a   question, problem   XXV
  n.
zagrać P; -a,   play   XV
  -ają
  (grać I)

zagranica, -y   foreign countries   XIII
  f. (cf. granica)
  z zagranicy   from abroad   XIII
zagrzmieć P;   thunder
  -mi, -mią
  (grzmieć I)
zagwizdać P;   whistle
  -żdże, -żdżą
  (gwizdać I)
zainteresować   interest, be of in-   XXII
  P; -suje,   terest
  -sują
  (interesować I)
  — się   be interested in
zająć P; -jmie,   occupy, reserve,   XXII
  -jmą; -jął,   busy oneself
  -jęła; -jęty
  (zajmować I)
  — się   be occupied, take
                         care
zajechać P;   come (o=o) around,   XIX
  -jedzie, -jadą   drop in
  (zajeżdżać I)
zajeżdżać I; -a,   come (o=o) around,
  -ają   drop in
  (zajechać P)
zajęcia, -jęć pl.   classes, course work   XIII
zajęty, -ego.   busy, occupied   VII
  See zająć
zajmować I;   occupy, reserve
  -muje, -mują
  (zająć P)
  — się   busy oneself, be   XII
                         occupied, take
                         care
zajmujący, -ego   interesting   XXII
zajść P; -jdzie,   come (X) around,   XIX
  -jdą; -szedł,   drop in; set
  -szła; -jdź   (of the sun, moon)
  (zachodzić I)
zakładać I; -a,   establish, found
  -ają
  (założyć P)
  — się   bet, wager
zakochać się P;   fall in love
  -a, -ają
  (zakochiwać
   się I)
zakochiwać się   fall in love   XXV
  I; -chuje,
  -chują
  (zakochać się P)
Zakopane, -ego   Zakopane   XVII
  n.
zakryć P; -yje,   cover (to hide)   III
  -yją; -yty
  (zakrywać I)

zakrywać I; -a, -ają (zakryć P)	cover (to hide)	IV
zakupy, -ów pl.	purchases, shopping	XXIII
zaledwie	barely, as little as	XXI
zaległość, -ci; -ci f.	backlog, deficiency	XXIV
zależeć I; -y, -ą	depend	XI
zależy impers.	it matters	XXIII
załatwienie, -a n.	arranging, settling, taking care of	XXIV
założyć P; -y, -ą; załóż (zakładać I)	establish, found	XXII
— się	bet, wager	XXIII
zamiast prep. w. gen.	instead	XVIII
zamiatać I; -a, -ają (zamieść P)	sweep	XXVG
zamieść P; -miecie, -miotą; -miótł, -miotła, -mietli (zamiatać I)	sweep	XXVG
zamknąć P; -nie, -ną; -nął, -nęła; -nięty (zamykać I)	shut, close	IV
zamknięcie, -a n.	closing	XXII
zamykać I; -a, -ają (zamknąć P)	shut, close	IV
zanim	before	XVIII
zaobserwować P; -wuje, -wują (obserwować I)	observe, watch	
zapalić P; -i, -ą (palić I)	have a smoke, light up	XXII
zapalniczka, -i; -czek f.	cigarette lighter	III
zapałka, -i; -łek f.	match	III
zapamiętać P; -a, -ają (pamiętać I)	remember, commit to memory	
zapisać P; -sze, -szą (zapisywać I)	note down	XV
zapisywać I; -suje, -sują (zapisać P)	note down	XV

zapłacić P; -ci, -cą (płacić I)	pay	XV
zapłakać P; -cze, -czą (płakać I)	start crying, weeping	
zapominać I; -a, -ają (zapomnieć P)	forget	
zapomnieć P; -ni, -ną (zapominać I)	forget	X
zapragnąć P; -nie, -ną; -nął, -nęła (pragnąć I)	desire	
zapraszać I; -a, -ają (zaprosić P)	invite	XVI
zaproponować P; -nuje, -nują (proponować I)	propose, suggest	XXIV
zaprosić P; -si, -szą (zapraszać I)	invite	XVI
zaproszenie, -a n.	invitation	XXII
zapytać (się) P; -a, -ają (zapytywać (się) I)	ask, question	IV
zapytywać (się) I; -tuje, -tują (zapytać (się) P)	ask, question	
zarabiać I; -a, -ają (zarobić P)	earn	XV
zaraz	right away, at once	XI
zaręczać się I; -a, -ają (zaręczyć się P)	become engaged, affianced	
zaręczyć się P; -y, -ą (zaręczać się I)	become engaged, affianced	XXII
zarobić P; -bi, -bią (zarabiać I)	earn	XV
zasada, -y f.	principle, rule	XV
zasługiwać I; -uje, -ują (zasłużyć P)	deserve	XXIV
zasłużyć P; -y, -ą (zasługiwać I)	deserve	XXVG

zderzyć się P;	collide	XIX
-y, -ą		
(zderzać się I)		
zdjąć P;	take off, take down	XVI
zdejmie, -mą;		
zdjął, zdjęła;		
zdejm; zdjęty		
(zdejmować I)		
zdjęcie, -a n.	snapshot, photo	I
zdrowie, -a n.	health	IX
zdrowy/zdrów,	healthy	VII
zdrowego		
(zdrowszy)		
Zdzich, -cha v.	affect. of Zdzisław	XXIII
zdzierać I; -a,	tear down, run	
-ają	down	
(zedrzeć P)		
Zdzisław, -a v.	Zdzislaw	XIII
zdziwić się P;	wonder, be sur-	
-i, -ią	prised	
(dziwić się I)		
ze. See z		
zebrać się P;	gather	XIX
zbierze, zbiorą		
(zbierać się I)		
zebranie, -a n.	meeting	XIII
zechcieć P;	want, wish	
-chce, -ą;		
-chciej		
(chcieć I)		
— się impers.	feel like	
zedrzeć P;	tear down, run	XXII
zedrze,	down	
zedrą; zdarł;		
zedrzyj;		
zdarty		
(zdzierać I)		
zegarek, -rka i.	watch	III
zegarmistrz,	watchmaker	XIII
-a; -e, -ów v.		
zejść P;	go (X) down, step	XIX
zejdzie, -dą;	down	
zszedł, zeszła;		
zejdź		
(schodzić I)		
— się	come (X) together,	
	gather	
zepsuć P; -uje,	spoil	XVII
-ują; -uty		
(psuć I)		
zerwać się P;	start, rise	XXIV
-rwie, -rwą		
(zrywać się)		
zespół, -połu i.	ensemble, group	XXV
zestarzeć się P;	get old	XXIV
-eje, -eją		
(starzeć się I)		
zeszły, -ego	past, last	X
zeszyt, -u i.	notebook	I
zetnie. See		XIX
ściąć		

zewsząd	from all directions	XX
zgadzać się I;	agree	XII
-a, -ają		
(zgodzić się P)		
zgasić P; -si,	turn off (light),	XVI
-szą	extinguish	
(gasić I)		
zginąć P; -nie,	be lost	XXIV
-ną; -nął,		
-nęła		
(ginąć I)		
zgoda, -y f.	agreement; OK	XVII
zgodzić się P;	agree	
-dzi, -dzą;		
zgódź		
(zgadzać się I)		
zgromadzić się	gather, congregate	
P; -dzi, -dzą		
(gromadzić się		
I)		
zgubić P; -bi,	lose	XII
-bią		
(gubić I)		
zielony, -ego;	green	IV
zieleni		
ziemia, -mi;	earth, land,	XXI
-mie, ziem f.	territory	
ziemniak, -a a.	potato	XX
ziewać I; -a,	yawn	IX
-ają		
(ziewnąć P)		
ziewnąć P; -nie,	yawn	
-ną; -nął,		
-nęła		
(ziewać I)		
zima, -y f.	winter	XI
zimniej comp.		XXI
of zimno		
zimniejszy		XXI
comp. of		
zimny		
zimno (zimniej)	coldly	IX
zimny, -ego	cold	XX
(zimniejszy)		
zimowy, -ego	pert. to winter	XXI
zjazd, -u,	congress	XIX
zjeździe (loc.) i.		
i.		
zjechać P;	go (o=o) down,	XIX
zjedzie,	ride down	
zjadą		
(zjeżdżać I)		
— się	come (o=o) to-	
	gether, gather	
zjednoczony,	united	XI
-ego		
zjeść P; zjem,	eat	IX
zje, zjedzą;		
zjadł, zjedli;		
zjedz		
(jeść A)		

zjeżdżać I; -a, -ają (zjechać P)	go (o=o) down, ride down	XIX
— się	come (o=o) together, gather	XIX
złapać P; -pie, -pią (łapać I)	catch	XXIV
złość, -ci f.	anger, spite	XX
złoty, -ego a.	zloty (unit of currency)	XIV
zły, -ego (gorszy)	bad, evil	VII
zmartwić się P; -wi, -wią (martwić się I)	worry, be upset	
zmarznąć P; -znie, -zną; -zł/-znął, -zła/-znęła, -znięty (marznąć I)	get cold, freeze	XXIV
zmęczony, -ego; -czeni	tired, weary	VII
zmęczyć się P; -y, -ą	tire, get tired	X
zmiana, -y f.	change	XXV
zmoknąć P; -knie, -kną; zmókł/ zmoknął, zmokła/ zmoknęła; zmoknięty (moknąć I)	get wet	XXIV
znaczek, -czka i.	stamp	VI
znacznie	considerably, much	XV
znaczyć I; -y, -ą	mean, signify	V
znać I; -a, -ają	know, be familiar with	V
znad prep. w. gen.	from above	XIII
znajdować I; -duje, -dują (znaleźć P)	find	XXIV
znajomy, -ego	familiar; acquaintance	VII
znakomity, -ego	excellent, splendid	XXII
znaleźć P; -jdzie, -jdą; -lazł; -jdź (znajdować I)	find	VIII
znikąd	from nowhere	XX
znowu	again	VII
zobaczenie, -a n.	seeing	
do zobaczenia (się)	see you	XXII

zobaczyć P; -y, -ą (widzieć I)	see, catch sight of	XV
— się z + instr.	see someone	XII
zobowiązany, -ego	obliged	XVII
Zofia, -ii f.	Sophia	II
zorientować się P; -tuje, -tują (orientować się I)	be familiar with, know one's way in	
Zosia, -si f.	Sophy	II
zostać P; -anie, -aną (zostawać I)	remain, stay; become	XXII
zostawać I; -aje, -ają; -awaj (zostać P)	remain, stay; become	XIII
zostawiać I; -a, -ają (zostawić P)	leave (behind)	
zostawić P; -wi, -wią (zostawiać I)	leave (behind)	XI
zresztą	besides, however	XI
zrobić P; -bi, -bią; zrób (robić I)	make, do	XV
— się impers.	grow, get	XVIII
zrywać się I; -a, -ają (zerwać się P)	start, rise	
zsiadać I; -a, -ają (zsiąść P)	get off (a conveyance which presupposes travel in a sitting position)	XIX
zsiąść P; -siądzie, -dą; zsiadł, zsiedli (zsiadać I)	get off (a conveyance which presupposes travel in a sitting position)	XIX
zupa, -y f.	soup	XX
zupełnie	completely, quite	V
zwalczać I; -a, -ają (zwalczyć P)	combat, fight against	XXV
zwalczyć P; -y, -ą (zwalczać I)	combat, fight against	
zważyć P; -y, -ą (ważyć I)	weigh	
związek, -zku i.	union, connection	
Związek Radziecki (Sowiecki)	Soviet Union	XI

zwierzę, -ęcia; -ęta, -ąt n.	animal	XIII
zwiędnąć P; -dnie, -dną; zwiądł, zwiędła (więdnąć I)	wither, die	XXIV
zwykle	usually	VII
zza prep. w. gen.	from behind, from beyond	XIII
Zygmunt, -a v.	Sigismund	IIG

Ź

źle (gorzej)	badly, wrongly	I
źródło, -a; -deł n.	spring, source	XXI

Ż

żaden, żadnego	no, none, not a single	VI
żal, -u; -e, -ów i.	regret, grudge	
— mi	I'm sorry	IX
żałować I; -łuje, -łują (pożałować P)	regret, be sorry	XVII

żartować I; -tuje, -tują (zażartować P)	joke	XXIV
żądać I; -a, -ają (zażądać P)	demand	XXIII
że	that	III
żeby	in order, so that; to	XVIII
żegnać się I; -a, -ają (pożegnać się P)	say good-by, take one's leave	XVI
żenić się I; -ni, -nią (ożenić się)	marry (of a man)	XIX
żołądek, -dka i.	stomach	IV
żołnierz, -a; -e, -y v.	soldier	VII
żona, -y f.	wife	XI
żonaty, -ego	married (of a man)	XII
żółty, -ego	yellow	IV
żubr, -a a.	(European) bison	XIII
życie, -a n.	life	XXV
życzyć I; -y, -ą	wish	IX
żyć I; żyje, -ą	live, be alive	XII
Żyd, -a v.	Jew	XXIVG

POLITICAL AND LITERARY FIGURES MENTIONED

Andrzejewski, Jerzy	contemporary Polish novelist (b. 1909)	XXII
Batory, Stefan	Polish king, 1575–1586	XIII
Iwaszkiewicz, Jarosław	contemporary Polish writer (b. 1894)	XXV
Kazimierz Wielki	Polish king, 1333–1370	XXII
Kochanowski, Jan	Polish Renaissance poet (1530–1584)	XXIIE
Konwicki, Tadeusz	contemporary Polish novelist and film director	XXII
Kościuszko, Tadeusz	Polish military leader (1746–1817) known in America as Thaddeus Kosciusko	XXII
Mickiewicz, Adam	Polish romantic poet (1798–1855)	XII
Mieszko Pierwszy	Polish ruler, ca. 963–992	XXII
Mrożek, Sławomir	contemporary Polish playwright and short story writer (b. 1930)	XXII
Norwid, Cyprian	Polish poet (1824–1883)	XXIIE
Poniatowski, Józef	Polish military leader (1763–1813)	XXII
Poniatowski, Stanisław August	Polish king, 1764–1795	XXII
Rej, Mikołaj	Polish Renaissance poet (1505–1569)	XXIIE
Sienkiewicz, Henryk	Polish novelist (1846–1916)	XXIIE
Słowacki, Juliusz	Polish romantic poet (1809–1849)	XXIIE